3

웹 프론트엔드 개발자를 위한 필독서!

자바스크립트+jQuery
완전정복 스터디

웹 프론트엔드 개발자를 위한 필독서!

자바스크립트+jQuery
완전정복 스터디 3 (중급/고급/활용편)

지은이 김춘경 (딴동네)

펴낸이 박찬규 | 엮은이 김윤래 | 표지디자인 Arowa & Arowana

펴낸곳 위키북스 | 전화 031-955-3658, 3659 | 팩스 031-955-3660

주소 경기도 파주시 문발로 115, 311호(파주출판도시, 세종출판벤처타운)

가격 32,000 | 페이지 723 | 책규격 188x240mm

초판 발행 2015년 10월 16일
2쇄 발행 2016년 08월 08일
3쇄 발행 2019년 05월 18일
ISBN 979-11-5839-014-3 (93000)

등록번호 제406-2006-000036호 | 등록일자 2006년 05월 19일
홈페이지 wikibook.co.kr | 전자우편 wikibook@wikibook.co.kr

이 도서의 국립중앙도서관 출판시도서목록 CIP는
e-CIP 홈페이지 http://www.nl.go.kr/cip.php에서 이용하실 수 있습니다.
CIP제어번호 CIP2015026409

웹 프론트엔드 개발자를 위한 필독서!

자바스크립트 + jQuery
완전정복 스터디

김춘경(딴동네) 지음

중급/고급/
활용편

3

위키북스

웹 프론트엔드 개발자를 위한 필독서!

자바스크립트+jQuery
완전정복 스터디
시리즈

『자바스크립트+jQuery 완전정복 스터디』는

독자 개인의 실력과 목표에 맞게 공부할 수 있도록

총 3권으로 구성돼 있습니다.

전체 구성을 살펴보고 참고할 수 있게끔

'목차'와 '찾아보기'는 책 3권 모두의 내용을 담았습니다.

책 구성에 관한 자세한 내용은

목차 뒤에 나오는 '둘러보기'를 참고하세요.

목차와 찾아보기

목차와 찾아보기는

시리즈 3권 모두에 동일하게 들어가 있습니다.

참고로, 해당 내용이 담긴 책의 목차는 진하게 표시해서 앞에 넣었고,

다른 책에 해당하는 목차는 조금 흐리게 표시하여 뒤에 담았습니다.

1권은 Part 01부터
Part 03까지 진하게 표시

책에 해당되지 않는
목차는 회색으로 표시

2권은 Part 04만
진하게 표시

3권은 Part 05부터
Part 07까지 진하게 표시

Part 05

자바스크립트 클래스와 클래스 단위 프로그래밍

Chapter 01

자바스크립트 클래스 기초

Chapter 02

클래스 중급

Chapter 03

jQuery 플러그인 제작

Part 06

**자바스크립트
객체지향 프로그래밍**

Chapter 01

객체지향 프로그래밍 기초

Chapter 06

객체지향 프로그래밍 특징 04 –
다형성

Chapter 07

합성

Part 01

자바스크립트 코어 기초 문법

Chapter 01

변수

Chapter 02

기본 연산자

Chapter 05

조건문 switch

Chapter 06

반복문 for

Chapter 07

반복문 while

Part 02

자바스크립트 함수와 함수 단위 프로그래밍

Chapter 01

함수 기초

Part 03

자바스크립트 코어 라이브러리

Chapter 01

타이머 함수

Chapter 02

Math 클래스

Part 04

jQuery
기초와 활용

Chapter 01

자바스크립트 DOM

Chapter 02

jQuery 소개

Chapter 03

노드 다루기 – 노드 찾기

Chapter 09

애니메이션 효과 다루기

감사의 글

프로그래밍을 시작한 입문자에게는 이해심 많은 좋은 길잡이가 되어 줄 수 있는 책을 집필하고 싶었으며, 초급 실무자에게는 중급 실무자로 거급날 수 있는 멋진 사수가 되어 줄 수 있는 책이 되기를. 중급 실무자에게는 객체지향 프로그래밍과 같은 더 넓은 프로그래밍 세상이 있다는 것을 보여줄 수 있는 아주 멋진 책을 집필해보겠다는 목표를 가지고 집필한 지 약 2년이란 시간이 흘렀습니다. 다행히 초반에 계획했던 목표는 어느 정도 이뤘다고 자신 있게 말할 수 있을 만큼 이번 책은 저에게 정말 뜻 깊은 책이 될 것 같습니다. 지금 느끼는 만족감이 부디 이 책을 선택한 분들에게도 전달되었으면 하는 간절한 마음을 가져봅니다.

마지막으로 이 책이 나올 수 있게 가장 큰 힘이 되어 준 우리 가족에게 감사를 전합니다. 또, 열화와 같은 성원을 보내준 우리 웹동네 회원분들께도 지면을 빌려 감사의 마음을 전합니다.

2쇄를 마치며

드디어 기다리던 2쇄가 나오게 되었습니다. 먼저 책을 구입해주신 분들에게 고마움을 전합니다. 귀중한 시간을 쪼개어 웹동네 오탈자 신고란에 글을 남겨주신 웹동네 회원분들에게도 감사한 마음을 전합니다. 남겨주신 오탈자는 2쇄에 모두 적용했습니다.

2016년 8월 01일 남김

3쇄를 마치며

약 2년 반 만에 3쇄가 나오게 되었습니다. 세 권의 책 중 가장 애착이 가는 책인 만큼 기쁨도 배가 되는 것 같습니다. 이 기쁨을 독자분들과 함께 나누고자 합니다. 조만간 새로운 책으로 다시 만나뵙겠습니다.

2019년 4월 25일 남김

01 _ 시리즈 내용

이번 시리즈는 웹 프론트엔드 개발자를 위한 "자바스크립트+jQuery 완전정복 스터디" 시리즈로서 다음과 같이
총 7부로 구성돼 있으며 난이도 기준으로 총 4개의 스터디 영역으로 나눠져 있습니다.

전체 스터디 맵 공지: 원의 크기는 난이도를 나타냅니다.

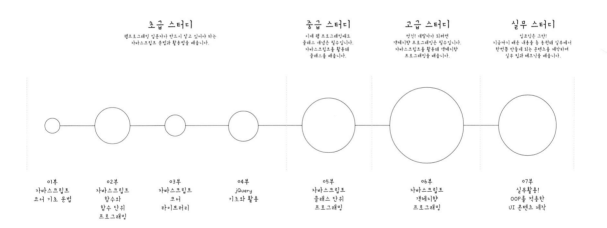

초급 스터디
웹프로그래밍 입문자가 반드시 알고 있어야 하는
자바스크립트 문법과 활용법을 배웁니다.

중급 스터디
이제 웹 프로그래밍에도
클래스 개념은 필수입니다.
자바스크립트를 활용해
클래스를 배웁니다.

고급 스터디
멋진 개발자가 되려면
객체지향 프로그래밍은 필수입니다.
자바스크립트를 활용해 객체지향
프로그래밍을 배웁니다.

실무 스터디
인프로만 그만!
지금까지 배운 내용을 총 동원해 실무에서
한번쯤 만들게 되는 콘텐츠를 제작하여
실무 감과 테크닉을 배웁니다.

01부
자바스크립트
코어 기초 문법

02부
자바스크립트
함수와
함수 단위
프로그래밍

03부
자바스크립트
코어
라이브러리

04부
jQuery
기초와 활용

05부
자바스크립트
클래스 단위
프로그래밍

06부
자바스크립트
객체지향
프로그래밍

07부
실무활용!
OOP를 적용한
UI 콘텐츠 제작

초급 스터디

01부: 자바스크립트 코어 문법

핵심내용: 변수, 연산자, 형변환, 조건문 if, 조건문 switch, 반복문 for, 반복문 while

총 스터디 예상 시간: 58시간

02부: 자바스크립트 함수 단위 프로그래밍

핵심내용: 함수 소개, 일반 함수, 익명 함수, 중첩 함수, 콜백 함수, 클로저, 함수 사용법

총 스터디 예상 시간: 80시간

둘러보기

03부: 자바스크립트 코어 라이브러리

핵심내용: 타이머 함수, Math 클래스, String 클래스, Date 클래스, Array 클래스

총 스터디 예상 시간: 92시간

04부: jQuery 기초부터 실무까지

핵심내용: 자바스크립트 DOM이란?, jQuery란?, 노드 다루기, 스타일 다루기, 속성 다루기, 이벤트 다루기, 위치/크기 관련 속성 다루기, 효과 다루기

총 스터디 예상 시간: 69시간

중급 스터디

05부: 자바스크립트 클래스 단위 프로그래밍

핵심내용: 클래스 소개, 오브젝트 리터럴 방식으로 클래스 만들기, 함수를 활용한 클래스 만들기, 프로토타입을 활용한 클래스 만들기, 인스턴스 메서드/클래스 메서드, 패키지

총 스터디 예상 시간: 88시간

고급 스터디

06부: 자바스크립트 클래스 단위 프로그래밍

핵심내용: 절차지향 프로그래밍vs.객체지향 프로그래밍, 객체지향 프로그래밍 3가지 기본 문법, 객체지향 프로그래밍 4가지 기본 특성, 추상화, 캡슐화, 상속, 다형성, 합성, 미션

총 스터디 예상 시간: 120시간

실무활용 스터디

07부: 실무활용

핵심내용: 클래스단위+jQuery플러그인, 객체지향 프로그래밍+jQuery플러그인 방식의 Bar메뉴 만들기, 폴더 아코디언 메뉴 만들기, 이미지 슬라이더 만들기, 탭패널 만들기

총 스터디 예상 시간: 88시간

02 _ 시리즈 구성

7부의 내용은 개인의 실력과 목적에 맞게 선택해서 스터디할 수 있게 3권으로 나누어 구성돼 있습니다.

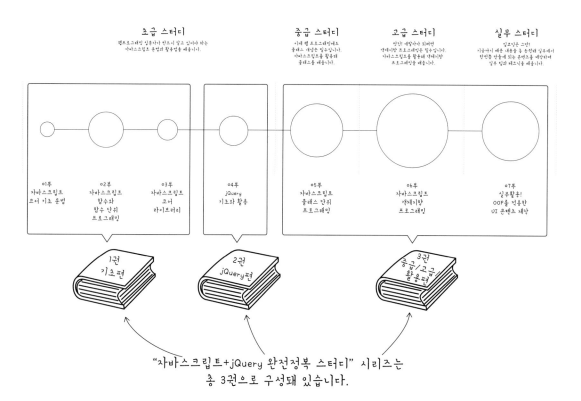

"자바스크립트+jQuery 완전정복 스터디" 시리즈는
총 3권으로 구성돼 있습니다.

03 _ 대상 독자

01권: 자바스크립트 기초편(Part 01 ~ Part 03)

- 자바스크립트를 이제 막 배우는 초보자

- 자바스크립트를 배우고 싶은데, 사수가 없어서 뭐부터 어떻게 학습해야 할지 모르는 초보 실무자

- 뭔가 스스로 만들어보고 싶은데 로직 구현이 안 되어 어려워하는 초보자

- 웹프로그래밍을 체계적으로 배우고 싶은 초보자

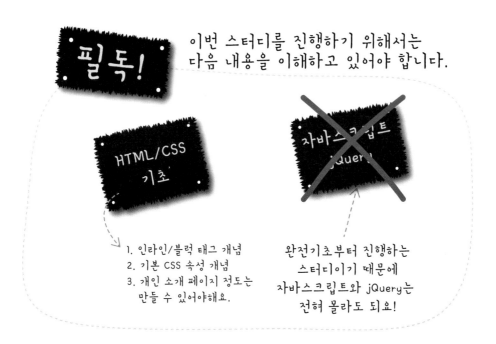

필독! 이번 스터디를 진행하기 위해서는 다음 내용을 이해하고 있어야 합니다.

HTML/CSS 기초

자바스크립트 jQuery

1. 인라인/블럭 태그 개념
2. 기본 CSS 속성 개념
3. 개인 소개 페이지 정도는 만들 수 있어야해요.

완전기초부터 진행하는 스터디이기 때문에 자바스크립트와 jQuery는 전혀 몰라도 되요!

02권: jQuery편(Part 04)

- jQuery를 이제 막 배우는 초보자

- jQuery를 체계적으로 배우고 싶은 초보자

- 실무를 위해 반드시 알고 있어야 하는 핵심 내용을 배우고 싶은 초보 실무자

- 실무에서 jQuery를 제대로 활용하고 싶은 초보 실무자

- jQuery 최적화 방법을 배우고 싶은 초보 실무자

이번 스터디를 진행하기 위해서는
다음 내용을 이해하고 있어야 합니다.

필독!

HTML/CSS
기초

변수, 연산자,
형변환, if, switch,
for, while

함수 기초/활용
일반함수, 익명함수,
중첩함수, 콜백함수,
클로저

타이머 함수,
Math, String,
Date, Array

1. 인라인/블럭 태그 개념
2. 기본 CSS 속성 개념
3. 개인 소개 페이지 정도는
   만들 수 있어야해요.

1. 자바스크립트 코어 문법 기초
2. 자바스크립트 함수와 함수단위 프로그래밍
3. 자바스크립트 코어 라이브러리 기초/활용

둘러보기

03권: 자바스크립트+jQuery 중급/고급/활용편(Part 05 ~ Part 07)

- 자바스크립트+jQuery를 활용해 탭메뉴 정도는 쉽게 만들 수 있는 실무자

- 자바스크립트 클래스를 제대로 정복하고 싶은 독자

- 자바스크립트를 활용한 객체지향 프로그래밍(OOP)를 제대로 정복하고 싶은 개발자

- jQuery 플러그인 제작방법을 제대로 정복하고 싶은 사용자

- 자바스크립트 객체지향 프로그래밍 기반 UI 콘텐츠를 제작하고 싶은 디자이너

필독!

이번 스터디를 진행하기 위해서는
다음 내용을 이해하고 있어야 합니다.

변수,연산자,
형변환,if,switch,
for,while

함수 기초/활용
일반함수, 익명함수,
중첩함수,콜백함수,
클로저

HTML/CSS
기초

타이머 함수,
Math, String,
Date, Array

jQuery 기초/활용,
노드 찾기,삭제,이동,수정,
스타일/속성 다루기,이벤트 다루기,
위치크기 다루기, 효과 다루기

1. 인라인/블럭 태그 개념
2. 기본 CSS 속성 개념
3. 개인 소개 페이지 정도는
   만들 수 있어야해요.

1. 자바스크립트 코어 문법 기초
2. 자바스크립트 함수와 함수단위 프로그래밍
3. 자바스크립트 코어 라이브러리 기초/활용
4. jQuery 기초와 활용

04 _ 이 책만이 가진 특징

1. 개인/단체 스터디에 최적화된 책입니다.

혹시! 개인/단체 스터디에 적합한 책을 찾고 있나요? 그럼 제대로 찾았습니다. 이 책은 기획 단계에서부터 개인과 단체 자바스크립트+jQuery 스터디를 목적으로 제작되었기 때문에 개인 학습에서는 빈틈없는 과외 선생님이 될 것이며 단체 학습에서는 팀을 이끄는 팀장 같은 길잡이가 될 것입니다.

2. 난이도 기준으로 초급/중급/고급/실무 단계로 구성돼 있습니다.

혹시! 이제 막 자바스크립트를 시작한 초보인데 클래스나 함수를 보고 있지 않나요? 이러면 안 됩니다! 프로그래밍은 배우는 순서가 있습니다.
이 책은 이제 막 시작하는 초급자를 위한 초급 단계와 일반 실무자의 실력 향상을 위한 중급/고급/실무 단계로 구성돼 있습니다. 개인의 실력과 목적에 맞게 선택해서 스터디를 진행할 수 있습니다.

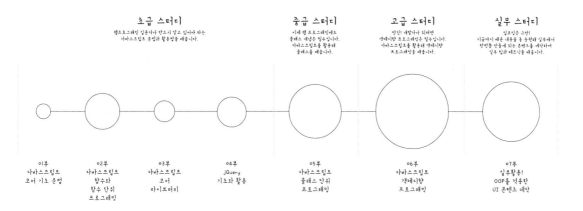

3. 학습하기 쉽게 하나의 장은 여러 개의 레슨으로 구성돼 있습니다.

하루 분량을 정해서 학습하고 싶은데 분량이 너무 많아서 어떻게 해야 할지 모르겠다고요?
걱정마세요! 이 책은 학습할 주제를 거부감 없이 진행할 수 있게 하나의 장을 여러 개의 레슨으로 나눠 구성돼 있답니다. 하루 학습 분량을 레슨별로 잡아 스터디를 진행하면 끝!

둘러보기

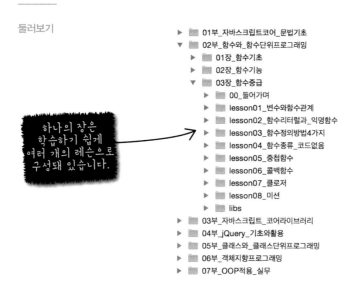

하나의 장은
학습하기 쉽게
여러 개의 레슨으로
구성돼 있습니다.

4. 실무 이론과 실무 중심 예제가 가득합니다.

학습할 이론이 실무에서 사용되는 예를 들어 설명하기 때문에 학습해야 하는 목적이 생기고 빠르게 이해할 수 있습니다. 이론 습득 후 실무에서 한 번쯤 접하거나 만들게 되는 예제를 다룹니다.

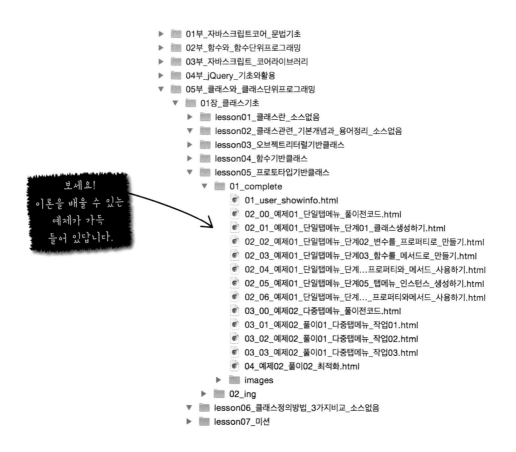

보세요!
이론을 배울 수 있는
예제가 가득
들어 있답니다.

5.학습한 내용을 검증할 수 있는 검증 미션!

학습한 내용을 제대로 이해하고 있는지 알고 싶다고요?

걱정마세요. 각 장 마지막에는 지금까지 학습한 내용을 제대로 이해하고 있는지 검증할 수 있는 미션으로 채워져 있답니다. 미션을 스스로 풀 수 있다면 여러분은 앞에서 진행한 내용을 모두 정복했다고 판단해도 좋습니다.

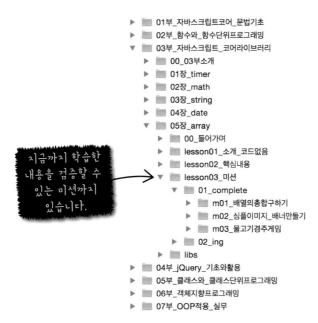

지금까지 학습한 내용을 검증할 수 있는 미션까지 있습니다.

예제 소스

01. 예제 소스 다운로드하기

예제 소스 코드는 웹동네 웹사이트에서 내려받을 수 있습니다.

www.webdongne.com

위키북스 홈페이지에서도 예제 소스 코드를 내려받을 수 있습니다.

www.wikibook.co.kr

각 장의 소스 폴더를 보면01_complete폴더와 02_ing 폴더가 있습니다.

01_complete 폴더에는 작성할 코드가 미리 입력된 예제 파일이 들어 있으며, 02_ing폴더에는 여러분의 풀이를 기다리고 있는 연습 예제 파일이 들어 있습니다.

연습 예제 파일은 기본적인 〈html〉 태그와 구문이 입력돼 있지만 핵심적인 부분은 비어 있는 상태입니다. 바로 여러분이 할 일은 연습 예제 파일을 열어 예제를 푸는 것입니다.

만약 풀이 도중 도저히 모르겠다 싶으면 그때 complete폴더에 들어있는 완료소스파일을 참고하면 됩니다.

문장과 소스에 오타가 없게끔 최선을 다했지만 책을 보는 도중에 만날 수도 있습니다. 이점 미리 죄송하다는 말씀을 드립니다. 혹시나 잘못된 부분을 만나게 되면 아래 웹동네 홈페이지에 신고해 주시면 고맙겠습니다. 더불어 의견이나 질문 등도 남겨 주시면 고맙겠습니다.

웹동네 홈페이지: www.webdongne.com

마지막으로 이 책을 선택해 주신 독자분들께 감사합니다.

중급
스터디편
소개

중급 스터디 영역은 다음과 같이 총 1개의 영역으로 구성돼 있습니다.

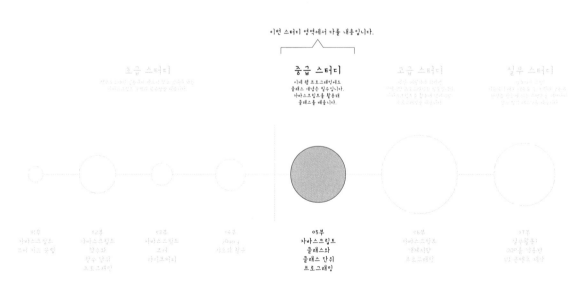

05부

자바스크립트 클래스와 클래스 단위 프로그래밍

함수가 특정 기능을 재사용하기 위해 포장하거나 영역 구분을 하기 위해 사용하는 기술이라면 클래스는 연관 있는 여러 함수와 변수를 재사용하거나 영역 구분을 할 때 사용하는 좀더 확장된 포장기술입니다.

05부에서는 자바스크립트에서 제공하는 3가지 클래스 제작 방법과 각각의 장단점에 대해 자세히 배웁니다.

핵심 주제: 클래스 소개, 오브젝트 리터럴 방식 클래스, 함수 방식 클래스, 프로토타입 방식 클래스, this의 정체, 클래스 기반 jQuery 플러그인

총 예상 스터디 시간: 88시간

자바스크립트 클래스와
클래스 단위 프로그래밍

전체 스터디 맵

공지: 원의 크기는 난이도를 나타냅니다.

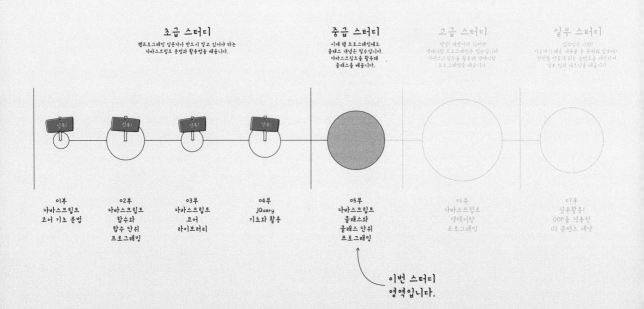

초급 스터디
웹프로그래밍 입문자가 반드시 알고 있어야 하는
자바스크립트 문법과 활용법을 배웁니다.

중급 스터디
이제 웹 프로그래밍에도
클래스 개념은 필수입니다.
자바스크립트를 활용해
클래스를 배웁니다.

고급 스터디
보다 체계적이 되려면
앤래시탄 프로그래밍은 필수입니다.
자바스크립트를 활용해 앤래시탄
프로그래밍을 배웁니다.

실무 스터디
실력있는 오너.
지금까지 배운 내용을 총 동원해서
한번을 만들게되는 콘텐츠를 제작하며
실무 팁과 테크닉을 배웁니다.

이부
자바스크립트
코어 기초 문법

02부
자바스크립트
함수와
함수 단위
프로그래밍

03부
자바스크립트
코어
라이브러리

04부
jQuery
기초와 활용

05부
자바스크립트
클래스와
클래스 단위
프로그래밍

06부
자바스크립트
앤래시탄
프로그래밍

07부
실무활용!
OOP을 적용한
UI 콘텐츠 제작

이번 스터디
영역입니다.

01.
길잡이

여러분은 이제 막 자바스크립트 프로그래밍 기초 영역을 넘어 중급 영역인 클래스와 클래스 단위 프로그래밍 영역으로 접어 들었습니다.

클래스라는 기능과 용어는 이번 영역에서 자세히 배우겠지만 간단하게 설명하자면 연관 있는 변수와 함수를 하나로 묶을 때 사용하는 프로그래밍 기능입니다.

또, 클래스 단위 프로그래밍이란? 하나의 사이트를 만드는 경우 메뉴, 이미지 슬라이더, 탭메뉴 등의 사이트 요소부터 서버와의 데이터 연동처리 등을 여러 개의 클래스로 나눠 작업하는 방식을 말합니다. 그냥 무작정 여러 개의 클래스로 나누는 것이 아니라 유지보수 및 재사용성이 높게 클래스로 나눠 만드는 것이죠.

먼저 다음 지도와 표를 보면서 이번 영역에서 배울 내용을 간단히 살펴보겠습니다.

공지:
원의 크기는 난이도를 나타냅니다.
앞으로 갈수록 조금씩 어려워지니 차근차근 따라오세요.

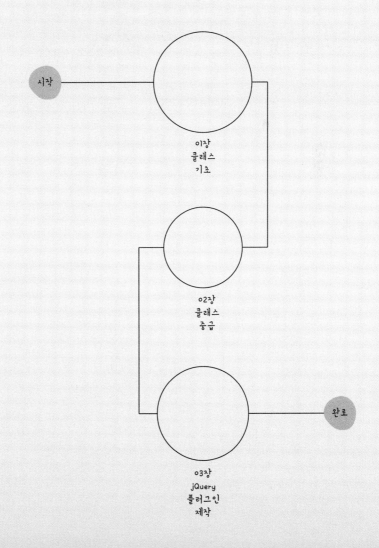

시작

이장
클래스
기초

02장
클래스
중급

완료

03장
jQuery
플러그인
제작

02.
스터디 일정
작성하기

다음 표에 등장하는 예상 진행 시간을 참고하여 여러분의 상황에 맞게 스터디 일정을 잡아보세요.

장	내용	예상 진행시간	시작일	종료일
01장	클래스 기초	40시간		
02장	클래스 중급	16시간		
03장	jQuery 플러인 제작	32시간		

자! 이제 스터디를 위한 모든 준비가 끝났습니다. 그럼 시작해 볼까요?!

CHAPTER 01

자바스크립트 클래스 기초

공지:
원의 크기는 난이도를 나타냅니다.
앞으로 갈수록 조금씩 어려워지니 차근차근 따라오세요.

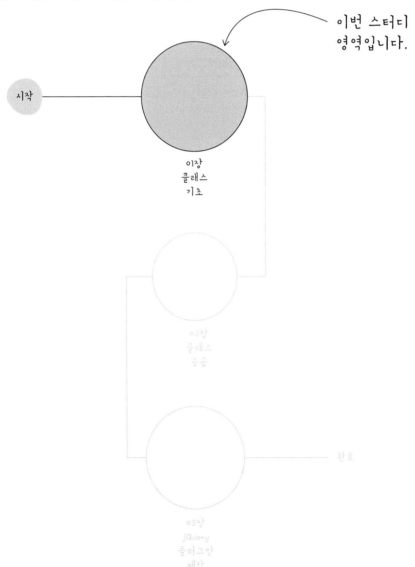

이번 스터디
영역입니다.

시작

이장
클래스
기초

02장
클래스
중급

완료

03장
jQuery
플러그인
제작

들어가며

앞에서도 여러 번 언급했지만 자바스크립트 문법 학습은 순차적으로 진행해야 합니다. 앞의 내용을 모르고서는 다음 내용을 진행하기 어렵다는 뜻입니다. 이번 장의 클래스 내용 역시 바로 앞의 영역에서 다룬 함수를 모르고서는 클래스를 진행할 수 없습니다. 그러니 아직 함수 영역을 정복하지 못한 분이라면 함수를 다시 한 번 복습한 후 이번 장의 내용을 진행하길 바랍니다.

이번 장에서는 클래스의 개념부터 시작해 클래스를 만드는 세 가지 방법을 배웁니다. 추가로 세 가지 방법들의 장단점까지 자세히 배우게 됩니다.

이번 장에서 배울 내용은 다음과 같습니다.

Lesson 01 / 클래스 소개

이번 레슨에서는 클래스를 본격적으로 배우기 전에 클래스를 전체적으로 둘러보는 시간을 가져보겠습니다. 클래스가 무엇이고 클래스를 사용해야만 하는 이유를 알게 될 것입니다.

01 _ 클래스를 이해하기 위해 반드시 알고 있어야 하는 내용

이번 장의 주제인 클래스를 진행하기 위해서는 반드시 다음 내용을 이해하고 활용할 수 있어야 합니다.

01. 함수를 사용하는 이유를 알고 있나요?

02. 지역변수와 전역변수를 이해하고 있나요?

03. 매개변수가 있는 함수를 만들 수 있나요?

04. 리턴값이 있는 함수를 만들 수 있나요?

05. 중첩 함수를 이해하고 있나요?

06. 콜백 함수를 이해하고 있나요?

07. 클로저를 이해하고 있나요?

08. 함수를 이용해 간단한 탭메뉴를 만들 수 있나요?

만약 위의 내용을 아직 정복하지 못한 분이라면 함수를 좀더 학습한 후 이번 장을 진행하길 권해 드립니다.

02 _ 클래스란?

함수가 특정 알고리즘을 포장하는 기술이라면 클래스는 이렇게 만들어진 수많은 변수와 함수 중 연관 있는 변수와 함수만을 선별해 포장하는 기술입니다. 이렇게 클래스로 포장하는 이유는 객체 단위로 코드를 그룹화하고 코드를 재사용하기 위해서입니다.

함수와 비교해서 설명하면 다음과 같이 비교할 수 있습니다.

	클래스	함수
포장 내용	연관 있는 변수와 함수	특정 기능을 하는 변수+구문
기능	객체 단위의 코드 그룹화 객체 단위의 중복 코드 제거 및 코드 재사용	기능 단위의 코드 그룹화 기능 단위의 중복 코드 제거 및 코드 재사용

위의 클래스가 가진 두 가지 기능에 대해 간단히 살펴보겠습니다.

1 _ 객체 단위의 코드 그룹화

앞에서 알아본 것처럼 클래스의 대표적인 기능은 연관 있는 변수와 함수를 그룹화하는 기능입니다.

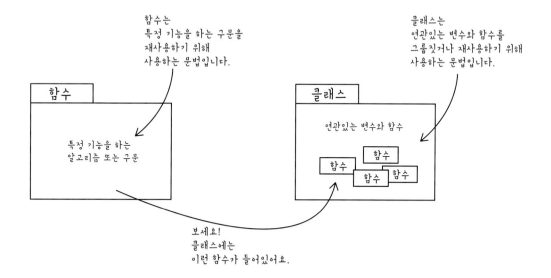

여기서 연관 있는 변수와 함수란?

이제 막 프로그래밍 동네에 이사 온 분이라면 아직 잘 모르겠지만 프로젝트를 진행하다 보면 함수 개수가 적게는 수백 개에서 많게는 수천 수만 개가 기본으로 만들어집니다. 이렇게 많아지다 보면 문제가 발생한 경우 코드를 수정하기도 어렵고 찾기도 어려워져 관리하기가 정말 힘들어집니다. 더욱 큰 문제는 덩치가 커다란 프로젝트의 경우 여러 사람이 협업을 이뤄 진행하게 되는데 함수 단위 코딩의 경우 함수 이름이나 변수 이름을 같게 만들어 충돌이 발생하는 사태까지 발생하게 됩니다. 이 경우를 현실 세계로 비유해 설명하면 전국을 하나의 시로 통합해 관리하는 경우와 같습니다. 만약 이렇다면 전국에 같은 이름을 가진 사람이 엄청 많아질 것이고 찾고자 하는 사람을 효율적으로 찾기도 어렵게 될 것입니다.

휴~ 함수와 변수가 많아지다보면
코드 찾기가 어려워져
유지보수가 힘들어집니다.

현실 세계에서는 이를 해결하기 위해 시도군으로 나눠 관리합니다. 만약 서울에 사는 김철수 이름을 가진 사람을 찾고 싶다면 전국을 모두 수색할 필요 없이 오직 서울에서만 찾으면 됩니다.

프로그래밍 동네에서는 클래스의 역할이 바로 시도군을 나누는 역할을 합니다. 실무 예를 들어 설명해 보겠습니다. 다음과 같은 메인 페이지를 만든다고 해보죠.

메인 메뉴 기능은 메뉴 클래스에

이미지 슬라이더 기능은 이미지 슬라이더 클래스에

탭패널 기능은 탭패널 클래스에

아코디언 메뉴 기능은 아코디언 메뉴 클래스에

롤링 배너 기능은 롤링 배너 클래스에 각각 포장해서 구현하는 거죠.

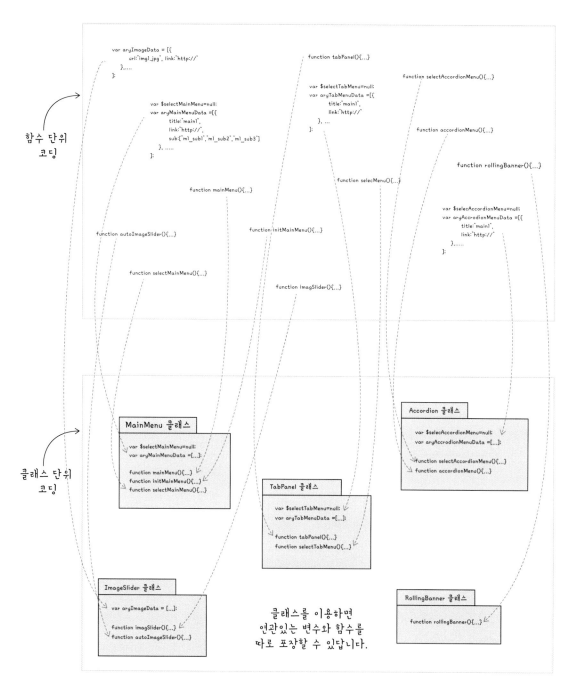

정리하면 메인 페이지에 들어가는 각각의 요소를 다음과 같이 객체 단위로 나눠 작업할 수 있습니다.

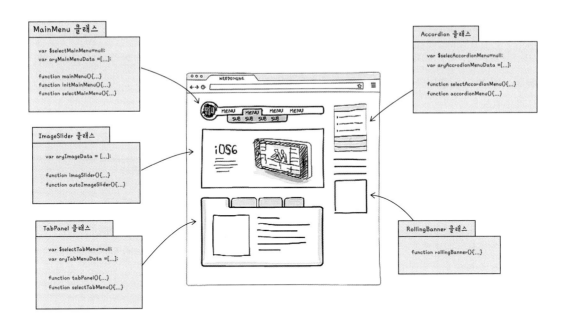

2 _ 객체 단위의 중복 코드 제거 및 코드 재사용성

클래스를 이용하면 객체 단위로 코드를 재사용할 수 있습니다. 예를 들어 다음과 같이 탭패널 3개가 들어 있는 웹 페이지를 만들어야 하는 경우 클래스 하나로 독립적으로 동작하는 3개의 탭패널을 모두 만들 수 있습니다.

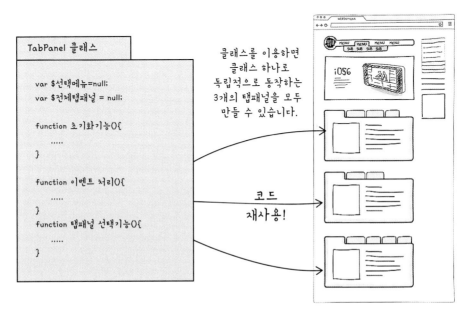

바로 클래스에는 이런 기능이 있기 때문에 실무를 위해 반드시 배워야 합니다.

03 _ 자바스크립트에서 클래스란?

미리 언급하자면 사실 자바스크립트는 객체지향 프로그래밍 언어에서 기본적으로 제공하는 클래스라는 개념을 제공하지 않습니다. 하지만 다행히 자바스크립트에서는 클래스처럼 사용할 수 있는 방법을 세 가지 지원합니다.

리터럴 방식	함수 방식	프로토타입 방식
```var 인스턴스 = { 프로퍼티1:초깃값, 프로퍼티2:초깃값,```	```function 클래스이름(){ this.프로퍼티1=초깃값; this.프로퍼티2=초깃값;```	```function 클래스이름(){ this.프로퍼티1=초깃값; this.프로퍼티2=초깃값; }```
``` 메서드1:function(){ }, 메서드2:function(){ } }```	``` this.메서드1=function(){ } this.메서드2=function(){ } }```	```클래스이름.prototype.메서드1=function(){ } 클래스이름.prototype.메서드2=function(){ }```

이 책에서는 원활한 진행을 위해 이 방법들을 모두 클래스라고 부르겠습니다.

자바스크립트에서 지원하는 클래스는 잠시 후 하나씩 자세히 살펴보겠습니다.

자바스크립트에서는 클래스 만드는 방법을 세 가지 제공하는데요. 이번 레슨에서는 세 가지 방법에서 공통으로 사용하는 클래스 용어와 개념에 대해 학습합니다. 클래스를 처음 접하는 분들을 위해 가능한 자세히 풀어서 설명했으니 내용을 이해해가며 천천히 읽어나가길 바랍니다.

01 _ 인스턴스

함수를 사용하려면 함수 호출을 해줘야 하듯 클래스를 사용하려면 일반적으로 인스턴스를 생성해줘야 합니다.

> **메모 _** 인스턴스를 생성하지 않고 사용하는 클래스도 있습니다. 이 내용은 2장의 '인스턴스 프로퍼티와 메서드 vs. 클래스 프로퍼티와 메서드'에서 자세히 다룹니다.
>
> 일단 지금은 모든 클래스는 인스턴스 생성 후 사용할 수 있다고 이해하면 됩니다.

비유를 하자면 붕어빵 틀은 클래스고 붕어빵은 인스턴스입니다. 붕어빵을 먹기 위해서는 붕어빵 틀을 이용해 붕어빵을 만들어야 한다는 의미와도 같습니다. 즉 클래스는 설계도이고 인스턴스는 설계도대로 만들어진 결과물이 됩니다.

붕어빵틀 = 클래스

붕어빵 = 인스턴스(또는 객체)

실무를 예로 들어 설명하자면 한 페이지에 두 개의 탭패널이 있는 경우 두 개의 클래스를 만드는 것이 아니라 하나의 탭패널 클래스를 만든 후 두 개의 탭패널 인스턴스를 만들어 사용합니다.

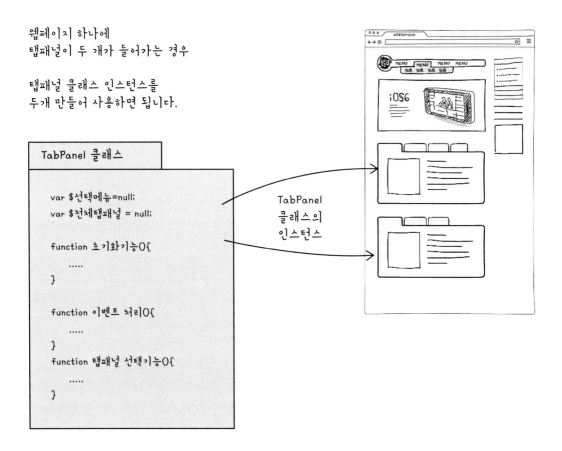

다음 레슨에서 자세히 다루겠지만 인스턴스는 주로 다음과 같이 new라는 키워드를 이용해 만듭니다.

```
var 인스턴스 = new TabPanel();
```

인스턴스가 만들어지면 이제 클래스에 포장해 놓은 변수(프로퍼티)와 함수(메서드)를 사용할 수 있게 됩니다. 프로퍼티와 메서드는 잠시 후 다룹니다.

02 _ 객체란?

쉽게 설명하면 객체라는 용어는 인스턴스의 다른 말일 뿐 두 용어 모두 클래스의 실체를 나타내는 용어입니다. 즉 앞에서 다음 구문을 "TabPanel 클래스의 인스턴스 생성"으로 해석했는데요.

```
var 인스턴스 = new TabPanel();
```

'TabPanel 클래스의 객체 생성'이라고도 해석해도 된다는 의미입니다. 좀더 명확히 구분해 설명하면 인스턴스라는 용어는 new 키워드를 이용해 클래스의 실체를 생성할 때 주로 사용하며 객체라는 용어는 인스턴스 생성 후 클래스에서 제공하는 프로퍼티와 메서드를 사용할 때 주로 사용합니다. 예를 들어 실무에서 개발자들은 인스턴스와 객체 용어를 사용해 다음과 같은 대화를 나누게 됩니다.

- **인스턴스 예**: 탭패널을 사용하기 위해서는 탭패널의 인스턴스를 먼저 만들어 주세요.

- **객체 예**: 특정 탭패널을 동적으로 선택하고 싶다면 탭패널 객체의 A() 메서드를 호출하면 됩니다.

위의 예처럼 인스턴스와 객체는 동일한 의미를 가질 때도 있고 명확히 구분해서 사용할 때도 있으니 상황에 맞게 선택해서 사용하면 됩니다.

03 _ 프로퍼티

클래스 내부에 만드는(포장하는) 변수를 프로퍼티라고 부르며 멤버변수라고도 부릅니다.

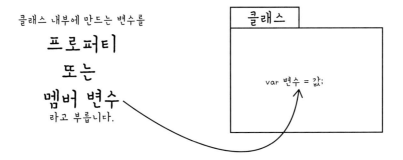

프로퍼티에는 주로 객체 내부에서 사용하는 일반적인 정보와 객체 내부 함수(메서드)에서 처리한 결과값이 저장됩니다. 예를 들어 탭패널로 비유하자면 현재 선택된 탭패널의 인덱스 정보나 항목이 프로퍼티에 담기게 됩니다.

04 _ 메서드

클래스에 만드는(포장하는) 함수를 메서드라고 부르며 멤버함수라고도 부릅니다.

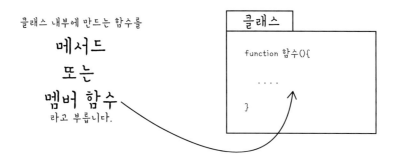

메서드는 주로 객체의 프로퍼티 값을 변경하거나 알아내는 기능과 클래스를 대표하는 기능이 담기게 됩니다.

자! 이렇게 해서 클래스를 정의하기 위해 알아야 할 내용들에 대해 모두 다뤄 봤습니다. 기초를 튼튼히 한만큼 다음 내용을 어렵지 않게 이해할 수 있을 것입니다.

그럼 지금부터 본격적으로 각각의 클래스 만드는 방법에 대해 배워보죠!

Lesson 03 / 오브젝트 리터럴 방식으로 클래스 만들기

이번 레슨에서는 클래스를 만드는 세 가지 방법 중 가장 간단한 방법인 오브젝트 리터럴 방식으로 클래스를 만들고 사용하는 방법에 대해 학습합니다. Lesson 02에서 학습한 클래스 관련 내용을 이해하고 있는 분이라면 이번 레슨의 내용도 어렵지 않게 진행할 수 있을 것입니다.

01 _ 사용법

이해를 돕기 위해 오브젝트 리터럴 방식으로 클래스 만드는 방법은 다음과 같은 순서로 나눠 진행하겠습니다. 단계는 크게 클래스 설계 단계와 설계한 클래스를 사용하는 단계인 객체 사용 단계로 나눠집니다.

구분	진행 순서
클래스 설계 단계	1 _ 문법 2 _ 생성자 정의 방법 3 _ 프로퍼티 정의 방법 4 _ 메서드 정의 방법
객체 사용 단계	5 _ 인스턴스 생성 방법 6 _ 객체 외부에서 프로퍼티와 메서드 접근 방법 7 _ 객체 내부에서 프로퍼티와 메서드 접근 방법

그럼 첫 번째 단계인 문법부터 살펴보죠.

1 _ 문법

```
var 인스턴스 = {
    프로퍼티: 초깃값,
    . . .
    메서드:function(){
        . . .
    },
    . . .
}
```

리터럴 방식은 객체 리터럴을 의미하는 {} 내부에 프로퍼티와 메서드를 정의(포장)하는 구조입니다. 예를 들어 사용자 이름과 나이를 프로퍼티로 가지고 있고 이 정보를 출력하는 showInfo()라는 메서드를 가진 클래스를 만든다면 다음과 같이 만들 수 있습니다.

예제 01 **리터럴 방식을 활용한 간단한 클래스 만들기**

소스 _ 05부/01장/lesson03/01_complete/01.html

```
// 클래스 정의및 인스턴스 생성
var user = {
     name:"ddandongne",
     age: 10,
     showInfo:function(){
          document.write("name = "+this.name+", age = "+this.age);
     }
}

//메서드 접근하기
user.showInfo();
```

실행결과

```
name = ddandongne, age = 10
```

2 _ 생성자 정의 방법

생성자는 인스턴스가 만들어지면서 자동으로 호출되는 함수를 말합니다.

생성자의 주 용도는 프로퍼티 초기화 역할을 담당합니다.

리터럴 방식에서는 생성자가 존재하지 않습니다.

생성자에 대한 설명은 함수 방식 클래스에서 자세히 다루겠습니다.

3 _ 프로퍼티 정의 방법

리터럴 방식에서는 다음과 같이 프로퍼티를 정의합니다.

```
var 인스턴스 = {
     프로퍼티1:초깃값,
     프로퍼티2:초깃값,
. . . .
}
```

콜론(:)을 기준으로 왼쪽에는 프로퍼티 이름 오른쪽에는 값이 옵니다. 프로퍼티 구분은 세미콜론(;)이 아닌 콤마(,)로 구분하는걸 주의 깊게 봐주세요. 바로 이 부분이 초보자가 가장 많이 실수하는 부분입니다.

4 _ 메서드 정의 방법

리터럴 방식에서는 프로퍼티 정의 방법과 동일하게 메서드를 정의합니다.

```
var 인스턴스 = {
    프로퍼티1:초깃값,
    프로퍼티2:초깃값,
    메서드1:function(){
    },
    메서드2:function(){
    }
}
```

이렇게 해서 클래스 설계 단계를 모두 마쳤습니다. 비유하자면 여러분은 지금까지 붕어빵을 찍어내기 위해 필요한 붕어빵 틀을 만든 셈이지요.

5 _ 인스턴스 생성 방법

이번 단계부터는 객체 활용 단계입니다. 비유하자면 붕어빵 틀에 재료를 넣고 붕어빵을 찍어내는 단계라고 보면 됩니다. 계속해서 언급한 것처럼 일반적으로 클래스를 사용하기 위해서는 가장 먼저 인스턴스를 생성해야 합니다. 리터럴 방식은 클래스를 정의함과 동시에 자동으로 인스턴스가 만들어집니다. 즉 인스턴스를 만들기 위해 다른 작업을 해주지 않아도 됩니다. 하지만 다른 클래스 정의 방법과 달리 인스턴스를 하나 이상 만들 수 없는 단점을 가지게 됩니다. 즉 붕어빵 틀이 있어도 두 개 이상의 붕어빵을 만들 수 없다는 뜻이기도 합니다.

```
var 인스턴스 = {
    프로퍼티와 메서드 정의
}
```

6 _ 객체 외부에서 프로퍼티와 메서드 접근 방법

```
var 인스턴스 = {
    프로퍼티1:초깃값,
    프로퍼티2:초깃값,
    메서드1:function(){
    },
```

```
        메서드2:function(){
        }
    }
```

```
    인스턴스.프로퍼티;
    인스턴스.메서드();
```

객체 외부에서 프로퍼티와 메서드에 접근하려면 다음과 같이 접근연산자인 점(.)을 사용합니다.

인스턴스.메서드이름() 또는 프로퍼티이름

앞에서 만든 예제를 가지고 설명하면, 객체 내부에 들어 있는 showInfo() 메서드를 호출하고자 할 때 다음과 같이 하면 됩니다.

```
    user.showInfo();
```

객체 외부에서 프로퍼티와 메서드에 접근하는 방법은 오브젝트 리터럴 방식 이외에도 함수 방식과 프로토타입 방식 모두 동일합니다.

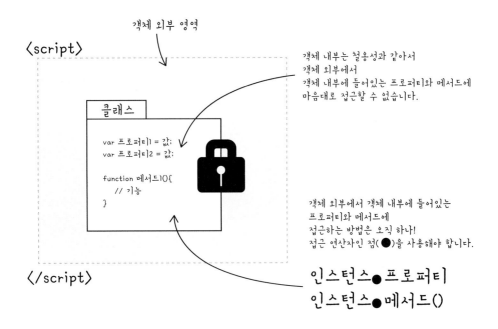

덧붙여 설명하자면 다음에 등장하는 jQuery 구문 역시 jQuery의 기능을 활용하고자 할 때 접근 연산자를 사용한 경우입니다.

```
    $("p").css("color","#f00");
```

간단히 구문을 설명하자면 함수이름이 $인 함수를 매개변수 값을 "p"로 해서 호출한 것이며 $() 함수에서는 jQuery의 인스턴스를 만들어 리턴해 주기 때문에 접근연산자(.)를 이용해 jQuery에서 제공하는 기능중 css() 기능을 호출해 글자색을 변경하는 구문입니다.

어떤가요? 드디어 감춰져 있던 비밀들이 하나 둘씩 밝혀지는 느낌이 들지 않으세요?

7 _ 객체 내부에서 프로퍼티와 메서드 접근 방법

객체 내부에서 자신의 프로퍼티와 메서드에 접근하려면 현재 객체 자신을 나타내는 this라는 속성과 접근연산자인 점(.)을 사용합니다.

> **메모** _ this에 대해서는 2장 클래스 중급에서 자세히 다룹니다.

```
var 인스턴스 = {
    프로퍼티1:초깃값,
    프로퍼티2:초깃값,
    메서드1:function(){
        alert(this.프로퍼티1);
        this.메서드2();
    },
    메서드2:function(){
    }
}

인스턴스.프로퍼티;
인스턴스.메서드();
```

객체 내부에서 프로퍼티와 메서드에 접근하는 방법은 리터럴 방식, 함수 방식, 프로토 타입 방식 모두 동일합니다. 자! 이렇게 해서 리터럴 방식으로 클래스를 만들고 사용하는 방법에 대해 모두 살펴봤습니다.

02 _ 예제

이번에는 지금까지 배운 리터럴 방식 클래스를 활용해보는 시간을 가져보겠습니다. 예제는 다음과 같이두 가지가 있습니다.

- **첫 번째:** 함수 단위 코딩을 오브젝트 리터럴 기반 클래스로 변경하기
- **두 번째:** 오브젝트 리터럴 기반 클래스로 두 개의 탭메뉴 만들기

그럼 첫 번째 문제부터 풀어 볼 텐데요. 풀이를 보기 전에 여러분 스스로 예제를 풀어 본 후 필자의 풀이 와 비교해 보는 방법을 추천해 드립니다.

예제 02 **함수 단위 코딩으로 만들어진 탭메뉴를 리터럴 방식으로 클래스를 만들어 주세요.**

풀이 전 코드: 소스 _ 05부/01장/lesson03/01_complete/02_00.html

```javascript
// 탭메뉴 관련 변수
var $tabMenu =null;
var $menuItems=null;
var $selectMenuItem=null;

$(document).ready(function(){
    // 탭메뉴 요소 초기화
    init();
    // 탭메뉴 요소에 이벤트 등록
    initEvent();
});

// 요소 초기화
function init(){
    $tabMenu = $("#tabMenu1");
    $menuItems = $tabMenu.find("li");
}

// 이벤트 등록
function initEvent(){
    $menuItems.on("click",function(){
        setSelectItem($(this));
    });
}

// $menuItem에 해당하는 메뉴 아이템 선택하기
function setSelectItem($menuItem){
    // 기존 선택메뉴 아이템을 비활성화 처리하기
    if($selectMenuItem){
        $selectMenuItem.removeClass("select");
    }

    // 신규 아이템 활성화 처리하기
```

```
        $selectMenuItem = $menuItem;
        $selectMenuItem.addClass("select");
    }
```

풀이

지금부터 리터럴 방식으로 클래스를 만들어 볼 텐데요. 우선 풀이 결과를 미리 보여 드리겠습니다.

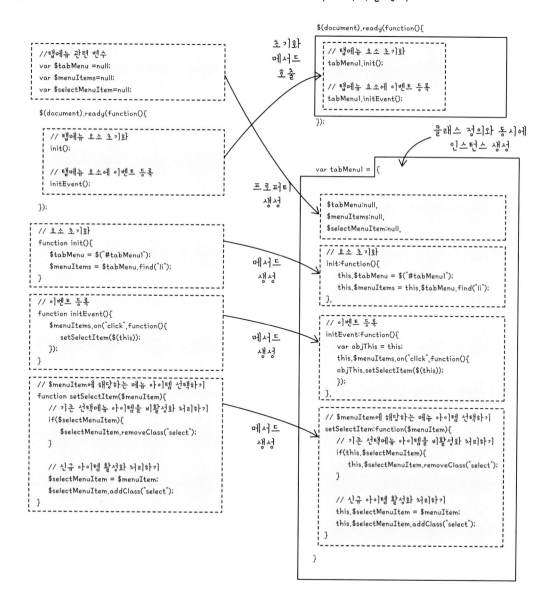

위의 이미지 핵심은 오브젝트 리터럴 안에 탭메뉴와 관련 있는 변수와 함수를 포장했다는 점입니다. 이해를 돕기 위해 풀이를 다음과 같이 6단계로 나눠 진행하겠습니다.

단계 01: 클래스 생성하기

단계 02: 변수를 프로퍼티로 만들기

단계 03: 함수를 메서드로 만들기

단계 04: 객체 내부에서 프로퍼티와 메서드 사용하기

단계 05: 첫 번째 탭메뉴 인스턴스 생성하기

단계 06: 객체 외부에서 프로퍼티와 메서드 사용하기

그럼 첫 번째 단계부터 시작해보죠.

단계 01 _ 클래스 생성하기

가장 먼저 변수와 함수를 포장할 클래스를 생성해야 합니다. 오브젝트 리터럴 방식의 경우는 다음과 같이 만들어 줍니다.

소스 _ 05부/01장/lesson03/01_complete/02_01.html

함수 단위 방식

```
//탭메뉴 관련 변수
var $tabMenu =null;
var $menuItems=null;
var $selectMenuItem=null;

$(document).ready(function(){

    // 탭메뉴 요소 초기화
    init();

    // 탭메뉴 요소에 이벤트 등록
    initEvent();

});

// 요소 초기화
function init(){
    $tabMenu = $("#tabMenu1");
    $menuItems = $tabMenu.find("li");
}

// 이벤트 등록
function initEvent(){
    $menuItems.on("click",function(){
```

오브젝트 리터럴 방식

```
$(document).ready(function(){

});

var tabMenu1 = {

    // 이곳에 프로퍼티와 메서드를 만들어 주세요.

}
```

클래스 생성

```
            setSelectItem($(this));
        });
    }

    // $menuItem에 해당하는 메뉴 아이템 선택하기
    function setSelectItem($menuItem){
        // 기존 선택메뉴 아이템을 비활성화 처리하기
        if($selectMenuItem){
            $selectMenuItem.removeClass("select");
        }

        // 신규 아이템 활성화 처리하기
        $selectMenuItem = $menuItem;
        $selectMenuItem.addClass("select");
    }
```

단계 02 _ 변수를 프로퍼티로 만들기

다음으로 변수를 프로퍼티로 만들어 줍니다.

소스 _ 05부/01장/lesson03/01_complete/02_02.html

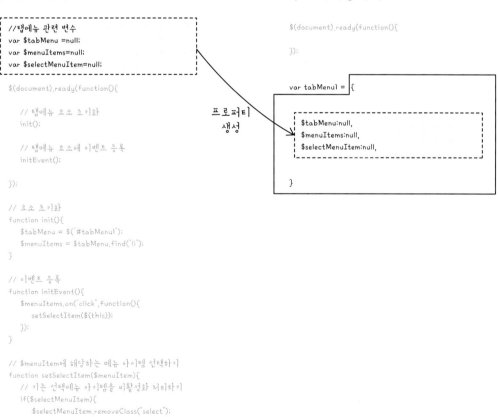

```
            // 신규 아이템 활성화 처리하기
            $selectMenuItem = $menuItem;
            $selectMenuItem.addClass("select");
    }
```

오브젝트 리터럴을 의미하는 중괄호({}) 내부에 콜론(:)을 기준으로 왼쪽에는 프로퍼티 이름을 오른쪽에는 값을 넣어 줍니다.

단계 03 _ 함수를 메서드로 만들기

이어서 함수를 메서드로 만들어 줍니다.

소스 _ 05부/01장/lesson03/01_complete/02_03.html

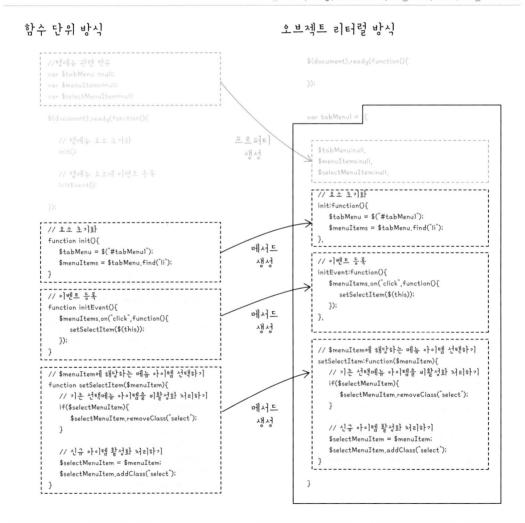

메서드 역시 오브젝트 리터럴 내부에 콜론(:)을 기준으로 메서드 이름과 메서드 선언을 해줍니다.

단계 04 _ 객체 내부에서 프로퍼티와 메서드 사용하기

지금까지 작성한 코드를 보면 메서드 내부에 있는 변수는 프로퍼티가 아닌 전역 변수를 가리키고 있습니다. 하지만 이제 더 이상 탭메뉴와 관련된 변수와 함수는 전역 영역에 존재하는 것이 아닌 tabMenu 객체 내부에 존재하기 때문에 이들을 찾아 인스턴스를 나타내는 this를 추가해 객체 내부 프로퍼티와 메서드를 사용하게 만들어야 합니다. 다음 코드와 같이 내부 프로퍼티와 메서드를 사용하는 곳에 this를 추가해 줍니다.

소스 _ 05부/01장/lesson03/01_complete/02_04.html

함수 단위 방식

```
//탭메뉴 관련 변수
var $tabMenu =null;
var $menuItems=null;
var $selectMenuItem=null;

$(document).ready(function(){

    // 탭메뉴 요소 초기화
    init();

    // 탭메뉴 요소에 이벤트 등록
    initEvent();

});

// 요소 초기화
function init(){
    $tabMenu = $("#tabMenu1");
    $menuItems = $tabMenu.find("li");
}

// 이벤트 등록
function initEvent(){
    $menuItems.on("click",function(){
        setSelectItem($(this));
    });
}

// $menuItem에 해당하는 메뉴 아이템 선택하기
function setSelectItem($menuItem){
    // 기존 선택메뉴 아이템을 비활성화 처리하기
    if($selectMenuItem){
        $selectMenuItem.removeClass("select");
    }

    // 신규 아이템 활성화 처리하기
    $selectMenuItem = $menuItem;
    $selectMenuItem.addClass("select");
}
```

오브젝트 리터럴 방식

```
$(document).ready(function(){

});

var tabMenu1 = {
    $tabMenu:null,
    $menuItems:null,
    $selectMenuItem:null,

    // 요소 초기화
    init:function(){
        this.$tabMenu = $("#tabMenu1");
        this.$menuItems = this.$tabMenu.find("li");
    },

    // 이벤트 등록
    initEvent:function(){
        var objThis = this;
        this.$menuItems.on("click",function(){
            objThis.setSelectItem($(this));
        });
    },

    // $menuItem에 해당하는 메뉴 아이템 선택하기
    setSelectItem:function($menuItem){
        // 기존 선택메뉴 아이템을 비활성화 처리하기
        if(this.$selectMenuItem){
            this.$selectMenuItem.removeClass("select");
        }

        // 신규 아이템 활성화 처리하기
        this.$selectMenuItem = $menuItem;
        this.$selectMenuItem.addClass("select");
    }
}
```

프로퍼티
생성

메서드
생성

메서드
생성

메서드
생성

입력한 코드 중 여러분이 주의 깊게 살펴봐야 할 내용이 있는데요. initEvent() 메서드 내부를 살펴보면 다음과 같이 입력한 부분이 있습니다.

```
initEvent:function(){
    var objThis = this; ❶
    this.$menuItems.on("click",function(){
        objThis.setSelectItem($(this)); ❷
    });
}
```

코드를 보면 알겠지만 this를 바로 사용하지 않고 ❶에서 objThis에 this를 대입한 후 ❷에서 사용했습니다. 이유는 click 이벤트 리스너로 사용한 익명함수 내부의 this는 탭메뉴 객체가 아니라 이벤트를 발생시킨 메뉴 아이템 항목인 li 태그의 객체이기 때문에 만약 this.setSelectItem()을 하게 되는 경우 li 태그 객체에 존재하지도 않는 setSelectItem() 메서드를 호출하게 되어 에러가 발생합니다. 그래서 objThis라는 지역변수를 만들어 탭메뉴의 setSelectItem() 메서드를 호출하게 만들었습니다.

좀더 정확히 설명하자면 이벤트 리스너 내부의 this는 DOM(Document Object Model) 요소 중 htmlLiElement 객체의 인스턴스입니다. DOM에 대해서는 4부 jQuery에서 자세히 배웁니다.

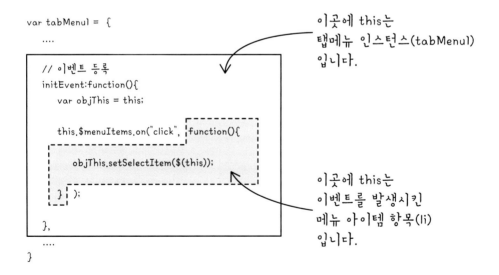

```
var tabMenu1 = {
    ....

    // 이벤트 등록
    initEvent:function(){
        var objThis = this;

        this.$menuItems.on("click", function(){

            objThis.setSelectItem($(this));

        });
    },
    ....
}
```

이곳에 this는 탭메뉴 인스턴스(tabMenu1) 입니다.

이곳에 this는 이벤트를 발생시킨 메뉴 아이템 항목(li) 입니다.

> 메모 _ this에 대한 설명은 '05부 02장 클래스 중급'에서 자세히 다룹니다.

자! 이렇게 해서 클래스 설계 작업을 모두 마쳤습니다. 일종의 붕어빵 틀을 만든 셈이지요. 이어서 붕어빵 틀에 재료를 붓고 붕어빵을 만들어 내듯 실제 동작하는 탭메뉴를 만들어 보죠.

단계 05 _ 첫 번째 탭메뉴 인스턴스 생성하기

리터럴 방식의 경우 선언과 동시에 인스턴스가 만들어지기 때문에 인스턴스를 만들 필요 없이 tabMenu1
을 인스턴스로 사용하면 됩니다.

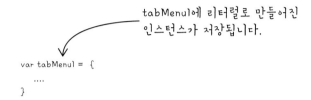

tabMenu1에 리터럴로 만들어진
인스턴스가 저장됩니다.

```
var tabMenu1 = {
    ....
}
```

인스턴스가 만들어지는 과정을 좀더 자세히 살펴보면 다음과 같은 일이 일어 납니다.

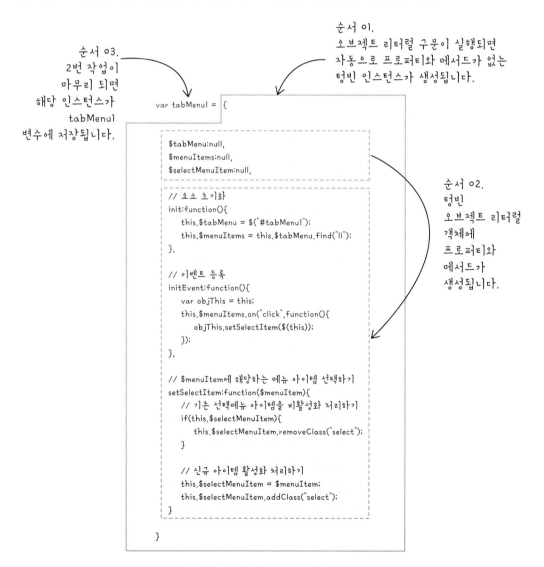

순서 01.
오브젝트 리터럴 구문이 실행되면
자동으로 프로퍼티와 메서드가 없는
텅빈 인스턴스가 생성됩니다.

순서 03.
2번 작업이
마무리 되면
해당 인스턴스가
tabMenu1
변수에 저장됩니다.

순서 02.
텅빈
오브젝트 리터럴
객체에
프로퍼티와
메서드가
생성됩니다.

```
var tabMenu1 = {

    $tabMenu:null,
    $menuItems:null,
    $selectMenuItem:null,

    // 요소 초기화
    init:function(){
        this.$tabMenu = $("#tabMenu1");
        this.$menuItems = this.$tabMenu.find("li");
    },

    // 이벤트 등록
    initEvent:function(){
        var objThis = this;
        this.$menuItems.on("click",function(){
            objThis.setSelectItem($(this));
        });
    },

    // $menuItem에 해당하는 메뉴 아이템 선택하기
    setSelectItem:function($menuItem){
        // 기존 선택메뉴 아이템을 비활성화 처리하기
        if(this.$selectMenuItem){
            this.$selectMenuItem.removeClass("select");
        }

        // 신규 아이템 활성화 처리하기
        this.$selectMenuItem = $menuItem;
        this.$selectMenuItem.addClass("select");
    }

}
```

순서 01. 먼저 오브젝트 리터럴 구문이 실행되면 프로퍼티와 메서드가 없는 텅 빈 인스턴스가 자동으로 생성됩니다.

순서 02. 이어서 텅 빈 오브젝트 리터럴 객체에 프로퍼티와 메서드가 생성됩니다. 이때 주의할 점이 있는데요. 메서드의 내부는 해석되지 않는다는 점입니다. 메서드 역시 함수이기 때문에 메서드 호출 전까지 실행되지 않습니다.

순서 03. 2번 작업이 마무리되면 해당 인스턴스가 tabMenu1 변수에 저장됩니다.

지금까지의 코드를 모두 입력했다면 탭메뉴가 동작하는지 실행해보죠. 예상과는 달리 탭메뉴가 동작하지 않는 것을 확인할 수 있을 것입니다. 이유는 인스턴스만 생성했지 탭메뉴 요소 초기화와 이벤트 등록을 담당하는 메서드를 호출하지 않았기 때문입니다.

단계 06 _ 객체 외부에서 프로퍼티와 메서드 사용하기

탭메뉴가 동작할 수 있게 객체 외부에서 초기화 메서드를 호출해줘야 합니다. ready()에 다음과 같이 init(), initEvent() 함수 호출을 추가해 줍니다.

소스 _ 05부/01장/lesson03/01_complete/02_06.html

```
$(document).ready(function(){
    tabMenu1.init();
    tabMenu1.initEvent();
});
```

객체 외부에서 객체 내부에 들어 있는 프로퍼티와 메서드를 접근하는 방법은 접근 연산자인 점(.)을 사용하는 것입니다. 접근 연산자를 기준으로 왼쪽에는 인스턴스 오른쪽에는 프로퍼티 또는 메서드 이름을 작성해주면 됩니다.

일단 여기까지 탭메뉴 하나에 대한 처리를 리터럴 방식으로 클래스를 마무리했습니다. 모든 코드를 입력했다면 탭메뉴가 정상적으로 동작하는지 실행해 보세요. 이렇게 해서 첫 번째 예제 풀이를 마치겠습니다.

전체 코드는 다음과 같습니다.

소스 _ 05부/01장/lesson03/01_complete/02_06.html

```
$(document).ready(function(){
    tabMenu1.init();
    tabMenu1.initEvent();
});
```

```javascript
var tabMenu1 = {
    $tabMenu:null,
    $menuItems:null,
    $selectMenuItem:null,

    // 요소 초기화
    init:function(){
        this.$tabMenu = $("#tabMenu1");
        this.$menuItems = this.$tabMenu.find("li");
    },

    // 이벤트 등록
    initEvent:function(){
        var objThis = this;
        this.$menuItems.on("click",function(){
            objThis.setSelectItem($(this));
        });
    },

    // $menuItem에 해당하는 메뉴 아이템 선택하기
    setSelectItem:function($menuItem){
        // 기존 선택메뉴 아이템을 비활성화 처리하기
        if(this.$selectMenuItem){
            this.$selectMenuItem.removeClass("select");
        }

        // 신규 아이템 활성화 처리하기
        this.$selectMenuItem = $menuItem;
        this.$selectMenuItem.addClass("select");
    }
}
```

예제 03 예제 02의 풀이를 활용해 두 번째 탭메뉴가 독립적으로 동작할 수 있게 만들어 주세요. 예제를 좀더 풀어서 설명해 보겠습니다. 먼저 풀이 전 코드를 살펴보면 다음과 같이 탭메뉴 두 개가 있을 겁니다.

풀이 전 코드: 소스 _ 05부/01장/lesson03/01_complete/03_00.html

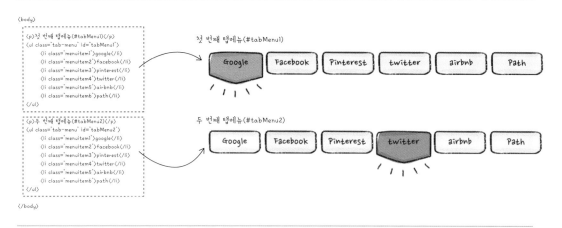

첫 번째 탭메뉴(#tabMenu1)는 예제 01에서 만든 코드와 연결돼 있어서 탭메뉴가 정상적으로 동작하는 것을 확인할 수 있습니다. 이처럼 두 번째 탭메뉴(#tabMenu2)도 동작할 수 있게 만들어 주면 됩니다.

풀이

일반적으로 클래스를 이용하면 클래스 하나로 여러 개의 인스턴스를 생성해 독립적으로 동작하는 결과물을 만들 수 있습니다. 하지만 아쉽게도 오브젝트 리터럴 방식의 경우 여러 개의 탭메뉴를 동시에 처리할 수 없습니다. 어쩔 수 없이 기존 코드를 복사해 사용해야 합니다.

기존 탭메뉴를 복사한 후 다음 두 가지 작업을 해줍니다.

- 작업1 – tabMenu1을 tabMenu2로 변경

- 작업2 – init()에서 #tabMenu1을 #tabMenu2로 변경

위의 작업 내용을 코드로 표현하면 다음과 같습니다.

소스 _ 05부/01장/lesson03/01_complete/03_01.html

```
var tabMenu2 = {
    $tabMenu:null,
    $menuItems:null,
    $selectMenuItem:null,

    // 요소 초기화
    init:function(){
        this.$tabMenu = $("#tabMenu2");
```

```
        this.$menuItems = this.$tabMenu.find("li");
    },

    // 이벤트 등록
    initEvent:function(){
        var objThis = this;
        this.$menuItems.on("click",function(){
            objThis.setSelectItem($(this));
        });
    },

    // $menuItem에 해당하는 메뉴 아이템 선택하기
    setSelectItem:function($menuItem){
        // 기존 선택메뉴 아이템을 비활성화 처리하기
        if(this.$selectMenuItem){
            this.$selectMenuItem.removeClass("select");
        }

        // 신규 아이템 활성화 처리하기
        this.$selectMenuItem = $menuItem;
        this.$selectMenuItem.addClass("select");
    }
}
```

마지막으로 ready()에 tabMenu2가 동작할 수 있게 초기화 메서드를 호출해 줍니다.

소스 _ 05부/01장/lesson03/01_complete/03_02.html

```
$(document).ready(function(){
    tabMenu1.init();
    tabMenu1.initEvent();
    tabMenu2.init();
    tabMenu2.initEvent();
});
```

모든 코드를 입력한 후 실행해 보세요. 정상적으로 두 개의 탭메뉴가 동작하는 것을 볼 수 있을 것입니다.
전체 코드는 다음과 같습니다.

```javascript
$(document).ready(function(){
    tabMenu1.init();
    tabMenu1.initEvent();
    tabMenu2.init();
    tabMenu2.initEvent();
});

var tabMenu1 = {
    $tabMenu:null,
    $menuItems:null,
    $selectMenuItem:null,

    // 요소 초기화
    init:function(){
        this.$tabMenu = $("#tabMenu1");
        this.$menuItems = this.$tabMenu.find("li");
    },

    // 이벤트 등록
    initEvent:function(){
        var objThis = this;
        this.$menuItems.on("click",function(){
        objThis.setSelectItem($(this));
        });
    },

    // $menuItem에 해당하는 메뉴 아이템 선택하기
    setSelectItem:function($menuItem){
        // 기존 선택메뉴 아이템을 비활성화 처리하기
        if(this.$selectMenuItem){
            this.$selectMenuItem.removeClass("select");
        }

        // 신규 아이템 활성화 처리하기
        this.$selectMenuItem = $menuItem;
        this.$selectMenuItem.addClass("select");
    }
}

var tabMenu2 = {
```

```
    $tabMenu:null,
    $menuItems:null,
    $selectMenuItem:null,

    // 요소 초기화
    init:function(){
        this.$tabMenu = $("#tabMenu2");
        this.$menuItems = this.$tabMenu.find("li");
    },

    // 이벤트 등록
    initEvent:function(){
        var objThis = this;
        this.$menuItems.on("click",function(){
            objThis.setSelectItem($(this));
        });
    },

    // $menuItem에 해당하는 메뉴 아이템 선택하기
    setSelectItem:function($menuItem){
        // 기존 선택메뉴 아이템을 비활성화 처리하기
        if(this.$selectMenuItem){
            this.$selectMenuItem.removeClass("select");
        }

        // 신규 아이템 활성화 처리하기
        this.$selectMenuItem = $menuItem;
        this.$selectMenuItem.addClass("select");
    }
}
```

03 _ 특징

이번에는 지금까지 알아본 오브젝트 리터럴 방식의 클래스에는 어떤 특징이 있는지 정리해 보겠습니다.

1 _ 인스턴스를 여러 개 만들 수 없습니다.

앞의 탭메뉴 예제에서 확인한 것처럼 오브젝트 리터럴 방식은 정의함과 동시에 인스턴스가 자동으로 만들어지기 때문에 인스턴스를 만드는 구문을 작성하지 않아도 되는 장점이 있습니다. 이에 반면 인스턴스를 여러 개 만들 수 없는 단점이 있습니다.

변수와 선택자 정보를 제외하면
모두 중복 코드입니다.

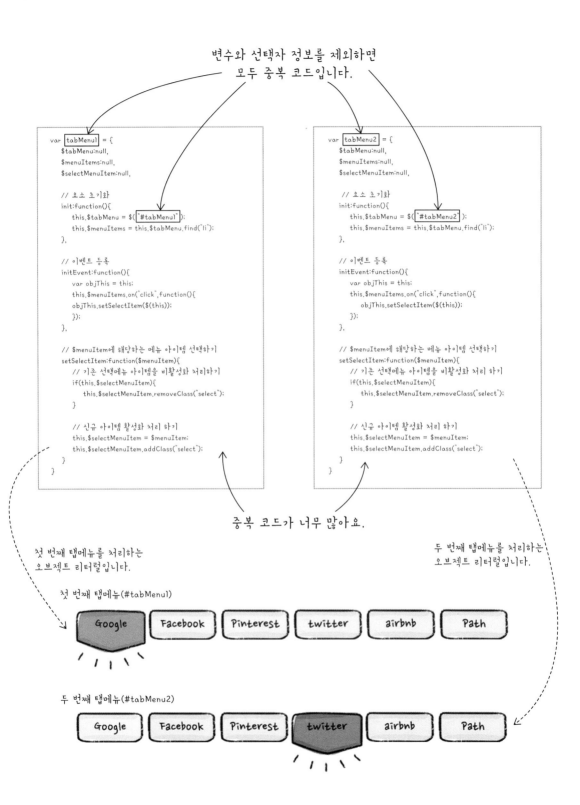

```javascript
var tabMenu1 = {
    $tabMenu:null,
    $menuItems:null,
    $selectMenuItem:null,

    // 요소 초기화
    init:function(){
        this.$tabMenu = $("#tabMenu1");
        this.$menuItems = this.$tabMenu.find("li");
    },

    // 이벤트 등록
    initEvent:function(){
        var objThis = this;
        this.$menuItems.on("click",function(){
            objThis.setSelectItem($(this));
        });
    },

    // $menuItem에 해당하는 메뉴 아이템 선택하기
    setSelectItem:function($menuItem){
        // 기존 선택메뉴 아이템을 비활성화 처리하기
        if(this.$selectMenuItem){
            this.$selectMenuItem.removeClass("select");
        }

        // 신규 아이템 활성화 처리 하기
        this.$selectMenuItem = $menuItem;
        this.$selectMenuItem.addClass("select");
    }
}
```

```javascript
var tabMenu2 = {
    $tabMenu:null,
    $menuItems:null,
    $selectMenuItem:null,

    // 요소 초기화
    init:function(){
        this.$tabMenu = $("#tabMenu2");
        this.$menuItems = this.$tabMenu.find("li");
    },

    // 이벤트 등록
    initEvent:function(){
        var objThis = this;
        this.$menuItems.on("click",function(){
            objThis.setSelectItem($(this));
        });
    },

    // $menuItem에 해당하는 메뉴 아이템 선택하기
    setSelectItem:function($menuItem){
        // 기존 선택메뉴 아이템을 비활성화 처리 하기
        if(this.$selectMenuItem){
            this.$selectMenuItem.removeClass("select");
        }

        // 신규 아이템 활성화 처리 하기
        this.$selectMenuItem = $menuItem;
        this.$selectMenuItem.addClass("select");
    }
}
```

중복 코드가 너무 많아요.

첫 번째 탭메뉴를 처리하는
오브젝트 리터럴입니다.

두 번째 탭메뉴를 처리하는
오브젝트 리터럴입니다.

첫 번째 탭메뉴(#tabMenu1)

Google   Facebook   Pinterest   twitter   airbnb   Path

두 번째 탭메뉴(#tabMenu2)

Google   Facebook   Pinterest   twitter   airbnb   Path

2 _ 주 용도는 여러 개의 데이터 포장용

인스턴스를 여러 개 만들 수 없는 오브젝트 리터럴 방식의 특징 때문에 객체 단위로 코드를 재사용하기 위한 용도보다는 여러 개의 데이터를 묶어 값을 보관하거나 함수의 매개변수 값으로 전달할 때 주로 사용합니다.

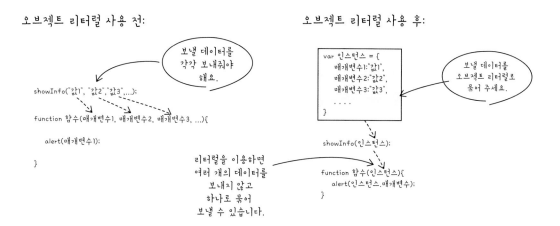

예제를 이용해 좀더 자세히 오브젝트 리터럴 방식의 주 용도에 대해 설명해 보겠습니다.

예제 04 **사용자 이름, 아이디, 별명, 나이, 주소를 매개변수 값으로 받아 출력하는 함수를 만들어 주세요.**

풀이 01: 리터럴 사용 전 소스 _ 05부/01장/lesson03/01_complete/04_01.html

```
function showInfo(userName,id, nickName, age,address){
    document.write("name = "+userName+", id = "+id+", nickName = "+nickName+", age = "+age+", 
address = "+address);
}
showInfo("김춘경","ddandongne", "딴동네",20,"서울시 금천구");
```

설명

먼저 리터럴 사용 전 내용을 보면 함수 호출 시 매개변수가 많아질 경우 매개변수 위치에 맞게 정보를 전달해야 하기 때문에 잘못된 정보를 전달할 수 있습니다.

풀이 02: 리터럴 사용 후 소스 _ 05부/01장/lesson03/01_complete/04_02.html

```
// 오브젝트 리터럴 방식으로 데이터 생성
var userInfo = {
```

```
        userName:"김춘경",
        id:"ddandongne",
        age: 20,
        address:"서울시 금천구",
        nickName:"딴동네"
}

// 함수 호출
showInfo(userInfo);

// 함수에서 데이터 사용
function showInfo(userInfo){
    document.write("name = "+userInfo.userName, ", id = "+userInfo.id, ", nickName = "+userInfo.
nickName, ", age = "+userInfo.age, ", address = "+userInfo.address);
}
```

설명

이처럼 리터럴을 사용하면 매개변수 위치와 관계없이 여러 개의 데이터를 하나의 변수에 담아 함수에 보낼 수 있습니다. 리터럴 사용 후 코드를 보면 showInfo로 넘기는 데이터는 하나이므로 위치를 맞출 필요가 없게 됩니다.

풀이 03: 리터럴과 기본값을 적용한 예제 소스 _ 05부/01장/lesson03/01_complete/04_03.html

```
// 신규 사용자 정보값
var userInfo = {
    userName:"김춘경",
    id:"ddandongne"
}

// 기본 사용자 정보값
var defaults = {
    age: 0,
    address:"서울시 금천구",
    nickName:""
}

// 함수 호출
showInfo(userInfo);
// 함수에서 데이터 사용
```

```
function showInfo(userInfo){
    // 기본 사용자 정보와 신규 사용자 정보를 합치기
    userInfo = $.extend({}, defaults, userInfo);
    document.write("name = "+userInfo.userName, ", id = "+userInfo.id, ", nickName = "+userInfo.
nickName, ", age = "+userInfo.age, ", address = "+userInfo.address);
}
```

설명

풀이와 같이 기본 사용자 정보값을 이용하면 입력 정보를 최소화할 수 있습니다. 풀이 02와 비교해보면 입력 정보값을 5개 입력해야 하는 것과 달리 사용자이름과 아이디 정보만이 담긴 걸 알 수 있습니다. 나머지 값은 기본값이 사용됩니다. 이렇게 함으로써 입력값을 최소화할 수 있습니다.

이 방법의 핵심은 jQuery에서 제공하는 extend()라는 메서드를 이용해 기본값이 담긴 defaults 오브젝트 리터럴과 사용자 정보값이 담긴 userInfo 리터럴을 통합해 사용한 부분입니다. Extend() 기능을 사용하는 경우는 특히 jQuery 플러그인 제작 시 옵션값 처리부분에서 많이 볼 수 있습니다.

> 메모 _ 이번 풀이는 그냥 이런 방법도 있다는 걸 보여주기 위한 풀이이므로 jQuery를 본격적으로 배우지 않은 여러분은 아직 이해를 못하고 넘어가도 됩니다. extend()는 jQuery의 기능으로써 '5부 04장 jQuery 플러그인 제작'에서 자세히 배웁니다.

04 _ 실무에서 오브젝트 리터럴 사용 예

실무 코드 중 오브젝트 리터럴을 사용한 코드는 jQuery를 활용한 코드에서 자주 등장하는 것을 볼 수 있습니다. 예제를 이용해 설명해 보겠습니다.

예제 05 문서에서 #ch1 이미지 위치를 100, 100으로 이동해 주세요.

풀이 01: 리터럴 사용 전 소스 _ 05부/01장/lesson03/01_complete/05_01.html

```
var $ch=$("#ch1");
$ch.css("position","absolute");
$ch.css("left",100);
$ch.css("top",100);
```

설명

위 예제는 여러 개의 스타일 속성을 설정하는 코드입니다. 리터럴을 사용하지 않으면 함수를 여러 번 사용해 호출해줘야 합
이다.

다행히 jQuery는 이렇게 하나씩 스타일을 설정하는 기능뿐 아니라 오브젝트 리터럴을 활용해 여러 개의 데이터를 한 번에
설정할 수 있는 기능을 제공합니다.

풀이 02: 리터럴 사용 후 소스 _ 05부/01장/lesson03/01_complete/05_02.html

```
var $ch =$("#ch1");
$ch.css({
    "position":"absolute",
    "left":100,
    "top":100
});
```

설명

어떤가요? 오브젝트 리터럴 사용 후 풀이가 훨씬 더 깔끔해졌죠?!

이처럼 리터럴은 여러 개의 데이터를 묶을 때 주로 사용합니다.

04 / 함수 방식으로 클래스 만들기

이번 레슨에서는 함수 방식으로 클래스를 만들고 사용하는 방법에 대해 학습합니다. 추가로 오브젝트 리터럴 방식과 비교해 어떤 차이점이 있는지 알아보죠.

01 _ 사용법

함수 방식으로 클래스를 만드는 방법 역시 Lesson03에서 진행한 방법과 동일하게 클래스 설계 단계와 객체 사용 단계로 나눠 진행합니다.

구분	진행 순서
클래스 설계 단계	1 _ 문법 2 _ 생성자 정의 방법 3 _ 프로퍼티 정의 방법 4 _ 메서드 정의 방법
객체 사용 단계	5 _ 인스턴스 생성 방법 6 _ 객체 외부에서 프로퍼티와 메서드 접근 방법 7 _ 객체 내부에서 프로퍼티와 메서드 접근 방법

그럼 첫 번째 주제인 문법부터 살펴보죠.

1 _ 문법

```
function 클래스이름() {
    this.프로퍼티1=초깃값;
    this.프로퍼티2=초깃값;
    . . . .
    this.메서드=function(){
    }
    . . . .
}
var 인스턴스=new 클래스이름();
```

함수 방식 클래스의 경우는 하나의 함수 내부에 프로퍼티와 메서드를 정의하는 구조입니다. 프로퍼티와 메서드는 반드시 자기 자신을 나타내는 this에 정의해야 합니다.

예를 들어 사용자 이름과 나이를 프로퍼티로 가지고 있고 이 정보를 출력하는 showInfo()라는 메서드를
가진 클래스를 만든다면 다음과 같이 만들 수 있습니다.

예제 01 함수 방식을 활용한 간단한 클래스 만들기

소스 _ 05부/01장/lesson04/01_complete/01.html

```
// 클래스 정의
function User(){
    this.name="ddandongne";
    this.age = 10;
    this.showInfo=function(){
        document.write("name = "+this.name+", age = "+this.age);
    }
}
// 인스턴스 생성
var user = new User();
// 메서드 호출
user.showInfo();
```

자바나 C#과 같은 객체지향 프로그래밍 언어의 경우 다음과 같이 class라는 클래스 정의 전용 키워드를
이용해 클래스를 정의합니다.

```
class 클래스이름 {
    // 포장할 프로퍼티와 메서드
}
```

이와 달리 자바스크립트에서는 클래스를 만들기 위한 키워드가 따로 존재하진 않습니다. 클래스를 만드
는 방법은 함수 만드는 방법과 동일합니다. 둘 다 function이라는 키워드를 사용하기 때문에 내부 구문을
확인하지 않고서는 일반 함수인지 클래스인지 구분할 방법은 없습니다. 다행히 구분할 수 있는 방법이 하
나 있는데요. 일반적으로 함수이름은 소문자로 시작하며 클래스는 대문자로 시작합니다. 물론 클래스이
름을 소문자로 해도 되지만 자바스크립트 동네에서 오래전부터 내려오는 일반적인 규칙이기 때문에 특별
한 경우를 제외하고는 대문자로 작성해야 합니다.

정리해보면 함수 이름은 소문자로 만들고 클래스 이름은 대문자로 만듭니다.

2 _ 생성자 정의 방법

생성자는 인스턴스가 만들어지면서 자동으로 호출되는 함수를 말합니다. 생성자에는 주로 프로퍼티를 초기화하는 구문을 작성합니다.

> **메모** _ JAVA, C#과 같은 객체지향 프로그래밍에서는 생성자 이외에도 파괴자라는 개념을 제공합니다. 파괴자는 클래스 인스턴스가 파괴될 때 자동으로 호출되는 함수를 말하며 주로 사용하고 있던 데이터를 삭제하는 용도로 사용됩니다. 아쉽게도 자바스크립트에서는 파괴자를 지원하지 않습니다.

함수 방식에서 생성자는 클래스이름 자체가 생성자이며 인스턴스가 생성될 때 자동 호출됩니다.

```
function 클래스이름(){
    this.프로퍼티 = 초깃값;
    this.메서드 = function(){}
}

var 인스턴스 = new 클래스이름()
```

3 _ 프로퍼티 정의 방법

함수 방식에서 프로퍼티는 this에 만들어 줍니다.

```
function 클래스이름(){
    this.프로퍼티1 = 초깃값;
    this.프로퍼티2 = 초깃값;
}
```

4 _ 메서드 정의 방법

프로퍼티와 마찬가지로 메서드 역시 this에 만들어 줍니다.

```
function 클래스이름(){
    this.프로퍼티1 = 초깃값;
    this.프로퍼티2 = 초깃값;
    this.메서드1=function(){
    }
    this.메서드2=function(){
    }
}
```

5 _ 인스턴스 생성 방법

함수 방식에서 인스턴스 생성 방법은 '클래스이름' 함수를 호출할 때 앞에 new 키워드를 추가해 호출해
주면 됩니다.

```
function 클래스이름(){
    this.프로퍼티 =  초깃값;
    this.메서드  = function(){}
}


var 인스턴스 = new 클래스이름();
```

만약 new를 붙이지 않으면 인스턴스 생성이 아닌 함수 호출이 되어 정상적으로 동작하지 않게 됩니다.
이에 대한 내용은 '05부 02장 Lesson 02 함수호출() vs. new 함수호출()'에서 자세히 다룹니다.

6 _ 객체 외부에서 프로퍼티와 메서드 접근 방법

```
function 클래스이름(){
    this.프로퍼티1 =  초깃값;
    this.프로퍼티2 = 초깃값;
    this.메서드1=function(){
    }
    this.메서드2=function(){
    }
}


var 인스턴스 = new 클래스이름();
인스턴스.프로퍼티1;
인스턴스.메서드1();
```

오브젝트 리터럴 방식과 동일하게 함수 방식에서도 객체 외부에서 객체 내부에 있는 프로퍼티와 메서드
에 접근하려면 접근 연산자를 이용합니다.

7 _ 객체 내부에서 프로퍼티와 메서드 접근 방법

함수 방식에서도 객체 내부에서 자신의 프로퍼티와 메서드에 접근하려면 현재 객체 자신을 나타내는 this
라는 키워드와 접근 연산자인 점(.)을 사용합니다.

> 메모 _ this에 대해서는 '05부 02장 Lesson 01 this의 정체'에서 자세히 다룹니다.

```
function 클래스이름(){
    this.프로퍼티1 =  초깃값;
    this.프로퍼티2 = 초깃값;
    this.메서드1=function(){
            alert(this.프로퍼티1);
            this.메서드2();
    }
    this.메서드2=function(){
    }
}
var 인스턴스 = new 클래스이름();
```

자! 이렇게 해서 함수 방식으로 클래스를 만들고 사용하는 방법에 대해 모두 살펴봤습니다.

02 _ 예제

이번에는 지금까지 배운 함수 방식 클래스를 활용해보는 시간을 가져보겠습니다. 예제는 다음과 같이 두 가지가 있습니다. 풀이를 보기 전에 앞의 내용을 참고해가며 여러분 스스로 예제를 풀어보길 바랍니다.

- **첫 번째:** 함수 단위 코딩을 함수 방식 클래스로 변경하기

- **두 번째:** 함수 방식 클래스로 두 개의 탭메뉴 만들기

자! 그럼 첫 번째 문제부터 풀어보죠.

예제 02 함수 단위 코딩으로 만들어진 탭메뉴를 함수 방식 클래스로 만들어 주세요.

풀이 전 코드: 소스 _ 05부/01장/lesson04/01_complete/02_00.html

```
// 탭메뉴 관련 변수
var $tabMenu =null;
var $menuItems=null;
var $selectMenuItem=null;

$(document).ready(function(){
    // 탭메뉴 요소 초기화
    init();
    // 탭메뉴 요소에 이벤트 등록
    initEvent();
});
```

```
// 요소 초기화
function init(){
    $tabMenu = $("#tabMenu1");
    $menuItems = $tabMenu.find("li");
}


// 이벤트 등록
function initEvent(){
    $menuItems.on("click",function(){
        setSelectItem($(this));
    });
}


// $menuItem에 해당하는 메뉴 아이템 선택하기
function setSelectItem($menuItem){
    // 기존 선택메뉴 아이템을 비활성화 처리하기
    if($selectMenuItem){
        $selectMenuItem.removeClass("select");
    }

    // 신규 아이템 활성화 처리하기
    $selectMenuItem = $menuItem;
    $selectMenuItem.addClass("select");
}
```

풀이

지금부터 함수 방식 클래스로 탭메뉴를 만들어 볼 텐데요. 우선 풀이 결과를 미리 보여드리겠습니다.

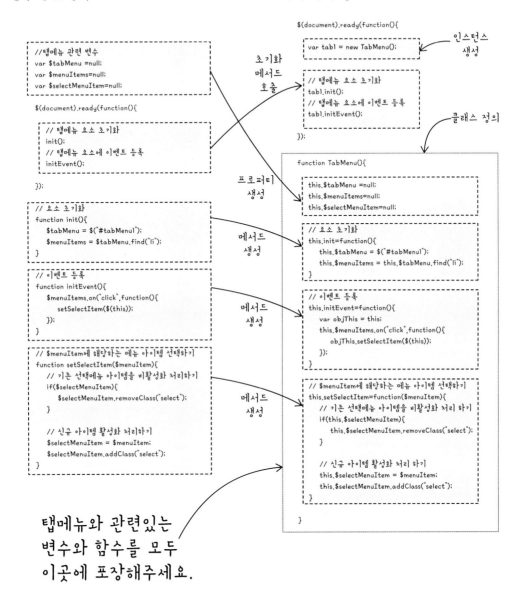

함수 단위 방식

함수 방식 클래스

탭메뉴와 관련있는
변수와 함수를 모두
이곳에 포장해주세요.

이해를 돕기 위해 풀이를 다음과 같이 6단계로 나눠 만들어보겠습니다.

단계 01: 클래스 생성하기

단계 02: 변수를 프로퍼티로 만들기

단계 03: 함수를 메서드로 만들기

단계 04: 객체 내부에서 프로퍼티와 메서드 사용하기

단계 05: 인스턴스 생성하기

단계 06: 객체 외부에서 프로퍼티와 메서드 사용하기

그럼 첫 번째 단계부터 시작해보죠.

단계 01 _ 클래스 생성하기

가장 먼저 변수와 함수를 포장할 클래스를 만들어 줍니다.

소스 _ 05부/01장/lesson04/01_complete/02_01.html

함수 단위 방식

```
//탭메뉴 관련 변수
var $tabMenu =null;
var $menuItems=null;
var $selectMenuItem=null;

$(document).ready(function(){

    // 탭메뉴 요소 초기화
    init();
    // 탭메뉴 요소에 이벤트 등록
    initEvent();

});

// 요소 초기화
function init(){
    $tabMenu = $("#tabMenu1");
    $menuItems = $tabMenu.find("li");
}

// 이벤트 등록
function initEvent(){
    $menuItems.on("click",function(){
        setSelectItem($(this));
    });
}

// $menuItem에 해당하는 메뉴 아이템 선택하기
function setSelectItem($menuItem){
    // 기존 선택메뉴 아이템을 비활성화 처리하기
    if($selectMenuItem){
        $selectMenuItem.removeClass("select");
    }

    // 신규 아이템 활성화 처리하기
    $selectMenuItem = $menuItem;
    $selectMenuItem.addClass("select");
}
```

함수 방식 클래스

```
$(document).ready(function(){

});
```

클래스 생성

```
function TabMenu(){

    // 이곳에 프로퍼티를 만들어 주세요.

}
```

클래스는 함수이름이 대문자로 시작한다는 점 잊지 않았죠?!

단계 02 _ **변수를 프로퍼티로 만들기**

다음으로 변수를 프로퍼티로 만들어 줍니다.

소스 _ 05부/01장/lesson04/01_complete/02_02.html

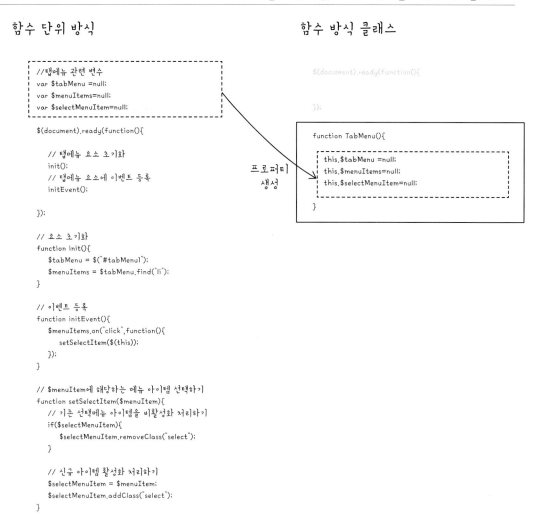

함수 단위 방식

```
//탭메뉴 관련 변수
var $tabMenu =null;
var $menuItems=null;
var $selectMenuItem=null;

$(document).ready(function(){

    // 탭메뉴 요소 초기화
    init();
    // 탭메뉴 요소에 이벤트 등록
    initEvent();

});

// 요소 초기화
function init(){
    $tabMenu = $("#tabMenu1");
    $menuItems = $tabMenu.find("li");
}

// 이벤트 등록
function initEvent(){
    $menuItems.on("click",function(){
        setSelectItem($(this));
    });
}

// $menuItem에 해당하는 메뉴 아이템 선택하기
function setSelectItem($menuItem){
    // 기존 선택메뉴 아이템을 비활성화 처리하기
    if($selectMenuItem){
        $selectMenuItem.removeClass("select");
    }

    // 신규 아이템 활성화 처리하기
    $selectMenuItem = $menuItem;
    $selectMenuItem.addClass("select");
}
```

함수 방식 클래스

```
$(document).ready(function(){


});

function TabMenu(){

    this.$tabMenu =null;
    this.$menuItems=null;
    this.$selectMenuItem=null;

}
```

프로퍼티
생성

만드는 방법은 간단합니다. 풀이 전 코드에서 함수 내부에 들어 있는 변수를 복사한 다음 var를 삭제한 후 var 대신 객체 자신을 나타내는 this 키워드에 붙여 줍니다.

단계 03 _ 함수를 메서드로 만들기

이어서 함수를 메서드로 만들어 줍니다.

소스 _ 05부/01장/lesson04/01_complete/02_03.html

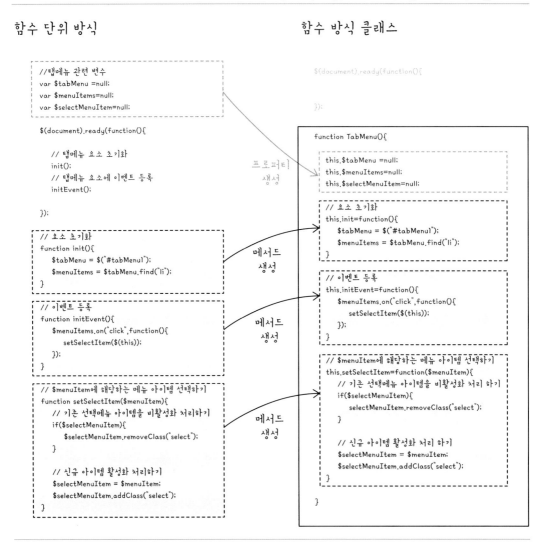

프로퍼티와 동일한 방법으로 풀이 변경 전 코드에서 함수를 모두 복사한 후 함수 앞에 this를 추가해 줍니다.

단계 04 _ 객체 내부에서 프로퍼티와 메서드 사용하기

클래스 내부에서 프로퍼티와 메서드를 사용할 수 있게 객체 자신을 나타내는 this 속성을 붙여 줍니다.

소스 _ 05부/01장/lesson04/01_complete/02_04.html

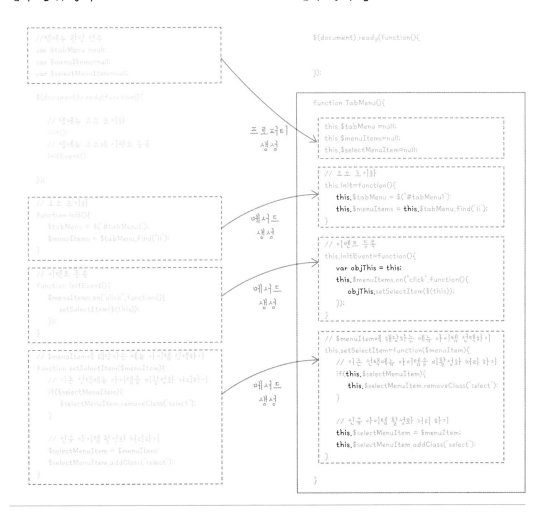

이렇게 해서 함수 방식 클래스로 탭메뉴를 모두 완성했습니다.

단계 05 _ 탭메뉴 인스턴스 생성하기

이제 TabMenu 클래스가 정상적으로 동작하는지 확인하기 위해 new 키워드를 이용해 TabMenu 클래스 인스턴스를 생성해 줍니다.

소스 _ 05부/01장/lesson04/01_complete/02_05.html

```
$(document).ready(function(){
    // 인스턴스 생성
    var tabMenu1 = new TabMenu();
});
```

TabMenu 클래스의 인스턴스가 만들어지는 과정을 좀더 자세히 살펴보면 다음과 같습니다.

```
$(document).ready(function(){

    // 인스턴스 생성
    var tab1 = new TabMenu();

});
```

new 명령어를 이용해
TabMenu() 클래스를 호출하면

순서 01.
생성자가 실행됩니다.

```
function TabMenu(){

    this.$tabMenu =null;
    this.$menuItems=null;
    this.$selectMenuItem=null;

    // 요소 초기화
    this.init=function(){
        this.$tabMenu = $("#tabMenu1");
        this.$menuItems = this.$tabMenu.find("li");
    }

    // 이벤트 등록
    this.initEvent=function(){
        var objThis = this;
        this.$menuItems.on("click",function(){
            objThis.setSelectItem($(this));
        });
    }

    // $menuItem에 해당하는 메뉴 아이템 선택하기
    this.setSelectItem=function($menuItem){
        // 기존 선택메뉴 아이템을 비활성화 처리 하기
        if(this.$selectMenuItem){
            this.$selectMenuItem.removeClass("select");
        }

        // 신규 아이템 활성화 처리 하기
        this.$selectMenuItem = $menuItem;
        this.$selectMenuItem.addClass("select");
    }

}
```

순서 02.
생성자가 실행되면
객체(this)에
프로퍼티와
메서드가
생성됩니다.

순서 01. 먼저 생성자가 실행됩니다.

순서 02. 다음으로 생성자가 호출되면 this에 만든 변수와 함수가 비로소 객체의 프로퍼티와 메서드가 됩니다.

코드를 모두 입력했다면 실행해 보세요. 하지만 아쉽게도 탭메뉴가 정상적으로 동작하지 않을 것입니다. 인스턴스만 생성했지 메뉴 항목에 이벤트 등록 등의 초기화 작업을 하지 않았기 때문이죠.

단계 06 _ 객체 외부에서 프로퍼티와 메서드 사용하기

마지막으로 객체 내부에 들어 있는 요소 초기화 메서드와 이벤트 등록 메서드인 init() 메서드와 initEvent()를 호출해 줍니다.

소스 _ 05부/01장/lesson04/01_complete/02_06.html

```
$(document).ready(function(){
    // 인스턴스 생성
    var tabMenu1 = new TabMenu();
    //요소 초기화 및 이벤트 등록 호출하기
    tabMenu1.init();
    tabMenu1.initEvent();
});
```

자! 코드를 모두 입력했다면 실행해 보세요. 드디어 멋지게 동작하는 탭메뉴를 볼 수 있을 것입니다.

여기까지 예제 02의 풀이였습니다.

예제 03 **예제 02의 풀이를 활용해 두 번째 탭메뉴가 독립적으로 동작할 수 있게 만들어 주세요.**

풀이 전 코드: 소스 _ 05부/01장/lesson04/01_complete/03_00.html

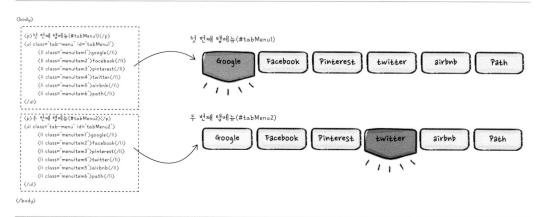

풀이 01

예제 01의 경우 다음과 같이 init() 메서드에 #tabMenu1이 고정돼 있기 때문에 어찌 보면 #tabMenu1 전용 클래스라고 볼 수 있습니다.

```
function TabMenu(){
    this.$tabMenu =null;
    this.$menuItems=null;
    this.$selectMenuItem=null;

    // 요소 초기화
    this.init=function(){
        this.$tabMenu = $("#tabMenu1");
        this.$menuItems = this.$tabMenu.find("li");
    }
}
```

탭메뉴1의
아이디 정보(#tabMenu1)가
하드 코딩되어 있어요.

이번 풀이의 핵심은 init() 메서드에 고정된 #tabMenu1 대신 원하는 정보로 설정할 수 있게 만드는 것입니다. 해결 방법은 아주 간단합니다. init() 메서드에 선택자를 매개변수 값으로 설정할 수 있게 만들어 줍니다.

소스 _ 05부/01장/lesson04/01_complete/03_01.html

변경 전:

```
function TabMenu(){
    this.$tabMenu =null;
    this.$menuItems=null;
    this.$selectMenuItem=null;

    // 요소 초기화
    this.init=fucntion() {
        this.$tabMenu = $("#tabMenu1");
        this.$menuItems = this.$tabMenu.find("li");
    }
}
```

변경

변경 후:

```
function TabMenu(){
    this.$tabMenu =null;
    this.$menuItems=null;
    this.$selectMenuItem=null;

    // 요소 초기화
    this.init=function( selector ) {
        this.$tabMenu = $( selector );
        this.$menuItems = this.$tabMenu.find("li");
    }
}
```

매개변수를
추가해주세요.

init() 메서드에 매개변수를 추가했다면 첫 번째 탭메뉴를 의미하는 #tabMenu1 선택자를 매개변수 값으로 init() 메서드를 호출해 줍니다.

소스 _ 05부/01장/lesson04/01_complete/03_02.html

```
$(document).ready(function(){
    // 첫 번째 탭메뉴 인스턴스 생성
    var tabMenu1 = new TabMenu();
    tabMenu1.init("#tabMenu1");
    tabMenu1.initEvent();
});
```

마지막으로 이와 동일한 방법으로 두 번째 탭메뉴의 인스턴스를 생성해 줍니다.

소스 _ 05부/01장/lesson04/01_complete/03_03.html

```
$(document).ready(function(){
    // 첫 번째 탭메뉴 인스턴스 생성
    var tabMenu1 = new TabMenu();
    tabMenu1.init("#tabMenu1");
    tabMenu1.initEvent();

    // 두 번째 탭메뉴 인스턴스 생성
    var tabMenu2 = new TabMenu();
    tabMenu2.init("#tabMenu2");
    tabMenu2.initEvent();
});
```

코드를 모두 입력했다면 두 개의 탭메뉴가 독립적으로 동작하는지 실행해 보세요. 멋지게 동작하는 두 개
의 탭메뉴를 확인할 수 있을 것입니다.

전체 소스 코드는 다음과 같습니다.

소스 _ 05부/01장/lesson04/01_complete/03_03.html

```
$(document).ready(function(){
    // 첫 번째 탭메뉴 인스턴스 생성
    var tab1 = new TabMenu();
    tab1.init("#tabMenu1");
    tab1.initEvent();

    // 두 번째 탭메뉴 인스턴스 생성
    var tab2 = new TabMenu();
```

```javascript
    tab2.init("#tabMenu2");
    tab2.initEvent();
});


function TabMenu(){
    this.$tabMenu =null;
    this.$menuItems=null;
    this.$selectMenuItem=null;

    // 요소 초기화
    this.init=function(selector){
        this.$tabMenu = $(selector);
        this.$menuItems = this.$tabMenu.find("li");
    }

    // 이벤트 등록
    this.initEvent=function(){
        var objThis = this;
        this.$menuItems.on("click",function(){
            objThis.setSelectItem($(this));
        });
    }

    // $menuItem에 해당하는 메뉴 아이템 선택하기
    this.setSelectItem=function($menuItem){
        // 기존 선택메뉴 아이템을 비활성화 처리하기
        if(this.$selectMenuItem){
            this.$selectMenuItem.removeClass("select");
        }

        // 신규 아이템 활성화 처리하기
        this.$selectMenuItem = $menuItem;
        this.$selectMenuItem.addClass("select");
    }
}
```

풀이 02

앞의 풀이를 다음과 같이 바꾸면 좀더 쉽게 탭메뉴를 사용할 수 있습니다.

소스 _ 05부/01장/lesson04/01_complete/03_04.html

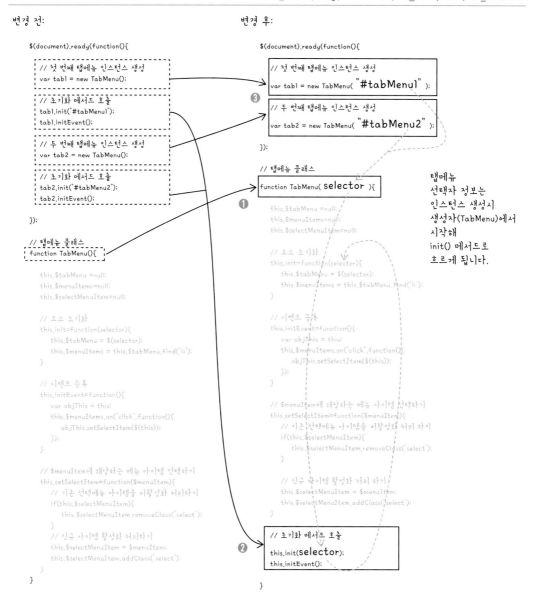

설명

❶ 먼저 기존 코드에서 생성자에 TabMenu 클래스와 연결할 탭메뉴 선택자 정보를 받을 매개변수를 추가해 줍니다.

❷ 이어서 선택자 정보를 매개변수 값으로 해서 객체 외부에서 호출한 초기화 메서드인 init()와 이벤트 등록하는 메서드인 initEvent()를 생성자 내부에서 호출해 줍니다.

❸ 인스턴스 생성 후 호출했던 초기화 메서드 호출은 생성자 내부에서 해주기 때문에 지워줍니다.

코드를 모두 입력했다면 탭메뉴가 정상적으로 동작하는지 실행해 보세요. 여기까지 문제 2에 대한 풀이 설명이었습니다.

03 _ 특징

1 _ 코드 재사용 가능

앞의 예제에서도 확인한 것처럼 하나의 탭메뉴 클래스로 여러 개의 탭메뉴를 만들 수 있는 장점이 있습니다.

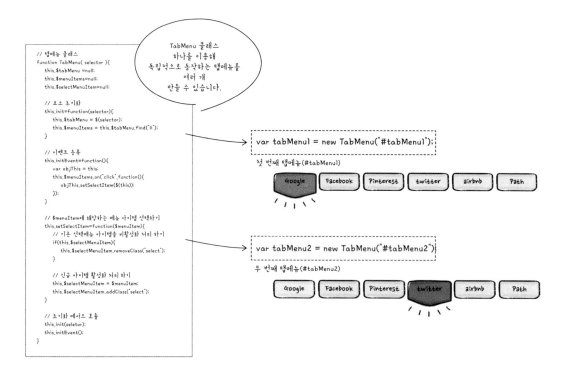

2 _ 메서드가 중복해서 생성되는 단점

하지만 단점이 없어 보이는 함수 방식 클래스는 아쉽게도 아주 치명적인 단점을 가지고 있습니다. 바로 인스턴스마다 내부의 모든 메서드가 독립적으로 만들어진다는 것입니다. 예를 들어 함수 방식 클래스로 3개의 탭메뉴를 만드는 경우 다음 그림처럼 메서드가 인스턴스마다 독립적으로 만들어지는 거죠.

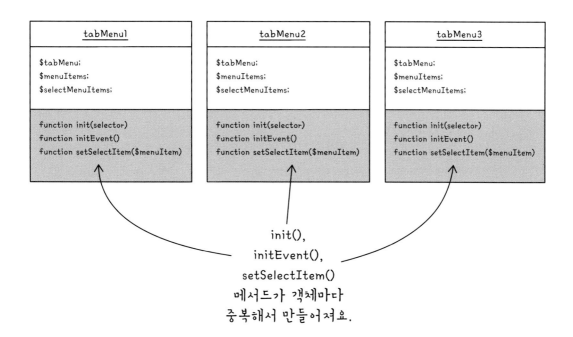

만약 메서드 하나의 크기가 100이고 프로퍼티 크기가 10이라고 했을 때 하나의 탭메뉴 인스턴스 크기는 330이 되고 탭메뉴가 3개이니 총 크기는 990이 됩니다. 탭메뉴의 인스턴스의 개수가 많아질수록 크기는 계속해서 증가합니다. 이런 단점 때문에 실무에서는 함수 방식으로는 클래스를 잘 만들진 않습니다.

Lesson 05 / 프로토타입 방식으로 클래스 만들기

이번 레슨에서는 프로토타입(prototype) 방식으로 클래스를 만들고 사용하는 방법에 대해 학습합니다. 클래스 만드는 방법 세 가지 중 가장 강력한 방법입니다. 참고로 여러분이 즐겨 사용하는 jQuery 역시 프로토타입 방식으로 만들어진 클래스입니다.

01 _ 사용법

진행 순서는 앞의 두 클래스 만드는 방법과 동일하게 클래스 설계 단계와 객체 사용 단계로 나눠 진행하겠습니다.

구분	진행 순서
클래스 설계 단계	1 _ 문법 2 _ 생성자 정의 방법 3 _ 프로퍼티 정의 방법 4 _ 메서드 정의 방법
객체 사용 단계	5 _ 인스턴스 생성 방법 6 _ 객체 외부에서 프로퍼티와 메서드 접근 방법 7 _ 객체 내부에서 프로퍼티와 메서드 접근 방법

그럼 첫 번째 단계인 문법부터 살펴보죠.

1 _ 문법

```
function 클래스이름() {
    this.프로퍼티1=초깃값;
    this.프로퍼티2=초깃값;

    . . .
}

클래스이름.prototype.메서드=function(){

    . . . .
}
```

프로퍼티 정의는 함수 방식처럼 this를 이용해서 정의하며 메서드는 prototype이라는 프로퍼티에 정의하는 구조로 되어 있습니다.

프로토타입 방식은 앞으로 세 가지 클래스 정의 방식 중 여러분이 가장 많이 사용할 클래스 정의 방식입니다. 앞에서도 언급했지만 실무에서 많이 사용하는 jQuery도 prototype 방식으로 만들어져 있습니다. 예를 들어 사용자 이름과 나이를 프로퍼티로 가지고 있고 이 정보를 출력하는 showInfo()라는 메서드를 가진 클래스를 만든다면 다음과 같이 만들 수 있습니다.

예제 01 **프로토타입 방식을 활용한 간단한 클래스 만들기**

소스 _ 05부/01장/lesson05/01_complete/01.html

```javascript
// 클래스 생성자
function User(){
    // 프로퍼티 정의
    this.name="ddandongne";
    this.age = 10;
}


// 메서드 정의
User.prototype.showInfo = function(){
    document.write("name = "+this.name+", age = "+this.age);
}


// 인스턴스 생성
var user = new User();
// 메서드 호출
user.showInfo();
```

2 _ 생성자 정의 방법

프로토타입 방식에서 생성자는 함수 방식과 마찬가지로 클래스이름 자체가 생성자이며 인스턴스를 생성할 때 자동으로 호출됩니다.

```
function 클래스이름(){
    초기화 작업
}
```

생성자는 주로 프로퍼티 생성 및 객체 정보나 상태를 초기화하는 메서드를 호출하는 역할을 합니다.

3 _ 프로퍼티 정의 방법

프로토타입 방식에서 프로퍼티는 함수 방식과 동일하게 this에 만들어 줍니다.

```
function 클래스이름(){
    this.프로퍼티1 = 초깃값;
    this.프로퍼티2 = 초깃값;
}
```

4 _ 메서드 정의 방법

프로토타입 방식에서 메서드는 prototype이라는 곳에 만들어줍니다.

```
function 클래스이름(){
    this.프로퍼티1 = 초깃값;
    this.프로퍼티2 = 초깃값;
}
클래스이름.prototype.메서드1=function(){};
클래스이름.prototype.메서드2=function(){};
```

함수 방식과 비교했을 때 함수 방식은 생성자 내부에서 this 속성에 메서드를 생성하며 프로토타입 방식은 생성자 밖에서 prototype 속성에 메서드를 생성합니다.

5 _ 인스턴스 생성 방법

프로토타입 방식에서 인스턴스 생성 방법은 함수 방식과 마찬가지로 클래스 이름 함수를 호출할 때 앞에 new 키워드를 추가해 호출해주면 됩니다.

```
function 클래스이름(){
    this.프로퍼티 = 초깃값;
}
클래스이름.prototype.메서드=function(){};

var 인스턴스 = new 클래스이름();
```

6 _ 객체 외부에서 프로퍼티와 메서드 접근 방법

```
function 클래스이름(){
    this.프로퍼티1 = 초깃값;
    this.프로퍼티2 = 초깃값;
}
클래스이름.prototype.메서드1=function(){};
클래스이름.prototype.메서드2=function(){};
```

```
var 인스턴스 = new 클래스이름();
인스턴스.프로퍼티1;
인스턴스.메서드1();
```

프로토타입 방식에서도 앞의 두 방식과 동일하게 객체 외부에서 객체 내부에 있는 프로퍼티와 메서드에 접근하려면 인스턴스 생성 후 접근 연산자를 이용합니다.

7 _ 객체 내부에서 프로퍼티와 메서드 접근 방법

프로토타입 방식 역시 객체 내부에서 자신의 프로퍼티와 메서드에 접근하려면 현재 객체 자신을 나타내는 this라는 키워드와 접근 연산자인 점(.) 을 사용합니다.

> 메모 _ this에 대해서는 '05부 02장 Lesson 01 this의 정체'에서 자세히 다룹니다.

```
function 클래스이름(){
    this.프로퍼티1 = 초깃값;
    this.프로퍼티2 = 초깃값;
}
클래스이름.prototype.메서드1=function(){
    alert(this.프로퍼티1);
    this.메서드2();
};
클래스이름.prototype.메서드2=function(){};
var 인스턴스 = new 클래스이름();
```

자! 이렇게 해서 프로토타입 방식으로 클래스를 만들고 사용하는 방법에 대해 모두 살펴봤습니다.

02 _ 예제

이번에는 지금까지 배운 프로토타입 클래스를 활용해보는 시간을 가져보겠습니다. 예제는 다음과 같이 두 가지가 있습니다. 앞의 내용을 참고해가며 다음 예제를 풀어주세요.

- **첫 번째:** 함수 단위 코딩을 프로토타입 클래스로 변경하기
- **두 번째:** 프로토타입 클래스로 두 개의 탭메뉴 만들기

자! 그럼 앞의 내용을 참고해가며 첫 번째 예제부터 풀어보죠.

예제 02 함수단위 코딩으로 만들어진 탭메뉴를 프로토타입 방식으로 클래스를 만들어 주세요.

풀이 전 코드: 소스 _ 05부/01장/lesson05/01_complete/02_00.html

```javascript
// 탭메뉴 관련 변수
var $tabMenu =null;
var $menuItems=null;
var $selectMenuItem=null;

$(document).ready(function(){
    // 탭메뉴 요소 초기화
    init();
    // 탭메뉴 요소에 이벤트 등록
    initEvent();
});

// 요소 초기화
function init(){
    $tabMenu = $("#tabMenu1");
    $menuItems = $tabMenu.find("li");
}

// 이벤트 등록
function initEvent(){
    $menuItems.on("click",function(){
        setSelectItem($(this));
    });
}

// $menuItem에 해당하는 메뉴 아이템 선택하기
function setSelectItem($menuItem){
    // 기존 선택메뉴 아이템을 비활성화 처리하기
    if($selectMenuItem){
        $selectMenuItem.removeClass("select");
    }

    // 신규 아이템 활성화 처리하기
    $selectMenuItem = $menuItem;
    $selectMenuItem.addClass("select");
}
```

풀이

그럼 지금부터 프로토타입 클래스 방식으로 탭메뉴 클래스를 만들어 볼 텐데요. 우선 풀이 결과를 미리 보여드리겠습니다.

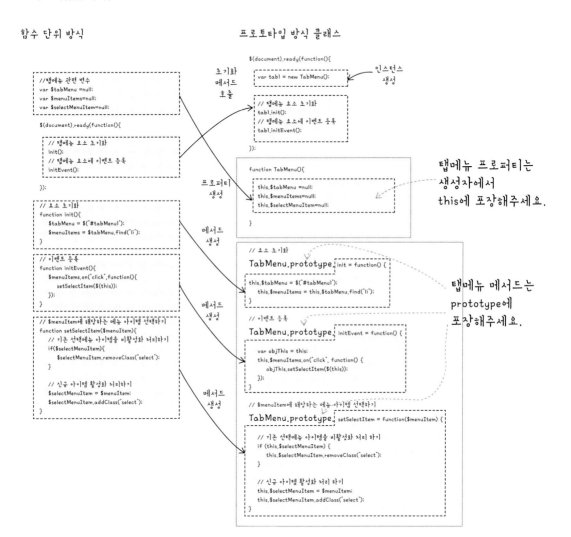

위의 그림을 간단하게 설명하자면 프로퍼티는 this 속성에 포장해주는 거죠. 이해를 돕기 위해 풀이를 다음과 같이 6단계로 나눠 만들어 보겠습니다.

단계 01: 클래스 생성하기

단계 02: 변수를 프로퍼티로 만들기

단계 03: 함수를 메서드로 만들기

단계 04: 객체 내부 프로퍼티와 메서드 사용하기

단계 05: 인스턴스 생성하기

단계 06: 객체 외부에서 프로퍼티와 메서드 사용하기

그럼 첫 번째 단계부터 시작해보죠.

단계 01 _ **클래스 생성하기**

변수와 함수를 포장할 클래스를 생성합니다.

소스 _ 05부/01장/lesson05/01_complete/02_01.html

함수 단위 방식

```
//탭메뉴 관련 변수
var $tabMenu =null;
var $menuItems=null;
var $selectMenuItem=null;

$(document).ready(function(){

    // 탭메뉴 요소 초기화
    init();

    // 탭메뉴 요소에 이벤트 등록
    initEvent();

});

// 요소 초기화
function init(){
    $tabMenu = $("#tabMenu1");
    $menuItems = $tabMenu.find("li");
}

// 이벤트 등록
function initEvent(){
    $menuItems.on("click",function(){
        setSelectItem($(this));
    });
}

// $menuItem에 해당하는 메뉴 아이템 선택하기
function setSelectItem($menuItem){
    // 기존 선택메뉴 아이템을 비활성화 처리하기
    if($selectMenuItem){
        $selectMenuItem.removeClass("select");
    }

    // 신규 아이템 활성화 처리하기
    $selectMenuItem = $menuItem;
    $selectMenuItem.addClass("select");
}
```

프로토타입 방식 클래스

```
$(document).ready(function(){

});
```

클래스 생성

```
function TabMenu(){

    // 이곳에 프로퍼티와 메서드를 만들어 주세요.

}
```

이 단계는 함수 기반 클래스 방식과 동일합니다.

단계 02 _ 변수를 프로퍼티로 만들기

다음으로 변수를 프로퍼티로 만들어 줍니다. 함수 기반 클래스 방식과 동일하게 this에 프로퍼티를 만들어 줍니다.

소스 _ 05부/01장/lesson05/01_complete/02_02.html

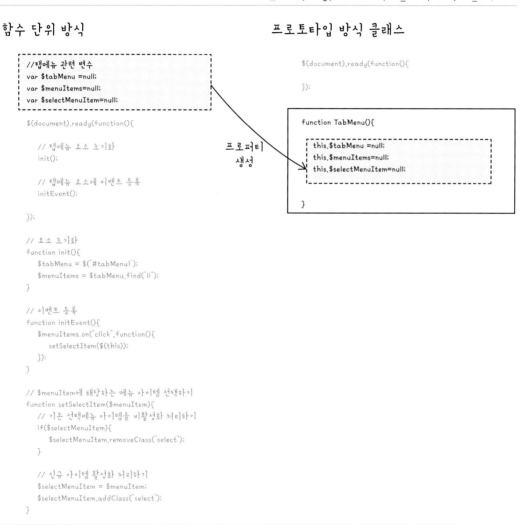

단계 03 _ 함수를 메서드로 만들기

드디어 프로토타입 방식만의 특징이 등장합니다. 함수 기반 클래스 방식과는 달리 this를 사용하지 않고 prototype 속성에 함수를 메서드로 만들어 줍니다.

소스 _ 05부/01장/lesson05/01_complete/02_03.html

함수 단위 방식

```
//탭메뉴 관련 변수.
var $tabMenu =null;
var $menuItems=null;
var $selectMenuItem=null;

$(document).ready(function(){

    // 탭메뉴 요소 초기화
    init();

    // 탭메뉴 요소에 이벤트 등록.
    initEvent();

});
```

```
// 요소 초기화
function init(){
    $tabMenu = $("#tabMenu1");
    $menuItems = $tabMenu.find("li");
}
```

```
// 이벤트 등록
function initEvent(){
    $menuItems.on("click",function(){
        setSelectItem($(this));
    });
}
```

```
// $menuItem에 해당하는 메뉴 아이템 선택하기
function setSelectItem($menuItem){
    // 기존 선택메뉴 아이템을 비활성화 처리하기
    if($selectMenuItem){
        $selectMenuItem.removeClass("select");
    }

    // 신규 아이템 활성화 처리하기
    $selectMenuItem = $menuItem;
    $selectMenuItem.addClass("select");
}
```

프로퍼티 생성

메서드 생성

메서드 생성

메서드 생성

프로토타입 방식 클래스

```
$(document).ready(function(){

});
```

```
function TabMenu(){

    this.$tabMenu =null;
    this.$menuItems=null;
    this.$selectMenuItem=null;

}
```

```
// 요소 초기화
TabMenu.prototype.init = function() {

    $tabMenu = $("#tabMenu1");
    $menuItems = $tabMenu.find("li");
}
```

```
// 이벤트 등록
TabMenu.prototype.initEvent = function() {

    $menuItems.on("click", function() {
        setSelectItem($(this));
    });

}
```

```
// $menuItem에 해당하는 메뉴 아이템 선택하기
TabMenu.prototype.setSelectItem = function($menuItem) {

    // 기존 선택메뉴 아이템을 비활성화 처리 하기
    if ($selectMenuItem) {
        $selectMenuItem.removeClass("select");
    }

    // 신규 아이템 활성화 처리 하기
    $selectMenuItem = $menuItem;
    $selectMenuItem.addClass("select");
}
```

탭메뉴 메서드는
prototype에
포장해주세요.

단계 04 _ 객체 내부 프로퍼티와 메서드 사용하기

클래스 내부에서 프로퍼티와 메서드를 사용할 수 있게 this 속성을 붙여 줍니다.

소스 _ 05부/01장/lesson05/01_complete/02_04.html

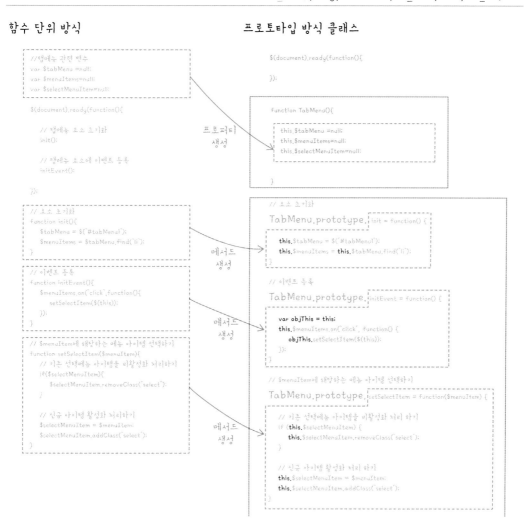

이렇게 해서 프로토타입 기반 클래스를 모두 완성했습니다.

단계 05 _ 탭메뉴 인스턴스 생성하기

이제 TabMenu 클래스가 정상적으로 동작하는지 확인하기 위해 new 명령을 이용해 TabMenu 클래스의 인스턴스를 생성해 줍니다.

소스 _ 05부/01장/lesson05/01_complete/02_05.html

```
$(document).ready(function(){
    // 인스턴스 생성
    var tabMenu1 = new TabMenu();
});
```

TabMenu 클래스의 인스턴스가 만들어지는 과정을 좀더 자세히 살펴보면 다음과 같습니다.

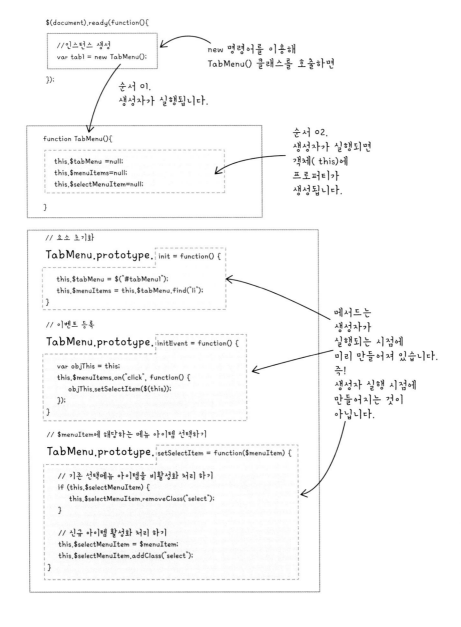

순서 01: 먼저 생성자가 실행됩니다.

순서 02: 생성자가 호출되면 this에 만든 변수가 비로소 객체의 프로퍼티가 됩니다. 마지막으로 생성자는 인스턴스를 리턴해 줍니다. 그리고 이 인스턴스가 tabMenu1이라는 지역변수에 저장됩니다.

여기서 주의할 점이 있는데요. 메서드는 생성자가 실행되는 시점에 만들어지는 것이 아니라는 것입니다.

잠시 후 특징에서 다시 한번 살펴보겠지만 프로토타입 클래스의 경우 인스턴스끼리 메서드를 공유하는 구조이기 때문에 인스턴스가 생성되기 전에 이미 클래스 속성인 prototype에 메서드가 만들어져 있다는 점입니다.

코드를 모두 입력했다면 실행해 보세요. 하지만 아쉽게도 탭메뉴가 정상적으로 동작하지 않을 것입니다. 인스턴스만 생성했지 메뉴 항목에 이벤트 등록 등의 초기화 작업을 하지 않았기 때문이죠.

단계 06 _ 객체 외부에서 프로퍼티와 메서드 사용하기

마지막으로 탭메뉴가 동작할 수 있게 객체 내부에 들어 있는 탭메뉴 요소 초기화 메서드인 init() 메서드와 이벤트 등록 메서드인 initEvent()를 호출해 줍니다.

소스 _ 05부/01장/lesson05/01_complete/02_06.html

```
$(document).ready(function(){
    // 인스턴스 생성
    var tabMenu1 = new TabMenu();
    //요소 초기화 및 이벤트 등록 호출하기
    tabMenu1.init();
    tabMenu1.initEvent();

});
```

자! 코드를 모두 입력했다면 실행해 보세요. 드디어 멋지게 동작하는 탭메뉴를 볼 수 있을 것입니다. 여기까지 예제 01의 풀이였습니다.

예제 03   예제 01의 풀이를 활용해 두 번째 탭메뉴가 독립적으로 동작할 수 있게 만들어 주세요.

풀이 전 코드: 소스 _ 05부/01장/lesson05/01_complete/03_00.html

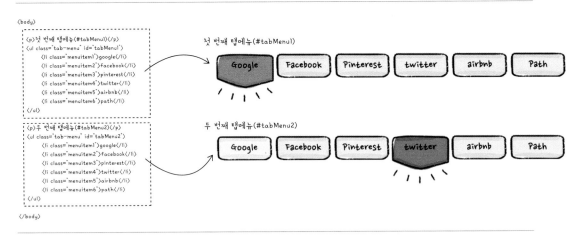

풀이 01

예제 01의 경우 다음과 같이 #tabMenu1이 고정되어 있기 때문에 어찌 보면 #tabMenu1 전용 클래스라고 볼 수 있습니다.

```
function TabMenu(){
    this.$tabMenu =null;
    this.$menuItems=null;
    this.$selectMenuItem=null;
}

// 요소 초기화
TabMenu.prototype.init = function() {

    this.$tabMenu = $( "#tabMenu1" );

    this.$menuItems = this.$tabMenu.find("li");
}
```

탭메뉴1의
아이디 정보(#tabMenu1)가
하드 코딩되어 있어요.

이번 풀이의 핵심은 init() 메서드에 고정된 #tabMenu1 대신 원하는 정보로 설정할 수 있게 만드는 것입니다. 해결 방법은 아주 간단합니다. init 메서드에 선택자를 매개변수 값으로 설정할 수 있게 만들어 줍니다.

소스 _ 05부/01장/lesson05/01_complete/03_01.html

변경 전: 변경 후:

init() 메서드에 선택자 정보를 받을 매개변수를 추가했다면 첫 번째 탭메뉴를 의미하는 #tabMenu1 선택자를 매개변수 값으로 init() 메서드를 호출해 줍니다. 이어서 이벤트 등록 메서드인 initEvent()도 호출해 줍니다.

소스 _ 05부/01장/lesson05/01_complete/03_02.html

```
$(document).ready(function(){
    // 첫 번째 탭메뉴 인스턴스 생성
    var tabMenu1 = new TabMenu();
    tabMenu1.init("#tabMenu1");
    tabMenu1.initEvent();
});
```

마지막으로 이와 동일한 방법으로 두 번째 탭메뉴의 인스턴스를 생성해 줍니다.

소스 _ 05부/01장/lesson05/01_complete/03_03.html

```
$(document).ready(function(){
    // 첫 번째 탭메뉴 인스턴스 생성
    var tabMenu1 = new TabMenu();
    tabMenu1.init("#tabMenu1");
    tabMenu1.initEvent();

    // 두 번째 탭메뉴 인스턴스 생성
    var tabMenu2 = new TabMenu();
    tabMenu2.init("#tabMenu2");
    tabMenu2.initEvent();
});
```

코드를 모두 입력했다면 두 개의 탭메뉴가 독립적으로 동작하는지 실행해 보세요. 추가한 코드가 실행되면 단계 06이 다시 한 번 실행되어 두 번째 탭메뉴만의 프로퍼티가 생성되어 두 개의 탭메뉴가 독립적으로 동작하게 됩니다.

전체코드는 다음과 같습니다.

소스 _ 05부/01장/lesson05/01_complete/03_03.html

```
$(document).ready(function(){
    // 첫 번째 탭메뉴 인스턴스 생성
    var tabMenu1 = new TabMenu();
    tabMenu1.init("#tabMenu1");
    tabMenu1.initEvent();

    // 두 번째 탭메뉴 인스턴스 생성
    var tabMenu2 = new TabMenu();
    tabMenu2.init("#tabMenu2");
    tabMenu2.initEvent();
});

function TabMenu() {
    this.$tabMenu = null;
    this.$menuItems = null;
    this.$selectMenuItem = null;
}

// 요소 초기화
TabMenu.prototype.init = function(selector) {
    this.$tabMenu = $(selector);
    this.$menuItems = this.$tabMenu.find("li");
}

// 이벤트 등록
TabMenu.prototype.initEvent = function() {
    var objThis = this;
    this.$menuItems.on("click", function() {
        objThis.setSelectItem($(this));
    });
}

// $menuItem에 해당하는 메뉴 아이템 선택하기
TabMenu.prototype.setSelectItem = function($menuItem) {
    // 기존 선택메뉴 아이템을 비활성화 처리하기
    if (this.$selectMenuItem) {
        this.$selectMenuItem.removeClass("select");
    }
```

```
// 신규 아이템 활성화 처리하기
    this.$selectMenuItem = $menuItem;
    this.$selectMenuItem.addClass("select");
}
```

풀이 02

프로토타입 방식 역시 초기화 메서드인 init()와 initEvent()를 생성자 내부에서 호출하면 생성자를 인스턴스마다 계속해서
호출하는 수고를 덜 수 있게 됩니다.

소스 _ 05부/01장/lesson05/01_complete/03_04.html

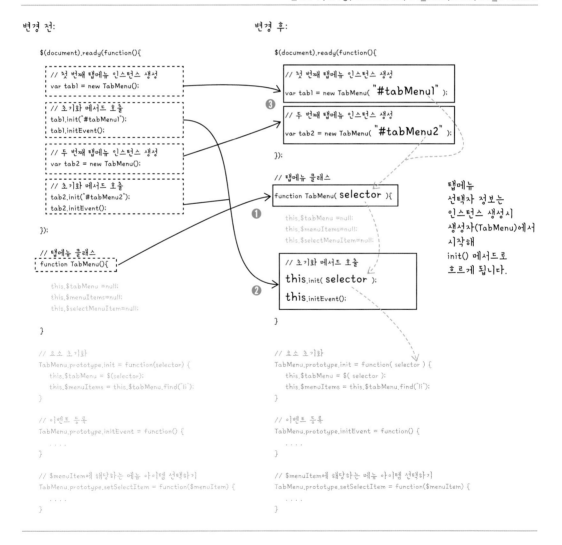

정리하면 함수 기반 클래스와 프로토타입 기반 클래스는 메서드 만드는 방법만 다를 뿐 모든 내용이 동일합니다. 하지만 이 두 가지 방법엔 아주 뚜렷한 차이점이 있답니다. 이 내용은 바로 이어서 '03 특징'에서 자세히 살펴보죠.

03 _ 특징

1 _ 코드 재사용 기능

함수 기반 클래스와 동일하게 하나의 탭메뉴 클래스로 여러 개의 탭메뉴를 만들 수 있는 장점이 있습니다.

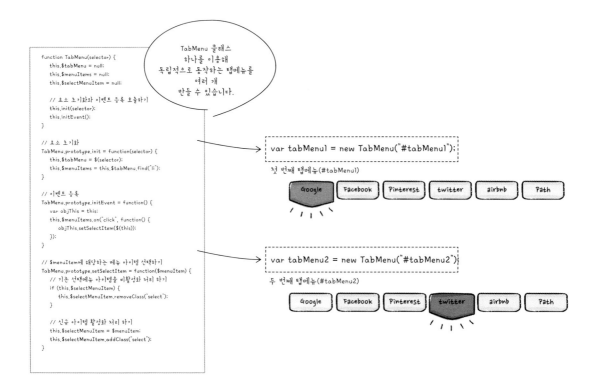

2 _ 메서드 공유 기능

프로토타입 방식의 가장 큰 특징은 모든 인스턴스가 prototype에 만든 메서드를 공유해서 사용한다는 점입니다. 예를 들어 프로토타입 방식 클래스로 3개의 탭메뉴를 만드는 경우 다음 그림처럼 모든 인스턴스는 메서드를 공유해서 사용하는 거죠.

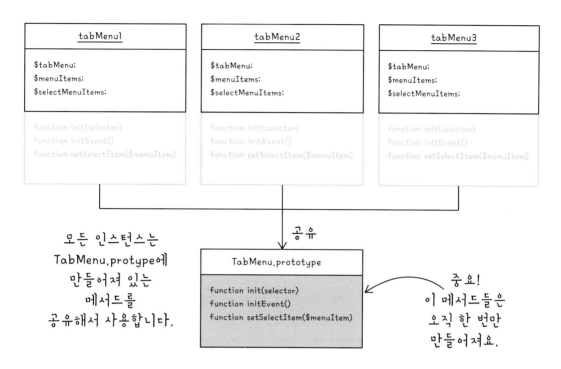

만약 메서드 하나의 크기가 100이고 프로퍼티 크기가 10이라고 했을 때 각 인스턴스마다 prototype의 메서드를 공유해서 사용하는 구조이기 때문에, 하나의 탭메뉴 인스턴스 크기는 30이 되고 탭메뉴가 3개이니 총 크기는 390(90+300)이 됩니다. 탭메뉴의 인스턴스의 개수가 많아질수록 크기가 감소되는 효과를 볼 수 있습니다. 탭메뉴 3개를 함수 기반 클래스로 만들었을 경우 총 크기가 990인 것과 비교해봤을 때 큰 차이가 나는 걸 쉽게 확인할 수 있습니다.

이런 이유 때문에 실무에서는 주로 프로토타입 방식을 이용해 클래스를 제작하며 jQuery 역시 프로토타입 방식 클래스로 만들어져 있습니다.

3 _ 상속 기능

프로토타입 방식의 또 하나의 큰 특징은 자바스크립트에서는 prototype을 이용해 상속을 구현한다는 점입니다. 상속에 대한 내용은 '06부 04장 클래스 상속' 편에서 자세히 다룹니다.

Lesson 06 / 클래스 정의 방법 3가지 비교

우리는 방금 전까지 자바스크립트에서 제공하는 클래스 정의 방법 세 가지를 모두 다뤄 봤습니다. 아마도 세 가지 방법에서 비슷한 코드가 많이 등장했기 때문에 이제 막 클래스를 접한 분이라면 지금쯤 혼란을 겪고 있을 것입니다. 이런 분들을 위해 이번 레슨에서는 지금까지 다룬 클래스 정의 방법 세 가지를 다시 한 번 정리해 보는 시간을 가져보겠습니다.

01 _ 특징

먼저 특징부터 살펴겠습니다.

방식	특징
프로토타입 방식	• 일반적인 클래스 제작 방법 • 인스턴스마다 공통된 메서드를 공유해서 사용하는 장점이 있음 • jQuery도 prototype 방식으로 만들어져 있음
함수 방식	• 간단한 클래스 제작 시 사용 • 인스턴스마다 메서드가 독립적으로 만들어지는 단점이 있음
리터럴 방식	• 클래스 만드는 용도는 아니며 주로 여러 개의 매개변수를 그룹으로 묶어 함수의 매개변수로 보낼 때 사용 • 정의와 함께 인스턴스가 만들어지는 장점이 있음. 단! 인스턴스는 오직 하나만 만들 수 있음

그럼 여기서 돌발질문! 만약 인스턴스 하나만 만들어 사용하는 경우라면 세 가지 방식 중 가장 효과적인 방식은?

만약 인스턴스를 하나만 만들어 사용하는 경우라면 세 가지 방식 중 아무거나 사용해도 됩니다. 예를 들어 몇 개의 프로퍼티와 메서드를 가진 간단한 클래스를 만든 후 인스턴스를 하나만 생성해 사용하는 경우 복잡한 문법을 가진 함수 방식과 프로토타입 방식이 아닌 리터럴 방식을 이용하는 게 훨씬 효과적입니다.

이처럼 상황에 맞게 세 가지 방법을 선택해서 사용하면 됩니다.

02 _ 클래스 정의 방법(포장법) 비교

리터럴 방식	함수 방식	프로토타입 방식

var 인스턴스 = {
　프로퍼티1:초깃값,
　프로퍼티2:초깃값,
 	
　메서드1:function(){
　},
　메서드2:function(){
　}
}
	function 클래스이름(){
	　this.프로퍼티1=초깃값;
	　this.프로퍼티2=초깃값;
	
	　this.메서드1=function(){
	　}
	　this.메서드2=function(){
	　}
	}
		function 클래스이름(){
		　this.프로퍼티1=초깃값;
		　this.프로퍼티2=초깃값;
		}
		
		클래스이름.prototype.메서드1=function(){
		}
		클래스이름.prototype.메서드2=function(){
		}

1 _ 오브젝트 리터럴 방식

오브젝트 리터럴을 의미하는 {} 내부에 프로퍼티와 메서드를 포장하는 구조입니다. 프로퍼티는 콜론(:)을 기준으로 좌측에는 프로퍼티 이름 우측에는 프로퍼티 값을 작성하며, 메서드 역시 콜론(:)을 기준으로 왼쪽에는 메서드 이름 오른쪽에는 함수 정의 부분을 작성합니다.

2 _ 함수 방식

프로퍼티와 메서드 모두 생성자 함수 내부에서 자기 자신을 의미하는 this 속성에 만듭니다.

3 _ 프로토타입 방식

프로퍼티는 생성자 함수 내부에서 this 속성에 만들고, 메서드는 prototype 속성에 만듭니다.

03 _ 인스턴스 생성 방법

리터럴 방식	함수 방식	프로토타입 방식
var 인스턴스 = { }	var 인스턴스 = new 클래스 이름()	var 인스턴스 = new 클래스 이름()

1 _ 오브젝트 리터럴 방식

클래스 선언과 동시에 인스턴스가 자동으로 생성됩니다.

2 _ 함수 방식과 프로토타입 방식

함수방식과 프로토타입 방식 모두 new 명령어를 이용해 인스턴스를 생성합니다. new를 빼고 구문을 실행하면 일반적인 함수 호출이 되어 정상적으로 인스턴스가 생성되지 않습니다.

04 _ 객체 외부에서 프로퍼티와 메서드 접근 방법

리터럴 방식	함수 방식	프로토타입 방식

var 인스턴스 = {
　　프로퍼티1:초깃값,
　　프로퍼티2:초깃값,
 	
　　메서드1:function(){
　　},
　　메서드2:function(){
　　}
}
	function 클래스이름(){
	　　this.프로퍼티1=초깃값;
	　　this.프로퍼티2=초깃값;
	
	　　this.메서드1=function(){
	　　}
	　　this.메서드2=function(){
	　　}
	}
		function 클래스이름(){
		　　this.프로퍼티1=초깃값;
		　　this.프로퍼티2=초깃값;
		}
		
		클래스이름.prototype.메서드1=function(){
		}
		클래스이름.prototype.메서드2=function(){
		}

인스턴스.프로퍼티1; 인스턴스.메서드1();		

객체 외부에서 객체 내부에 있는 프로퍼티와 메서드 접근 방법은 세 가지 방식 모두 동일하며 접근 연산자(.)를 기준으로 좌측에는 인스턴스 이름 우측에는 프로퍼티와 메서드 이름을 작성해 접근.

05 _ 객체 내부에서 프로퍼티와 메서드 접근 방법

리터럴 방식	함수 방식	프로토타입 방식

var 인스턴스 = {
　　프로퍼티1:초깃값,
　　프로퍼티2:초깃값,
 	
　　메서드1:function(){
　　　alert(this.프로퍼티1);
　　　this.메서드2();
　　},
　　메서드2:function(){
　　}
}
	function 클래스이름(){
	　　this.프로퍼티1=초깃값;
	　　this.프로퍼티2=초깃값;
	
	　　this.메서드1=function(){
	　　　alert(this.프로퍼티1);
	　　　this.메서드2();
	　　}
	　　this.메서드2=function(){
	　　}
		function 클래스이름(){
		　　this.프로퍼티1=초깃값;
		　　this.프로퍼티2=초깃값;
		}
		
		클래스이름.prototype.메서드1=function(){
		　　alert(this.프로퍼티1);
		　　this.메서드2();
		}
		클래스이름.prototype.메서드2=function(){
		}

객체 내부에서 객체 자신의 프로퍼티와 메서드 접근 방법 역시 세 가지 방식 모두 동일하며 접근 연산자를 기준으로 좌측에는 자기 자신을 나타내는 this 속성값을, 우측에는 프로퍼티와 메서드 이름을 작성해 접근합니다.

어떤가요? 복잡하게만 보였던 클래스 문법이 이제는 쉽게 이해되는 걸 확인할 수 있을 것입니다.

클래스를 정복하는 가장 좋은 방법 역시 여러분이 지금까지 작성한 코드를 클래스로 포장해보는 것입니다. 구현 코드는 이미 알고 있으므로 오직 클래스를 만드는 연습에만 몰두할 수 있기 때문입니다. 그래서 이번 미션들은 여러분이 앞장에서 풀이한 내용 중 클래스로 변경하면 좋을 것 같은 내용을 골라 미션으로 만들었습니다.

미션 01   구구단 출력을 클래스로 만들기

구구단 중 3단, 6단, 9단을 전문으로 출력하는 메서드를 가진 클래스를 다음 요구사항에 맞게 만들어주세요.

01 _ 요구사항

01. 3단출력, 6단출력, 9단출력 버튼이 눌리면 해당 구구단이 출력될 수 있게 해당 메서드를 호출해 주세요.

02. 지우기 버튼을 누르면 출력창의 정보를 모두 지워주세요.

03. prototype 방식 클래스로 만들어 주세요.

02 _ 화면구성

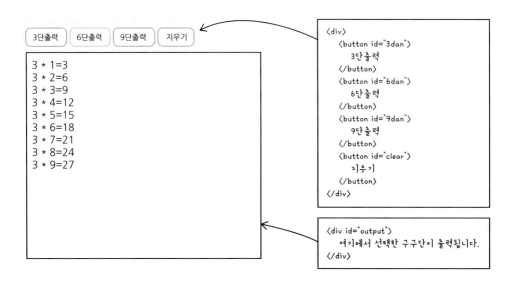

03 _ 풀이 전 코드

소스 _ 05부/01장/lesson07/01_complete/m01/step00.html

```javascript
$(document).ready(function() {

    $("#3dan").click(function() {
        // 3단을 출력하는 메서드를 호출해 주세요.

    })
    $("#6dan").click(function() {
        // 6단을 출력하는 메서드를 호출해 주세요.

    })
    $("#9dan").click(function() {
        // 9단을 출력하는 메서드를 호출해 주세요.

    })

    $("#clear").click(function() {
        // 출력된 구구단을 지우는 메서드를 호출해 주세요.

    })
});
```

04 _ 구현하기

지금부터 구현을 진행해볼 텐데요. 이해를 돕기 위해 구현은 다음과 같이 5단계로 나눠 진행하겠습니다.

- **단계 01:** 클래스 만들기

- **단계 02:** 프로퍼티 만들기

- **단계 03:** 메서드 만들기

- **단계 04:** 인스턴스 생성 후 메서드 호출

- **단계 05:** 리팩토링

단계 01 _ 클래스 만들기

먼저 프로퍼티와 메서드를 포장할 클래스를 만들어 줍니다.

소스 _ 05부/01장/lesson07/01_complete/m01/step01.html

```
function My99DAN(){

}
```

단계 02 _ 프로퍼티 만들기

선택한 구구단을 출력할 #output 노드를 this 속성에 프로퍼티로 만들어 줍니다.

소스 _ 05부/01장/lesson07/01_complete/m01/step02.html

```
function My99DAN(){
    // 출력 노드를 프로퍼티로 만들기
    this.$output = $("#output");
}
```

단계 03 _ 메서드 만들기

3, 6, 9단을 출력하는 기능을 가진 메서드와 출력 정보를 지우는 기능을 하는 메서드를 다음과 같이 만들어 줍니다.

소스 _ 05부/01장/lesson07/01_complete/m01/step03.html

```
//3단 출력
My99DAN.prototype.print3dan=function(){
    var result = "";
    var dan = 3;
    for(var i=1;i<=9;i++){
        result+=dan+" * "+i+"="+(dan*i)+"<br>"
    }
    this.$output.html(result);
}

//6단 출력
My99DAN.prototype.print6dan=function(){
    var result = "";
    var dan = 6;
    for(var i=1;i<=9;i++){
        result+=dan+" * "+i+"="+(dan*i)+"<br>"
    }
    this.$output.html(result);
}
```

```
//9단 출력
My99DAN.prototype.print9dan=function(){
    var result = "";
    var dan = 9;
    for(var i=1;i<=9;i++){
        result+=dan+" * "+i+"="+(dan*i)+"<br>"
    }

    this.$output.html(result);
}

//출력정보 지우기
My99DAN.prototype.clear=function(){
    this.$output.html("");
}
```

이렇게 해서 클래스 설계가 끝났습니다.

단계 04 _ 인스턴스 생성 후 메서드 호출하기

new 명령어를 활용해 인스턴스를 생성한 후 각 버튼에 맞는 메서드를 호출해 줍니다.

소스 _ 05부/01장/lesson07/01_complete/m01/step04.html

```
$(document).ready(function() {
// 인스턴스 생성
    var my99dan = new My99DAN();

    $("#3dan").click(function() {
        // 3단을 출력하는 메서드를 호출해 주세요.
        my99dan.print3dan();
    })
    $("#6dan").click(function() {
        // 6단을 출력하는 메서드를 호출해 주세요.
        my99dan.print6dan();
    })
    $("#9dan").click(function() {
        // 9단을 출력하는 메서드를 호출해 주세요.
        my99dan.print9dan();
    })

    $("#clear").click(function() {
```

```
        // 출력된 구구단을 지우는 메서드를 호출해 주세요.
        my99dan.clear();
    })
});
```

코드를 모두 입력했다면 정상적으로 동작하는지 실행해보죠.

단계 05 _ 리팩토링

눈치 빠른 분이라면 이미 알고 있겠지만 앞의 풀이를 보면 다음과 같이 냄새 나는 중복코드가 있다는 걸 확인할 수 있습니다. 다음과 같이 메서드를 추가해 중복 코드를 없애 줍니다.

소스 _ 05부/01장/lesson07/01_complete/m01/step05.html

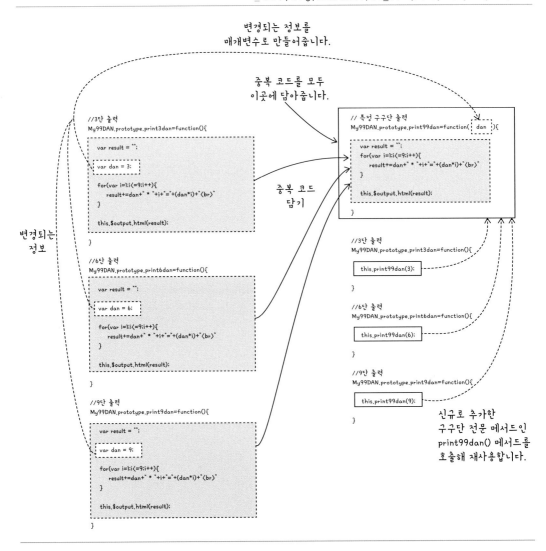

코드를 모두 입력했다면 기존과 똑같이 동작하는지 실행해 보세요. 전체 풀이코드는 다음과 같습니다.

소스 _ 05부/01장/lesson07/01_complete/m01/step05.html

```
$(document).ready(function() {
    var my99dan = new My99DAN();

    $("#3dan").click(function() {
        // 3단을 출력하는 메서드를 호출해 주세요.
        my99dan.print3dan();
    })
    $("#6dan").click(function() {
        // 6단을 출력하는 메서드를 호출해 주세요.
        my99dan.print6dan();
    })
    $("#9dan").click(function() {
        // 9단을 출력하는 메서드를 호출해 주세요.
        my99dan.print9dan();
    })

    $("#clear").click(function() {
        // 출력된 구구단을 지우는 메서드를 호출해 주세요.
        my99dan.clear();
    })
});

function My99DAN(){
    // 출력 노드를 프로퍼티로 만들기
    this.$output = $("#output");
}

//특정 구구단을 출력하는 메서드
My99DAN.prototype.printdan=function(dan){
    var result = "";
    for(var i=1;i<=9;i++){
        result+=dan+" * "+i+"="+(dan*i)+"<br>"
    }
    this.$output.html(result);
}

//3단 출력
My99DAN.prototype.print3dan=function(){
```

```
        this.printdan(3);
    }

    //6단 출력
    My99DAN.prototype.print6dan=function(){
        this.printdan(6);
    }

    //9단 출력
    My99DAN.prototype.print9dan=function(){
        this.printdan(9);
    }

    //출력정보 지우기
    My99DAN.prototype.clear=function(){
        this.$output.html("");
    }
```

미션 02   계산기를 클래스로 만들기

이번에는 계산기를 클래스로 만들어 보겠습니다. 요구사항에 맞게 미션을 풀어주세요.

01 _ 요구사항

01. 두 개의 숫자와 사칙연산자 하나를 입력받은 후 확인 버튼을 클릭하면 계산된 결과를 출력 영역에 표현합니다.

02. 클래스는 prototype 방식으로 만들어주세요.

02 _ 화면구성

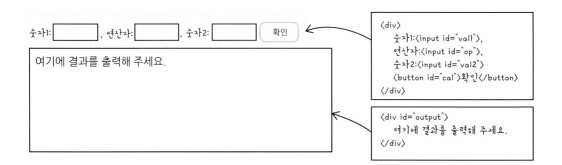

03 _ 구현하기

이해를 돕기 위해 구현은 다음과 같이 7단계로 나눠 진행하겠습니다

- **단계 01:** 클래스 만들기

- **단계 02:** 프로퍼티 만들기 및 프로퍼티 초기화

- **단계 03:** 메서드 만들기

- **단계 04:** 사칙연산 메서드 추가

- **단계 05:** 입력값 처리하기

- **단계 06:** 초기화 메서드 호출

- **단계 07:** 인스턴스 생성

단계 01 _ **클래스 만들기**

먼저 계산기 기능을 담을 클래스를 만들어 줍니다.

소스 _ 05부/01장/lesson07/01_complete/m02/step01.html

```
function Calculator(){

}
```

단계 02 _ **프로퍼티 만들기 및 프로퍼티 초기화**

생성자 내부에 프로퍼티를 만든 후 계산기 내부에서 계속해서 사용할 노드를 jQuery를 이용해 찾아 변수에 담아 줍니다.

소스 _ 05부/01장/lesson07/01_complete/m02/step02.html

```
function Calculator(){
    // 프로퍼티 선언
    this.$value1= null;
    this.operator= null;
    this.$value2= null;
    this.$output = null;
}
//요소 초기화
Calculator.prototype.init=function(){
```

```
// 계산기 내부에서 계속해서 사용할 노드를 미리 찾아 변수에 담아 줍니다.
this.$value1= $("#val1");
this.operator= $("#op");
this.$value2= $("#val2");
this.$output = $("#output");
}
```

단계 03 _ 사칙연산 메서드 추가

계산기의 핵심 기능인 연산 기능을 하는 메서드를 구현합니다. 결과값을 #output에 출력해 줍니다.

소스 _ 05부/01장/lesson07/01_complete/m02/step03.html

```
// 계산기 메서드
Calculator.prototype.calculate=function(op, num1,num2){
    var result="";
    switch(op) {
        case "+" :
            result = num1+num2;
            break;
        case "-" :
            result = num1-num2;
            break;
        case "*" :
            result = num1*num2;
            break;
        case "/" :
            result = num1/num2;
            break;

        default :
            result = "지원하지 않는 연산자입니다";
    }
    // 계산 정보를 출력 영역에 출력
    this.$output.html(result);
}
```

단계 04 _ **입력값 처리하기**

입력 정보를 읽어 앞에서 작성한 calculate() 메서드를 호출하는 기능을 하는 메서드를 추가해 줍니다.

소스 _ 05부/01장/lesson07/01_complete/m02/step04.html

```
// 입력 정보를 구한 후 계산 메서드 호출
Calculator.prototype.exeCalculate=function(){
    // 입력 정보 구하기.
    var val1 = parseInt(this.$value1.val());
    var operator = this.operator.val();
    var val2 = parseInt(this.$value2.val());

    // 사칙연산 메서드 실행
    this.calculate(operator,val1, val2);
}
```

여기에서 주의해야 할 사항이 하나 있는데요. 입력박스에 입력값은 숫자이긴 하지만 문자열로 된 숫자이기 때문에 사칙연산을 위해서는 반드시 숫자로 형변환해야 합니다. 형변환을 위해 parseInt() 함수를 사용했습니다.

단계 05 _ **이벤트 처리**

이벤트 등록을 전문으로 담당할 메서드를 만든 후 확인 버튼에 클릭 이벤트를 추가해 줍니다.

소스 _ 05부/01장/lesson07/01_complete/m02/step05.html

```
//이벤트 초기화
Calculator.prototype.initEvent=function(){
    var objThis =this;
    $("#cal").click(function(){
        // 메서드 호출
        objThis.exeCalculate();
    })
}
```

여기에서 확인 버튼 노드인 #cal은 이벤트를 걸 때 오직 한 번만 사용하기 때문에 프로퍼티로 만들지 않았습니다. 두 번 이상 사용되었다면 #cal도 프로퍼티로 만들어 재사용했을 것입니다.

단계 06 _ 초기화 메서드 호출

마지막으로 생성자에 초기화 메서드를 호출해 줍니다.

소스 _ 05부/01장/lesson07/01_complete/m02/step06.html

```
function Calculator(){
    // 프로퍼티 선언
    this.$value1= null;
    this.operator= null;
    this.$value2= null;
    this.$output = null;

    // 요소 초기화 메서드 호출
    this.init();
    // 이벤트 초기화 메서드 호출
    this.initEvent();
}
```

자! 여기까지 요구사항에 맞게 계산기 클래스를 모두 만들었습니다. 다음 단계에서 지금까지 만든 클래스가 정상적으로 동작하는지 확인해보죠.

단계 07 _ 인스턴스 생성

new 명령어를 이용해 계산기 클래스의 인스턴스를 호출해 줍니다.

소스 _ 05부/01장/lesson07/01_complete/m02/step07.html

```
$(document).ready(function() {
    // 계산기 인스턴스 생성
    var cal = new Calculator();
});
```

코드를 모두 입력했다면 정상적으로 동작하는지 실행해보죠.

실행화면에서 숫자와 연산자를 입력한 후 확인 버튼을 눌러 계산 값이 출력되는지 확인해 보세요.

전체 소스 코드는 다음과 같습니다.

소스 _ 05부/01장/lesson07/01_complete/m02/step07.html

```
$(document).ready(function() {
    // 계산기 인스턴스 생성
    var cal = new Calculator();
});

function Calculator(){
    // 프로퍼티 선언
    this.$value1= null;
    this.operator= null;
    this.$value2= null;
    this.$output = null;

    // 요소 초기화 메서드 호출
    this.init();
    // 이벤트 초기화 메서드 호출
    this.initEvent();
}

//이벤트 초기화
Calculator.prototype.initEvent=function(){
    var objThis =this;
    $("#cal").click(function(){
        // 메서드 호출
        objThis.exeCalculate();
    })
}

//요소 초기화
Calculator.prototype.init=function(){
    // 계산기 내부에서 계속해서 사용할 노드를 미리 찾아 변수에 담아 줍니다.
    this.$value1= $("#val1");
    this.operator= $("#op");
    this.$value2= $("#val2");
    this.$output = $("#output");
}
```

```javascript
// 입력 정보를 구한 후 계산 메서드 호출
Calculator.prototype.exeCalculate=function(){
    // 입력 정보 구하기.
    var val1 = parseInt(this.$value1.val());
    var operator = this.operator.val();
    var val2 = parseInt(this.$value2.val());

    // 사칙연산 메서드 실행
    this.calculate(operator,val1, val2);
}

// 계산기 메서드
Calculator.prototype.calculate=function(op, num1,num2){
    var result="";
    switch(op) {
        case "+" :
            result = num1+num2;
            break;
        case "-" :
            result = num1-num2;
            break;
        case "*" :
            result = num1*num2;
            break;
        case "/" :
            result = num1/num2;
            break;

        default :
            result = "지원하지 않는 연산자입니다";
    }
    // 계산 정보를 출력 영역에 출력
    this.$output.html(result);
}
```

미션 03   심플 갤러리를 클래스로 만들기

함수 단위 코딩으로 만들어진 심플 갤러리를 프로토타입 클래스로 만들어 주세요.

01 _ 화면구조

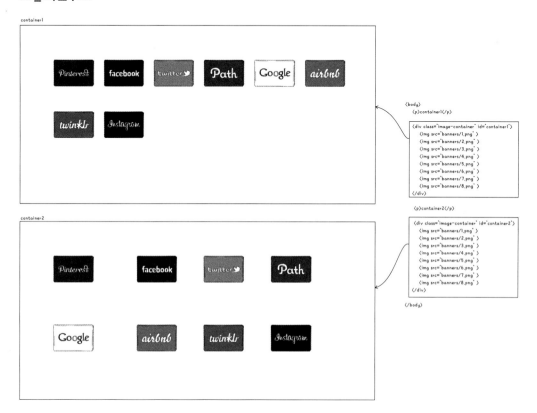

02 _ 풀이 전 코드

소스 _ 05부/01장/lesson07/01_complete/m03/step00.html

```javascript
$(document).ready(function(){
    // 이미지  찾기
    var $images1 = $("#container1 img");
    var $images2 = $("#container2 img");

    // 이미지  배열하기
    showGallery($images1, 6,150,150);
```

```javascript
    showGallery($images2, 4,200,200);
});

//이미지 배열하기
function showGallery($images, count,width,height){
    // 이미지 개수 구하기.
    var length = $images.length;

    // 이미지 배열하기.
    for(var i=0;i<length;i++){
        // n번째 이미지 구하기
        var $img = $images.eq(i);

        // 위치 값 구하기
        var x = 100+((i%count)*width);
        var y = 100+(parseInt(i/count)*height);

        // 위치 설정
        $img.css({
            left:x,
            top:y
        });
    }
}
```

03 _ 구현하기

이해를 돕기 위해 구현은 다음과 같이 5단계로 나눠 진행하겠습니다.

- **단계 01:** 클래스 생성

- **단계 02:** 프로퍼티 생성 및 초기화 메서드 만들기

- **단계 03:** 이미지 출력 메서드 추가

- **단계 04:** 인스턴스 생성하기

- **단계 05:** 리팩토링

단계 01 _ **클래스 생성**

먼저 풀이와 같이 이미지 정보를 매개변수로 하는 클래스 생성자를 만들어 줍니다.

소스 _ 05부/01장/lesson07/01_complete/m03/step01.html

```
/*
*@selector : 이미지 목록을 나타내는 css 선택자
*@count : 가로로 출력할 이미지 개수
*@width : 출력할 이미지 영역 너비
*@height :출력할 이미지 영역 높이
*/
function SimpleGallery(selector, count, width, height){

}
```

단계 02 _ **프로퍼티 생성 및 초기화 메서드 만들기**

소스 _ 05부/01장/lesson07/01_complete/m03/step02.html

```
function SimpleGallery(selector, count, width, height){
    // 프로퍼티 생성
    this.$images = null; ❶
    this.count =count;
    this.imageWidth = width;
    this.imageHeight = height;

    // 요소 초기화
    this.init(selector);
}

// 요소 초기화
SimpleGallery.prototype.init=function(selector){ ❷
    this.$images = $(selector);
}
```

❶ 이미지 목록을 저장할 프로퍼티를 만들어 줍니다.

❷ 선택자에 해당하는 이미지 목록은 요소 전문 초기화 메서드인 init()를 만들어 처리해 줍니다.

단계 03 _ 이미지 출력 메서드 추가

| 풀이 전 코드 소스
05부/01장/lesson07/01_complete/m03/step00.html | 풀이 후 코드 소스
05부/01장/lesson07/01_complete/m03/step03_01.html |

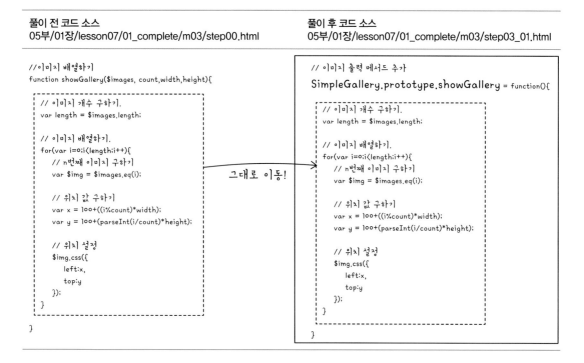

풀이 전 코드의 showGallery() 함수에 구현된 내용을 복사해 메서드로 만들어 줍니다. 이어서 이미지 목록과 가로 출력 이미지 개수 그리고 이미지 너비와 높이 정보를 변경해줘야 하는데, 기존 코드의 경우 이미지 정보가 함수의 매개변수로 되어 있습니다. 이 정보는 현재 생성자에서 정보를 받아 프로퍼티로 만들어 둔 상태입니다. 자! 그럼 매개변수 대신 프로퍼티로 만들어주기 위해 앞에 this를 붙여 줍니다.

소스 _ 05부/01장/lesson07/01_complete/m03/step03_02.html

```
// 이미지 출력 메서드 추가
SimpleGallery.prototype.showGallery=function(){
    // 이미지 개수 구하기.
    var length = this.$images.length;

    // 이미지 배열하기.
    for(var i=0;i<length;i++){
        // n번째 이미지 구하기
        var $img = this.$images.eq(i);
```

```
        // 위치 값 구하기
        var x = 100+((i%this.count)*this.imageWidth);
        var y = 100+(parseInt(i/this.count)*this.imageHeight);

        // 위치 설정
        $img.css({
            left:x,
            top:y
        });
    }
}
```

이렇게 해서 심플 갤러리 클래스 설계를 마무리했습니다.

단계 04 _ **인스턴스 생성하기**

소스 _ 05부/01장/lesson07/01_complete/m03/step04.html

```
$(document).ready(function(){
    // 인스턴스 생성
    var gallery1 = new SimpleGallery("#container1 img", 6, 150, 150);
    gallery1.showGallery();

    var gallery2 = new SimpleGallery("#container2 img", 4, 200, 200);
    gallery2.showGallery();
});
```

마지막으로 풀이 전 코드에서 입력한 이미지 출력 정보를 그대로 생성자의 매개변수 값으로 넘겨 인스턴스를 생성해 줍니다. 코드를 모두 입력했다면 정상적으로 동작하는지 실행해보죠. 이미지가 풀이 전 코드실행과 똑같이 출력되는 것을 확인할 수 있을 것입니다.

단계 05 _ **리팩토링**

기존 풀이를 보면 생성자의 매개변수가 총 4개인데 일반적으로 3개 이상 되는 경우 매개변수를 오브젝트리터럴과 기본값을 이용하면 좀더 편하게 클래스를 사용할 수 있습니다.

다음처럼 말이지요.

소스 _ 05부/01장/lesson07/01_complete/m03/step05.html

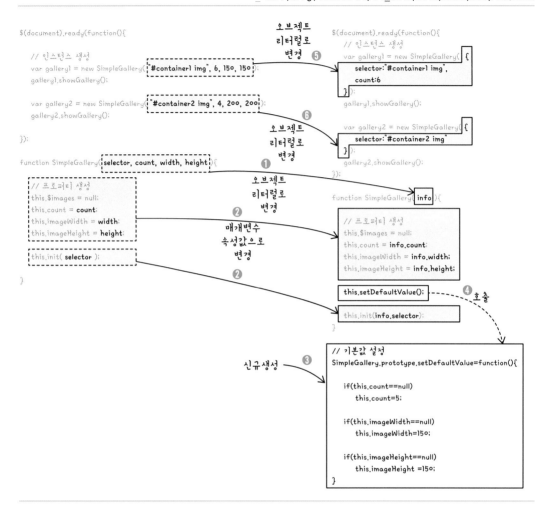

❶ 먼저 이미지 정보를 하나의 오브젝트 리터럴로 묶어서 받기 위해 SimpleGallery()의 매개변수를 모두 지우고 info라는 매개변수 하나만을 만들어 줍니다.

❷ 이제 매개변수 정보는 리터럴 오브젝트로 묶여 들어오기 때문에 매개변수 앞에 info.을 추가해 줍니다.

❸ 이미지 정보값 중 입력되지 않는 값을 기본값으로 설정해주는 메서드인 setDefaultValue() 메서드를 추가해 줍니다.

❹ 매개변수 값이 매개변수에 설정된 후 입력되지 않은 입력값이 있는지 체크하기 위해 setDefaultValue() 메서드를 호출해 줍니다.

❺, ❻ 마지막으로 SimpleGallery()에 넘긴 이미지 출력 정보를 오브젝트 리터럴로 변경해 줍니다.

코드를 모두 입력했다면 정상적으로 동작하는지 실행해 보세요.

이렇게 오브젝트 리터럴과 기본값을 활용하면 좀더 편하게 클래스와 메서드를 사용할 수 있습니다. 여기까지 미션 03에 대한 풀이였습니다.

전체 풀이 코드는 다음과 같습니다.

소스 _ 05부/01장/lesson07/01_complete/m03/step05.html

```javascript
$(document).ready(function(){
    // 인스턴스 생성
    var gallery1 = new SimpleGallery({
        selector:"#container1 img",
        count:6
    });
    gallery1.showGallery();

    var gallery2 = new SimpleGallery({
        selector:"#container2 img"
    });
    gallery2.showGallery();
});

/*
*@info.selector : 이미지 목록을 나타내는 css 선택자
*@info.count : 가로로 출력할 이미지 개수
*@info.width : 출력할 이미지 영역 너비
*@info.height :출력할 이미지 영역 높이
*/
function SimpleGallery(info){
    // 프로퍼티 생성
    this.$images = null;
    this.count = info.count;
    this.imageWidth = info.width;
    this.imageHeight = info.height;
    this.setDefaultValue();
    this.init(info.selector);
}

// 기본값 설정
SimpleGallery.prototype.setDefaultValue=function(){
```

```javascript
        if(this.count==null)
            this.count=5;

        if(this.imageWidth==null)
            this.imageWidth=150;

        if(this.imageHeight==null)
            this.imageHeight =150;
    }

    // 요소 초기화
    SimpleGallery.prototype.init=function(selector){
        this.$images = $(selector);
    }

    // 이미지 출력 메서드 추가
    SimpleGallery.prototype.showGallery=function(){
        // 이미지 개수 구하기.
        var length = this.$images.length;

        // 이미지 배열하기.
        for(var i=0;i<length;i++){
            // n번째 이미지 구하기
            var $img = this.$images.eq(i);

            // 위치 값 구하기
            var x = 100+((i%this.count)*this.imageWidth);
            var y = 100+(parseInt(i/this.count)*this.imageHeight);

            // 위치 설정
            $img.css({
                left:x,
                top:y
            });
        }
    }
```

미션 04   탭메뉴 기능 추가하기

마지막 미션입니다. 이번 미션은 앞에서 만든 탭메뉴에 인덱스 값으로 메뉴 아이템을 선택하는 기능을 추가하는 것입니다. 인덱스로 메뉴 아이템 선택하기 버튼(#btnSelect)을 누르면 선택하고 싶은 메뉴 아이템의 인덱스 값을 입력받은 후 해당 메뉴가 선택될 수 있게 만들어 주세요.

01 _ 화면구성

02 _ 풀이 전 코드

소스 _ 05부/01장/lesson07/01_complete/m04/step00.html

```
$(document).ready(function(){
    // 인스턴스 생성
    var tab1 = new TabMenu("#tabMenu1");
});

function TabMenu(selector) {
    this.$tabMenu = null;
    this.$menuItems = null;
    this.$selectMenuItem = null;

    // 요소 초기화및 이벤트 등록 호출하기
    this.init(selector);
```

```
        this.initEvent();
    }

    // 요소 초기화
    TabMenu.prototype.init = function(selector) {
        this.$tabMenu = $(selector);
        this.$menuItems = this.$tabMenu.find("li");
    }

    // 이벤트 등록
    TabMenu.prototype.initEvent = function() {
        var objThis = this;
        this.$menuItems.on("click", function() {
            objThis.setSelectItem($(this));
        });
    }

    // $menuItem에 해당하는 메뉴 아이템 선택하기
    TabMenu.prototype.setSelectItem = function($menuItem) {
        // 기존 선택메뉴 아이템을 비활성화 처리하기
        if (this.$selectMenuItem) {
            this.$selectMenuItem.removeClass("select");
        }

        // 신규 아이템 활성화 처리하기
        this.$selectMenuItem = $menuItem;
        this.$selectMenuItem.addClass("select");
    }
```

03 _ 구현하기

이해를 돕기 위해 구현은 다음과 같이 2단계로 나눠 진행하겠습니다.

- **단계 01:** 기능 추가
- **단계 02:** 리팩토링

단계 01 _ **기능 추가**

해결 방법은 기존 setSelectItem() 메서드를 활용하면 아주 쉽게 해결할 수 있습니다.

소스 _ 05부/01장/lesson07/01_complete/m04/step01_01.html

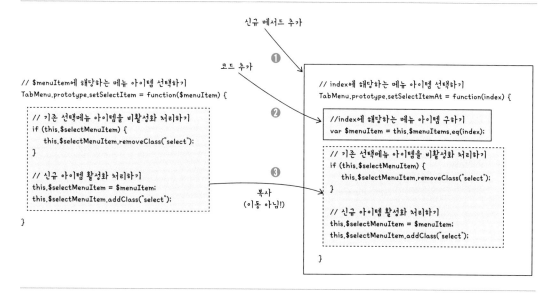

❶ 먼저 풀이 전 코드 마지막에 인덱스로 메뉴 아이템을 선택할 수 있는 기능을 구현할 setSelectItemAt() 메서드를 추가해 줍니다. 인덱스 정보를 받을 index 매개변수를 추가해 줍니다.

❷ jQuery의 eq() 메서드를 이용해 메뉴아이템 항목에서 인덱스에 해당하는 메뉴 아이템을 구합니다.

❸ 이후 메뉴 아이템 선택 처리는 기존 setSelectItem() 메서드에 구현한 코드를 그대로 복사해 사용합니다.(주의! 코드 이동이 아니라 복사입니다.)

마지막으로 추가한 기능이 정상적으로 동작하는지 확인할 수 있는 코드를 추가하겠습니다.

소스 _ 05부/01장/lesson07/01_complete/m04/step01_02.html

```javascript
$(document).ready(function(){
    // 인스턴스 생성
    var tab1 = new TabMenu("#tabMenu1");

    $("#btnSelect").click(function(){ ❹
        var index = window.prompt("선택할 메뉴 아이템의 인덱스 값을 입력해 주세요. ");
        index = parseInt(index); ❺
        tab1.setSelectItemAt(index); ❻
    })
});
```

❹ #btnSelect 버튼에 클릭 이벤트 리스너를 추가한 후 리스너 내부에 인덱스를 입력받는 코드를 추가해 줍니다.

❺ 입력받은 인덱스 값이 문자로 된 숫자이므로 숫자로 형변환해 줍니다.

❻ 마지막으로 입력받은 인덱스 값을 매개변수 값으로 setSelectItemAt() 메서드를 호출해 줍니다.

자! 그럼 실행해보죠. 버튼을 눌러 인덱스 값을 입력한 후 입력한 인덱스에 해당하는 메뉴 아이템이 선택되는지 확인해 보세요.

단계 02 _ 리팩토링

여러분도 이미 알고 있겠지만 setSelectItem() 메서드와 setSelectItemAt() 메서드는 중복 코드가 존재합니다. 이런 중복코드를 그냥 둬서는 안 됩니다. 다음과 같이 중복 코드를 없애줍니다.

소스 _ 05부/01장/lesson07/01_complete/m04/step02.html

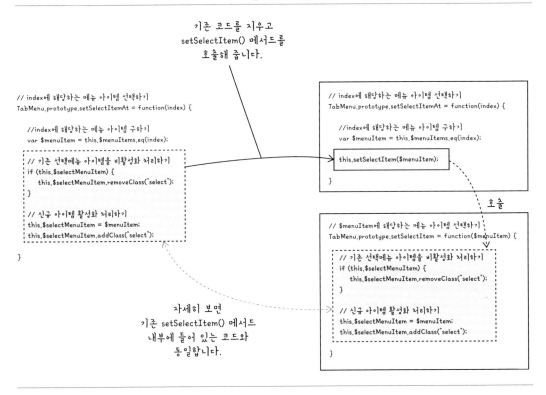

이처럼 특정 기능을 메서드로 만들면 재사용성이 좋아집니다.

전체 소스 코드는 다음과 같습니다.

소스 _ 05부/01장/lesson07/01_complete/m04/step02.html

```
<html>
<head>
<meta http-equiv="Content-Type" content="text/html; charset=UTF-8">
<title>tabmenu</title>

    <style>
      .tab-menu {
            list-style: none;
        }

      .tab-menu li {
            width:96px;
            height:44px;
            background-position-y:0;
            text-indent: -1000px;
            overflow: hidden;
            display: inline-block;
            float:left;
        }

      .tab-menu li:hover {
            background-position-y: -44px;
        }

      .tab-menu li.select {
            background-position-y: -88px;
            height:80px;
        }

      .tab-menu li.menuitem1 {
            background-image: url(./images/newbtn.bar.1.png);
        }

      .tab-menu li.menuitem2 {
            background-image: url(./images/newbtn.bar.2.png);
        }
      .tab-menu li.menuitem3 {
            background-image: url(./images/newbtn.bar.3.png);
        }
```

```css
    .tab-menu li.menuitem4 {
        background-image: url(./images/newbtn.bar.4.png);
    }

    .tab-menu li.menuitem5 {
        background-image: url(./images/newbtn.bar.5.png);
    }

    .tab-menu li.menuitem6 {
        background-image: url(./images/newbtn.bar.6.png);
    }

    #tabMenu1 {
        position: absolute;
        left:10px;
    top:50px;
    }
</style>
```

```html
<script src="../../../libs/jquery-1.11.0.min.js"></script>
<script>
    $(document).ready(function(){
        // 인스턴스 생성
      var tab1 = new TabMenu("#tabMenu1");

        $("#btnSelect").click(function(){
            var index = window.prompt("선택할 메뉴 아이템의 인덱스 값을 입력해 주세요. ");
            index = parseInt(index);
            tab1.setSelectItemAt(index);
      })
    });

    function TabMenu(selector) {
        this.$tabMenu = null;
        this.$menuItems = null;
        this.$selectMenuItem = null;

        // 요소 초기화 및 이벤트 등록 호출하기
        this.init(selector);
        this.initEvent();
    }

    // 요소 초기화
    TabMenu.prototype.init = function(selector) {
        this.$tabMenu = $(selector);
```

```
            this.$menuItems = this.$tabMenu.find("li");
        }

        // 이벤트 등록
        TabMenu.prototype.initEvent = function() {
            var objThis = this;
            this.$menuItems.on("click", function() {
                objThis.setSelectItem($(this));
            });
        }

        // $menuItem에 해당하는 메뉴 아이템 선택하기
        TabMenu.prototype.setSelectItem = function($menuItem) {
            // 기존 선택메뉴 아이템을 비활성화 처리하기
            if (this.$selectMenuItem) {
                this.$selectMenuItem.removeClass("select");
            }

            // 신규 아이템 활성화 처리하기
            this.$selectMenuItem = $menuItem;
            this.$selectMenuItem.addClass("select");
        }

        // index에 해당하는 메뉴 아이템 선택하기
        TabMenu.prototype.setSelectItemAt=function(index){
            var $menuItem = this.$menuItems.eq(index);

            // 기존 메서드 재사용
            this.setSelectItem($menuItem);
        }
</script>
</head>

<body>
    <button id="btnSelect">인덱스로 메뉴 아이템 선택하기</button>
    <ul class="tab-menu" id="tabMenu1">
        <li class="menuitem1">google</li>
        <li class="menuitem2">facebook</li>
        <li class="menuitem3">pinterest</li>
        <li class="menuitem4">twitter</li>
        <li class="menuitem5">airbnb</li>
        <li class="menuitem6">path</li>
    </ul>
</body>
</html>
```

CHAPTER 02

클래스 중급

공지:
원의 크기는 난이도를 나타냅니다.
앞으로 갈수록 조금씩 어려워지니 차근차근 따라오세요.

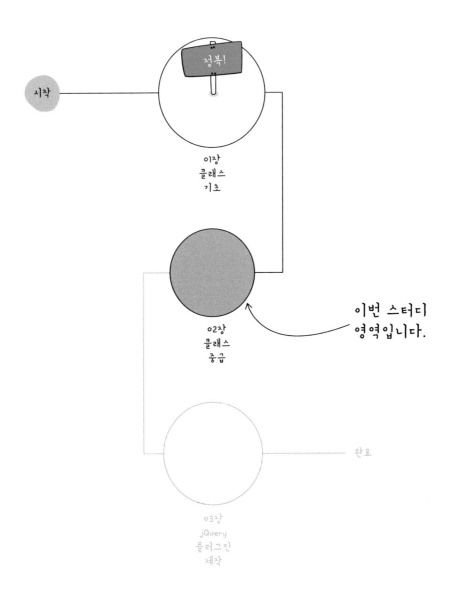

들어가며

지금까지 다룬 수많은 예제에서 this가 수없이 등장했었는데요. 드디어 여러 개의 얼굴을 가진 this의 정체를 이번 장에서 자세히 다룹니다. 추가로 이제 막 클래스 프로그래밍을 시작한 사용자가 알아두면 좋을 클래스 관련 내용도 몇 가지 다룹니다.

이번 장에서 배울 내용은 다음과 같습니다.

Lesson 01   **this의 정체**

Lesson 02   **함수호출() vs. new 함수호출()**

Lesson 03   **함수 단위 코딩 vs. 클래스 단위 코딩**

Lesson 04   **인스턴스 프로퍼티와 메서드 vs. 클래스 프로퍼티와 메서드**

Lesson 05   **패키지**

Lesson 01 / this의 정체

드디어 자바스크립트 문법의 꽃이라고 할 수 있는 this의 정체에 대해 알아볼 시간이 된 것 같습니다. this 를 알면 자바스크립트 문법을 모두 마스터했다라고 할 만큼 반드시 정복해야만 하는 아주 중요한 요소입 니다. 그럼 지금부터 다양한 얼굴을 가지고 있는 this의 정체를 하나씩 알아보겠습니다.

01 _ this란?

this는 일반적으로 메서드를 호출한 객체가 저장되어 있는 속성입니다. 예제를 가지고 좀더 자세히 알아 보죠.

예제 01 this 값 확인하기

소스 _ 05부/02장/lesson01/01_complete/01.html

```
<script>
    function MyClass(){
        this.property1 = "value1";
    }

    MyClass.prototype.method1=function(){
        alert(this.property1);
    }

    var my1 = new MyClass();
    my1.method1();

</script>
```

설명

메서드를 호출한 객체는 my1이 되며 method1이 메서드가 됩니다. 이때 method1()이 실행되면 메서드 내부에는 자바스 크립트 엔진에 의해 this 속성이 생기게 됩니다. 바로 이 this에는 method1을 호출한 my1 객체가 저장됩니다.

이처럼 일반 객체의 메서드에서 this는 메서드를 호출한 객체가 됩니다.

하지만 this 속성은 메서드를 호출할 때뿐 아니라 일반 함수를 호출할 때도 만들어지며 이벤트 리스너가 호출될 때에도 this 속성이 만들어집니다. 문제는 this 속성에 저장되는 값이 동일한 값이 아니라 각각 다르다는 점입니다. 즉 결론은 여러분은 실무작업 시 다음과 같이 다양한 경우에 this에 어떤 값이 들어가는지 판단해서 사용할 수 있어야 합니다.

this가 만들어지는 경우	this 값
일반 함수에서 this	?
중첩 함수에서 this	?
이벤트에서 this	?
메서드에서 this	?
메서드 내부의 중첩 함수에서 this	?

자! 그럼 지금부터 표에 나와있는 다섯 가지 경우를 하나씩 살펴보며 this의 정체를 알아보겠습니다.

02 _ 일반 함수에서의 this

예제 02 **다음 예제를 실행하면 1,2,3에는 어떤 값이 출력될 것인지 답해주세요.**

소스 _ 05부/02장/lesson01/01_complete/02.html

```
<script>
    var data=10; ❶
    function outer(){
        this.data=20; ❷
        data=30; ❸

        console.log("1. data1 = "+data); ❹
        console.log("2. this.data = "+this.data); ❺
        console.log("3. window.data = "+window.data); ❻
    }

    outer();
</script>
```

설명

일반 함수 내부에서 this는 전역 객체인 window가 저장됩니다. 이에 따라 ❷의 data는 window.data와 동일하기 때문에 ❷ 구문이 실행되면 전역변수 data(❶)에 20이 저장됩니다(10 대신 20이 저장된 상태가 됨).

❸의 구문이 실행되는 경우 먼저 지역변수 내에서 data를 찾고 없으면 outer()를 호출한 영역에서 찾기 때문에 결론적으로 ❸의 data 역시 전역변수 data가 됩니다. 따라서 전역변수인 data(❶)에 30이 저장됩니다.

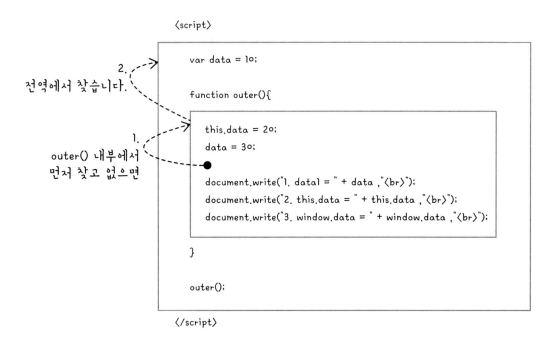

```
<script>

        var data = 10;

        function outer(){

                this.data = 20;
                data = 30;

                document.write("1. data1 = " + data ,"<br>");
                document.write("2. this.data = " + this.data ,"<br>");
                document.write("3. window.data = " + window.data ,"<br>");

        }

        outer();

</script>
```

2. 전역에서 찾습니다.

1. outer() 내부에서 먼저 찾고 없으면

최종적으로 ❹, ❺, ❻ 모두 다음과 같이 전역변수 data(❶)의 가장 최근 값인 30이 출력됩니다.

출력결과

```
1. data = 30
2. this.data = 30
3. window.data = 30
```

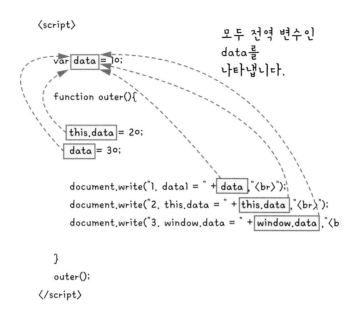

03 _ 일반 중첩 함수에서의 this

예제 03 **다음 예제를 실행하면 1,2,3에는 어떤 값이 출력될까요?**

소스 _ 05부/02장/lesson01/01_complete/03.html

```
<script>
    var data=10; ❶
    function outer(){
        // 중첩 함수
        function inner(){
            this.data=20; ❷
            data=30; ❸

            console.log("1. data1 = "+data); ❹
            console.log("2. this.data = "+this.data); ❺
            console.log("3. window.data = "+window.data); ❻
        }
        inner();
    }
    outer();
</script>
```

설명

위 예제에서 inner() 함수는 outer()에 만들어져 있기 때문에 outer() 내부에서만 사용할 수 있는 전형적인 중첩 함수입니다. 일반 중첩 함수에서 this 역시 window가 됩니다. 이에 따라 ❷의 this.data는 ❶의 전역 변수인 data와 동일하기 때문에 이곳에 20이 저장됩니다.

❸의 구문이 실행되는 경우 먼저 지역변수 내에서 data를 찾고 없으면 inner() 함수를 호출한 outer()의 지역변수에서 data를 찾게 됩니다. 여기에도 없으면 outer()를 호출한 영역에서 찾기 때문에 결론적으로 ❸의 data 역시 전역변수 data(❶)가 됩니다. 따라서 전역변수인 data(❶)에 30이 저장됩니다.

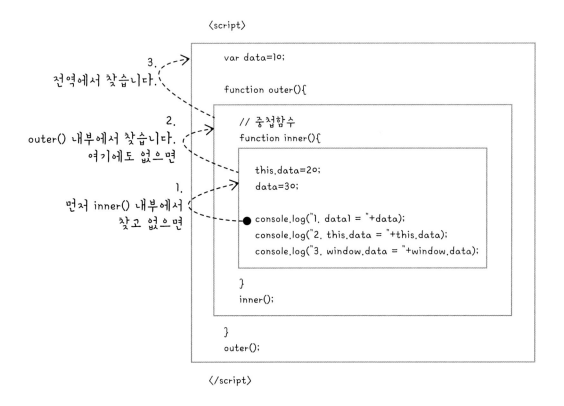

최종적으로 ❹, ❺, ❻ 모두 다음과 같이 30이 출력됩니다.

실행결과

```
1. data = 30
2. this.data = 30
3. window.data = 30
```

```
<script>
    var data = 0;

    function outer(){

        // 중첩함수
        function inner(){

            this.data = 20;
            data = 30;

            console.log("1. data1 = " + data );
            console.log("2. this.data = " + this.data );
            console.log("3. window.data = " + window.data );

        }
        inner();
    }
    outer();
</script>
```

모두 전역 변수인
data를
나타냅니다.

04 _ 이벤트 리스너에서의 this

예제 04 다음 예제를 실행하면 1,2,3에는 어떤 값이 출력될까요?

소스 _ 05부/02장/lesson01/01_complete/04.html

```
<script>
    var data=10; ❶
    $(document).ready(function(){
        // 이벤트 리스너 등록
        $("#myButton").click(function(){
            this.data=20; ❷
            data=30; ❸

            console.log("1. data1 = "+data); ❹
            console.log("2. this.data = "+this.data); ❺
            console.log("3. window.data = "+window.data); ❻
        });
    });
</script>
```

설명

이벤트 리스너에서 this는 이벤트를 발생시킨 객체가 됩니다. 그렇기 때문에 this는 #myButton이 됩니다. 이에 따라 ❷는 #myButton 객체에 data라는 프로퍼티를 동적으로 추가하는 구문이 됩니다.

❸의 구문이 위치하고 있는 곳의 함수를 자세히 살펴보면 다음과 같이 중첩 함수 구조로 되어 있다는 것을 알 수 있습니다. 즉, 이름이 없는 중첩 함수라는 것만 다를 뿐 앞에서 살펴본 '03 일반 중첩 함수에서 this'와 동일한 구조라는 것입니다. 따라서 ❸은 전역변수인 data와 동일하기 때문에 이곳에 30이 저장됩니다.

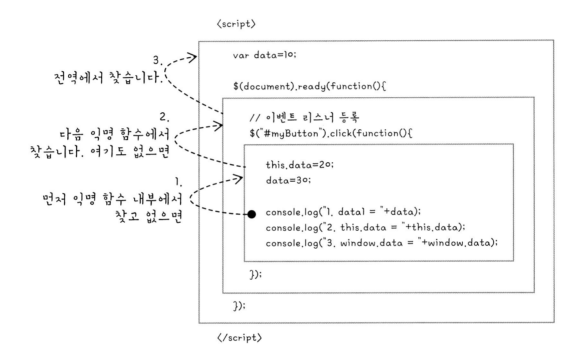

최종적으로 ❹, ❻ 은 전역변수 data에 저장된 값인 30이 출력되며 ❺는 #myButton의 data프로퍼티 값인 20이 출력됩니다.

실행결과

```
1. data = 30
2. this.data = 20
3. window.data = 30
```

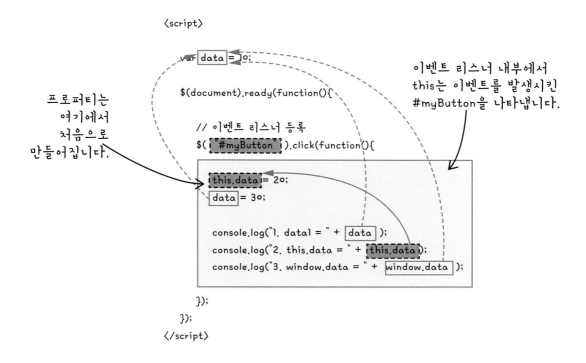

05 _ 메서드에서의 this

예제 05 다음 예제를 실행하면 1,2,3에는 어떤 값이 출력될까요?

소스 _ 05부/02장/lesson01/01_complete/05.html

```
<script>
    var data=10; ❶
    function MyClass(){
        this.data=0;
    }
    MyClass.prototype.method1=function(){
        this.data=20; ❷
        data=30; ❸

        console.log("1. data1 = "+data); ❹
        console.log("2. this.data = "+this.data); ❺
        console.log("3. window.data = "+window.data); ❻
    }
```

```
    // 인스턴스 생성
    var my1 = new MyClass();
    my1.method1();

</script>
```

설명

메서드에서 this는 객체 자신이 저장됩니다. 이에 따라 ❷의 data는 객체의 프로퍼티가 되어 이곳에 20이 저장됩니다. ❸은 ❶의 전역변수 data가 되어 이곳에 30이 저장됩니다.

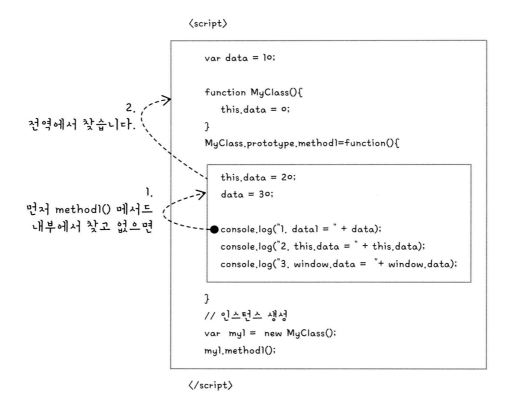

최종적으로 ❹와 ❻은 전역변수 data의 값이 출력되며 ❺에는 객체의 data 프로퍼티 값인 20이 출력됩니다.

실행결과

```
1. data = 30
2. this.data = 20
3. window.data = 30
```

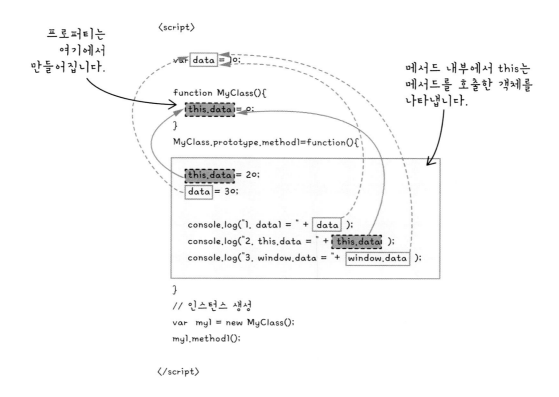

프로퍼티는 여기에서 만들어집니다.

메서드 내부에서 this는 메서드를 호출한 객체를 나타냅니다.

06 _ 메서드 내부의 중첩 함수에서의 this

예제 06 다음 예제를 실행하면 1,2,3에는 어떤 값이 출력될까요?

소스 _ 05부/02장/lesson01/01_complete/06.html

```
<script>
    var data=10; ❶
    function MyClass(){
        this.data=0;
    }
    MyClass.prototype.method1=function(){
        function inner(){
            this.data=20; ❷
            data=30; ❸

            console.log("1. data1 = "+data); ❹
            console.log("2. this.data = "+this.data); ❺
            console.log("3. window.data = "+window.data); ❻
        }
```

```
        inner();
    }

    // 인스턴스 생성
    var my1 = new MyClass();
    // 메서드 호출
    my1.method1();

</script>
```

설명

객체의 메서드 내부에 만들어지는 중첩 함수에서 this는 객체가 아닌 window가 됩니다. 이에 따라 ❷의 data는 ❶의 전역 변수가 되어 이곳에 20이 저장됩니다. ❸의 data 역시 전역변수이며 이곳에 30이 저장됩니다. 즉, ❷에서 20 설정된 후 바로 30으로 변경된 것입니다.

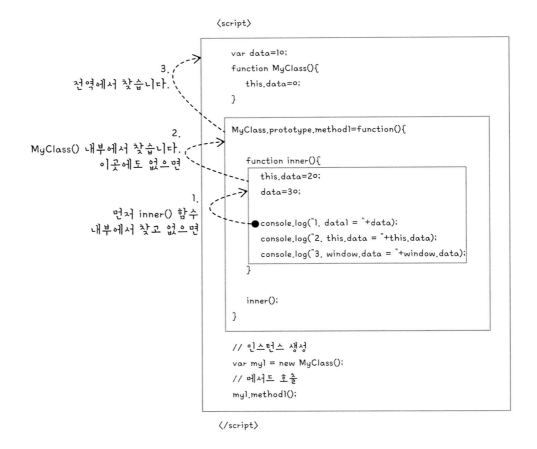

최종적으로 ❹, ❺, ❻ 모두 ❶의 전역변수에 저장된 값인 30이 출력됩니다.

실행결과

```
1. data = 30
2. this.data = 30
3. window.data = 30
```

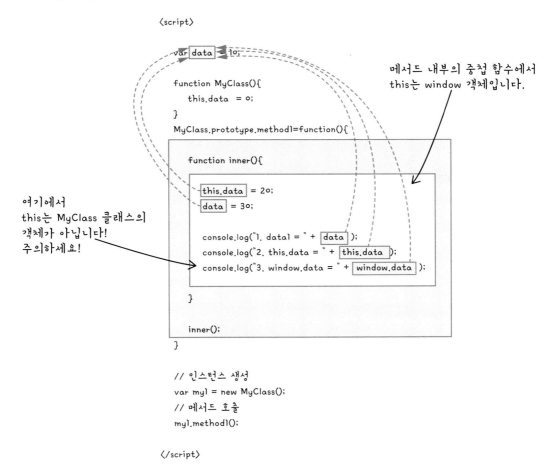

이처럼 this는 상황에 따라 값이 다르기 때문에 정확하게 이해를 하고 사용해야 합니다. 지금까지 내용을 표로 정리하면 다음과 같습니다.

this가 만들어지는 경우	this 값
일반 함수에서 this	window 객체
중첩 함수에서 this	window 객체
이벤트에서 this	이벤트를 발생시킨 객체
메서드에서 this	메서드를 호출한 객체
메서드 내부의 중첩 함수에서 this	window 객체

Lesson
02 / 함수호출() vs. new 함수호출()

이번 레슨에서는 초보자가 클래스를 배운 후 가장 실수를 많이 하는 내용인 함수호출()과 new 함수호출()의 차이점에 대해 알아보겠습니다.

01 _ 함수호출()

예제 01 다음 예제를 실행하면 어떤 값이 출력될까요?

소스 _ 05부/02장/lesson02/01_complete/01.html

```
<script>
    var userName ="test";

    function User(name){
        this.userName=name; ❷
    }

    // 호출
    User("ddandongne"); ❶
    console.log("userName = "+userName); ❸
</script>
```

설명

먼저 '05부 01장 클래스 기초'에서 배운 것처럼 자바스크립트에서는 함수와 클래스를 정의하는 문법이 동일하기 때문에 이를 구분하기 위해 형식적으로 클래스를 선언할 때는 대문자로 시작한다고 배웠습니다. 이에 따라 User() 함수는 클래스를 의미합니다.

이때 User()가 클래스를 의미한다고 하더라도 ❶과 같이 호출하는 경우 일반적인 함수 호출이 됩니다. 즉, User() 함수 내부에 위치하고 있는 ❷의 this는 window가 됩니다. 이에 따라 userName은 프로퍼티가 아닌 일반 전역변수인 window.userName가 되며 "test" 값 대신 매개변수로 넘어온 "ddandongne"이 대입됩니다. 이런 이유로 ❸이 실행되면 실행결과는 다음과 같이 출력됩니다.

```
userName = ddandongne
```

02 _ new 함수호출()

예제 02 다음 예제를 실행하면 어떤 값이 출력될까요?

소스 _ 05부/02장/lesson02/01_complete/02.html

```
<script>
    var userName ="test";

    function User(name){
        this.userName=name;  ❷
    }

    // 호출
    var user = new User("ddandongne");  ❶
    console.log("1. userName = "+userName);  ❸
</script>
```

설명

이번에는 함수 앞에 new 명령어를 이용해 ❶과 같이 함수를 호출해준 경우입니다. 이때는 일반 함수호출이 아닌 User 클래스의 인스턴스 생성이기 때문에 ❷의 this는 window가 아닌 인스턴스 자기 자신이 됩니다. 이에 따라 신규 인스턴스에 userName이라는 프로퍼티가 생성되며 전역변수 userName과는 전혀 다른 변수가 됩니다. 이런 이유로 ❸의 실행결과는 다음과 같이 출력됩니다.

```
userName = test
```

이처럼 함수호출()과 new 함수호출()은 전혀 다르답니다. 그러니 주의해서 사용하길 바랍니다. 지금까지 다룬 내용을 표로 정리하면 다음과 같습니다.

구분	함수이름()	new 함수이름()
해석	일반 함수 호출하는 구문	new 클래스이름()으로 해석 특정 클래스의 인스턴스를 생성하는 구문
this 내용	window 객체	인스턴스

03 / 함수 단위 코딩 vs. 클래스 단위 코딩

이번 레슨에서는 함수 단위 코딩과 클래스 단위 코딩을 비교하며 과연 이 둘은 어떤 차이점을 가지고 있는지 다시 한 번 정리해보는 시간을 가져보겠습니다. 가끔 함수 단위 코딩을 하든 클래스 코딩을 하든 똑같은 결과물이 나오는 경우가 있습니다. 이렇게 되면 함수 코딩으로도 만들 수 있는데 군이 어려운 클래스 코딩으로 꼭 해야 하나? 라는 의문을 가질 수 있는데요. 이에 대한 해답은 우선 예를 살펴본 후 설명을 이어 나가겠습니다.

예제는 여러분에게 익숙한 탭메뉴로 해보겠습니다. 다음과 같이 독립적으로 동작하는 탭메뉴 두 개를 만드는 예제를 만든다고 보죠.

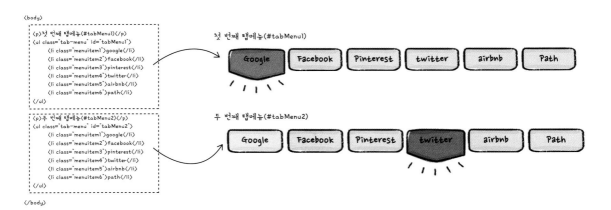

01 _ 함수 단위 코딩 1

함수만을 이용해서도 다음과 같이 독립적으로 동작하는 두 개의 탭메뉴를 만들 수 있습니다.

예제 01 함수 단위 코딩 방식으로 만들어진 탭메뉴

소스 _ 05부/02장/lesson03/01_complete/01.html

```
$(document).ready(function(){
    tabMenu("#tabMenu1");
    tabMenu("#tabMenu2");
```

```javascript
});

function tabMenu(selector){
    var $tabMenu =null;
    var $menuItems=null;
    var $selectMenuItem=null;

    // 요소 초기화
    function init(selector){
        $tabMenu = $(selector);
        $menuItems = $tabMenu.find("li");
    }

    // 이벤트 등록
    function initEvent(){
        $menuItems.on("click",function(){
            setSelectItem($(this));
        });
    }

    // $menuItem에 해당하는 메뉴 아이템 선택하기
    function setSelectItem($menuItem){
        // 기존 선택메뉴 아이템을 비활성화 처리하기
        if($selectMenuItem){
            $selectMenuItem.removeClass("select");
        }

        // 신규 아이템 활성화 처리하기
        $selectMenuItem = $menuItem;
        $selectMenuItem.addClass("select");
    }

    // index에 해당하는 메뉴 아이템 선택하기
    function setSelectItemAt(index){
        // setSelectItem() 호출
        setSelectItem($menuItems.eq(index));
    }

    init(selector);
    initEvent();
}
```

설명

우선 모든 기능이 tabMenu()라는 함수 내부에 구현되어 있습니다. 언뜻 보면 함수 방식 클래스로 만들어진 것처럼 착각할 수 있는데요. 결론부터 말하자면 함수 방식 클래스는 아닙니다. 함수 내부에 객체를 의미하는 this도 사용되지 않았으며 함수 이름이 대문자로 시작하는 클래스와는 달리 소문자로 시작합니다. 그리고 결정적인 건 new를 사용하지 않고 일반적인 함수 호출 방식으로 tabMenu() 함수를 호출했다는 점이 함수 방식 클래스와 다른 점입니다.

이처럼 함수만을 이용해서도 독립적인 탭메뉴를 여러 개 만들 수 있습니다. 하지만 위의 코드에는 다음과 같은 단점이 있습니다.

단점 01 – tabMenu() 함수를 호출할 때마다 내부에 선언된 중첩 함수가 만들어집니다.

함수 방식 클래스와 동일하게 함수 단위 코딩 역시 함수가 중복해서 만들어지는 단점이 있습니다.

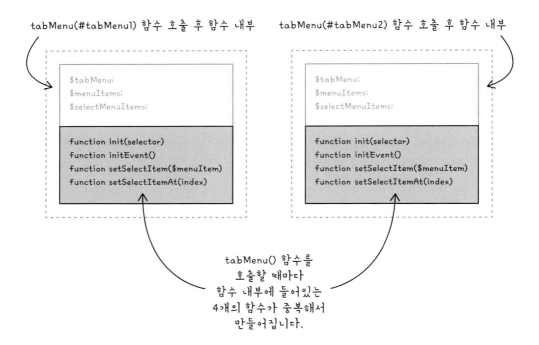

단점 02 _ 외부에서 내부 속성과 함수를 접근할 수 없습니다.

예를 들어 실행 상태에서 수동으로 두 번째 탭메뉴를 선택하고 싶은 경우 인덱스 값으로 탭메뉴를 선택할 수 있는 기능을 가진 setSelectItemAt() 메서드를 다음과 같이 호출해줘야 합니다.

```
setSelectItemAt(1);
```

하지만 setSelectItemAt() 함수가 tabMenu() 함수 내부에 중첩 함수로 되어 있기 때문에 외부에서 호출할 수가 없습니다.

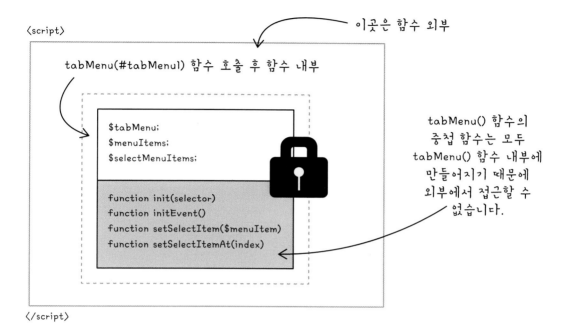

만약 외부에서 접근할 수 있는 메서드라면 편할 텐데 말이지요. 물론 함수만으로 단점2를 해결하는 방법이 있습니다. 다음 내용을 봐주세요.

02 _ 함수 단위 코딩 2

예를 들어 함수 외부에서 setSelectItemAt()를 호출해 인덱스 값으로 원하는 탭메뉴를 선택할 수 있게 만든다면 다음과 같이 수정해주면 됩니다.

예제 02 **함수 단위 코딩 방식으로 만들어진 탭메뉴에 기능 추가하기**

소스 _ 05부/02장/lesson03/01_complete/02.html

```
$(document).ready(function(){
    var tab1 = tabMenu("#tabMenu1"); ❷
    tab1.setSelectItemAt(1); ❸
    var tab2 = tabMenu("#tabMenu2");
    tab2.setSelectItemAt(2);
});
```

```
function tabMenu(selector){

    ......

    init(selector);
    initEvent();

    return  {
        "setSelectItemAt":setSelectItemAt ❶
    }
}
```

설명

❶ 먼저 앞에서 풀이한 '함수 단위 코딩 1'의 소스 코드에 setSelectItemAt( ) 함수를 오브젝트 리터럴로 감싸 리턴해 줍니다.

❷ ❶에서 리턴한 값을 변수(tab1)에 저장합니다.

❸ ❶에서 리턴한 오브젝트 리터럴 객체에 포장한 setSelectItemAt( ) 메서드를 호출해 줍니다.

이와 같은 방식을 활용하면 외부에서 내부 속성과 함수를 접근해서 사용할 수 있게 됩니다. 이 방법의 경우 실무에서도 많이 사용하니 알아두세요.

03 _ 클래스 단위 코딩

예제 03 클래스 단위 코딩 방식으로 만들어진 탭메뉴

소스 _ 05부/02장/lesson03/01_complete/03.html

```
$(document).ready(function(){
    // 인스턴스 생성
    var tab1 = new TabMenu("#tabMenu1");
    tab1.setSelectItemAt(1);

    var tab2 = new TabMenu("#tabMenu2");
    tab2.setSelectItemAt(2);

});

function TabMenu(selector) {
    this.$tabMenu = null;
```

```
        this.$menuItems = null;
        this.$selectMenuItem = null;

        // 요소 초기화 및 이벤트 등록 호출하기
        this.init(selector);
        this.initEvent();
    }

// 요소 초기화
TabMenu.prototype.init = function(selector) {
    this.$tabMenu = $(selector);
    this.$menuItems = this.$tabMenu.find("li");
}

// 이벤트 등록
TabMenu.prototype.initEvent = function() {
    var objThis = this;
    this.$menuItems.on("click", function() {
        objThis.setSelectItem($(this));
    });
}

// $menuItem에 해당하는 메뉴 아이템 선택하기
TabMenu.prototype.setSelectItem = function($menuItem) {
    // 기존 선택메뉴 아이템을 비활성화 처리하기
    if (this.$selectMenuItem) {
        this.$selectMenuItem.removeClass("select");
    }

    // 신규 아이템 활성화 처리하기
    this.$selectMenuItem = $menuItem;
    this.$selectMenuItem.addClass("select");
}

// index에 해당하는 메뉴 아이템 선택하기
TabMenu.prototype.setSelectItemAt=function(index){
    var $menuItem = this.$menuItems.eq(index);

    // 기존 메서드 재사용
    this.setSelectItem($menuItem);
}
```

설명

실행해보면 알겠지만 함수 단위 코딩과 프로토타입 방식의 코딩 모두 두 개의 탭메뉴가 독립적으로 실행됩니다. 하지만 프로토타입 방식의 클래스를 활용하면 함수 단위 코딩이 가지고 있는 단점 두 가지를 모두 해결할 수 있습니다.

단점 01 _ tabMenu() 함수를 호출할 때마다 내부에 선언된 중첩 함수가 만들어집니다.

해결책: 프로토타입 방식의 경우 여러 개의 인스턴스에서 메서드를 공유해서 사용하기 때문에 단점1을 해결할 수 있습니다.

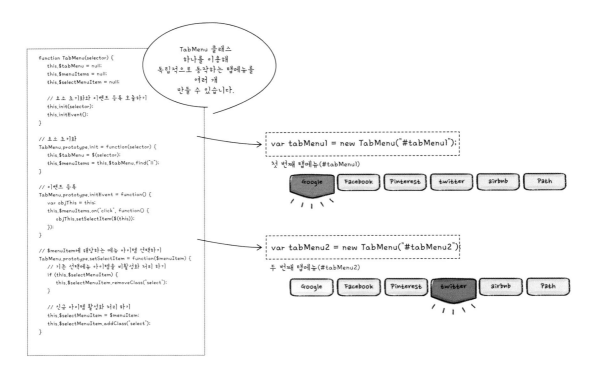

단점 02 _ 외부에서 내부 속성과 함수를 접근할 수 없습니다.

해결책: 함수와 달리 프로퍼티와 메서드는 외부에서 접근할 수 있는 구조로 되어 있기 때문에 언제든지 필요한 메서드를 접근해서 사용할 수 있습니다.

```
var tab1 = new TabMenu("#tabMenu1");
tab1.setSelectItemAt(1);
```

이처럼 요구사항을 함수 단위 코딩과 클래스 단위 코딩으로 모두 똑같게 만들 수는 있지만 객체 단위로 코딩을 하는 경우 클래스 단위 코딩이 훨씬 더 유용합니다.

Lesson 04 / 인스턴스 프로퍼티와 메서드 vs. 클래스 프로퍼티와 메서드

클래스와 관련된 기본적인 내용을 모두 배운 지금이면 지금까지 꼭꼭 숨겨왔던 비밀 하나를 알려드리기 가장 적당한 때인 것 같습니다. 사실 앞에서 배운 프로퍼티와 메서드는 다음과 같이 두 가지 종류가 있답니다.

01. 인스턴스 프로퍼티와 메서드

02. 클래스 프로퍼티와 메서드

그럼 지금부터 이 둘의 차이점에 대해 알아보겠습니다.

01 _ 인스턴스 프로퍼티와 메서드

인스턴스 프로퍼티와 메서드란?

지금까지 우리가 수없이 만들어 사용했던 클래스의 프로퍼티와 메서드는 사실 인스턴스 프로퍼티와 메서드입니다. 좀더 자세히 살펴보면 지금까지 사용한 클래스의 프로퍼티와 메서드는 독립적으로 사용한 것이 아니라 반드시 인스턴스를 생성한 후 사용할 수 있었습니다. 즉, 클래스의 인스턴스 생성 후 사용할 수 있는 프로퍼티와 메서드를 우리는 인스턴스 프로퍼티와 메서드라 부른답니다.

예
```
var tabMenu1 = new TabMenu("#tabMenu1");
tabMenu1.setSelectItemAt(1);
```

그럼 지금부터 그냥 프로퍼티와 메서드라고 불렀던 것을 인스턴스 프로퍼티와 메서드라고 불러야 할까요? 아닙니다. 인스턴스 메서드와 프로퍼티의 경우 특별한 경우를 제외하고는 그냥 프로퍼티와 메서드라고 부르면 됩니다.

02 _ 클래스 프로퍼티와 메서드

1 _ 클래스 프로퍼티와 메서드란?

우리는 지금까지 클래스의 프로퍼티와 메서드를 사용하려면 반드시 인스턴스를 생성한 후 사용해야 한다고 배웠습니다. 여기서 놀라운 사실 하나를 알려드리자면 인스턴스를 생성하지 않고도 사용할 수 있는 프로퍼티와 메서드가 있습니다. 이것을 우리는 클래스 프로퍼티, 클래스 메서드라고 부릅니다.

2 _ 만드는 방법

클래스 프로퍼티와 메서드를 만드는 방법은 다음과 같습니다.

```
문 법    function 클래스이름(){

            . . . .

         }
         클래스이름.프로퍼티=값;

         클래스이름.메서드이름=function(){}
```

여기에서 클래스이름은 인스턴스가 절대 아닙니다. 클래스이름 자체입니다. 클래스이름에 프로퍼티와 메서드를 만드는 것이죠.

3 _ 사용법

인스턴스 프로퍼티/메서드와 달리 인스턴스를 생성할 필요가 없습니다. 다음과 같이 접근 연산자(.)를 기준으로 왼쪽에는 클래스이름 오른쪽에는 접근하고자 하는 프로퍼티와 메서드에 접근해 사용하면 됩니다.

```
클래스이름.프로퍼티;
클래스이름.메서드이름();
```

4 _ 주 용도

그럼 클래스 프로퍼티와 메서드는 어떤 목적으로 사용하는 걸까요?

이들의 사용 용도는 주로 도움을 주는 유틸리티성 기능이나 또는 실행하더라도 내부 데이터에 영향을 주지 않고 독립적으로 실행되는 기능이나 정보들을 담을 때 사용합니다.

이해를 돕기 위해 예를 들어보죠.

예제 01 **탭메뉴**

소스 _ 05부/02장/lesson04/01_complete/01.html

```
function TabMenu(){

    . . . .

}


TabMenu.version = "1.0";
TabMenu.getInfo=function(){
    var info = {
        developer:"딴동네",
        email:"ddandongne@webdongne.com",
        desc:"탭메뉴를 구현한 클래스입니다."
    }
     return info;
}
```

설명

기존에 만든 탭메뉴에 버전 정보가 담긴 version이라는 클래스 프로퍼티와 제작자 정보를 알 수 있는 getInfo()라는 클래스 메서드를 추가했습니다. 추가 내용은 실행하거나 없더라도 탭메뉴가 동작하는 데 전혀 지장을 주진 않습니다. 바로 이런 식으로 클래스의 프로퍼티와 메서드를 사용하는 거죠. 또 하나의 예를 들어보죠.

예제 02 **Math 기능 사용**

소스 _ 05부/02장/lesson04/01_complete/02.html

```
// 0에서 10사이의 랜덤 숫자 만들기
Math.floor(Math.random()*10);

// 두 수중 큰 숫자 값 알아내기
Math.max(10,20);
```

설명

자바스크립트 코어 라이브러리 중 수학 관련 기능을 담고 있는 클래스 Math가 있는데 여기에서 제공해주는 기능은 모두 클래스 프로퍼티와 메서드로 만들어져 있습니다. 기능 중 Math.max()를 이용하면 매개 변수로 받은 두 수 중 큰 수를 쉽게 구할 수 있습니다. Math.random()을 이용하면 0과 1 사이의 랜덤 숫자 값을 얻을 수 있습니다. 이 두 메서드의 공통점은 이 메서드를 실행한다고 해서 Math 클래스 내부에 처리 결과가 남거나 하지 않는다는 것입니다. 그냥 사용할 뿐이죠. 바로 이와 같은 유틸리티 기능을 클래스 메서드로 만들어 사용합니다.

예제 03 **jQuery 기능**

이와 같은 클래스 메서드는 jQuery에서도 찾을 수 있습니다. 먼저 다음 링크를 접속해 보세요.

  http://api.jquery.com/category/utilities/

목록 중 jQuery.메서드, jQuery.프로퍼티가 있는 것을 확인할 수 있습니다. 이 중에서 jQuery.trim()을
이용하면 매개변수로 넘긴 문자열의 좌우 공백을 없앨 수 있습니다.

소스 _ 05부/02장/lesson04/01_complete/03.html

```
var data = "   1234   ";      // 문자열 좌우에 공백이 포함되어 있어요.
var result = jQuery.trim(data);
alert(result) // 실행결과 = "1234";
```

설명

실행결과에서 알 수 있는 것처럼 문자열 좌우에 붙어있는 공백문자가 없어진 것을 확인할 수 있습니다. 이처럼 클래스 프로
퍼티와 메서드의 주 용도는 독립적으로 실행 가능한 유틸리티성 기능을 만들 때 사용합니다.

지금까지 다룬 내용을 정리하면 다음과 같습니다.

구분	인스턴스 프로퍼티/메서드	클래스 프로퍼티/메서드

작성법	클래스를 만드는 방법 세 가지 중 하나
	
	예) 프로토타입 방식 클래스
	`function MyClass(){`
	    `this.프로퍼티= 값;`
	`}`
	`MyClass.prototype.메서드=function(){`
	`}`
		`function MyClass(){`
		    `this.프로퍼티= 값;`
		`}`
		`MyClasss.prototype.메서드=function(){`
		`}`
		`MyClass.클래스프로퍼티=값;`
		`MyClass.클래스메서드=function(){`
		`}`

사용법	`var my1 = new MyClass();`
	`my1.프로퍼티;`
	`my1.메서드()`
		`MyClass.클래스프로퍼티;`
		`MyClass.클래스메서드();`

주용도	객체의 상태 정보를 담거나 다뤄야 하는 경우에 주로 사용	독립적으로 실행 가능한 유틸리티성 정보와 기능을 구현할 때 주로 사용

여기까지 인스턴스 프로퍼티/메서드와 클래스 프로퍼티/메서드에 대해 알아봤습니다. 실무에서는 이 둘
을 혼합해서 사용하니 이 두 가지를 모두 알고 있어야 합니다. 아셨죠?

Lesson
05 / 패키지

01 _ 패키지란?

앞에서 우리는 함수가 특정 알고리즘이나 구문의 영역을 나누기 위해 사용하는 포장 기술이고, 클래스는 연관 있는 변수와 함수를 묶을 때 사용하는 기술이라고 배웠습니다.

패키지(package)는 쉽게 말해 연관 있는 클래스를 묶을 때 사용하는 기술입니다. 큰 프로젝트를 하다 보면 클래스 역시 수십 수백 개가 만들어지며 여러 개발자들이 모여 같이 개발하는 경우 원하는 클래스를 쉽게 찾아 사용할 수 있어야 합니다. 이때 바로 패키지를 사용하는 거죠. 그리고 여러 패키지가 모여 하나의 커다란 라이브러리가 됩니다.

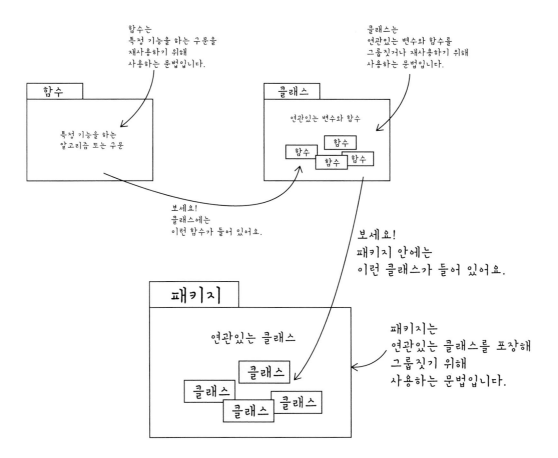

02 _ 일반 프로그래밍에서 패키지

일반 프로그래밍에서는 대부분 패키지 문법을 제공합니다.

자바에서는 package라는 명령어를
이용해 패키지를 구현합니다.

문법

```
package 패키지명;
public class 클래스이름 {
    ....
}
```

예

```
package ddan.utils;
public class StringUtil {
    ....
}
```

03 _ 자바스크립트에서 패키지

아쉽게도 자바스크립트에서는 패키지 문법을 제공하진 않습니다. 다행히 패키지스럽게 흉내 내어 사용할 수 있는 방법은 있습니다.

1 _ 문법

```
var packageName = {}
```

또는

```
var packageName = new Object()

packageName.className = function(){
}
....
```

자바스크립트에서 패키지는 오브젝트 리터럴을 이용합니다. 프로퍼티와 메서드가 전혀 없는 빈 오브젝트를 만들어 이곳에 클래스를 담아 사용하는 거죠.

2 _ 예제

만약 여러분만의 자바스크립트 라이브러리를 만든 다면 다음과 같이 패키지 작업을 하면 됩니다.

유틸리티 성격의 클래스 그룹

```
var ddan = {}
ddan.utils = {}
ddan.utils.String = function()
ddan.utils.Format = function()

. . . .
    인스턴스 생성
var myStr = new ddan.utils.String();
```

UI 콘트롤 클래스 그룹

```
var ddan = {}
ddan.ui = {}
ddan.ui.ImageSilder = function()
ddan.ui.tabMenu = function()
ddan.ui.tabPanel = function()

. . . .

    인스턴스 생성
var imgSlider = new ddan.ui.ImageSlider()
```

설명

코드에서 ddan이란 이름은 ddandongne라는 저의 닉네임의 약자이며 모든 패키지의 최상위 패키지로 사용했습니다. 만약 회사의 패키지를 만드는 경우 회사 도메인 이름을 역순으로 해서 많이 만듭니다. 예를 들어 웹동네의 경우 도메인 이름이 http://www.webdongne.com이라면 다음과 같이 만들 수 있습니다.

```
var com = {}
com.wdn = {}
com.wdn.ui.ImageSlider = function()
```

마치며

드디어 클래스 편도 어느덧 마지막 장의 주제인 자바스크립트 객체지향 프로그래밍만을 남겨두고 있습니다. 마지막과의 결전을 위해 잠시 쉬어가는 의미로 이번 장의 미션은 생략하겠습니다.

CHAPTER 03

jQuery 플러그인 제작

공지:
원의 크기는 난이도를 나타냅니다.
앞으로 갈수록 조금씩 어려워지니 차근차근 따라오세요.

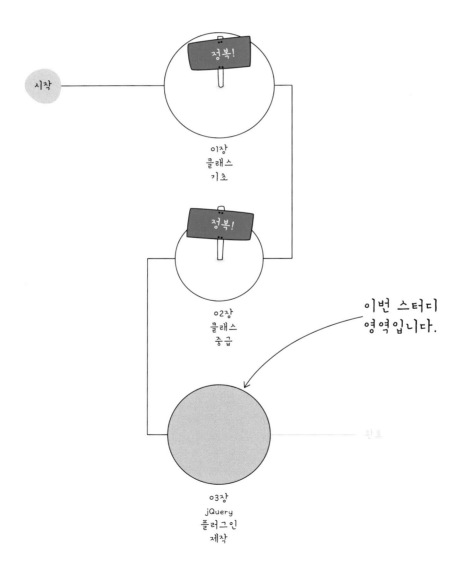

들어가며

앞의 두 장에서 확인한 것처럼 코드 작성 시 여러분이 만든 클래스를 사용하는 구문과 jQuery 구문이 동시에 사용되는 것을 확인했을 것입니다. 이때 클래스를 사용하는 구문을 jQuery 구문처럼 사용할 수 있다면 코드 구문이 통일되기 때문에 좀더 쉽고 가독성 있는 코드를 작성할 수 있을 것입니다.

이번 장에서는 클래스 단위 프로그래밍과 jQuery에서 제공하는 확장 기능을 활용해 jQuery 유틸리티와 플러그인을 제작하는 방법에 대해 알아보겠습니다. 함수와 클래스 개념을 이해하고 활용할 수 있다면 이번 장 내용 역시 어렵지 않게 정복할 수 있을 것입니다.

이번 장에서 배울 내용은 다음과 같습니다.

Lesson
01 / jQuery 확장 소개

jQuery 확장에는 유틸리티와 플러그인 두 가지가 있습니다. 이번 레슨에서는 이 두 가지의 확장 요소에 대해 간단하게 알아보겠습니다.

01 _ jQuery 확장이란?

jQuery가 성공할 수 있었던 가장 큰 이유 중 하나는 수없이 많은 jQuery 플러그인 때문일 것입니다. jQuery는 jQuery가 제공하는 기능 이외의 기능이 필요할 경우 다른 개발자가 만들어놓은 기능을 아주 손쉽게 확장해서 사용할 수 있습니다. 예를 들어 설명하자면 앞에서 만든 탭메뉴를 다음과 같이 자바스크립트 클래스로 만들어 사용하는 것보다 jQuery 플러그인으로 만들면 좀더 쉽고 간결하게 사용할 수 있습니다.

자바스크립트 방식

```
var tab1 = new TabMenu("#tabMenu1");
tab1.setSelectMenuItemAt(1);
```

jQuery 플러그인 방식

```
$("#tabMenu1").selectTabItemAt(1);
```

이번 장에서는 jQuery 플러그인 제작 방법과 더불어 jQuery 플러그인을 제작할 때 자바스크립트 클래스를 활용하는 방법까지 배웁니다.

02 _ jQuery 확장 요소 종류

jQuery 확장 요소는 다음과 같이 두 가지가 있습니다.

1 _ 유틸리티

문자열의 앞 뒤 공백을 없애주는 jQuery의 trim() 메서드와 같은 유틸리티는 주로 도움을 주는 기능을 합니다. 사용법은 주로 jQuery 인스턴스를 생성하지 않고 다음과 같이 jQuery 클래스에 직접 접근해서 사용합니다.

```
jQuery.유틸리티()
```

또는

```
$.유틸리티();
```

2 _ 플러그인

아코디언 메뉴나 탭 메뉴와 같이 주로 노드를 다루는 특정 기능을 재사용하고자 할 때 사용하는 포장 기능입니다. 사용법은 주로 다음과 같이 jQuery 객체를 생성한 후 사용합니다.

```
$("선택자").플러그인(옵션);
```

또는

```
var $결과 = $("선택자");
$결과.플러그인(옵션);
```

자! 그럼 jQuery 유틸리티부터 자세히 알아보도록 하죠.

> ## Lesson
> # 02 / jQuery 유틸리티 만들기

이번 레슨에서는 jQuery 유틸리티를 만드는 방법에 대해 학습합니다. 앞 장에서 배운 클래스 개념을 제대로 이해하고 있다면 어렵지 않게 정복할 수 있을 것입니다.

01 _ 유틸리티 소개

jQuery 유틸리티는 문자열의 앞 뒤 공백을 없애주는 jQuery의 trim() 메서드와 같이 주로 도움을 주는 기능을 합니다. jQuery 유틸리티는 jQuery 인스턴스를 생성하지 않고 다음과 같이 직접 접근해서 사용합니다.

```
jQuery.유틸리티();
```

또는

```
$.유틸리티();
```

jQuery에서 기본으로 제공해주는 유틸리티는 다음 링크에서 확인할 수 있습니다.

- http://api.jquery.com/category/utilities/

자주 사용하는 유틸리티는 다음과 같습니다.

```
trim()
index()
proxy()
extend()
data()
```

02 _ 유틸리티 구조

1 _ 문법

```
(function($){
    $.유틸리티 = function(){ ❶
```

```
         // 기능 구현
     }
  })(jQuery);
  jQuery.유틸리티(); // 사용하기
```

일반적으로 jQuery 유틸리티와 플러그인은 위의 문법에 맞게 구현합니다. 위의 문법을 좀더 자세히 설명하자면 ❶에서 $는 jQuery 클래스 자체를 나타내며 유틸리티는 그저 단순한 jQuery의 클래스 메서드입니다. 즉, 클래스 인스턴스를 생성하지 않고 바로 접근해서 사용할 수 있다는 의미와도 같습니다.

> **메모** _ 클래스 메서드에 대해서는 '05부 02장 Lesson 04 인스턴스 프로퍼티와 메서드 vs. 클래스 프로퍼티와 메서드' 내용을 참고해 주세요.

예를 들어 jQuery의 좌우 문자열의 공백을 제거하는 기능인 trim() 유틸리티는 다음과 같은 구조로 되어 있습니다.

```
function jQuery(){
}
. . . . .
jQuery.trim=function(문자열){
    // 문자열의 좌우 공백을 제거하는 구문
}
```

여러분이 잠시 후 만들게 될 jQuery 유틸리티 역시 jQuery 클래스에 추가됩니다.

2 _ 사용법

```
  $.유틸리티함수();
```

또는

```
  jQuery.유틸리티함수();
```

사용법은 일반 클래스 메서드 호출하듯 호출하면 됩니다. 예를 들어 문자열의 좌우 공백을 없애주는 유틸리티는 다음과 같이 사용하면 됩니다.

예제 01 jQuery의 trim 유틸리티 사용하기

소스 _ 05부/03장/lesson02/01_complete/01.html

```
$(document).ready(function(){
    var data ="           abcde      ";
    console.log("실행 전 = "+data+", 실행 후 = "+$.trim(data));
    console.log("실행 전 = "+data+", 실행 후 = "+jQuery.trim(data));
});
```

실행결과

1. 실행 전 =   abcde   , 실행 후 = abcde
2. 실행 전 =   abcde   , 실행 후 = abcde

03 _ 사용자 정의 jQuery 유틸리티 만들기

이해를 돕기 위해 이번에는 직접 사용자 정의 jQuery 유틸리티를 만들어 보죠.

예제 02 3자리수마다 콤마를 추가하는 유틸리티 만들기

다음 실행 결과처럼 숫자를 넣고 실행하면 결과값으로 3자리수마다 콤마를 추가해주는 유틸리티를 만들어 주세요.

실행예

```
$(document).ready(function(){
    document.write("123 =>", $.addComma("123"), "<br>");
    document.write("1234 =>", $.addComma("1234"), "<br>");
    document.write("12345 =>", $.addComma("12345"), "<br>");
    document.write("123456 =>", $.addComma("123456"), "<br>");
    document.write("1234567 =>", $.addComma("1234567"), "<br>");
});
```

실행결과

```
123 =>123
1234 =>1,234
12345 =>12,345
123456 =>123,456
1234567 =>1,234,567
```

풀이: 소스 _ 05부/03장/lesson02/01_complete/02.html

```
<script>
    (function($){
        $.addComma=function(value){
            // 숫자를 문자로 형변환;
            var data = value+"";
            // 문자를 배열로 만들기
            var aryResult = data.split("");
            // 배열 요소를 뒤에서 3자리수마다 콤마 추가하기
            var startIndex = aryResult.length-3;
            for(var i=startIndex;i>0;i-=3) {
                aryResult.splice(i, 0, ",");
            }
            // 결과값 리턴
            return aryResult.join("");
        }
    })(jQuery);

    $(document).ready(function(){
        document.write("123 =>", $.addComma("123"), "<br>");
        document.write("1234 =>", $.addComma("1234"), "<br>");
        document.write("12345 =>", $.addComma("12345"), "<br>");
        document.write("123456 =>", $.addComma("123456"), "<br>");
        document.write("1234567 =>", $.addComma("1234567"), "<br>");

    });
</script>
```

설명

3자리수마다 콤마를 추가하는 구현 코드는 추가로 설명하지 않겠습니다. 구문마다 작성해둔 주석을 참고해 주세요. 그리고 이 예제에서 중요한 점이 하나 있는데요. 예를 들어 어떤 내용은 자바스크립트 함수로 되어 있고 또 어떤 내용은 jQuery로 구현돼 있다면 가독성이 떨어질 수 있습니다. 이때 특정 기능을 jQuery 유틸리티로 만들어두면 jQuery를 주로 사용하는 프로젝트의 경우 통일된 방식으로 코드를 작성할 수 있습니다.

Lesson 03 / jQuery 플러그인 만들기

이번 레슨에서는 jQuery 플러그인 만드는 방법에 대해 학습합니다. 앞 장에서 배운 클래스 개념을 제대로 이해하고 있다면 어렵지 않게 정복할 수 있을 것입니다.

01 _ jQuery 플러그인 소개

앞에서도 언급한 것처럼 jQuery 플러그인은 아코디언 메뉴나 탭 메뉴와 같이 특정 기능을 재사용하고자 할 때 사용하는 포장 기능입니다. 쉽게 말해 jQuery 기능 중 jQuery 유틸리티를 제외한 모든 기능은 jQuery 플러그인이라고 생각하면 됩니다.

02 _ jQuery 플러그인 구조

구 문	
| | ```
(function($){
    $.fn.플러그인이름 = function(속성값){
        this.each(function(index){
            // 기능 구현
        }
        return this;
    }
})(jQuery)
``` |

Lesson 02에서도 알아본 것처럼 jQuery 유틸리티의 경우 jQuery 클래스 메서드로 만드는 것과 달리 jQuery 플러그인은 jQuery 클래스의 fn이란 곳에 플러그인을 만듭니다. 여기서 fn은 여러분이 이미 알고 있는 prototype을 줄여 쓴 닉네임일 뿐입니다. 예를 들어 지금까지 즐겨 사용한 find(), filter(), children() 등의 기능은 다음과 같이 표현할 수 있습니다.

```
function jQuery(){
}
jQuery.prototype.find=function(){
```
```

```
        . . . .
    }
    jQuery.prototype.filter=function(){

        . . . .
    }
    jQuery.prototype.index=function(){

        . . . .
    }
    jQuery.prototype.children=function(){

        . . . .
    }
    jQuery.prototype.prev=function(){

        . . . .
    }
    jQuery.prototype.next=function(){

        . . . .
    }
```

즉, 여러분이 사용하는 jQuery 플러그인은 모두 jQuery의 인스턴스 메서드일 뿐이라는 것입니다.

> **메모 _** 클래스 메서드에 대해서는 '05부 02장 Lesson 04 인스턴스 프로퍼티와 메서드 vs. 클래스 프로퍼티와 메서드' 내용
> 을 참고해 주세요.

사용자 플러그인 역시 이와 동일한 구조를 가지므로 다음과 같이 jQuery 클래스에 메서드(플러그인이름)
를 추가한 것뿐입니다.

```
function jQuery(){
}
jQuery.prototype.find=function(){

        . . . .
}
jQuery.prototype.filter=function(){

        . . . .
}
. . . .
jQuery.prototype.플러그인이름=function(){

        . . . .
}
```

그림으로 표현하면 다음과 같습니다.

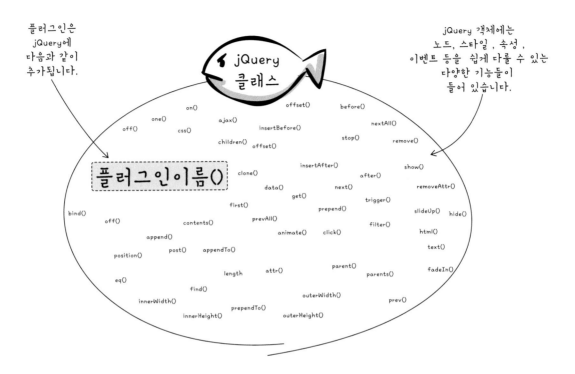

03 _ jQuery 플러그인 구조 분석

jQuery 플러그인을 만들기 위해서는 jQuery 유틸리티와는 달리 jQuery 플러그인은 내부 구조를 확실히 알고 있어야 합니다. 이해를 돕기 위해 예제를 보면서 설명하겠습니다.

[예제 01] 다음 실행화면과 같이 선택한 노드의 외각선을 빨간색으로 표현하는 플러그인을 만들어 주세요.

실행화면

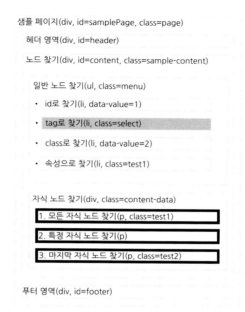

샘플 페이지(div, id=samplePage, class=page)

헤더 영역(div, id=header)

노드 찾기(div, id=content, class=sample-content)

일반 노드 찾기(ul, class=menu)

- id로 찾기(li, data-value=1)
- tag로 찾기(li, class=select)
- class로 찾기(li, data-value=2)
- 속성으로 찾기(li, class=test1)

자식 노드 찾기(div, class=content-data)

1. 모든 자식 노드 찾기(p, class=test1)

2. 특정 자식 노드 찾기(p)

3. 마지막 자식 노드 찾기(p, class=test2)

푸터 영역(div, id=footer)

풀이: 소스 _ 05부/03장/lesson03/01_complete/01.html

```
<script>
    //redColor 플러그인 정의
    (function($){
        $.fn.redColor=function(){
            this.each(function(index){ ❶
                $(this).css("border", "4px solid #f00"); ❷
            })
            return this; ❸
        }
    })(jQuery)

    $(document).ready(function(){
        // redColor 플러그인 사용
        $("p").redColor(); ❹
    })
</script>
```

설명

재! 그럼 지금부터 위의 코드가 어떻게 동작하는지 redColor라는 jQuery 플러그인 속으로 들어가 보겠습니다. 먼저 다음 내용을 해석해보죠.

❶ **this.each()**

일단 this.each()를 해석하기 위해서는 앞에 위치하는 this가 정확히 무엇을 의미하는지 파악해야 합니다. 앞에서도 알아 본 것처럼 $.fn.redColor를 풀어서 표현하면 다음과 같이 표현할 수 있습니다.

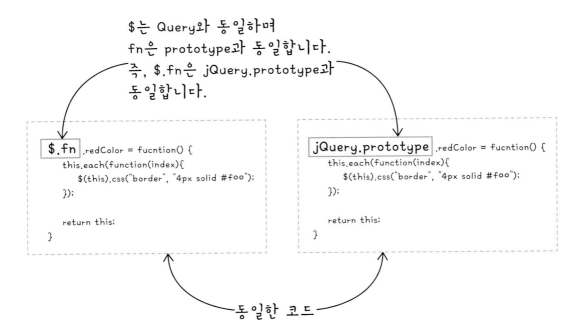

즉, redColor 플러그인은 jQuery 메서드를 부르는 또 하나의 이름일 뿐 클래스의 일반 메서드와 동일하다는 것을 알 수 있습니다. 클래스의 일반 메서드를 사용하기 위해서는 먼저 인스턴스를 생성해야 하는데요. 이 인스턴스는 바로 ❹의 $("p")에 의해서 생성됩니다.

```
$(document).ready(function(){
    // redColor 플러그인 사용
    $("p").redColor(); ❹
})
```

정리하자면 ❹부분의 $("p")에 의해서 인스턴스가 생성되고 접근연산자(.)를 활용해 신규 생성한 redColor() 메서드(플러그인)를 호출한 것이 됩니다.

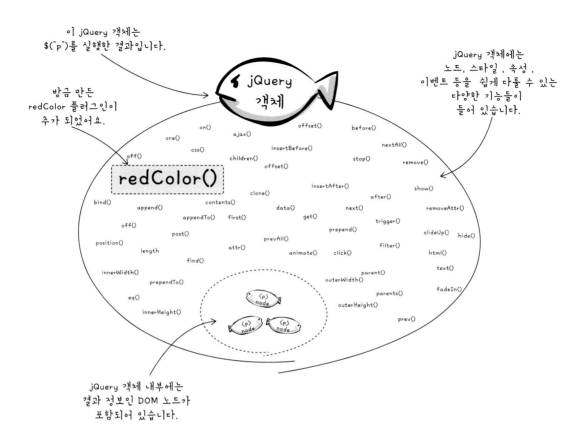

이 jQuery 객체는
$("p")를 실행한 결과입니다.

방금 만든
redColor 플러그인이
추가 되었어요.

jQuery 객체에는
노드, 스타일, 속성,
이벤트 등을 쉽게 다룰 수 있는
다양한 기능들이
들어 있습니다.

jQuery 객체 내부에는
결과 정보인 DOM 노드가
포함되어 있습니다.

이에 따라 redColor() 메서드 내부의 this는 redColor() 메서드를 호출한 jQuery 객체 자체가 되며 우리가 궁금해 하는 this.each()는 jQuery에서 제공하는 each() 메서드를 호출한 것이 됩니다.

❷ **$(this).css("border", "4px solid #f00")**

'04부 03장 노드찾기의 Lesson 02 찾은 노드 다루기 중 핵심 04'에서 알아본 것처럼 each() 메서드의 내부에서 this는 현재 처리하고 있는 자바스크립트 DOM 노드입니다. 자바스크립트에는 스타일을 변경할 때 유용하게 사용하는 css() 메서드가 없기 때문에 $(this) 구문을 이용해 jQuery 인스턴스를 생성한 후 css() 메서드를 사용한 것입니다.

❸ **return this의 정체**

$("p").redColor().on(…)과 같이 redColor() 플러그인 호출 후 jQuery 메서드를 체인구조로 호출할 수 있게 하기 위해서는 this를 리턴해줘야 합니다. 좀더 풀어서 설명하면 $("p").redColor().on(…)을 다음과 같이 표현할 수도 있습니다.

```
var $temp = $("p").redColor();
$temp.on(…);
```

이때 $temp에 저장되는 값이 바로 return this 값이 됩니다. ❶에서 알아본 것처럼 this는 jQuery 인스턴스이기 때문에 $temp.on( ) 메서드를 연속해서 호출할 수 있게 됩니다.

이렇게 해서 jQuery 플러그인 내부 구조를 자세히 알아봤습니다.

04 _ 사용자 정의 jQuery 플러그인 만들기

이번에는 앞에서 배운 내용을 정리하는 의미로 간단한 jQuery 플러그인을 하나 만들어보죠.

예제 02 다음 문서에서 li 태그 노드를 찾아 하나씩 차례대로 제거하는 플러그인을 만들어 주세요. 단, 노드 제거 시 노드의 높이를 0으로 서서히 줄이는 애니메이션을 적용한 후 지워주세요.

```
<body>
    <ul class="menu">
        <li>menu1</li>
        <li>menu2</li>
        <li>menu3</li>
        <li>menu4</li>
        <li>menu5</li>
    </ul>
</body>
```

풀이

소스 _ 05부/03장/lesson03/01_complete/02.html

```
<script>

    // 플러그인 만들기
    (function($){
        $.fn.removeAni=function(){ ❶
            this.each(function(index){ ❷
                var $target= $(this);
                $target.delay(index*1000).animate({ ❸
                    height:0
                },500,function(){
                    $target.remove();❹
                })
            })
```

```
            return this;
        }
    })(jQuery)

    $(document).ready(function(){
        // 플러그인 호출
        $(".menu li").removeAni();❺
    });
</script>
```

설명

❶ 먼저 삭제 기능을 구현할 플러그인을 jQuery 플러그인 문법에 맞게 만들어 줍니다. 여기에서는 이름을 removeAni라고
하겠습니다.

❷ 찾은 li 태그 개수만큼 높이가 0으로 줄어드는 애니메이션을 적용하기 위해 each() 메서드를 사용합니다.

❸ li 태그마다 animate() 메서드를 활용해 높이가 0으로 줄어드는 애니메이션을 실행해 줍니다. 이때 delay() 메서드를 사
용해 애니메이션을 지연시켜 순차적으로 동작되도록 만들어 줍니다.

❹ 애니메이션이 끝나면 remove() 메서드를 이용해 노드를 지워 줍니다.

❺ 마지막으로 jQuery를 이용해 삭제 대상인 li 태그 노드를 찾은 후 바로 이어서 removeAni 플러그인을 호출해 줍니다.

코드를 모두 입력했다면 실행해보죠. 첫 번째 노드부터 하나씩 부드럽게 사라지는 것을 확인할 수 있을
것입니다.

05 _ 다음 내용 예고

우리는 이번 레슨에서 배운 내용을 바탕으로 다음과 같이 다음 레슨부터 총 3개의 레슨을 통해 좀더 실무
적인 플러그인 제작 방법을 다룹니다.

Lesson 04 함수 기반 플러그인 만들기

Lesson 05 클래스(prototype) 기반 플러그인 만들기

Lesson 06 extend() 메서드를 활용한 플러그인 만들기

진행 방식은 앞에서 몇 번 만들었던 탭 메뉴를 플러그인으로 제작한 후 각각의 특징에 대해 알아보게 됩
니다.

Lesson 04 / 함수 기반 플러그인 만들기

이번 레슨에서는 함수 기반의 플러그인 제작 방법을 학습합니다. 이와 동시에 이 방식만의 특징에 대해서도 알아봅니다.

01 _ 구문

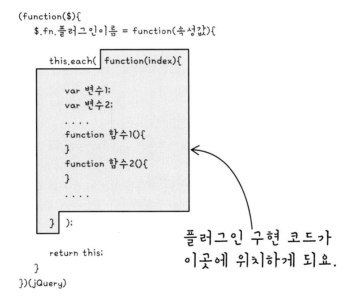

```
(function($){
    $.fn.플러그인이름 = function(속성값){

        this.each( function(index){

            var 변수1;
            var 변수2;
            ....
            function 함수1(){
            }
            function 함수2(){
            }
            ....

        } );

        return this;
    }
})(jQuery)
```

플러그인 구현 코드가
이곳에 위치하게 되요.

여기서 함수 기반 플러그인이란? 플러그인 구현 코드를 each() 메서드의 매개변수 값으로 넘기는 함수 내부에 작성하는 구조를 의미합니다. 가장 일반적으로 플러그인을 제작하는 방법이기도 합니다.

02 _ 예제

이해를 돕기 위해 간단하게 함수 기반의 플러그인을 만들어 보겠습니다. 다음은 '03부 03장 함수 중급: Lesson08의 미션 02'에서 만든 탭 메뉴입니다.

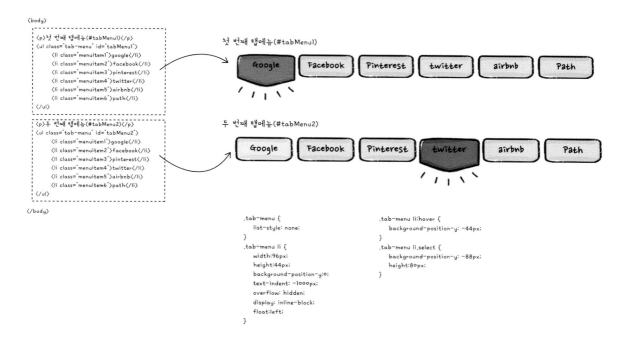

우선 파일을 실행해보죠. 그럼 실행화면처럼 독립적으로 동작하는 탭메뉴 2개를 볼 수 있을 것입니다. 코드를 살펴보면 여러 개의 함수와 변수로 구성돼 있는데요. 코드 설명은 이미 앞에서 했기 때문에 생략하겠습니다.

이번 예제는 바로 함수 기반으로 만들어진 탭메뉴를 jQuery 플러그인으로 만드는 것입니다. 즉 다음과 같이 jQuery 스타일로 구문이 동작할 수 있게 tabMenu 플러그인을 완성해 주세요.

```
$(".tab-menu").tabMenu();
```

풀이 전 코드: 소스 _ 05부/03장/lesson04/01_complete/01_00.html

```
$(document).ready(function(){
    tabMenu("#tabMenu1");
    tabMenu("#tabMenu2");
});

// 탭 메뉴
function tabMenu(selector){
    var $tabMenu=null;
    var $menuItems=null;
    var $selectMenuItem=null;
```

```javascript
    // 요소 초기화
    function init(selector){
        $tabMenu = $(selector);
        $menuItems = $tabMenu.find("li");
    }

    // 이벤트 초기화
    function initEvent(){
        $menuItems.on("click",function(){
            setSelectItem($(this));
        });
    }

    // 탭메뉴 활성화
    function setSelectItem($menuItem){
        if($selectMenuItem){
            $selectMenuItem.removeClass("select");
        }
        $selectMenuItem = $menuItem;
        $selectMenuItem.addClass("select");
    }
    init(selector);
    initEvent();
}
```

풀이

단계 01 _ jQuery 플러그인 기본 구조 만들기

jQuery 플러그인 만드는 방법은 정말 간단합니다. jQuery 플러그인 문법에 맞게 기존 구현 내용을 포장만 해주면 됩니다. 우선 다음 내용을 입력해 주세요.

소스 _ 05부/03장/lesson04/01_complete/01_01.html

```javascript
// tabMenu 플러그인
(function($){
    $.fn.tabMenu=function(){ ❶
        this.each(function(index){ ❷
```

```
            // 구현 코드 위치
            console.log(this); ❸
        })
        return this;
    }
})(jQuery)


$(document).ready(function(){
    // 플러그인 호출
    $(".tab-menu").tabMenu(); ❹
});
```

설명

❶ 먼저 jQuery 플러그인 구조에 맞게 tabMenu라는 플러그인을 만들어 줍니다.

❷ 선택자에 해당하는 노드 개수만큼 탭메뉴를 생성하기 위해 each() 메서드를 실행합니다.

❸ 탭 메뉴 코드를 작성하기 전 탭메뉴 개수만큼 each() 메서드로 넘긴 콜백함수가 실행되는지 확인하기 위해 현재 루프에 해당하는 노드(this)를 콘솔창에 출력합니다.

❹ tabMenu 플러그인을 호출해 줍니다.

코드 입력 후 실행하면 다음과 같은 화면을 볼 수 있을 것입니다.

실행화면

이렇게 해서 tabMenu 플러그인 기본 구조를 완성했습니다.

단계 02 _ 탭메뉴 구현 코드 넣기

이번 단계에서는 풀이 전 코드를 tabMenu 플러그인으로 포장해 보겠습니다. 다음과 같이 풀이 전 코드를 그대로 오려 tabMenu 플러그인에 포장해 주세요.

풀이 전 코드 소스
05부/03장/lesson04/01_complete/01_00.html

풀이 후 코드 소스
05부/03장/lesson04/01_complete/01_02.html

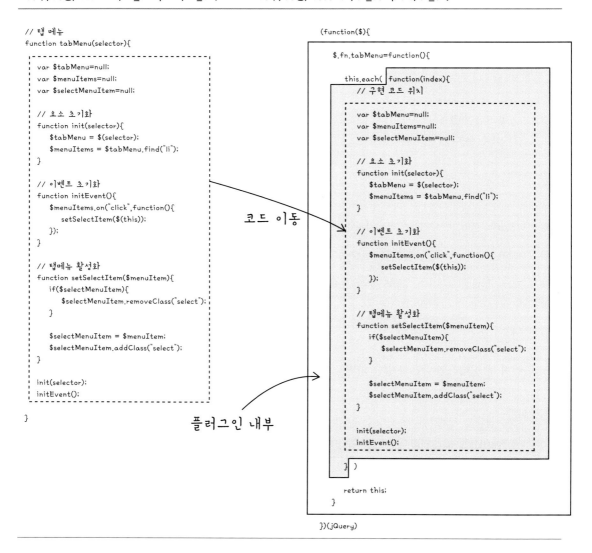

일단 코드만 포장했기 때문에 코드 입력 후 실행하면 정상적으로 동작하지 않을 것입니다. 다음 단계에서 나머지 작업을 진행해보죠.

단계 03 _ 선택자 변경

탭메뉴가 정상적으로 동작하기 위해서는 코드 내용 중 init(selector)를 변경해줘야 합니다.

풀이 전 코드에서 init() 함수에 사용한 selector는 "#tabMenu1"과 "#tabMenu2"였지만 tabMenu 플러그인에서는 selector와 동일한 의미로 사용할 수 있는 현재 노드인 this를 넘겨 주면 됩니다. 다음과 같이 말이지요.

풀이: 소스 _ 05부/03장/lesson04/01_complete/01_03.html

```javascript
// tabMenu 플러그인
(function($){
    $.fn.tabMenu=function(){
        this.each(function(index){
            // 구현 코드 위치
            var $tabMenu=null;
            var $menuItems=null;
            var $selectMenuItem=null;

            // 요소 초기화
            function init(selector){
                $tabMenu = $(selector);
                $menuItems = $tabMenu.find("li");
            }

            // 이벤트 초기화
            function initEvent(){
                $menuItems.on("click",function(){
                    setSelectItem($(this));
                });
            }

            // 탭메뉴 활성화
            function setSelectItem($menuItem){
                if($selectMenuItem){
                    $selectMenuItem.removeClass("select");
                }

                $selectMenuItem = $menuItem;
                $selectMenuItem.addClass("select");
            }

            init(this);
            initEvent();
        })

        return this;
    }
})(jQuery)
```

❶ 호출!

현재 노드 정보가
담긴 this를 매개변수 값으로
init() 함수 호출

설명

❶ init(selector) 대신 init(this)로 변경해 줍니다.

이제 모든 준비가 마무리됐습니다. 코드 입력 후 실행해 보세요. 그럼 독립적으로 실행되는 탭메뉴를 볼 수 있을 것입니다.

03 _ 정리

앞 예제를 이용해 우리는 기존 함수 기반으로 만들어진 탭메뉴를 jQuery 플러그인 방식으로 만들어 봤습니다. 하지만 아쉽게도 이 방식에는 '01장 클래스 기초, Lesson04의 03. 특징'에서 알아본 것처럼 tabMenu 플러그인에 의해 탭메뉴가 만들어지는 만큼 init(), initEvent() 등의 내부 함수가 중복해서 만들어는 문제점을 가지고 있습니다.

예를 들어 탭메뉴가 3개라면 다음 그림과 같이 init(), initEvent(), setSelectItem() 등의 내부 함수가 중복해서 만들어지게 됩니다.

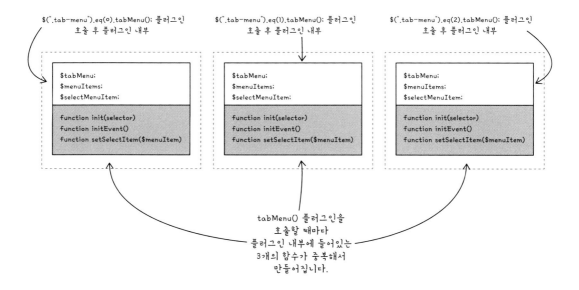

그럼 문제점을 해결하는 방법은 없을까요?! 물론 당연히 있습니다. 바로 prototype 방식의 클래스를 활용해 플러그인을 만드는 것이지요. 이 내용은 다음 레슨에서 좀더 자세히 다뤄보죠.

05 / 클래스 기반 플러그인 만들기

이번 레슨에서는 클래스 기반의 플러그인 제작 방법을 학습합니다. 이와 동시에 이 방식만의 특징에 대해서도 알아봅니다.

01 _ 문법

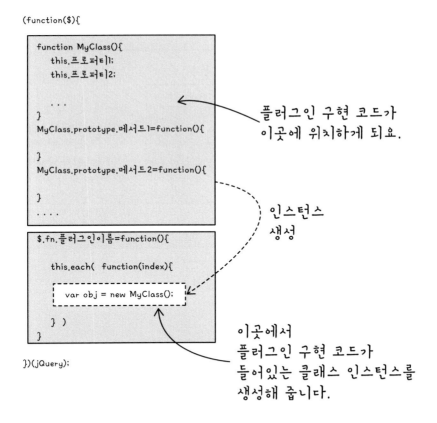

문법을 살펴보면 기능을 prototype 기반 클래스로 만든 후 플러그인에서 클래스 인스턴스를 생성한 후 사용하는 구조로 돼 있습니다. 이렇게 구성하면 함수 기반 플러그인이 가지고 있던 문제점을 해결할 수 있게 됩니다.

예를 들어 탭메뉴가 3개라면 다음 그림과 같이 init(), initEvent(), setSelectItem() 메서드는 모두 prototype에 만들어지기 때문에 공유해서 사용됩니다.

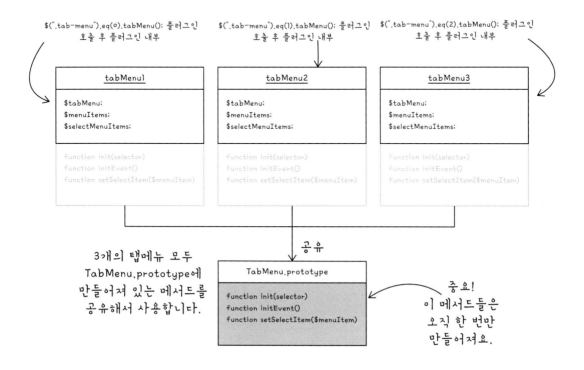

> **메모**
> prototype 방식 클래스에 대해서는 '01장 클래스 기초, Lesson05 프로토타입을 활용한 클래스 만들기'를 참고해 주세요.

02 _ 예제

이해를 돕기 위해 예제를 만들어 보겠습니다. 다음 내용은 '01장 클래스 기초, Lesson05 프로토타입을 활용한 클래스 만들기'에서 만든 prototype 방식 클래스로 만들어진 예제 입니다. 이 예제를 클래스 기반 jQuery 플러그인 방식으로 만들어 주세요.

풀이 전 코드: 소스 _ 05부/03장/lesson05/01_complete/01_00.html

```
<script>
    $(document).ready(function(){
```

```
    // 인스턴스 생성
    var tab1 = new TabMenu("#tabMenu1");
    var tab2 = new TabMenu("#tabMenu2")
});

function TabMenu(selector) {
    this.$tabMenu = null;
    this.$menuItems = null;
    this.$selectMenuItem = null;

    // 요소 초기화및 이벤트 등록 호출하기
    this.init(selector);
    this.initEvent();
}

// 요소 초기화
TabMenu.prototype.init = function(selector) {
    this.$tabMenu = $(selector);
    this.$menuItems = this.$tabMenu.find("li");
}

// 이벤트 등록
TabMenu.prototype.initEvent = function() {
    var objThis = this;
    this.$menuItems.on("click", function() {
        objThis.setSelectItem($(this));
    });
}

// $menuItem에 해당하는 메뉴 아이템 선택하기
TabMenu.prototype.setSelectItem = function($menuItem) {
    // 기존 선택메뉴 아이템을 비활성화 처리하기
    if (this.$selectMenuItem) {
        this.$selectMenuItem.removeClass("select");
    }

    // 신규 아이템 활성화 처리하기
    this.$selectMenuItem = $menuItem;
    this.$selectMenuItem.addClass("select");
}
</script>
```

풀이

단계 01 _ jQuery 플러그인 기본 구조 만들기

클래스 기반 플러그인 역시 jQuery 플러그인 문법에 맞게 플러그인 기본 구조를 만들어 줍니다. 코드 설명은 앞에서 설명했기 때문에 생략하겠습니다.

소스 _ 05부/03장/lesson05/01_complete/01_01.html

```
// tabMenu 플러그인
(function($){
    $.fn.tabMenu=function(){
        this.each(function(index){
            // 구현 코드 위치
            console.log(this);
        })

        return this;
    }
})(jQuery)

$(document).ready(function(){

    // 플러그인 호출
    $(".tab-menu").tabMenu();
});
```

단계 02 _ 탭메뉴 구현 코드 넣기

이번 단계에서는 풀이 전 코드를 tabMenu 플러그인으로 포장해 보겠습니다. 다음과 같이 풀이 전 코드를 그대로 tabMenu 플러그인에 포장해 주세요.

풀이 전 코드 소스
05부/03장/lesson05/01_complete/01_00.html

풀이 후 코드 소스
05부/03장/lesson05/01_complete/01_02.html

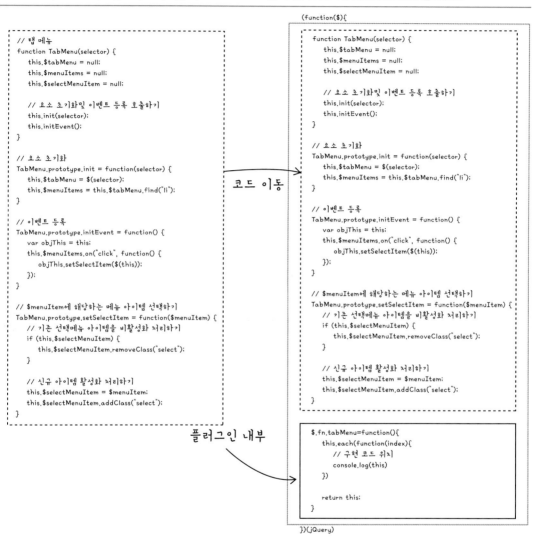

코드 이동

플러그인 내부

단계 03 _ 탭메뉴 인스턴스 생성

이제 마지막으로 tabMenu 플러그인 내부에서 TabMenu 클래스의 인스턴스를 생성하는 구문을 작성해 줍니다.

```
(function($){
    function TabMenu(selector) {
        . . . .
    }
    . . . . .

    $.fn.tabMenu=function(){
        this.each(function(index){
            // 구현 코드 위치
            var tabMenu = new TabMenu(this);
        })

        return this;
    }
})(jQuery)
```

코드를 모두 입력했다면 실행해 보세요. 그럼 독립적으로 실행되는 탭메뉴를 볼 수 있을 것입니다.

03 _ 정리

함수 기반 플러그인과 프로토타입 클래스 기반 플러그인의 결과물만 보면 동일한 것처럼 보이지만 앞에서도 알아본 것처럼 프로토타입 클래스 기반 플러그인 제작이 훨씬 더 효율적이라는 것을 알 수 있습니다. 다시 한 번 정리할 테니 다음과 같은 차이점이 있다는 것을 꼭 알아두세요.

1 _ 함수 기반 플러그인 특징

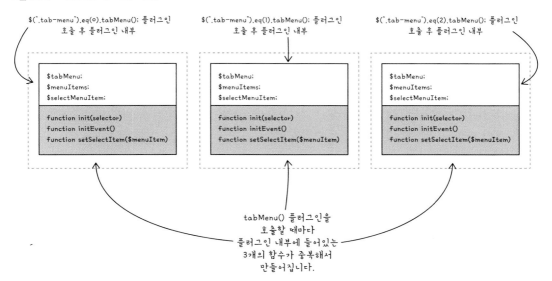

2 _ 프로토타입 클래스 기반 플러그인 특징

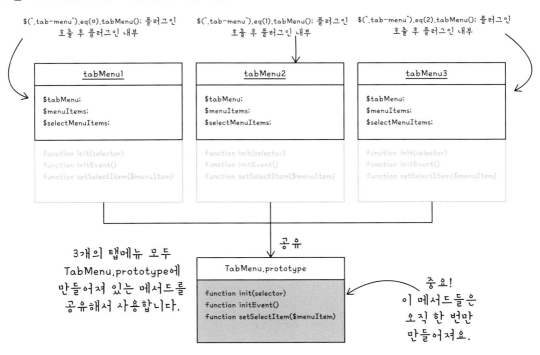

Lesson
06 / 플러그인 그룹 만들기

jQuery 플러그인을 만들다 보면 하나 이상의 연관된 플러그인을 만들게 됩니다. 이번 레슨에서는 플러그인 그룹 만드는 방법과 플러그인 간의 연동 방법을 학습합니다.

01 _ 소개

'플러그인 그룹'이라는 용어는 일반적으로 사용하는 용어는 아니며 필자가 이번 내용을 설명하기 위해 만든 용어라는 점을 미리 알려드립니다. 또한 이번 레슨 내용은 공식적인 방법은 아니고 필자가 주로 사용하는 일종의 팁이라는 점을 알려드립니다. 여기서 말하는 '플러그인 그룹'이란 다음과 같이 연관된 클래스 기반으로 jQuery 플러그인을 만들 때 클래스 인스턴스를 연관 있는 플러그인에서 공유해서 사용하는 구조를 말합니다.

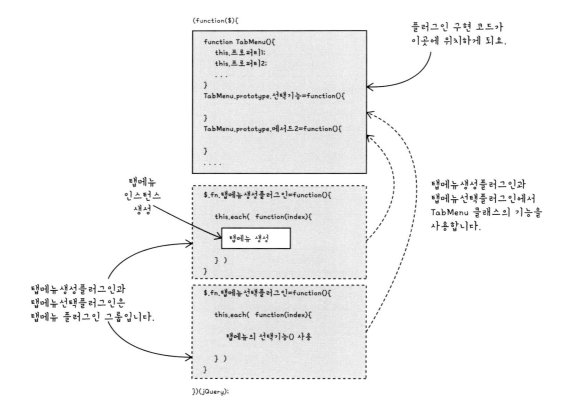

예를들어 위의 그림처럼 탭메뉴 생성 플러그인과 탭메뉴 선택 플러그인은 탭메뉴와 연관된 플러그인입니다. 바로 이런 경우를 플러그인 그룹이라고 보면 됩니다. 이해를 돕기 위해 예제를 가지고 좀더 자세히 설명해 보겠습니다.

02 _ 예제

이번 예제에서는 Lesson 05에서 만든 tabMenu 플러그인을 좀더 확장해 보겠습니다. 우선 다음 요구사항을 어떻게 해결할 것인지 생각해 보세요.

요구사항
- 외부에서 특정 탭메뉴 아이템을 선택할 수 있게 만들어 주세요.

만약 클래스 기반 탭메뉴라면 다음과 같이 객체를 생성한 후 setSelectItem()을 호출하면 됩니다.

```
var tab1 = new TabMenu("#tabMenu1");
tab1.setSelectItem(tab1.$menuItems.eq(1));
```

하지만 tabMenu 플러그인의 경우 TabMenu 클래스의 인스턴스가 지역변수로 만들어져 있기 때문에 외부에서 접근할 수 없습니다.

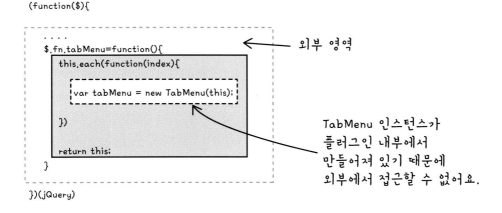

자! 그럼 이 문제를 어떻게 해결해야 할까요? 아직 해결책을 찾지 못한 분은 지금부터 필자를 따라 위의 문제를 해결해보죠. 혹시 해결하신 분이라면 필자의 풀이와 비교해보길 바랍니다.

먼저 기존 소스에 다음과 같이 입력해 주세요.

풀이: 소스 _ 05부/03장/lesson06/01_complete/01.html

```
(function($){

    . . . .

    $.fn.tabMenu=function(){
        this.each(function(index){
            // 구현 코드 위치
            var tabMenu = new TabMenu(this);
            $(this).data("tabMenu", tabMenu); ❶
        })

        return this;
    }
    // n번째 탭메뉴 아이템 선택하기
    $.fn.selectTabMenuItemAt=function(selectIndex){ ❷
        this.each(function(index){
            // 저장한 TabMenu 객체 구하기
            var tabMenu = $(this).data("tabMenu"); ❷-❶
            if(tabMenu){
                // n번째 메뉴 아이템 선택하기
                tabMenu.setSelectItem(tabMenu.$menuItems.eq(selectIndex)); ❷-❷
            }
        })

        return this;
    }

})(jQuery)

$(document).ready(function(){
    // 플러그인 호출
    // n번째 메뉴 아이템 선택
    $(".tab-menu").tabMenu().selectTabMenuItemAt(1); ❸
});
```

설명

❶ 먼저 기존 tabMenu 플러그인 구문에 생성한 TabMenu 클래스 인스턴스를 data()를 활용해 저장해 줍니다.

❷ n번째 탭메뉴 아이템을 선택하는 플러그인(selectTabMenuItemAt)을 신규로 만들어 줍니다. 구조는 앞에서 배운 그대로 만들면 됩니다.

❷-❶ ❶에서 저장한 탭메뉴 인스턴스를 구합니다.

❷-❷ 탭메뉴에서 제공하는 setSelectItem( ) 메서드를 호출해 n번째에 해당하는 메뉴 아이템을 활성화해 줍니다.

❸ 시작 부분에서 selectTabMenuItemAt 플러그인을 호출해 줍니다.

코드를 모두 입력한 후 실행해 보세요. 그럼 다음과 같이 두 탭메뉴 모두 두 번째 탭메뉴 아이템이 활성화돼 있는 것을 확인할 수 있을 것입니다.

실행화면

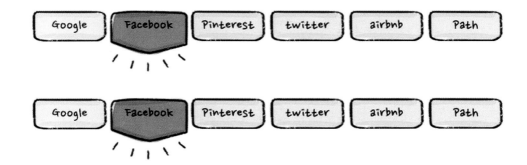

03 _ 결론

1 _ 플러그인 그룹이란?

예제를 가지고 설명하면 tabMenu 플러그인과 selectTabMenuItemAt 플러그인이 탭메뉴 플러그인 그룹이 됩니다.

2 _ 플러그인 그룹 구조

특정 플러그인에서 생성한 클래스의 인스턴스를 다른 플러그인에서 재사용해야 하는 경우 jQuery의 data() 메서드를 활용해 생성한 인스턴스를 저장해 재사용하면 됩니다.

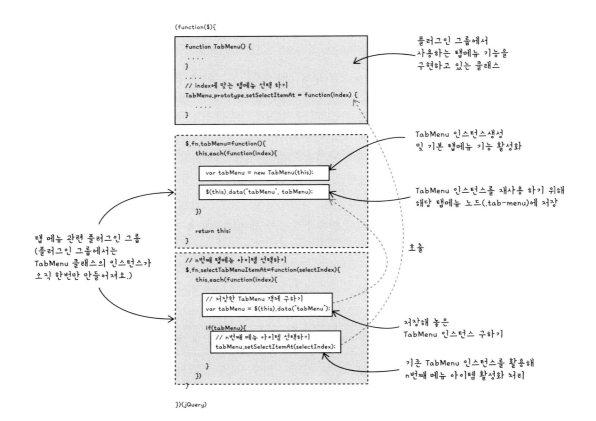

extend() 메서드를 활용한 플러그인 옵션 처리

일반적으로 jQuery 플러그인의 경우 기능을 변경할 수 있는 옵션값이 존재합니다. 이번 레슨에서는 jQuery 플러그인의 옵션값 처리 방법을 학습합니다. 추가로 jQuery에서 제공하는 extend() 메서드를 활용해 좀더 효율적인 옵션값 처리 방법을 배우게 됩니다.

01 _ 기본 옵션값

플러그인을 만들다 보면 플러그인 호출 시 넘겨야 하는 매개변수 값이 많은 경우가 있습니다. 이 값들은 주로 옵션값인데요. 옵션값은 일반적으로 jQuery 플러그인을 만들 때 기본 옵션값을 만들어 사용하고 사용자가 필요로 할 때 원하는 값으로 변경할 수 있는 구조로 만듭니다.

이해를 돕기 위해 예제를 직접 만들어보죠. 다음 예제는 Lesson 03에서 만든 removeAni 플러그인입니다.

예제 01 **플러그인에 기본 옵션값 적용하기**

풀이 전 코드: 소스 _ 05부/03장/lesson07/01_complete/01_00.html

```
<script>
    // 플러그인 만들기
    (function($){
        $.fn.removeAni=function(){
            this.each(function(index){
                var $target= $(this);
                $target.delay(index*1000).animate({
                    height:0
                },500,"easeInQuint", function(){
                    $target.remove();
                })
            })

            return this;
        }
    })(jQuery)
```

```
$(document).ready(function(){
    // 플러그인 호출
    $(".menu li").removeAni();
});
```

```
</script>
```

코드를 살펴보면 지연시간과 애니메이션 진행시간 그리고 이징 값이 각각 1000밀리초, 500밀리초, "easeInQuint"로 고정돼 있는 것을 확인할 수 있습니다. 현재로서는 이들의 값을 수정해야 하는 경우 플러그인의 내부 코드를 직접 수정해줘야 합니다. 이들의 값을 좀더 쉽게 수정할 수 있게 플러그인에 옵션값을 추가해 보겠습니다. 추가로 플러그인의 기본 옵션값을 만들어 사용자가 옵션값을 설정하지 않는 경우 기본 옵션값이 적용되게 만들어 보겠습니다.

먼저 풀이 순서에 맞게 다음 내용을 입력해 주세요.

풀이: 소스 _ 05부/03장/lesson07/01_complete/01_01.html

```
<script>

    // 플러그인 만들기
    (function($){
        $.defaultOptions = { ❶
            duration:500,
            easing:"easeInQuint",
            delayTime:1000,
        }
        $.fn.removeAni=function(duration, easing, delayTime){ ❷
            // 사용자 옵션 정보 유무 판단 후, 값이 없는 경우 기본값으로 설정
            duration = duration || $.defaultOptions.duration; ❸
            easing = easing   || $.defaultOptions.easing;
            delayTime = delayTime || $.defaultOptions. delayTime;
            // 옵션값을 변경
            this.each(function(index){
                var $target= $(this);
                $target.delay(index*delayTime).animate({
                    height:0
                },duration, easing, function(){ ❹
                    $target.remove();
                })
            })
```

```
            return this;
        }
    })(jQuery)

    $(document).ready(function(){
        // 플러그인 호출
        $(".menu li").removeAni();
    });

</script>
```

설명

❶ 먼저 오브젝트 리터럴을 이용해 기본 옵션값을 만듭니다.

❷ removeAni 플러그인에 매개변수(duration, easing, delayTime)를 신규로 추가해 줍니다.

❸ 옵션값이 없는 경우 기본 옵션값으로 설정할 수 있게 구문을 작성합니다.

❹ animate() 메서드에 하드 코딩된 애니메이션 시 값과 이징 함수 값 그리고 지연시간 값 대신 매개변수를 채워 줍니다.

코드를 모두 입력했다면 정상적으로 동작하는지 실행해보죠. 기존과 동일한 실행화면을 볼 수 있을 것입니다. 확인 후 다음과 같이 애니메이션 시간을 설정해 정상적으로 동작하는지 실행해보죠.

```
$(document).ready(function(){
    // 플러그인 호출
    $(".menu li").removeAni(5000);
});
```

지금까지 알아본 것처럼 기본 옵션값을 만들어 사용하면 좀더 유연한 플러그인을 만들 수 있습니다.

02 _ jQuery의 extend() 메서드 소개

1 _ 소개

jQuery의 extend() 메서드는 객체의 기능(프로퍼티와 메서드)을 합칠 때 사용하는 메서드입니다. 이 기능은 특히 플러그인 제작 시 옵션값 처리에 유용하게 사용됩니다. 이에 대해서는 다음 절에서 알아보기로 하고 우선 extend() 메서드의 사용법부터 알아보겠습니다.

사용법

```
var result = jQuery.extend(target[,object1][,objectN]);
```

매개변수

target: 합쳐진 기능을 최종적으로 저장할 객체
object1, objectN: 합쳐질 기능을 가진 객체

리턴값

리턴값은 target에 저장되는 값과 같습니다.

2 _ extend() 메서드 기능

이해를 돕기 위해 예제를 이용해 extend() 메서드가 어떤 기능을 가지고 있는지 자세히 알아보겠습니다.

예제 02 extend() 메서드 기능 테스트

소스 _ 05부/03장/lesson07/01_complete/02.html

```
<script>
    $(document).ready(function(){

        var target = {
            property1:"a",
            property2:"b",
            method1:function(){
                console.log("m1()");
            }
            method2:function(){
                console.log("m2()");
            }
        };

        var object1 = {
            property1:"1_a",
            property3:"1_c",
            method1:function(){
                console.log("1_m1()");
            },
```

```
        method3:function(){
            console.log("1_m3()");
        }
    };

    var result = jQuery.extend(target,object1);
    console.log("target = ", target);
    console.log("object1 = ", object1);
    console.log("result = ", result);

  });
</script>
```

실행결과

```
Q  []  Elements  Network  Sources  Timeline  Profiles  Resources  Audits | Console | AngularJS    >_  ⚙  ▢  ×
⊘  ▽  <top frame> ▼  ☐ Preserve log
  target =  ▼ Object {property1: "1_a", property2: "b", property3: "1_c"} ⓘ       02 extend type1.html:36
            ▶ method1: function (){
            ▶ method2: function (){
            ▶ method3: function (){
              property1: "1_a"
              property2: "b"
              property3: "1_c"
            ▶ __proto__: Object
  object1 =  ▼ Object {property1: "1_a", property3: "1_c"} ⓘ                      02 extend type1.html:37
            ▶ method1: function (){
            ▶ method3: function (){
              property1: "1_a"
              property3: "1_c"
            ▶ __proto__: Object
  result =  ▼ Object {property1: "1_a", property2: "b", property3: "1_c"} ⓘ       02 extend type1.html:38
            ▶ method1: function (){
            ▶ method2: function (){
            ▶ method3: function (){
              property1: "1_a"
              property2: "b"
              property3: "1_c"
            ▶ __proto__: Object
  >
```

설명

코드 입력 후 실행 결과를 살펴보면 object1의 기능이 모두 target으로 합쳐지는 것을 확인할 수 있습니다. 또, target과 object1이 같은 기능을 가진 경우 target의 기능은 무시되고 object1의 기능이 우선적으로 합쳐지는 것을 확인할 수 있습니다. 다음 그림을 보면 좀더 쉽게 이해할 수 있을 것입니다.

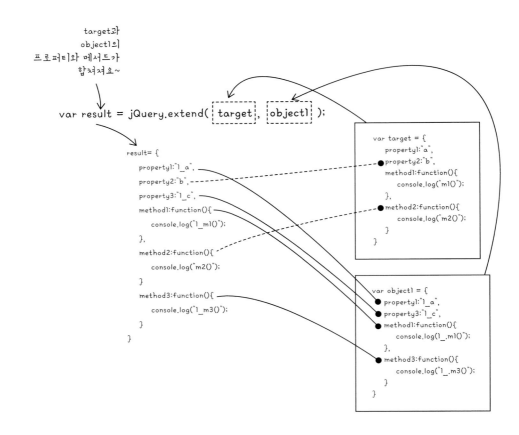

3 _ extend() 메서드 사용 시 주의사항 및 해결책

extend() 메서드 사용 시 주의해야 할 사실이 하나 있는데요. 앞 예제의 실행 결과에서도 알수 있는 것처럼 extend() 메서드 실행 후 target 자체도 변경된다는 것입니다.

```
Q    □   Elements  Network  Sources  Timeline  Profiles  Resources  Audits | Console  AngularJS    >_  ⚙  □ , ×
⊘   ▽   <top frame> ▼   ☐ Preserve log
target =  ▼Object {property1: "1_a", property2: "b", property3: "1_c"} ⓘ          02 extend type1.html:36
          ▶ method1: function (){
          ▶ method2: function (){
          ▶ method3: function (){
            property1: "1_a"
            property2: "b"
            property3: "1_c"
          ▶ __proto__: Object
object1 =  ▼Object {property1: "1_a", property3: "1_c"} ⓘ                          02 extend type1.html:37
          ▶ method1: function (){
          ▶ method3: function (){
            property1: "1_a"
            property3: "1_c"
          ▶ __proto__: Object
result =  ▼Object {property1: "1_a", property2: "b", property3: "1_c"} ⓘ          02 extend type1.html:38
          ▶ method1: function (){
          ▶ method2: function (){
          ▶ method3: function (){
            property1: "1_a"
            property2: "b"
            property3: "1_c"
          ▶ __proto__: Object
   >
```

실행 후
target 변경되기 때문에
target과 result가
동일하게 됩니다.

즉 target과 extend() 메서드의 결과값이 같게 된다는 것입니다. 뒤에서 설명하겠지만 플러그인에서 extend() 메서드를 활용해 옵션값을 처리할 때 target에 해당하는 기본 옵션값이 변경되면 안 되는 경우가 있습니다. 이때는 다음과 같이 첫 번째 매개변수 값이 빈 값을 넣어 주면 됩니다. 예제 실행 후 결과를 확인해 보세요.

예제 03 extend() 활용법

소스 _ 05부/03장/lesson07/01_complete/03.html

```
<script>
    $(document).ready(function(){



        var result = jQuery.extend(null, target,object1);
        // 또는
        // var result = jQuery.extend({}, target,object1);
        . . . .

    });
</script>
```

실행결과

```
target =  ▼ Object                                            02_extend_type2.html:38
            ▶ method1: function (){
            ▶ method2: function (){
              property1: "a"
              property2: "b"
            ▶ __proto__: Object
object1 =  ▼ Object                                           02_extend_type2.html:39
            ▶ method1: function (){
            ▶ method3: function (){
              property1: "1_a"
              property3: "1_c"
            ▶ __proto__: Object
result =   ▼ Object                                           02_extend_type2.html:40
            ▶ method1: function (){
            ▶ method2: function (){
            ▶ method3: function (){
              property1: "1_a"
              property2: "b"
              property3: "1_c"
            ▶ __proto__: Object
>
```

실행 결과를 살펴보면 앞의 예제와는 달리 target이 원본 값을 그대로 유지하고 있는 것을 확인할 수 있습니다. 그럼 이어서 extend가 jQuery 플러그인에서 어떻게 유용하게 사용되는지 알아보겠습니다.

03 _ extend() 메서드를 활용한 플러그인 옵션 처리

extend() 메서드를 활용하면 좀더 쉽게 플러그인 옵션 처리를 할 수 있습니다. 이해를 돕기 위해 바로 예제를 만들어 보겠습니다. 다음 내용은 앞에서 만든 removeAni 플러그인에 extend() 메서드를 활용해 옵션 처리를 한 예제입니다. 아래 설명 순서에 맞게 코드를 입력해 주세요.

예제 04 extend() 메서드를 활용한 플러그인 기본 옵션값 적용하기

소스 _ 05부/03장/lesson07/01_complete/04.html

```
// 플러그인 만들기
(function($){
    $.defaultOptions = {
        duration:500,
        easing:"easeInQuint",
        delayTime:1000
    }
    $.fn.removeAni=function(options){ ❶
        // 사용자 옵션 정보 유무 판단 후, 값이 없는 경우 기본값으로 설정
        options = $.extend(null, $.defaultOptions, options); ❷

        // 옵션값을 변경
        this.each(function(index){
            var $target= $(this);
            $target.delay(index*options.delayTime).animate({ ❸
                height:0
            },options.duration, options.easing, function(){ ❹
                $target.remove();
            })
        })

        return this;
    }
})(jQuery)
```

```
$(document).ready(function(){
    // 플러그인 호출
    $(".menu li").removeAni({
        durtaion:1000 ❺
    });
});
```

설명

❶ 먼저 removeAni 플러그인에서 옵션값을 3개의 매개변수(duration, easing, delayTime) 대신 하나의 오브젝트 리터럴을 만들어 사용할 것이기 때문에 매개변수를 하나의 매개변수로 변경해 줍니다.

❷ extend() 메서드를 활용해 기본 옵션값과 사용자가 입력한 옵션값을 합쳐 줍니다.

❸,❹ 지연시간과 애니메이션 시간 그리고 이징 함수 정보를 ❷에서 만든 옵션값으로 변경해 줍니다.

❺ 옵션값을 오브젝트 리터럴로 변경해 줍니다.

코드를 모두 입력했다면 정상적으로 동작하는지 실행해 보세요. 어떤가요? extend() 메서드를 사용하기 전보다 소스가 좀더 깔끔해졌죠? 이렇게 해서 이번 레슨을 마치겠습니다.

Lesson 08 / 미션

이번 장도 어느덧 마지막 부분인 미션에 도달했습니다. 지금까지 배운 내용을 활용해 미션을 풀어 보세요.

미션 01   심플 갤러리를 플러그인으로 만들기

01 _ 미션 소개 및 미리보기

이번 미션은 '01장 Lesson07 미션'에서 풀었던 심플 갤러리를 플러그인으로 만들어 보는 것입니다.

먼저 모든 기능이 구현된 최종 결과물 파일을 웹 브라우저에서 실행해 주세요.

- 소스 _ 05부/03장/lesson08/01_complete/m01/step04.html

실행화면을 보면 알수 있는 것처럼 풀이 전 코드와 동일하다는 것을 알 수 있습니다.

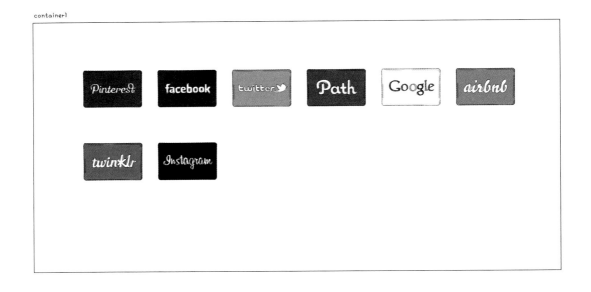

container2

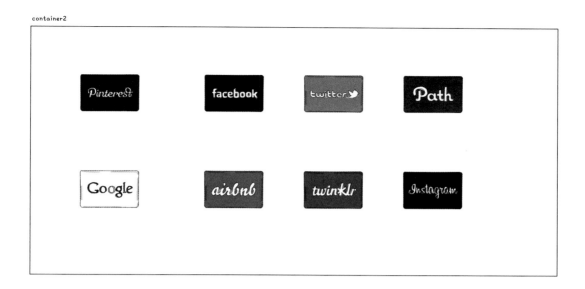

02 _ 요구사항

정리해보면 이번 장에서 구현할 플러그인은 다음과 같습니다.

01. 풀이 전 코드에서 SimpleGallery 클래스를 변경 없이 그대로 이용해 주세요.

02. 실행결과는 풀이 전 코드와 동일하게 나와야 합니다.

03 _ 풀이 전 코드

> **메모** _ 풀이 전 코드인 클래스로 만들어진 심플 갤러리 소스 설명은 이장 Lesson 07 미션을 참고해 주세요.

화면구조

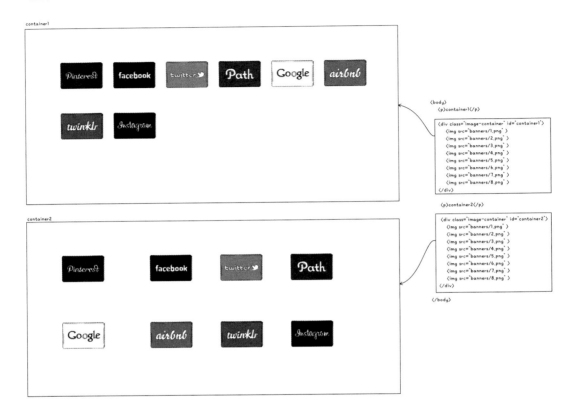

소스 _ 05부/03장/lesson08/01_complete/m01/step00.html

```
<script>
    $(document).ready(function(){
        // 인스턴스 생성
        var gallery1 = new SimpleGallery("#container1 img", 6, 150, 150);
        gallery1.showGallery();

        var gallery2 = new SimpleGallery("#container2 img", 4, 200, 200);
        gallery2.showGallery();
    });

    /*
    *@selector : 이미지 목록을 나타내는 css 선택자
    *@count : 가로로 출력할 이미지 개수
    *@width : 출력할 이미지 영역 너비
```

```
    *@height :출력할 이미지 영역 높이
    */
function SimpleGallery(selector, count, width, height){
    // 프로퍼티 생성
    this.$images = null;
    this.count =count;
    this.imageWidth = width;
    this.imageHeight = height;

    this.init(selector);
}

// 요소 초기화
SimpleGallery.prototype.init=function(selector){
    this.$images = $(selector);
}

// 이미지 출력 메서드 추가
SimpleGallery.prototype.showGallery=function(){
    // 이미지 개수 구하기.
    var length = this.$images.length;

    // 이미지 배열하기.
    for(var i=0;i<length;i++){
        // n번째 이미지 구하기
        var $img = this.$images.eq(i);

        // 위치 값 구하기
        var x = 100+((i%this.count)*this.imageWidth);
        var y = 100+(parseInt(i/this.count)*this.imageHeight);

        // 위치 설정
        $img.css({
            left:x,
            top:y
        });
    }
}
</script>
```

여기까지 미션 설명이었습니다. 지금부터 책을 덮고 여러분 스스로 미션을 풀어 주세요. 미션을 도무지 어떻게 풀어야 할지 모르는 분은 지금부터 필자를 따라 코드를 입력하면 됩니다.

04 _ 구현하기

이해를 돕기 위해 미션 풀이는 다음과 같이 3단계로 나눠 구현하겠습니다.

단계 01: jQuery 플러그인 기본 구조 만들기

단계 02: 심플 갤러리 구현 코드 넣기

단계 03: 옵션 처리하기

단계 01 _ jQuery 플러그인 기본 구조 만들기

이번 단계에서는 심플 갤러리 기능을 포장할 jQuery 플러그인 기본 구조를 만들어 보겠습니다.

풀이: 소스 _ 05부/03장/lesson08/01_complete/m01/step01.html

```
<script>
    // 플러그인 생성
    (function($){
        $.fn.simpleGallery=function(){ ❶
            this.each(function(index){ ❷
                console.log(this);❸
            })
        }
    })(jQuery);

    $(document).ready(function(){
        /*
        // 인스턴스 생성
        var gallery1 = new SimpleGallery("#gallery1 img", 6, 150, 150);
        gallery1.showGallery();

        var gallery2 = new SimpleGallery("#gallery2 img", 4, 200, 200);
        gallery2.showGallery();
        */

        $(".simage-gallery").simpleGallery(); ❹
    });
</script>
```

설명

❶ 먼저 jQuery 플러그인 구조에 맞게 심플 갤러리를 구현할 플러그인을 simpleGallery라는 이름으로 만들어 줍니다.

❷ 선택자에 해당하는 노드 개수만큼 심플 갤러리를 생성하기 위해 each( ) 메서드를 실행합니다.

❸ 심플 갤러리 객체를 생성하기 전 노드 개수만큼 each( ) 메서드가 실행되는지 확인하기 위해 현재 루프에 해당하는 노드 (this)를 콘솔창에 출력합니다.

❹ 기존 객체 생성 코드를 주석처리한 후 simpleGallery 플러그인을 호출해 줍니다.

코드 입력 후 실행하면 다음과 같은 화면을 볼 수 있을 것입니다.

container1

container2

콘솔화면

단계 02 _ 심플 갤러리 구현 코드 넣기

이번 단계에서는 풀이 전 코드를 simpleGallery 플러그인 안으로 포장해 보겠습니다.

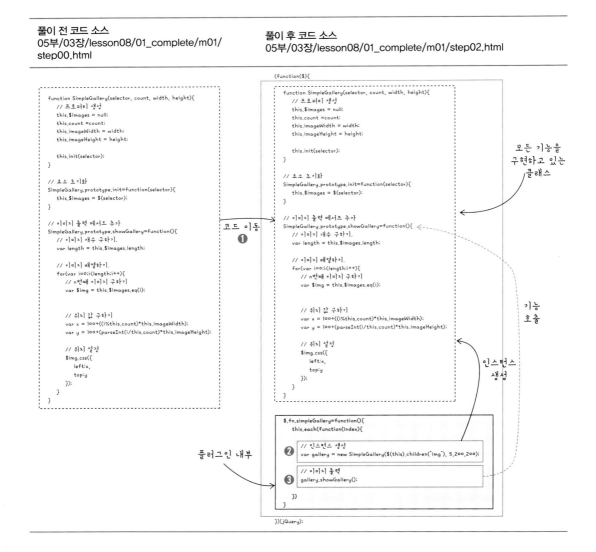

설명

❶ 먼저 SimpleGallery 클래스를 그대로 simpleGallery 플러그인 영역에 넣어 줍니다.

❷ SimpleGallery 클래스 인스턴스를 생성해 줍니다. SimpleGallery 생성자 첫 번째 매개변수에는 출력하고자 하는 이미지 목록을 children( ) 메서드를 이용해 찾아 넣어줍니다. 두 번째와 세 번째 그리고 네 번째 매개변수 값은 일단 테스트를 위해 고정된 값을 넣어 줍니다. 이 값은 단계 03에서 옵션값으로 처리됩니다.

❸ showGallery( ) 메서드를 호출해 이미지를 출력해 줍니다.

코드를 모두 입력한 후 실행해 보세요. 그럼 다음 실행화면처럼 출력 모양이 동일한 두 개의 이미지 갤러리를 볼 수 있을 것입니다.

실행화면

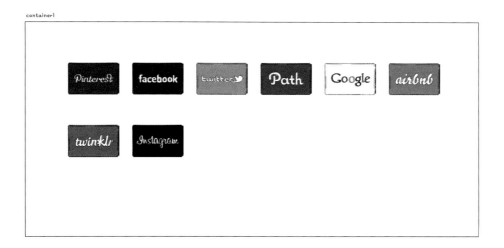

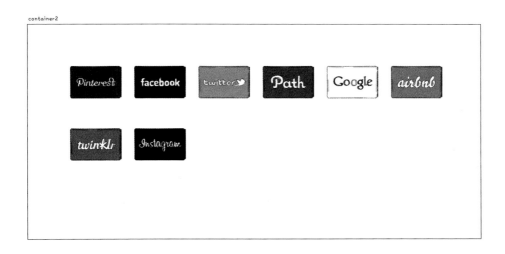

단계 03 _ 플러그인 옵션 처리하기

이번 단계에서는 이미지 출력을 플러그인 옵션으로 설정해 출력될 수 있게 만들어 보겠습니다. 미리 언급하자면 최종적으로는 갤러리별로 이미지가 다르게 출력되게 플러그인 옵션을 설정할 수 있어야 합니다. 이번 단계에서는 두 개의 갤러리가 하나의 동일한 옵션으로 동작하게 만들겠습니다. 그리고 다음 단계에서는 이번 단계의 내용을 수정해 갤러리별로 옵션값을 설정할 수 있게 만들어 보겠습니다.

자! 그럼 다음 내용을 풀이 순서에 맞게 입력해 주세요.

풀이: 소스 _ 05부/03장/lesson08/01_complete/m01/step03.html

```
(function($){
    . . . .
    // 심플 갤러리 기본 옵션값 ❶
    $.simpleGalleryDefOptions = {
        count:5,
        imageWidth:200,
        imageHeight:200
    }
    $.fn.simpleGallery=function(options){ ❷
        // 기본 옵션값과 사용자 옵션값을 합치기
        options = $.extend(null, $.simpleGalleryDefOptions, options); ❸
        this.each(function(index){
            // 옵션값 활용해 갤러리 생성 ❹
            var gallery = new SimpleGallery($(this).children("img"), options.count, options.image-
Width,options.imageHeight);
            gallery.showGallery();
        })
    }
})(jQuery);


$(document).ready(function(){
    $(".simage-gallery").simpleGallery({ ❺
        count:8,
        imageWidth:120,
        imageHeight:120
    });

    . . . .
});
```

설명

❶ 먼저 기본 옵션값을 만들어 줍니다.

❷ simpleGallery 플러그인 실행 시 옵션값을 받을 수 있게 매개변수(options)를 추가해 줍니다.

❸ extend( ) 메서드를 활용해 기본 옵션값과 사용자가 입력한 옵션값을 합쳐 줍니다.

❹ 고정 값으로 입력한 출력 이미지 개수와 이미지 너비 그리고 이미지 높이를 ❷에서 만든 옵션값으로 변경해 줍니다.

❺ 옵션값을 오브젝트 리터럴로 만들어 simpleGallery를 호출해 줍니다.

코드를 모두 입력했다면 설정한 옵션값에 맞게 이미지가 출력되는지 실행해보죠. 정상적으로 동작한다면 다음과 같은 실행화면을 볼 수 있을 것입니다.

실행화면

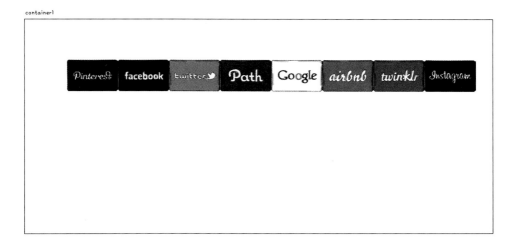

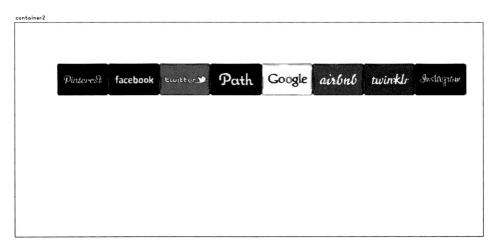

단계 04 _ 플러그인 옵션 처리하기 2

드디어 마지막이네요. 이번 단계에서는 이미지 갤러리별로 옵션을 설정할 수 있게 만들어 보겠습니다.

소스 _ 05부/03장/lesson08/01_complete/m01/step04.html

```
(function($){
    . . . .
    $.fn.simpleGallery=function(optionList){ ❷
        options = $.extend(null, $.simpleGalleryDefOptions, options); ❸

        this.each(function(index){
            // 기본 옵션값과 사용자 옵션값을 합치기
            var targetOptions = optionList[index]; ❹
            var options = $.extend(null, $.simpleGalleryDefOptions, targetOptions); ❺
            var gallery = new SimpleGallery($(this).children("img"), options.count, options.image-
Width,options.imageHeight);
            gallery.showGallery();
        })
    }
})(jQuery);



$(document).ready(function(){
    $(".simage-gallery").simpleGallery([{ ❶
        count:6,
        imageWidth:150,
        imageHeight:150
    }, {
        count:4,
        imageWidth:200,
        imageHeight:200
    }]);

    /*
    // 인스턴스 생성
    var gallery1 = new SimpleGallery("#gallery1 img", 6, 150, 150);
    gallery1.showGallery();

    var gallery2 = new SimpleGallery("#gallery2 img", 4, 200, 200);
```

```
    gallery2.showGallery();
    */
});
```

설명

코드내용을 간략히 정리하자면 이미지 출력 옵션값을 이미지 갤러리 개수만큼 배열로 받아 처리해주는 것입니다.

그럼 코드를 자세히 살펴보죠.

❶ 우선 옵션 정보를 이미지 갤러리 개수만큼 배열로 만들어 이 값을 simpleGallery 플러그인을 호출할 때 넘겨 줍니다.

❷ 매개변수로 넘어 오는 값의 타입을 좀더 명확하게 하기 위해 options 매개변수 이름을 optionList로 변경해 줍니다.

❸ 기존 단계에서 작성했던 기본 옵션값과 사용자 옵션값을 합치는 구문을 삭제해 줍니다.

❹ 이미지 갤러리별로 옵션을 설정할 수 있게 사용자가 넘긴 옵션값 목록에서 현재 이미지 갤러리에 해당하는 옵션값을 구해 줍니다.

❺ ❹에서 구한 옵션값과 기본 옵션값을 합해 최종 옵션값을 만듭니다.

이후 내용은 앞 단계와 동일합니다. 코드를 모두 입력했다면 설정한 옵션값에 맞게 이미지가 출력되는지 실행해보죠. 정상적으로 동작한다면 다음과 같은 실행화면을 볼 수 있을 것입니다.

실행화면

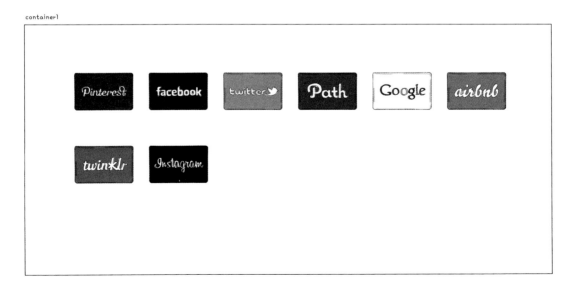

container2

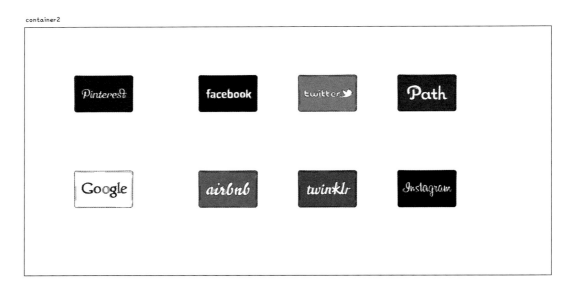

이렇게해서 요구사항에 맞게 플러그인을 모두 완성했습니다. 지금까지 작성한 전체 코드는 다음과 같습니다.

전체 소스 코드: 소스 _ 05부/03장/lesson08/01_complete/m01/step04.html

```
<html>
<head>
<meta http-equiv="Content-Type" content="text/html; charset=UTF-8">
<title> </title>

    <style>
        body {
            font-size:9pt;
        }
        div.simage-gallery{
            position: relative;
            border:1px solid #000;
            height:600px;
        }

        div.simage-gallery img{
            position: absolute;
            left:0;
```

```
            top:0;
            width:120px;
        }
</style>

<script type="text/javascript"  src="../../../libs/jquery-1.11.0.min.js"> </script>
<script>
    // 플러그인
    (function($){
        /*
        *@selector : 이미지 목록을 나타내는 css 선택자
        *@count : 가로로 출력할 이미지 개수
        *@width : 출력할 이미지 영역 너비
        *@height : 출력할 이미지 영역 높이
        */
        function SimpleGallery(selector, count, width, height){
            // 프로퍼티 생성
            this.$images = null;
            this.count =count;
            this.imageWidth = width;
            this.imageHeight = height;

            this.init(selector);
        }

        // 요소 초기화
        SimpleGallery.prototype.init=function(selector){
            this.$images = $(selector);
        }

        // 이미지 출력 메서드 추가
        SimpleGallery.prototype.showGallery=function(){
            // 이미지 개수 구하기.
            var length = this.$images.length;

            // 이미지 배열하기.
            for(var i=0;i<length;i++){
                // n번째 이미지 구하기
                var $img = this.$images.eq(i);
```

```
                    // 위치 값 구하기
                    var x = 100+((i%this.count)*this.imageWidth);
                    var y = 100+(parseInt(i/this.count)*this.imageHeight);

                    // 위치 설정
                    $img.css({
                        left:x,
                        top:y
                    });
                }
            }
            // 기본 이미지 출력 옵션값
            $.simpleGalleryDefOptions = {
                count:5,
                imageWidth:200,
                imageHeight:200
            }
            // 플러그인 생성
            $.fn.simpleGallery=function(optionList){
                this.each(function(index){
                    // 기본 옵션값과 사용자 옵션값을 합치기
                    var options = $.extend(null, $.simpleGalleryDefOptions, optionList[index]);
                    // 객체 생성
                    var gallery = new SimpleGallery($(this).children("img"), options.count,
options.imageWidth,options.imageHeight);
                    // 이미지 출력
                    gallery.showGallery();
                })
            }
        })(jQuery);

        $(document).ready(function(){
            // 플러그인 실행
            $(".simage-gallery").simpleGallery([{
                count:6,
                imageWidth:150,
                imageHeight:150
            }, {
                count:4,
```

```
                    imageWidth:200,
                    imageHeight:200
                }]);


            });
        </script>
    </head>

    <body>
        <p>gallery1</p>
        <div class="simage-gallery" id="gallery1">

            <img src="banners/1.png" >
            <img src="banners/2.png" >
            <img src="banners/3.png" >
            <img src="banners/4.png" >
            <img src="banners/5.png" >
            <img src="banners/6.png" >
            <img src="banners/7.png" >
            <img src="banners/8.png" >
        </div>
        <p>gallery2</p>
        <div class="simage-gallery" id="gallery2">
            <img src="banners/1.png" >
            <img src="banners/2.png" >
            <img src="banners/3.png" >
            <img src="banners/4.png" >
            <img src="banners/5.png" >
            <img src="banners/6.png" >
            <img src="banners/7.png" >
            <img src="banners/8.png" >
        </div>
    </body>
</html>
```

고급
스터디편
소개

고급 스터디 영역은 다음과 같이 총 1개의 영역으로 구성돼 있습니다.

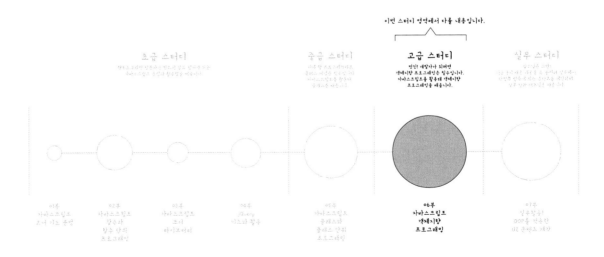

자바스크립트 객체지향 프로그래밍

클래스 단위 프로그래밍을 계속해서 하다 보면 "음… 기능을 추가하고 싶은데 좋은 방법이 없을까?" 또는 "클래스 단위 프로그래밍으로 콘텐츠를 만들었음에도 불구하고 중복된 코드가 덕지덕지 생기는데… 이걸 어떻게 하지…" 등의 고민에 빠지게 될 것입니다. 바로 객체지향 프로그래밍은 이런 고민을 하고 있을 여러분에게 딱! 필요한 기술입니다. 말 그대로 객체지향 프로그래밍은 객체 단위로 코드를 작성하며 캡슐화, 추상화, 상속, 다형성이라는 고유의 멋진 도구를 활용하면 기능을 추가하거나 중복된 코드를 없앨 수 있을 뿐 아니라 코드를 좀더 유지보수하기 쉽게 만들 수 있습니다. 이제 여러분은 지금까지와는 전혀 다른 새로운 프로그래밍의 세계를 보게 될 것입니다.

핵심 주제: 객체지향 프로그래밍, 추상화, 캡슐화, 상속, 다형성, 합성

총 예상 스터디 시간: 120시간

자바스크립트
객체지향 프로그래밍

전체 스터디 맵

공지: 원의 크기는 난이도를 나타냅니다.

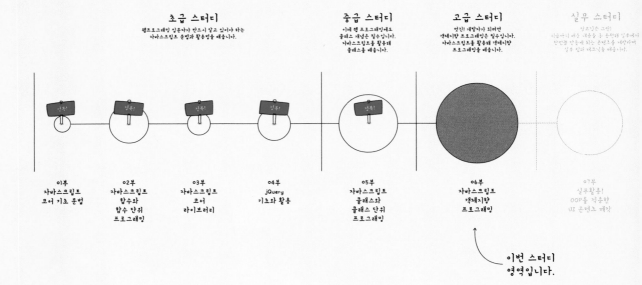

초급 스터디
웹프로그래밍 입문자가 반드시 알고 있어야 하는 자바스크립트 문법과 활용법을 배웁니다.

중급 스터디
이제 웹프로그래밍에도 클래스 개념은 필수입니다. 자바스크립트를 활용해 클래스를 배웁니다.

고급 스터디
멋진 개발자가 되려면 객체지향 프로그래밍은 필수입니다. 자바스크립트를 활용해 객체지향 프로그래밍을 배웁니다.

실무 스터디
입프로는 그만! 이승규니 배운 내용을 토대로 실무에서 단번에 쓸 수 있는 콘텐츠를 제작하며 실무 팁과 테크닉을 배웁니다.

01부
자바스크립트
코어 기초 문법

02부
자바스크립트
함수와
함수 단위
프로그래밍

03부
자바스크립트
코어
라이브러리

04부
jQuery
기초와 활용

05부
자바스크립트
클래스와
클래스 단위
프로그래밍

06부
자바스크립트
객체지향
프로그래밍

07부
실무활용!
OOP를 적용한
UI 콘텐츠 제작

이번 스터디
영역입니다.

01.
길잡이

이렇게 말하면 다소 실망할 수 있겠지만 사실 여러분이 지금까지 학습한 프로그래밍 세상은 이미 프로그래밍 동네에서는 거의 사라져버린 먼 과거에서나 다뤘던 프로그래밍 방법을 배운 것입니다.

바로 절차지향 프로그래밍입니다. 요즘 프로그래밍 동네는 절차지향을 넘어 객체지향 프로그래밍 방법을 도입한 지 아주 오래되었으며 굳이 객체지향 프로그래밍이라고 말하지 않아도 기본적으로 객체지향으로 프로그래밍했을 거라고 짐작할 만큼 흔하게 쓰이는 방법입니다.

정리하자면 만약 여러분이 함수 단위 코딩을 하고 있었다면 아주 먼 과거에서 이제서야 현실 세계로 접어든 것입니다. 이는 웹 프론트엔드 분야가 어떻게 발전해왔는지를 알면 그 해답을 얻을 수 있습니다.

지금까지 웹 프론트엔드 분야는 웹 프론트엔드 분야라고 부르지도 않을 만큼 단순한 콘텐츠를 제작할 경우에만 프로그래밍을 했습니다. 메인 페이지에 자주 등장하는 이미지 슬라이더나 내비게이션 같은 것을 만들 때 주로 사용했지요. 이에 따라 객체지향 프로그래밍 개념을 사용할 만큼 프로그래밍 요소를 필요로 하지도 않았습니다. 이 역사는 플래시의 역사와도 많이 닮아 있습니다. 초창기 플래시 역시 단지 디자이너의 도구였지만 얼마 지나지 않아 전문적으로 액션스크립트 프로그래밍을 하는 직업 군이 생겨났으며 프로그래밍 수준도 함수 단위 코딩에서 객체지향 프로그래밍으로 거듭났습니다. 이와 동일하게 이제 웹 프론트엔드 분야 역시 단순한 웹사이트 제작을 위한 용도가 아닌, 작게는 플래시가 맡았던 인터랙티브 콘텐츠 제작과 RIA를 대표했던 플렉스(flex) 영역까지, 그리고 크게는 네이티브 앱을 대신하는 모바일 웹앱과 하이브리드앱의 핵심 기술로까지 사용되고 있습니다. 여기에서 가장 기본적으로 필요로 하는 프로그래밍 개념이 바로 객체지향 프로그래밍입니다.

만약 여러분의 목표가 이미지 슬라이더와 갤러리가 들어있는 단순한 인터랙티브 웹 사이트 제작이라면 이번 장의 내용을 진행하지 않아도 됩니다. 이 정도라면 앞 장에서 학습한 클래스 단위 기술만으로도 충분합니다. 하지만 브라우저 영역을 뚫고 진화하는 웹 기술 영역을 개척하고 싶다면 이번 장의 내용을 공부해야 합니다.

먼저 다음 지도와 표를 보며 이번 영역에서 배울 내용을 간단히 살펴보겠습니다.

공지:
원의 크기는 난이도를 나타냅니다.
앞으로 갈수록 조금씩 어려워지니 차근차근 따라오세요.

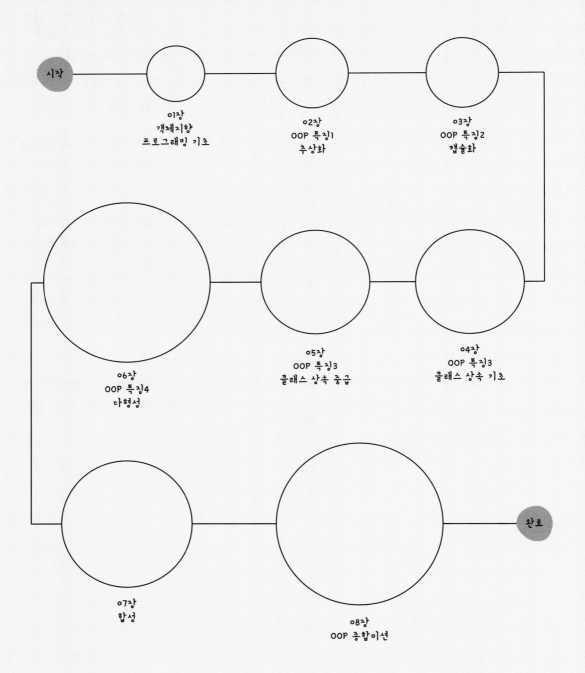

시작

01장
객체지향
프로그래밍 기초

02장
OOP 특징1
추상화

03장
OOP 특징2
캡슐화

06장
OOP 특징4
다형성

05장
OOP 특징3
클래스 상속 중급

04장
OOP 특징3
클래스 상속 기초

07장
합성

08장
OOP 종합미션

완료

장	주제	내용
01장	객체지향 프로그래밍 기초	Lesson 01 절차지향 프로그래밍 vs. 객체지향 프로그래밍 Lesson 02 객체지향 프로그래밍 특징 Lesson 03 객체지향 프로그래밍 언어에서 제공하는 기본 기능
02장	객체지향 프로그래밍 특징 01-추상화	Lesson 01 추상화 소개 Lesson 02 자바스크립트에서 추상화 Lesson 03 미션
03장	객체지향 프로그래밍 특징 02-캡슐화	Lesson 01 캡슐화 소개 Lesson 02 자바스크립트에서의 캡슐화 Lesson 03 미션
04장	객체지향 프로그래밍 특징 03-클래스 상속 기초	Lesson 01 클래스 상속 소개 Lesson 02 클래스 상속 기능 Lesson 03 자바스크립트에서의 클래스 상속 Lesson 04 미션
05장	객체지향 프로그래밍 특징 03-클래스 상속 중급	Lesson 01 자식 클래스와 부모 클래스 연동처리 Lesson 02 자바스크립트에서 메서드 오버라이드 Lesson 03 자바스크립트에서 메서드 오버로딩 Lesson 04 constructor 프로퍼티 활용 Lesson 05 클래스 상속 규칙
06장	객체지향 프로그래밍 특징 04-다형성	Lesson 01 다형성 소개 Lesson 02 다형성과 데이터 타입과의 관계 Lesson 03 자바스크립트에서 다형성 Lesson 04 미션
07장	합성	Lesson 01 합성 소개 Lesson 02 클래스 상속 vs. 합성
08장	종합 미션	미션 01-롤링 배너 ver 1.0: 클래스 단위 코딩 미션 02-롤링 배너 ver 2.0: 여러 개 롤링 배너 만들기 미션 03-롤링 배너 ver 3.0: 상속 활용 미션 04-롤링 배너 ver 4.0: 다형성 및 합성 활용

02.
스터디 일정 작성하기

다음 표에 등장하는 예상 진행시간을 참고하여 여러분의 상황에 맞게 스터디 일정을 잡아보세요.

장	내용	예상 진행시간	시작일	종료일
01장	객체지향 프로그래밍 기초	08시간		
02장	객체지향 프로그래밍 특징 01-추상화	08시간		
03장	객체지향 프로그래밍 특징 02-캡슐화	08시간		
04장	객체지향 프로그래밍 특징 03-클래스 상속 기초	16 시간		
05장	객체지향 프로그래밍 특징 03-클래스 상속 중급	16시간		
06장	객체지향 프로그래밍 특징 04-다형성	24 시간		
07장	합성	08 시간		
08장	종합 미션	32 시간		

재! 이제 스터디를 위한 모든 준비가 끝났습니다. 그럼 시작해 볼까요?!

CHAPTER 01

객체지향 프로그래밍 기초

공지:
원의 크기는 난이도를 나타냅니다.
앞으로 갈수록 조금씩 어려워지니 차근차근 따라오세요.

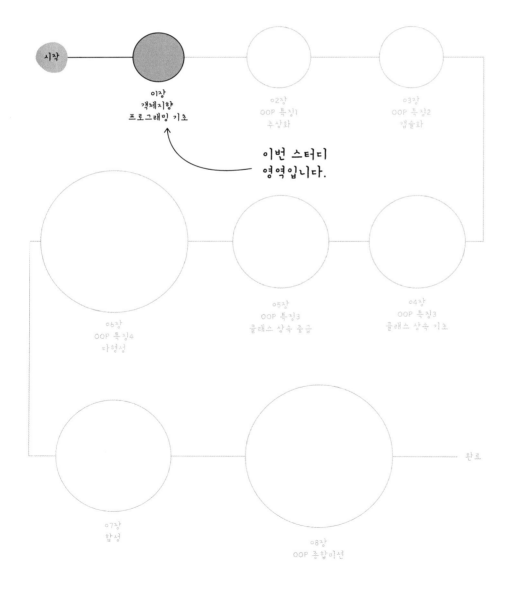

시작

01장
객체지향
프로그래밍 기초

02장
OOP 특징1
추상화

03장
OOP 특징2
캡슐화

이번 스터디
영역입니다.

06장
OOP 특징4
다형성

05장
OOP 특징3
클래스 상속 중급

04장
OOP 특징3
클래스 상속 기초

07장
합성

08장
OOP 종합미션

완료

들어가며

이번 장에서는 객체지향 프로그래밍을 본격적으로 배우기 전에 객체지향 프로그래밍을 전체적으로 둘러보는 시간을 가져보겠습니다. 미리 언급하자면 이번 장의 내용을 진행하기 위해서는 반드시 05부 내용을 정복한 상태여야 합니다. 그러니 아직 05부를 정복하지 못한 분은 먼저 05부를 다시 학습하길 바랍니다.

이번 장에서 배울 내용은 다음과 같습니다.

Lesson 01 절차지향 프로그래밍 vs. 객체지향 프로그래밍
Lesson 02 객체지향 프로그래밍 특징
Lesson 03 객체지향 프로그래밍 언어에서 제공하는 기본 기능

일반적으로 프로그래밍 방식은 크게 절차지향 프로그래밍과 객체지향 프로그래밍 방식 두 가지로 나눌 수 있습니다. 이번 레슨에서는 이 두 가지 방식을 비교해가며 객체지향 프로그래밍에 대해 학습합니다.

01 _ 절차지향 프로그래밍

1 _ 정의

절차지향 프로그래밍(Procedural Oriented Programming)은 문제를 여러 개의 작은 함수로 나눠 작성하며 이 함수들을 원하는 순서에 맞게 작성하는 방식을 말합니다. 이 방식은 전통적인 프로그래밍 방식이며 C, 파스칼, 코볼과 같은 초기 프로그래밍 언어가 대표적으로 지원하는 방식입니다. 여기서 지원한다는 의미는 절차적으로 실행할 수 있는 다양한 문법을 제공한다는 의미입니다.

2 _ 절차지향 프로그래밍 특징

절차지향 프로그래밍의 가장 큰 특징은 처리 부분인 함수들에서 전역 데이터를 공유해서 사용한다는 점입니다. 데이터는 일반적으로 전역 데이터로 만들어지며 함수 호출 시 공유 데이터를 매개변수 값으로 넘기는 구조로 되어 있습니다.

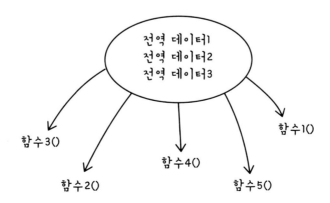

프로그래밍 구문으로 표현하면 다음과 같습니다.

```
var 전역데이터1=값;
var 전역데이터2=값;
var 전역데이터3=값;
함수1(전역 데이터1);
함수2(전역 데이터1);
함수3(전역 데이터1);
함수4(전역 데이터2);
함수5(전역 데이터3);
```

이해를 돕기 위해 하나의 예를 들어보겠습니다.

3 _ 절차지향 프로그래밍 예

다음 코드는 함수 기반 탭메뉴입니다. 먼저 코드를 자세히 봐주세요.

예제 01 **함수 기반의 탭메뉴**

소스 _ 06부/01장/lesson01/01_complete/01.html

```
var $tab1MenuItems =null;
var $tab2MenuItems = null;

$(document).ready(function(){
    // 탭메뉴 데이터 생성
    $tab1MenuItems = $("#tabMenu1 li");
    $tab2MenuItems = $("#tabMenu2 li");

    // 탭메뉴 생성
    tabMenu($tab1MenuItems);
    tabMenu($tab2MenuItems);
});

// 탭메뉴 생성
function tabMenu($menuItems){
    $menuItems.click(function(){
        selectMenuItemAt($menuItems,$(this).index())
    })
}
```

```
// n번째 탭메뉴 선택
function selectMenuItemAt($menuItems, index){
    $menuItems.removeClass("select");
    $menuItems.eq(index).addClass("select");
}
```

실행화면

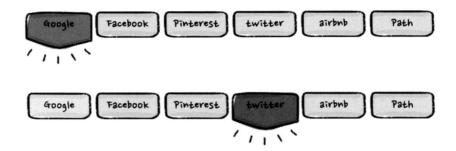

설명

지금까지 만든 탭메뉴와 약간 다르지만 기본적인 내용은 모두 같기 때문에 쉽게 이해할 수 있을 것입니다. 코드에서 주의 깊게 살펴볼 내용은 탭메뉴를 생성하는 tabMenu() 함수를 호출할 때와 n번째 탭메뉴를 선택할 수 있는 selectMenuItemAt() 함수를 호출할 때 탭메뉴 아이템 정보($menuItems)를 내부에 가지고 있는 구조가 아니라 매개변수 값으로 넘겨 사용하는 것을 알 수 있습니다.

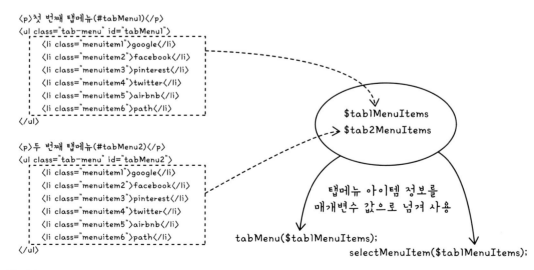

이는 전형적인 절차지향 프로그래밍 구조입니다. 또한 선택한 탭메뉴 아이템이 없는 상태로 만드는 리셋 처리 기능을 추가하는 아래 예제와 같은 코딩 방법 역시 절차지향 프로그래밍 구조입니다.

예제 02 **함수 기반 탭메뉴에 리셋 처리 기능 추가**

소스 _ 06부/01장/lesson01/01_complete/02.html

```
$(document).ready(function(){

    ....

    // 탭메뉴 선택 초기화
    $("#btnReset").click(function(){
        resetTabMenu($tab1MenuItems);
        resetTabMenu($tab2MenuItems);
    })
});

....

// 탭메뉴 선택 초기화
function resetTabMenu($menuItems){
    $menuItems.removeClass("select");
}
```

설명

리셋 버튼 클릭 시 선택 초기화를 처리하는 resetTabMenu() 함수를 호출할 때도 메뉴 아이템($menuItems) 정보를 매개 변수 값으로 넘겨 사용하는 것을 알 수 있습니다. 바로 이런 구조를 우리는 절차지향 프로그래밍이라고 부릅니다.

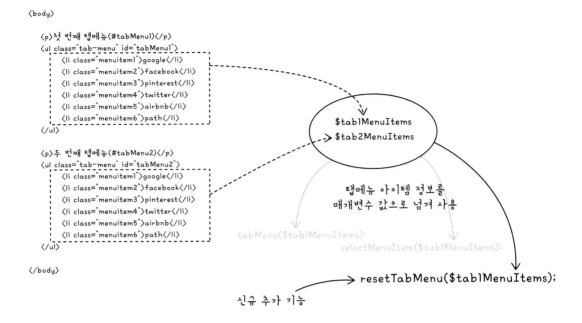

4 _ 절차지향 프로그래밍의 단점

앞의 예제를 통해 확인한 것처럼 절차지향 프로그래밍은 함수 호출 시 전역 데이터를 매개변수 값으로 넘겨 공유해서 사용하는 구조이기 때문에 전역 데이터가 잘못 처리될 수 있는 치명적인 단점을 가지고 있습니다. 즉 데이터가 보호되지 않는다는 의미입니다.

또 하나의 단점은 전역 데이터를 넘겨 받는 식의 구조이다 보니 하나의 프로젝트를 여러 사람으로 나눠 작업하는 방식에는 적합하지 않습니다.

이런 단점 때문에 절차지향 프로그래밍은 규모가 있는 프로젝트에 사용하기 보다 비교적 간단한 프로젝트에 주로 사용합니다. 예를 들자면 간단한 웹사이트 제작 시 내비게이션이나 이미지 슬라이더 그리고 배너 등을 만들 때 함수 단위 코딩을 하는 경우가 바로 절차지향 프로그래밍의 대표적인 예입니다. 이 책에서도 '05부 클래스와 클래스 단위 프로그래밍'을 배우기 전까지 거의 모든 내용을 절차지향 프로그래밍 방식으로 만들었습니다.

5 _ 절차지향 프로그래밍과 구조적 프로그래밍 그리고 함수기반 프로그래밍

아마도 절차지향 프로그래밍 정보를 찾아본 분이라면 절차적 프로그래밍과 많이 비슷한 구조적 프로그래밍과 함수 기반 프로그래밍에 대해 궁금증이 생길 것입니다. 정확한 의미로 보자면 모두 차이점이 있지만 핵심은 세 가지 모두 데이터를 전역에 두고 함수 매개변수 값으로 넘기는 방식으로 대부분의 작업을 처리한다는 점입니다.

이렇게 해서 절차지향 프로그래밍에 대해 자세히 알아봤습니다. 그럼 이어서 객체지향 프로그래밍에 대해 알아보죠.

02 _ 객체지향 프로그래밍

시작에 앞서 이번 절에 등장하는 내용은 앞에서 배운 '05부의 1장과 2장' 내용 일부분이 조금씩 등장하는 것을 보게 될 것입니다. 혹시 독자 중 "앞의 내용과 똑같은 내용 아니야?!"라고 생각할 분도 있을 것 같은데요. 객체지향 프로그래밍의 가장 기본 단위가 클래스 단위 프로그래밍이기 때문에 비슷해 보일 수 있음을 미리 알려드립니다.

1 _ 정의

객체지향 프로그래밍(Object Oriented Programming)은 문제를 여러 개의 객체 단위로 나눠 작업하는 방식을 말합니다. 이 방식은 오늘날 가장 많이 사용하는 대표적인 프로그래밍 방식입니다. JAVA, C# 등이 대표적인 객체지향 프로그래밍 언어입니다.

2 _ 객체지향 프로그래밍의 특징

객체지향 프로그래밍의 가장 큰 특징은 클래스를 이용해 연관 있는 처리부분(함수)과 데이터 부분(변수)을 하나로 묶어 객체(인스턴스)를 생성해 사용한다는 점입니다.

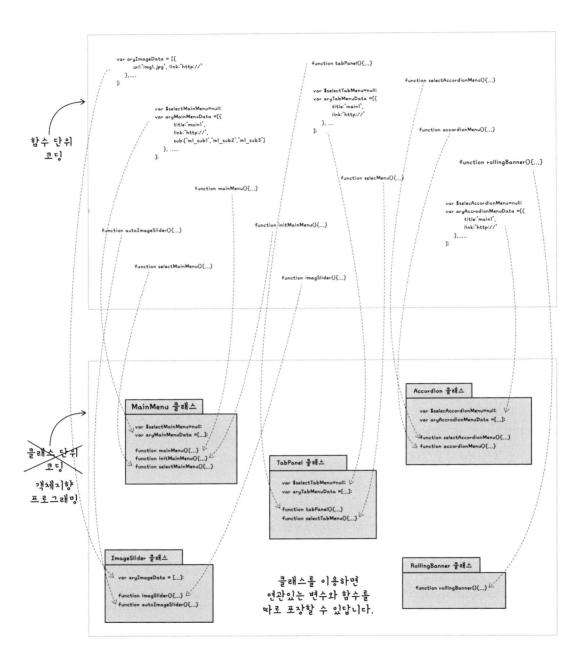

이해를 돕기 위해 예를 들어보겠습니다.

3 _ 객체지향 프로그래밍 예

다음 코드는 객체지향 기반의 탭메뉴입니다.

[예제 03] **객체지향 기반의 탭메뉴**

소스 _ 06부/01장/lesson01/01_complete/03.html

```
$(document).ready(function() {
    // 탭메뉴 생성
    var tabMenu1 = new TabMenu("#tabMenu1");
    var tabMenu2 = new TabMenu("#tabMenu2");
});
// 탭메뉴 클래스
function TabMenu(selector) {
    this.init(selector);
    this.initEvent();
}
// 탭메뉴 요소 초기화
TabMenu.prototype.init = function(selector) {
    this.tabMenu = $(selector);
    this.$menuItems = this.tabMenu.find("li");
}
// 이벤트 초기화
TabMenu.prototype.initEvent = function() {
    var objThis = this;
    this.$menuItems.on("click", function() {
        objThis.setSelectMenuItemAt($(this).index());
    });
}
// n번째 탭메뉴 선택
TabMenu.prototype.setSelectMenuItemAt = function(index) {
    this.$menuItems.removeClass("select");
    this.$menuItems.eq(index).addClass("select");
}
```

설명

코드를 살펴보면 탭메뉴와 관련 있는 기능과 데이터를 모두 TabMenu라는 클래스에 묶여 있으며 이 클래스를 이용해 독립적으로 동작하는 탭메뉴 객체(인스턴스)를 만들었습니다.

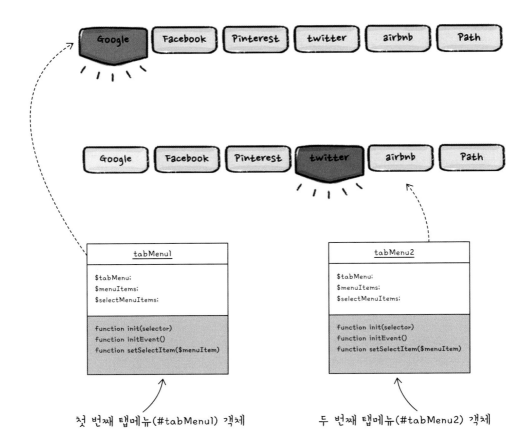

첫 번째 탭메뉴(#tabMenu1) 객체   두 번째 탭메뉴(#tabMenu2) 객체

이로써 기능을 실행할 때마다 데이터를 넘길 필요 없이 "객체군! 이 기능을 처리하세요." 식으로 객체 단위로 처리할 수 있습니다. 또한 리셋 처리 기능을 추가하는 경우 다음 예제와 같이 클래스에 메서드를 추가해 객체 단위로 작업할 수 있습니다.

예제 04 객체 기반 탭메뉴에 리셋 처리 기능 추가

소스 _ 06부/01장/lesson01/01_complete/04.html

```
$(document).ready(function(){
    // 탭메뉴 생성
    ....

    // 탭메뉴 선택 초기화
    $("#btnReset").click(function(){
        tabMenu1.resetTabMenu();
```

```
        tabMenu2.resetTabMenu();
    })
});
....

// 탭메뉴 선택 초기화
TabMenu.prototype.resetTabMenu=function(){
    this.$menuItems.removeClass("select");
}
```

설명

리셋 버튼 클릭 시 선택메뉴를 초기화하고 싶은 경우에도 객체 단위로 resetTabMenu() 메서드를 호출해 각각 처리할 수 있습니다.

4 _ 객체지향 프로그래밍의 장점

앞의 예제를 통해 확인한 것처럼 객체지향 프로그래밍에서는 프로젝트를 독립적인 객체 단위로 분리해서 작업할 수 있기 때문에 여러 개발자와 협업해 규모가 큰 프로젝트를 진행할 수 있는 장점이 있습니다.

다음 그림을 봐주세요? 어디서 많이 본 그림이죠?

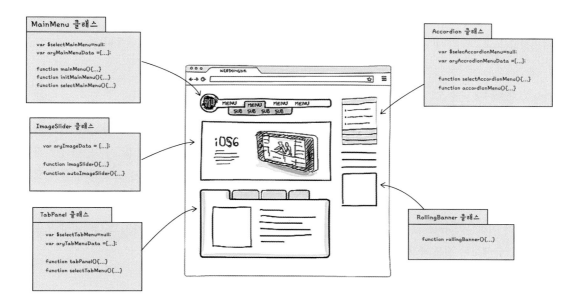

네! 맞습니다. '05부 01장'에서 클래스를 배울 때 등장했던 그림입니다. 바로 이렇게 객체지향 프로그래밍 이용하면 여러 개의 객체로 나눠 작업할 수 있습니다.

5 _ 객체지향 프로그래밍 vs. 클래스 기반 프로그래밍

아마도 위의 내용까지 읽은 독자들 중 많은 독자가 클래스 단위 프로그래밍과 객체지향 프로그래밍이 똑같은 내용 아니야?! 라고 생각할 것 같은데요. 결론부터 이야기하자면 맞는 말일 수도 있고 아닐 수도 있습니다.

먼저 엄격한 의미에서 해석하면 이 둘은 다음과 같은 차이점이 있습니다.

일반적으로 객체지향 프로그래밍은 잠시 후에 배울 객체지향 프로그래밍 네 가지 특징(추상화, 캡슐화, 상속, 다형성)을 골고루 사용해 코딩하는 프로그래밍을 객체지향이라고 부릅니다. 클래스 단위 프로그래밍은 이런 객체지향 특징을 전혀 사용하지 않고 오직 클래스만을 이용해 코딩 하는 방식을 말합니다. 이처럼 이 둘은 전혀 다른 프로그래밍 방법입니다.

이와 반대로 클래스 단위 코딩을 객체지향 프로그래밍이라고 부를 수 있는 이유는 클래스를 만들어 코딩하는 자체에 이미 객체지향 프로그래밍 네 가지 특징 중 추상화와 캡슐화를 사용하고 있기 때문입니다. 이처럼 클래스 기반 프로그래밍은 객체지향 프로그래밍에 포함되는 구조를 가지고 있습니다. 그리고 중요한 사실을 하나 알려드리자면 객체지향 프로그래밍을 배우려면 우선 클래스 기반 프로그래밍에 익숙해 있어야 한다는 점입니다. 이유는 앞에서도 언급한 것처럼 객체를 만드는 수단이 클래스이기 때문입니다.

객체지향 프로그래밍 네 가지 특징에 대해서는 바로 이어서 다음 레슨에서 자세히 배웁니다.

03 _ 절차지향 프로그래밍 vs. 객체지향 프로그래밍

그럼 이제부터 무조건 객체지향 프로그래밍을 이용해서 작업해야 하는 걸까요? 아닙니다. 무조건 객체지향 프로그래밍을 할 필요는 없습니다. 간단한 테스트나 프로젝트를 진행하기 위해 함수 기반인 절차지향 방식으로 하면 쉽게 해결할 수 있는 걸 아직 익숙하지도 않은 객체지향 프로그래밍으로 굳이 할 필요는 없습니다. 즉 필요에 따라 두 가지 방식 중 하나를 선택해서 사용하면 됩니다.

다만 만약 여러분이 규모 있는 사이트나 웹앱 제작이 목적이라면 간단한 예제를 가지고 객체지향 프로그래밍을 연습해보는 것도 좋은 방법입니다.

구분	절차지향 프로그래밍	객체지향 프로그래밍
처리 방식	문제를 여러 개의 함수로 나눠 순차적으로 호출해 처리하는 방식.	문제를 여러 개의 객체 단위로 나눠 처리하는 방식.
단점	오래전 방식이며 협업해서 진행하는 큰 프로젝트에 맞지 않음.	학습 난이도가 높음. 개발자의 활용 능력이 무엇보다 중요.
장점	간단한 프로젝트에 용이함. 비교적 배우기 쉬움.	요즘 가장 많이 사용하는 방식. 협업해서 진행하는 큰 프로젝트에 적합함.

자! 이제 객체지향 프로그래밍도 어느 정도 정리가 됐으니 본격적으로 객체지향 프로그래밍 동네를 좀더 깊이 탐사해 보겠습니다.

Lesson 02 / 객체지향 프로그래밍의 특징

이번 레슨에서는 객체지향 프로그래밍의 특징 네 가지(추상화, 캡슐화, 상속, 다형성)와 객체지향 프로그래밍 학습법에 대해 공부합니다.

01 _ 객체지향 프로그래밍이란?

1 _ 간단한 의미의 객체지향 프로그래밍

앞서 살펴본 것처럼 객체지향 프로그래밍이란 객체 단위로 기능을 나눠 구현하는 방식을 말합니다. 이때 클래스 문법은 객체의 속성과 기능을 작성할때 사용한다고 배웠습니다. 또한 클래스 단위 코딩 역시 객체지향 프로그래밍에 포함된다고도 배웠습니다.

2 _ 진정한 의미의 객체지향 프로그래밍

객체지향 프로그래밍이란 일종의 논문과도 같은 연구 결과의 산물입니다. 이미 우리보다 훨씬 전부터 프로그래밍을 한 선배님들이 어떻게 하면 프로그래밍을 유지보수하기 쉽고 냄새 나지 않는 멋진 코드를 만들 수 있을까 수없이 노력한 끝에 완성한 최상의 결과물입니다.

이 결과물에는 크게 네 가지 특징이 담겨 있습니다. 우선 간단하게 정리해보면 다음과 같습니다.

1] 추상화(Abstraction)

쉽게 말해 추상화는 설계하는 작업 자체를 나타냅니다. 예를 들어 세탁기를 클래스로 표현한다고 했을 때 예상되는 프로퍼티와 메서드를 정의하게 되는데 바로 이 작업을 추상화라고 합니다. 추상화의 가장 큰 특징은 프로퍼티와 메서드의 이름을 작성하는 선언 부분만 만들 뿐 구현 소스를 구현하지 않는다는 점입니다.

　　연관 문법: 클래스, 추상 클래스, 인터페이스

2] 캡슐화(Encapsulation)

추상화 작업 내용 중 어떤 프로퍼티와 메서드는 외부에서 접근 가능하고 또 어떤 프로퍼티와 메서드는 외부에서 접근하지 못하게 해야 하는 경우가 있습니다. 바로 이 작업을 캡슐화라고 합니다. 예를 들어 세탁기의 기능 중 사용자에게는 세탁 명령과 세탁 진행 정보만 제공해주면 됩니다. 그 외의 기능은 세탁기 내부에서 일어나는 일이기 때문에 일반 사용자에게는 감춰져 있어야 하는 거죠.

　　연관 문법: 접근지정자(private, protected, public)

3] 상속(Inheritance)

상속은 특정 클래스(부모 클래스)의 속성과 메서드를 하위(자식) 클래스가 물려받는 것을 의미합니다. 예를 들어 일반 세탁기에 말리는 기능이 필요한 경우 일반 세탁기의 기능을 상속받은 후 말리는 기능만 추가하면 일반 세탁기를 전혀 수정하지 않고 원하는 기능을 추가할 수 있습니다.

　　연관 문법: 상속

4] 다형성(Polymorphism)

다형성은 객체지향 프로그래밍의 핵심입니다. 다형성을 이용하면 선언 부분과 구현 부분을 나눠 다양하게 처리할 수 있습니다. 일종의 플러그인을 만든다고 보면 됩니다.

　　연관 문법: 상속, 인터페이스, 추상클래스, 합성

이렇게 해서 간단하게 객체지향 프로그래밍에 대한 네 가지 특징에 대해 살펴봤습니다. 그런데 설명만으로는 좀 부족하죠? 걱정 마세요. 다음 레슨부터는 네 가지 특징을 하나하나 아주 자세히 다루게 되니 일단 큰 그림을 그린다는 생각으로 이번 레슨을 읽으면 됩니다.

02 _ 객체지향 프로그래밍 언어란?

다시 한 번 설명하자면 객체지향 프로그래밍은 일종의 방법론일 뿐입니다. "이렇게 코딩하면 유지보수하기 쉬운 코드를 만들 수 있어요"와 같은 내용이 담긴 문서라는 거죠. 바로 객체지향 프로그래밍 언어란 객체지향 프로그래밍 방법론에 담긴 네 가지 특징을 사용할 수 있게 문법적으로 제공해주는 프로그래밍 언어를 말합니다.

오늘날 가장 대표적인 객체지향 프로그래밍 언어는 C#, JAVA, Objective-C이며 이들은 자기들만의 고유 방식으로 객체지향 프로그래밍 특징 네 가지를 구현하고 있으며 개발자가 사용할 수 있게 다양한 문법을 제공해 줍니다.

정리하자면, 문법이 다르더라도 어떤 방법으로든 객체지향 프로그래밍 특징 네 가지를 사용할 수 있게 되어 있다면 모두 객체지향 프로그래밍 언어로 부른다는 것입니다.

03 _ 객체지향 프로그래밍 언어 학습법

먼저 여러분이 자바 언어를 할 줄 안다는 가정을 해보겠습니다. 어느 날 여러분의 회사에 아이폰 개발 의뢰가 들어와 Objective-C를 배워야 한다고 했을 때 여러분이 생각하는 학습 기간은 어느 정도 걸릴 거라 생각되나요? 단, 오직 Objective-C 언어만을 배운다는 가정하에 말이지요(UI와 일반 라이브러리 기능 제외).

필자가 생각하기에 만약 여러분이 객체지향 프로그래밍 특징 네 가지의 개념과 사용 용도를 이미 알고 있다면 넉넉잡아 10일 내외면 충분할 것입니다. 이유는 앞에서 알아본 것처럼 자바와 Objective-C 언어 모두 객체지향 프로그래밍 언어이기 때문입니다.

"Objective-C는 클래스를 이렇게 만드는 구나, 오! 메서드를 참 특이하게 만드네, 인터페이스를 프로토콜이라고 부르는군!" 식으로 여러분이 이미 자바에서 알고 사용한 객체지향 프로그래밍 개념을 비교해가며 쭉쭉! 넘어가는 것이죠. 중요한 건 바로 객체지향 프로그래밍 특징 네 가지 개념의 이해입니다.

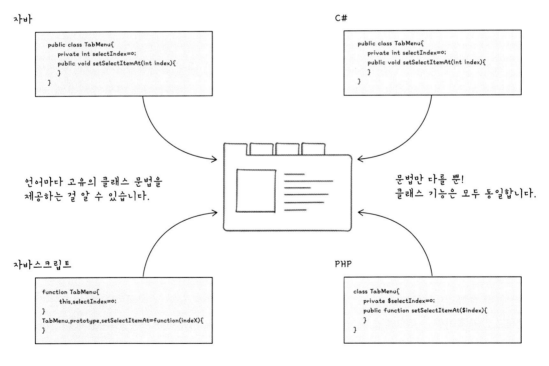

정리하자면 객체지향 프로그래밍은 특징 네 가지를 저마다의 고유한 방법으로 제공하고 있기 때문에 지금 가장 자신 있게 사용하고 있는 프로그래밍 언어로 객체지향 프로그래밍 특징 네 가지를 배우면 됩니다.

여러분의 경우 자바스크립트 언어로 이 네 가지 특징을 배우는 것이죠.

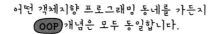

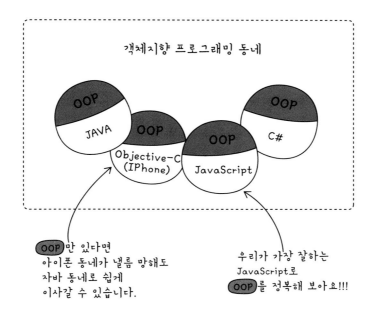

04 _ 자바스크립트는 객체지향 프로그래밍 언어인가요?

결론부터 이야기하자면 아닙니다. 아쉽게도 자바스크립트는 객체지향 프로그래밍 언어가 갖추어야 할 특징 네 가지를 모두 지원하진 않습니다. 기껏해야 상속 정도만 제공하며 그 외의 기능은 거의 지원하지 않습니다. 지원하는 상속마저도 완벽하진 않습니다. 나머지 특징은 지원한다는 가정하에 비슷하게 만들어 사용하거나 아니면 아예 없는 걸로 간주하고 사용하지 않는 거죠.

이제 시선을 돌려 우리의 친구 자바스크립트에서는 과연 객체지향 개념을 어떻게 지원하고 사용할 수 있는지 자세히 알아보겠습니다.

Lesson 03 / 객체지향 프로그래밍 언어에서 제공하는 기본 기능

다음 장부터는 객체지향 프로그래밍 특징 네 가지를 하나씩 차근차근 배워나갈 텐데요. 이번 레슨에서는 다음 장을 진행하기 위해 반드시 알고 있어야 하는 객체지향 프로그래밍 언어의 기본 기능을 학습합니다.

01 _ 기본 기능 종류

일반적인 객체지향 프로그래밍 언어의 경우 다음과 같이 기본적인 문법 세 가지를 제공합니다.

> **01.** 클래스(class)
>
> **02.** 인터페이스(interface)
>
> **03.** 추상클래스(abstract class)

이 세 가지 문법을 조합해 객체지향 프로그래밍의 네 가지 특징을 구현하게 됩니다.

02 _ 선언 부분과 구현 부분

먼저 기본 문법 세 가지를 이해하기 위해서는 선언 부분과 구현 부분에 대한 이해가 필요합니다. 일반적으로 객체는 선언 부분과 구현 부분으로 구성됩니다.

1 _ 선언 부분

선언 부분은 메서드 이름은 뭐고 매개변수는 몇 개인지 등의 메서드 정보가 바로 선언 부분입니다. 선언 부분을 달리 말하면 일종의 규칙입니다. 여기서 규칙이란 구현 부분에서는 선언 부분에 작성되어 있는 메서드 이름과 매개변수를 똑같이 만들어 구현해야 합니다. 그렇지 않으며 오류가 발생해 동작하지 않게 됩니다.

2 _ 구현 부분

구현 부분은 말 그대로 선언 부분에 있는 메서드의 기능을 직접 구현한 코드를 말합니다.

3 _ 선언 부분과 구현 부분으로 나눠 구현하는 이유는?

일반적으로 객체지향 프로그래밍의 경우 선언 부분과 구현 부분으로 나눠 작업을 합니다. 그리고 이를 위해 존재하는 문법이 이번 레슨에서 배울 객체지향 프로그래밍 기본 문법 세 가지입니다. 먼저 이 기본 문법 세 가지와 선언 부분-구현 부분과의 관계를 살펴보면 다음과 같습니다.

부분	클래스	인터페이스	추상클래스
선언 부분	X	O	O
구현 부분	O	X	O

각각의 문법에 대해서는 잠시 후 자세히 살펴보겠습니다.

자! 그렇다면 왜? 객체지향 프로그래밍에서는 선언 부분과 구현 부분으로 나눠 작업하는 것일까요? 바로! 객체지향 프로그래밍의 핵심 기능인 다형성(Polymorphism) 때문입니다.

다형성을 적용해 코드를 만들게 되면 특정 작업을 소스 수정을 거의 하지 않고 다양한 방법으로 연결해서 만들 수 있습니다.

예를 들어 다양한 정렬 기능을 가진 심플 이미지 갤러리를 만드는 경우 다형성을 이용하면 다음과 같이 아주 멋지게 만들 수 있습니다.

다형성(Polymorphism)이란?

다형성을 활용하면 다음과 같이
이미지 정렬 기능을 독립적으로
다양하게 만들어 사용할 수 있습니다.

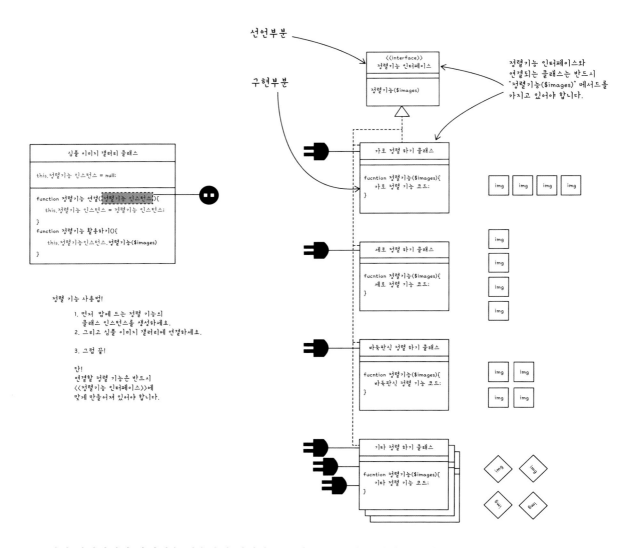

위의 이미지처럼 다형성을 이용하면 정렬하는 구현 코드를 심플 이미지 갤러리 클래스 내부에 가지고 있는 것이 아니라 각각의 정렬 기능을 클래스와 인터페이스를 이용해 규격화해서 독립적으로 만들 수 있습니다. 이렇게 만들어진 정렬 기능을 사용하고 싶을 때는 먼저 원하는 기능을 가진 정렬 기능 클래스의 인스턴스를 생성한 후 심플 이미지 갤러리에 연결해서 사용하면 됩니다. 다음처럼 말이지요.

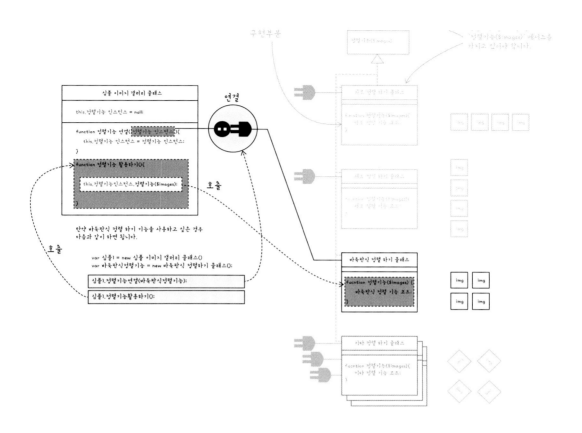

다형성에 대한 자세한 설명은 '06장 객체지향 프로그래밍 특징4-다형성'과 '07장 합성'에서 자세히 다룹니다. 이처럼 객체지향 프로그래밍에서는 일반적으로 선언 부분과 구현 부분으로 나눠 작업을 하게 됩니다.

이 정도 설명이면 충분히 선언 부분과 구현 부분에 대한 이해가 됐을 것입니다. 그럼 이어서 객체지향 프로그래밍 기본 문법 세 가지를 하나씩 자세히 알아보겠습니다.

03 _ 클래스

1 _ 주 용도

다시 한 번 정리하면 클래스(class)는 연관 있는 변수와 함수를 묶어 재사용하기 위해 사용하는 문법입니다. 이 정의는 어디까지나 지금까지 배운 클래스에 대한 해석입니다.

선언 부분과 구현 부분의 개념을 적용해 클래스의 용도를 설명하면 클래스는 객체의 실제 동작을 처리하는 구현 부분을 맡게 됩니다. 예를 들어 지금까지 여러분이 사용한 클래스는 독립적으로 작성하는 클래스이기 때문에 잘 몰랐겠지만 사실 클래스는 다음과 같이 아직 배우지 않은 두 가지 문법과 조합되어 많이 사용됩니다.

- 클래스 + 인터페이스
- 클래스 + 추상클래스
- 클래스 + 추상클래스 + 인터페이스

이때 선언 부분은 인터페이스와 추상클래스 문법을 이용해 만들고 이들의 구현 부분은 바로 클래스가 담당하게 됩니다. 그럼 왜 선언 부분과 구현 부분을 나눠서 코딩을 할까요? 바로 객체지향 프로그래밍의 핵심인 다형성 때문입니다. 다형성에 대해서는 잠시 후 다형성 편에서 자세히 다룹니다.

2 _ 생김새

그럼 다른 언어에서는 클래스를 어떻게 작성하는지 살짝 구경해보도록 하죠. 자바스크립트와 비교해가며 어떤 차이가 있는지 살펴보세요.

자바

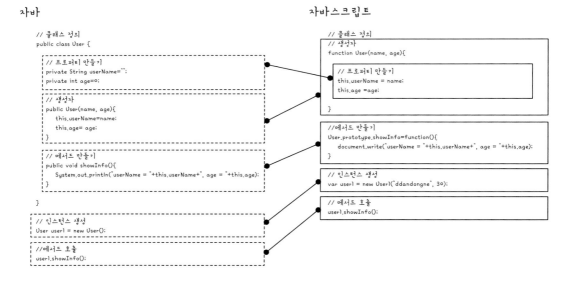

PHP

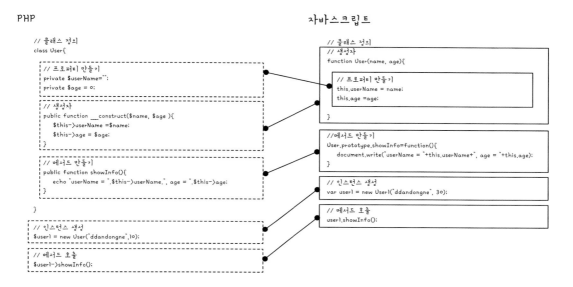

어떤가요? 자바스크립트와 다른 언어와 비교한 내용에서 알 수 있는 것처럼 문법만 다를 뿐 다들 비슷한 구조를 가지고 있습니다. 1장과 2장에서 다룬 자바스크립트 클래스 개념을 이해하고 있는 독자라면 어렵지 않게 다른 언어로 만들어진 클래스 문법을 읽을 수 있을 것입니다.

이처럼 프로그래밍의 개념을 제대로 알고 있다면 다른 언어를 배우는 것도 쉬워진답니다.

3 _ 자바스크립트 지원 유무

앞의 예제에서 알 수 있는 것처럼 일반 객체지향 프로그래밍 언어의 경우 class라는 명령어를 이용해 클래스를 생성합니다. 하지만 아쉽게도 자바스크립트는 클래스 전용 명령어를 제공하진 않습니다. 대신 1장에서 살펴본 것처럼 자바스크립트에서는 다음과 같이 세 가지 방법을 이용해 클래스를 비슷하게 만들어 사용할 수 있습니다.

01. 오브젝트 리터럴 방식

02. 함수 방식

03. 프로토타입 방식

04 _ 인터페이스

1 _ 주 용도

앞서 설명한 것처럼 객체는 크게 선언 부분과 구현 부분으로 나눈다는 것을 배웠습니다. 인터페이스 (interface)는 바로 구현 부분 없이 오직 선언 부분만을 만들 때 사용하는 문법입니다. 좀더 풀어 설명하 자면 인터페이스(interface)는 객체가 반드시 구현해야 할 메서드 명세서를 만들 때 주로 사용한다고 볼 수 있습니다. 이렇게 만들어진 인터페이스는 클래스와 연결해 사용됩니다. 인터페이스와 연결한 클래스 는 반드시 인터페이스에 명시된 대로 메서드를 만들어 실제 동작하는 구현 부분을 작성해야 합니다. 만약 메서드 이름과 매개변수 개수가 다른 경우 바로 에러가 납니다.

2 _ 생김새

자바스크립트에서는 문법적으로 인터페이스를 지원하지 않기 때문에 다른 언어들에서 어떻게 지원하지 는 살펴봐야 합니다.

자바

선언 부분　　　　　　　　　　　　　　　　구현 부분

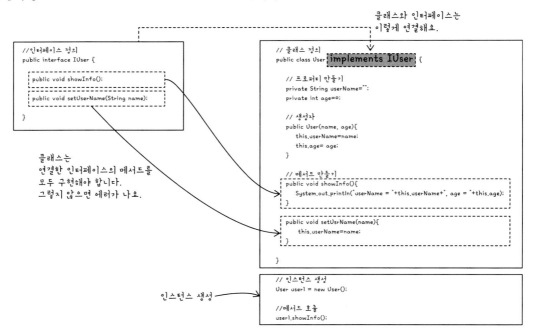

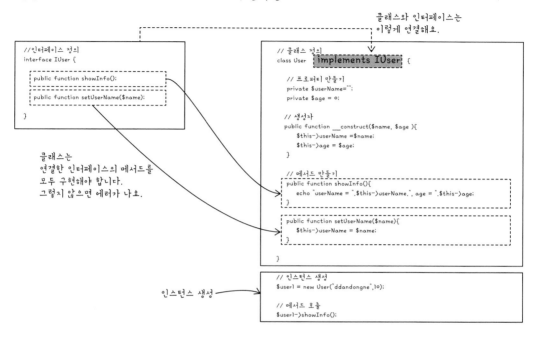

위의 두 객체지향 프로그래밍에서 알 수 있는 것처럼 일반 객체지향 프로그래밍의 경우 문법적으로 인터페이스를 지원하기 때문에 이 기능을 이용하면 선언 부분과 구현 부분을 나눠 작업할 수 있습니다.

3 _ 자바스크립트 지원 유무

일반 객체지향 프로그래밍의 경우 interface라는 명령어를 이용해 인터페이스를 생성합니다. 아쉽게도 자바스크립트에서는 인터페이스 문법을 지원하지 않습니다.

다시 한 번 언급하자면 여기서 지원하지 않는다는 의미는 인터페이스와 연결된 클래스에서 구현 코드 작성 시 인터페이스에 선언된 메서드와 다르게 만드는 경우 문법적으로 오류가 발생해 실행조차 할 수 없게 된다는 뜻입니다. 바로 이런 경우를 '문법을 지원한다'라고 합니다.

선언 부분   구현 부분

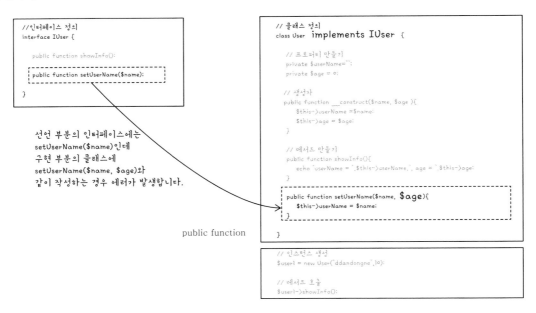

```
//인터페이스 정의
interface IUser {

  public function showInfo();

  public function setUserName($name);

}
```

```
// 클래스 정의
class User  implements IUser {

  // 프로퍼티 만들기
  private $userName="";
  private $age = 0;

  // 생성자
  public function __construct($name, $age ){
      $this->userName =$name;
      $this->age = $age;
  }

  // 메서드 만들기
  public function showInfo(){
      echo "userName = ".$this->userName.", age = ".$this->age;
  }

  public function setUserName($name, $age){
      $this->userName = $name;
  }

}
```

선언 부분의 인터페이스에는
setUserName($name)인데
구현 부분의 클래스에
setUserName($name, $age)와
같이 작성하는 경우 에러가 발생합니다.

public function

```
// 인스턴스 생성
$user1 = new User("ddandongne",10);

// 메서드 호출
$user1->showInfo();
```

그럼 자바스크립트에서는 어떻게 인터페이스를 사용하냐고요? 자바스크립트에서는 그냥 인터페이스가 있다는 가정하에 코딩을 하는 방법밖에 없습니다.

05 _ 추상 클래스

1 _ 주 용도

추상 클래스(abstract class)를 이해하려면 우선 상속의 개념을 먼저 이해해야 합니다. 상속에 대해서는 잠시 후 '05장 객체지향 프로그래밍 특징3–클래스 상속 기초'와 '06장 객체지향 프로그래밍 특징 3–클래스 상속 중급' 편에서 자세히 살펴보겠지만, 일단 간단히 설명하자면 상속은 부모 클래스의 기능을 자식 클래스에서 물려 받아 재사용할 수 있는 기능입니다. 흔하디 흔한 코드 복사(Ctrl+C), 코드 붙이기 (Ctrl+V) 하나 없이 말이지요.

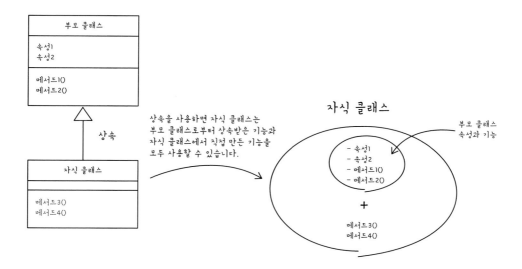

상속을 사용하다 보면 부모클래스의 기능 중 특정 기능을 부모 클래스에서 구현하는 게 아니라 자식클래스에게 구현하도록 강요해야 하는 경우가 발생합니다. 바로 이때 사용하는 문법이 추상 클래스입니다.

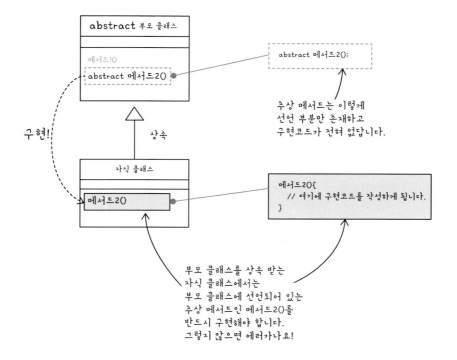

자식 클래스에게 구현을 강요하고 싶은 기능을 부모 클래스의 추상 메서드로 만들어 줍니다. 추상 메서드는 클래스 내에 선언 부분만 있는 메서드를 말합니다. 추상 클래스를 상속받는 자식 클래스는 추상 클래스에 선언되어 있는 추상 메서드의 구현 코드를 반드시 작성해 줘야 합니다. 만약 구현하지 않는 경우 문법적으로 에러가 발생해 실행이 되질 않습니다. 정리해보면 추상 클래스는 일반 클래스 기능과 인터페이스 기능을 합한 형태입니다.

2 _ 생김새

자바스크립트에서는 문법적으로 추상 클래스를 지원하지 않기 때문에 다른 언어들에서 어떻게 지원하지는 살펴봐야 합니다.

자바

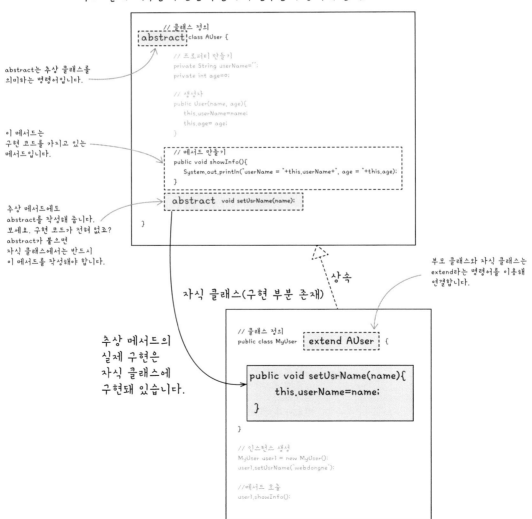

PHP

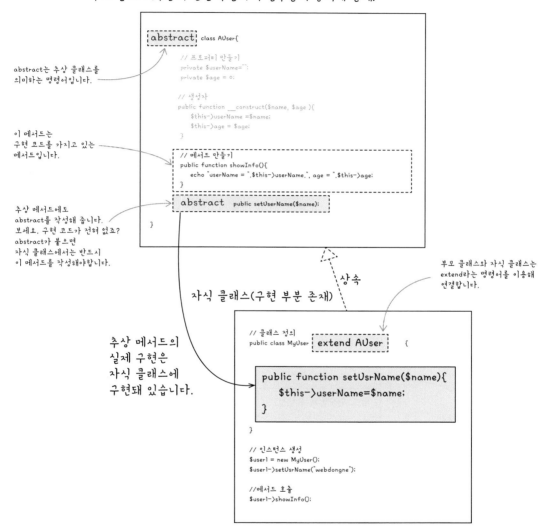

부모 클래스(약간의 선언 부분과 구현부분이 동시에 존재)

abstract는 추상 클래스를
의미하는 명령어입니다.

이 메서드는
구현 코드를 가지고 있는
메서드입니다.

추상 메서드에도
abstract를 작성해 줍니다.
보세요. 구현 코드가 전혀 없었죠?
abstract가 붙으면
자식 클래스에서는 반드시
이 메서드를 작성해야합니다.

```php
abstract class AUser{
    // 프로퍼티 만들기
    private $userName="";
    private $age = 0;

    // 생성자
    public function __construct($name, $age ){
        $this->userName =$name;
        $this->age = $age;
    }

    // 메서드 만들기
    public function showInfo(){
        echo "userName = ".$this->userName.", age = ".$this->age;
    }

    abstract public setUserName($name);
}
```

상속

부모 클래스와 자식 클래스는
extend라는 명령어를 이용해
연결합니다.

자식 클래스(구현 부분 존재)

추상 메서드의
실제 구현은
자식 클래스에
구현돼 있습니다.

```php
// 클래스 정의
public class MyUser extend AUser {

    public function setUsrName($name){
        $this->userName=$name;
    }

}

// 인스턴스 생성
$user1 = new MyUser();
$user1->setUsrName("webdongne");

//메서드 호출
$user1->showInfo();
```

3 _ 자바스크립트 지원 유무

일반 객체지향 프로그래밍의 경우 abstract라는 명령어를 이용해 추상 클래스와 추상 메서드를 생성합니다. 아쉽게도 자바스크립트에서는 추상 클래스를 위한 문법을 지원하지 않습니다. 그럼 어떻게 해야 하나고요? 추상 클래스 역시 자바스크립트에서는 추상 클래스가 있다는 가정하에 작업하게 됩니다.

06 _ UML 소개

1 _ UML이란?

방금 확인한 것처럼 언어마다 클래스와 인터페이스 그리고 추상 클래스 등을 표현하는 방식이 다르다는 것을 확인했습니다. 또, 클래스가 가지고 있는 메서드를 코드로 확인하는 경우 한눈에 파악하기 어려워 집니다. 이를 위해서 프로그래밍 동네는 객체지향 프로그래밍을 위해 UML이란 멋진 도구를 제공합니다. UML은 Unified Modeling Language의 약자로 특별한 의미가 있는 모형을 활용해 객체지향 분석 및 설계에 사용하는 모델링 언어입니다.

UML은 수많은 기능을 갖고 있으며 이중 가장 기본적인 단위로 클래스와 인터페이스 그리고 추상 클래스를 비주얼적으로 모델링할 수 있는 기능을 제공합니다.

참고로 UML은 UML을 전문으로 다루는 책이 있을 만큼 내용이 방대합니다. 이 책에서는 기본적으로 사용하는 UML 부분만을 이번 절에서 가볍게 다루고 더 이상 언급하진 않습니다. UML을 좀더 자세히 알고 싶은 분은 UML 전문서적을 참고하기 바랍니다.

2 _ UML로 클래스 표현하기

UML로 클래스를 표현하면 다음과 같이 나타낼 수 있습니다.

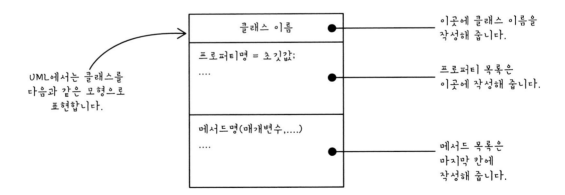

예를 들어 앞에서 자바스크립트로 작성한 User클래스를 UML 클래스로 표현하면 다음과 같습니다.

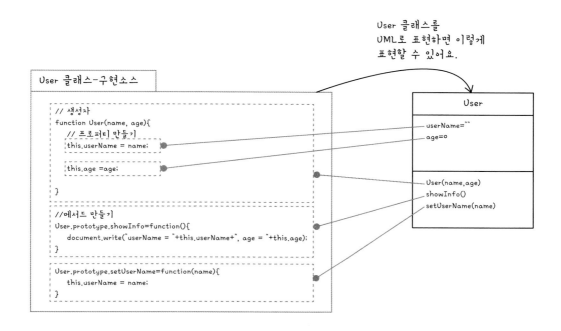

어떤가요? 어렵지 않죠? 이처럼 UML을 이용하면 프로그래밍 언어와 상관없이 클래스를 비주얼하게 설계할 수 있습니다.

이와 동일한 방식으로 인터페이스와 추상 클래스를 표현해 보겠습니다.

3 _ UML로 인터페이스 표현하기

UML로 인터페이스를 표현하면 다음과 같습니다.

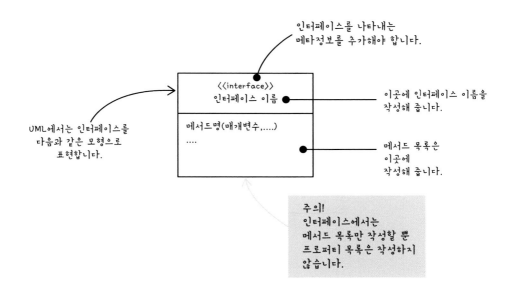

예를 들어 자바와 PHP 언어로 만든 IUser 인터페이스를 UML로 표현하면 다음과 같습니다.

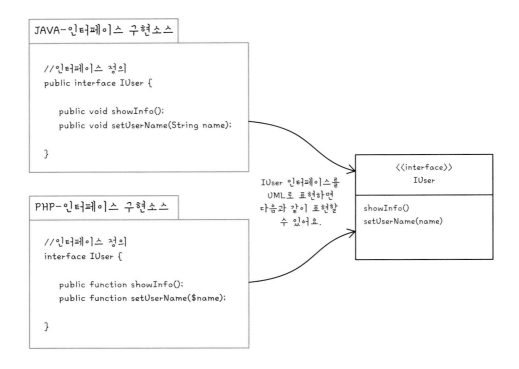

4 _ UML로 추상 클래스 표현하기

UML로 추상 클래스를 표현하면 다음과 같습니다.

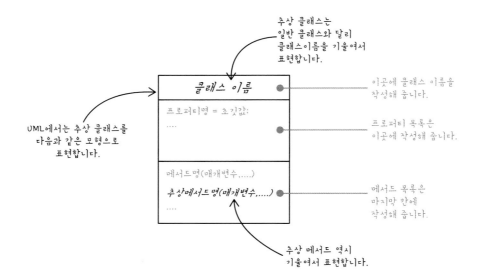

예를 들어 자바와 PHP 언어로 만든 AUser 추상 클래스를 UML로 표현하면 다음과 같습니다.

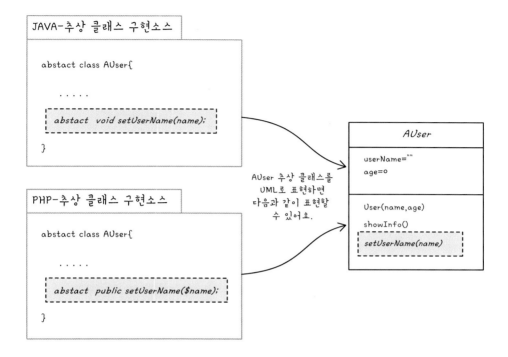

이번 장을 마치며

이렇게 해서 객체지향 프로그래밍 특징 네 가지를 진행하기 위해 반드시 알고 있어야 하는 객체지향 프로그래밍 개념과 용어에 대해 알아봤습니다.

그럼 지금부터 진정한 객체지향 프로그래밍 세계로 들어가보죠!

CHAPTER 02

객체지향 프로그래밍 특징 01-추상화

공지:
원의 크기는 난이도를 나타냅니다.
앞으로 갈수록 조금씩 어려워지니 차근차근 따라오세요.

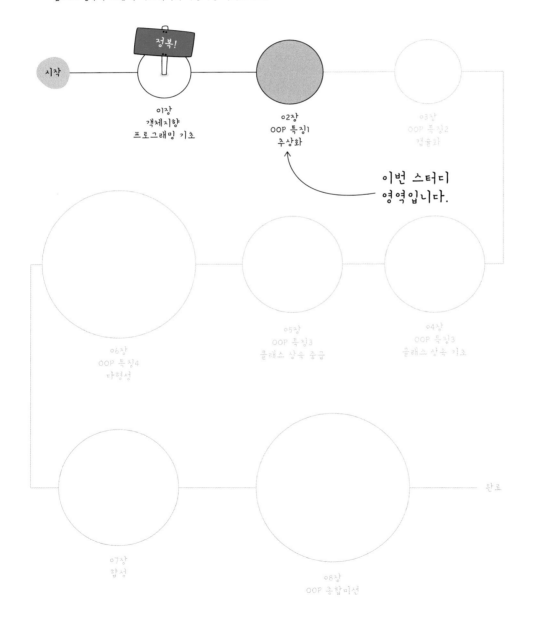

들어가며

다시 한 번 언급하자면 자바스크립트는 객체지향 프로그래밍 언어라기보다 그저 객체지향 프로그래밍처럼 비슷하게 흉내 내어 사용하는 스크립트 언어입니다. 이 점을 숙지하고 이번 장의 내용을 읽어주세요. 그럼 객체지향 프로그래밍 특징 네 가지 중 첫 번째 주제인 추상화부터 알아보겠습니다.

이번 장에서 배울 내용은 다음과 같습니다.

Lesson 01 추상화 소개
Lesson 02 자바스크립트에서 추상화
Lesson 03 미션

Lesson 01 / 추상화 소개

추상화란 특정 기능을 하는 그룹의 공통된 기능(프로퍼티와 메서드)을 정의하는 작업을 말합니다. 이번 레슨에서는 추상화가 어떤 의미를 가지고 있는지 예제를 가지고 살펴보겠습니다.

01 _ 추상화란?

객체지향 프로그래밍에서 추상화(Abstraction)는 객체들의 공통적인 프로퍼티와 메서드를 뽑아내는 작업을 의미합니다. 좀더 풀어 설명하면 집을 짓기 전 설계도를 그린 후 설계도에 맞게 집을 짓는 것처럼 객체지향 프로그래밍 동네에서도 개발하려고 하는 프로젝트에서 사용하는 객체가 무엇인지 살펴본 후 객체가 가지고 있어야 할 프로퍼티와 메서드를 추상적으로 생각해 설계도를 그리게 됩니다. 예를 들어 사람을 추상화한다면 다음과 같이 추상화할 수 있습니다.

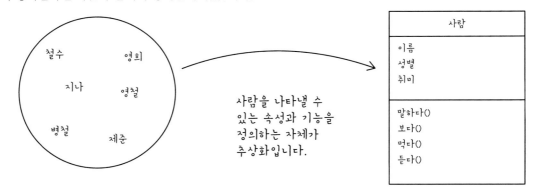

동물을 추상화해보면 다음과 같이 표현할 수 있습니다.

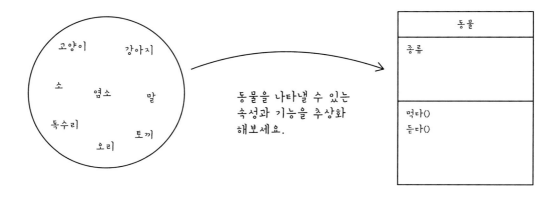

그런데 여기서 주의해서 볼 사항이 있는데요. 모든 동물이 "날다()"라는 기능을 가진 것이 아니기 때문에 올바르게 추상화를 했다고 할 수 없습니다.

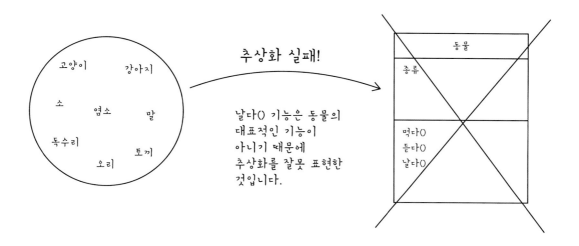

이처럼 추상화는 특정 기능을 하는 그룹의 공통된 기능 (프로퍼티와 메서드)을 정의하는 작업을 의미합니다. 좀더 자세히 설명하자면 클래스의 선언 부분과 구현 부분 중 추상화는 오직 선언 부분만을 정의할 뿐 구현 부분은 작업하지 않습니다.

02 _ 예제

이해를 돕기 위해 몇 가지 추상화 예를 더 들어보겠습니다. 우선 좀 간단한 추상화를 살펴보죠.

01 _ TV를 추상화하기

먼저 집에서 흔히 볼 수 있는 TV라는 객체를 프로그래밍으로 표현한다고 해보죠. TV의 경우 브라운관 TV부터 요즘 나오는 스마트 TV까지 다양하게 있는데요. 여기에서는 종류를 떠나서 TV라면 기본적으로 가지고 있어야 하는 속성과 기능만을 뽑아보는 거죠. 아마도 다음과 같을 것입니다.

TV
모델명 해상도크기
전원On() 전원Off() 채널변경(채널값) 사운드조절기능(사운드값)

코드로 표현하면 다음과 같습니다.

```
function TV(){
    this.모델명;
    this.해상도크기;
}

TV.prototype.전원On=function(){

}

TV.prototype.전원Off=function(){

}

TV.prototype.채널변경=function(채널값){

}

TV.prototype.사운드조절기능=function(사운드값){

}
```

바로 이처럼 TV라는 객체들이 공통적으로 가지고 있어야 하는 속성(property)과 메서드(method)를 뽑아 내는 작업을 추상화라고 합니다.

2 _ 이미지 슬라이더를 추상화하기

또 하나의 예를 들어 보겠습니다. 이번에는 웹 프론트엔드 실무에서 많이 사용하는 이미지 슬라이더를 만든다고 해보죠.

facebook

Facebook is an online social networking service, whose name stems from the colloquial name for the book given to students at the start of the academic year by some university administrations in the United States to help students get to know each other.

클래스 이름은 이미지 슬라이더를 의미하는 ImageSlider로 하고 3초마다 이미지가 슬라이더 되는 기능
은 startAutoPlay()라는 메서드 이름으로 구현하면 되고 또 외부에서 특정 이미지 슬라이더를 선택할 수
있는 기능은 setImageAt()라는 메서드에 구현하면 될 것 같네요. 지금까지 추상화한 내용을 UML을 이
용해 표현하면 다음과 같을 것입니다.

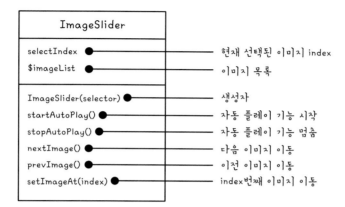

소스로 표현하면 다음과 같습니다.

```
function ImageSlider(selector){
    this.selectIndex;
    this.$imageList;
}

ImageSlider.prototype.startAutoPlay=function(){

}

ImageSlider.prototype.stopAutoPlay=function(){

}

ImageSlider.prototype.nextImage=function(){

}

ImageSlider.prototype.prevImage=function(){

}

ImageSlider.prototype.setImageAt=function(index){

}
```

어떤가요? 추상화라는 말이 조금 어려워서 그렇지 추상화 단계에서 핵심은 클래스를 설계하는 작업 자체입니다. 여기까지는 아주 단순한 객체 추상화였습니다.

3 _ 이미지 슬라이더 추상화하기2

그럼 이번에는 좀더 복잡한 추상화 예를 들어보겠습니다. 다음은 앞에서 살펴본 심플 이미지 슬라이더를 추상화한 그림입니다. 다시 한 번 살펴보죠.

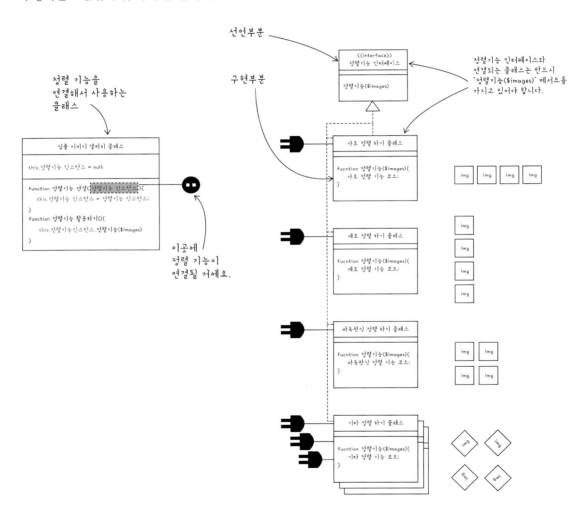

여기에서 주의 깊게 살펴볼 부분은 바로 정렬 기능 인터페이스 부분입니다. 앞에서 간단하게 살펴본 TV 객체의 경우 TV객체들이 공통으로 가지고 있어야 하는 내용을 추상화한 것처럼 심플 이미지 갤러리와 연결해서 사용하게 될 정렬 기능 객체들이 공통으로 가지고 있어야 하는 기능을 인터페이스를 이용해 추상화했습니다.

여기서 인터페이스를 사용한 이유는 앞에서 살펴본 것처럼 인터페이스와 연결되는 클래스는 반드시 인터페이스에 정의되어 있는 기능을 구현해야 하는 규약을 적용하기 위해서입니다.

아마도 이번 예제는 이제 막 객체지향 프로그래밍 세계로 들어 온 여러분에게는 좀 어려웠을 것입니다. 괜찮습니다. 이번 예제는 다형성 편에서 더 자세히 다루므로 지금은 이런 식으로 추상화를 하는구나 생각하고 넘어가셔도 됩니다.

Lesson
02 / 자바스크립트에서 추상화

이번 레슨에서는 실제 프로그래밍적으로 추상화를 표현하는 방법에 대해 학습합니다.

01 _ 일반 OOP에서 지원하는 추상화

일반 객체지향 프로그래밍에서는 다음과 같은 추상화를 구현할 수 있는 문법을 지원합니다. 앞에서 살펴본 내용들이니 간단한 설명만 하고 넘어가겠습니다.

1 _ 일반 클래스(class)
일반적인 객체의 프로퍼티와 메서드를 만들 때 사용합니다.

2 _ 추상 클래스(abstract class)
선언 부분과 구현 부분이 있는 클래스를 만들 때 사용합니다.

3 _ 인터페이스(interface)
클래스가 반드시 구현하고 있어야 하는 기능(메서드) 목록을 만들 때 사용합니다. 인터페이스에는 구현 부분이 존재하지 않습니다.

02 _ 자바스크립트에서 추상화

자바스크립트에서는 추상 클래스와 인터페이스를 제공하지 않기 때문에 오직 클래스만을 이용해서 추상화 작업을 해야 합니다. 클래스만을 사용해야 하기 때문에 인터페이스의 기능인 클래스가 구현하고 있어야 하는 규약 등을 적용할 수 없습니다. 자바스크립트는 '01장 클래스 기초'에서 살펴본 것처럼 클래스와 비슷하게 만들어서 사용하는 방법 세 가지를 제공합니다.

01. 리터럴 방식

02. 함수활용 방식

03. 프로토타입 방식

자바스크립트에서 클래스 만드는 방법은 '05부 01장 클래스 기초'를 참고해주세요.

Lesson

Lesson 03 / 미션

이번 장 역시 지금까지 배운 추상화 관련해서 검증하는 시간을 가져보겠습니다.

미션 01 세탁기 추상화

먼저 생활에서 흔히 볼 수 있는 세탁기를 추상화해보죠. 일반 세탁기가 갖고 있어야 하는 기능과 속성을 UML을 이용해 추상화해 주세요.

풀이

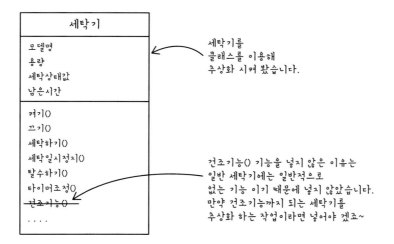

세탁기

모델명
용량
세탁상태값
남은시간

켜기()
끄기()
세탁하기()
세탁일시정지()
탈수하기()
타이머조정()
~~건조기능()~~
. . . .

세탁기를
클래스를 이용해
추상화 시켜 봤습니다.

건조기능() 기능을 넣지 않은 이유는
일반 세탁기에는 일반적으로
없는 기능 이기 때문에 넣지 않았습니다.
만약 건조기능까지 되는 세탁기를
추상화 하는 작업이라면 넣어야 겠죠~

설명

참고로 정답이란 없습니다. 여러분이 작업한 내용이 바로 정답입니다. 아마도 여러분 역시 필자가 작업한 내용과 거의 비슷하게 만들었을 것입니다. 실제 작업에서는 클래스 문법을 이용해서 UML로 표현한 프로퍼티와 메서드를 만들면 됩니다.

미션 02   탭메뉴를 추상화하기

탭메뉴는 앞에서 계속해서 만든 콘텐츠 이미지만 처음 만든다는 가정하에 진행해보겠습니다. 탭메뉴 클래스 이름은 뭐로 할 것인지, 그리고 기능과 속성까지 추상화해 보세요.

풀이

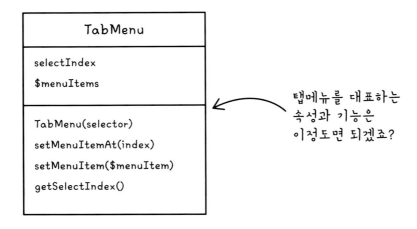

설명

기존에 만들었던 콘텐츠이기 때문에 어렵지 않게 추상화를 했을 것입니다. 소스로 표현하면 다음과 같습니다.

```javascript
function TabMenu(selector){
    this.selectIndex;
    this.$menuItems;
}

TabMenu.prototype.setMenuItemAt=function(index){

}

TabMenu.prototype.setMenuItem=function($menuItem){

}

TabMenu.prototype.getSelectIndex=function(){

}
```

이처럼 추상화란 특정 기능을 하는 그룹의 공통된 기능 (프로퍼티와 메서드)을 정의하는 작업을 말합니다.

CHAPTER 03

객체지향 프로그래밍 특징 02-캡슐화

공지:
원의 크기는 난이도를 나타냅니다.
앞으로 갈수록 조금씩 어려워지니 차근차근 따라오세요.

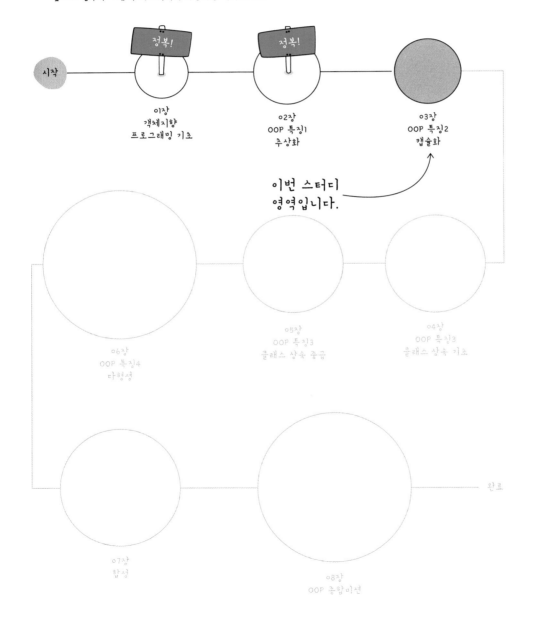

들어가며

이번 장의 주제는 객체지향 프로그래밍 네 가지 특징 중 두 번째 주제인 캡슐화입니다. 캡슐화는 객체의 중요한 프로퍼티와 기능을 밖으로 노출되지 않도록 할 때 주로 사용하는 기능입니다. 이번 장의 내용을 읽어나가다 보면 추상화와 캡슐화가 왠지 비슷해 보일 수도 있는데요, 이 두 가지 특징의 서로 다른 점을 이번 장을 통해 알게 될 것입니다.

이번 장에서 배울 내용은 다음과 같습니다.

01 / 캡슐화 소개

캡슐화는 객체의 프로퍼티와 메서드를 숨기거나 노출할 때 사용합니다. 이번 레슨에서는 캡슐화가 어떤 의미를 가지고 있는지 학습합니다.

01 _ 캡슐화란?

캡슐화(Encapsulation)는 일반적으로 연관 있는 변수와 함수를 클래스로 묶는 작업을 말합니다. 쉽죠? 근데 여기까지만 들어보면 왠지 그냥 클래스 만드는 작업 아냐?! 라고 생각할 수 있는데요. 캡슐화에는 은닉성이란 게 있어서 클래스에 담는 내용 중 중요한 데이터나 기능을 외부에서 접근하지 못하게 할 수 있습니다.

예컨대 만약 여러분이 현실에서 즐겨보는 TV가 케이스로 포장이 되어 있지 않고 그냥 열려있는 채로 널 부려져 있다고 생각해 보세요. 감전될 수 있을 뿐만 아니라 고장 나기 십상입니다. 이런 점 때문에 TV는 사용자가 TV를 시청하기 위해 필요한 기능만을 외부로 빼 놓고 이외의 모든 기능(복합한 회로부터 전자 부품까지)을 외부에서 접근할 수 없게 포장(캡슐화)을 해둔 것입니다.

방금 알아본 TV 예처럼 객체지향 프로그래밍 세계에서도 프로그래밍을 하다 보면 객체의 중요한 데이터나 기능을 외부에서 접근하지 못하게 하는 경우가 수없이 발생합니다.

02 _ 예제

이해를 돕기 위해서 예를 들어 보겠습니다.

다음은 앞에서 많이 다뤘던 탭메뉴입니다. 만약 탭메뉴의 네 번째 메뉴 아이템이 선택된 상태에서 현재 선택한 탭메뉴 정보가 담긴 $selectMenuItem 프로퍼티를 객체 외부에서 접근해 다음과 같이 값을 null 로 변경한 후 첫 번째 탭메뉴를 누르면 어떻게 될까요?

탭메뉴 클래스

탭메뉴 아이템이 클릭되면
$selectMenuItem에는
현재 선택한 탭메뉴 아이템이 저장됩니다.

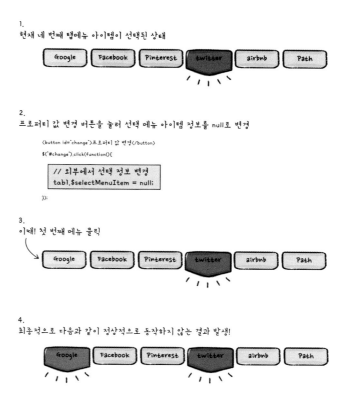

여러분의 의도와는 달리 첫 번째 탭메뉴와 네 번째 탭메뉴가 동시에 선택된 상태로 될 것입니다. 이처럼 $selectItem 정보는 객체 외부에서 접근하지 못하도록 해야 합니다. 바로 이럴 때 캡슐화의 은닉성이 필요합니다.

이번 레슨에서는 실제 프로그래밍적으로 캡슐화를 표현하는 방법에 대해 학습합니다.

01 _ 일반 OOP에서 지원하는 캡슐화 관련 기능

1 _ 접근 지정자

일반적으로 객체 내부에 들어 있는 프로퍼티와 메서드는 객체 외부, 객체 내부, 자식 객체에서 접근해 사용합니다.

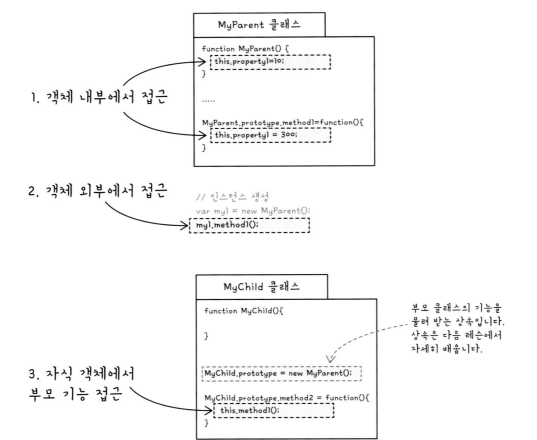

일반 객체지향 프로그래밍에서는 캡슐화를 위해 접근 지정자라는 문법을 제공합니다. 이 접근 지정자를 이용하면 개발자가 원하는 곳에서만 프로퍼티와 메서드가 접근할 수 있게 만들 수 있습니다.

접근 지정자는 다음과 같이 세 가지가 있습니다.

01. public

02. protected

03. private

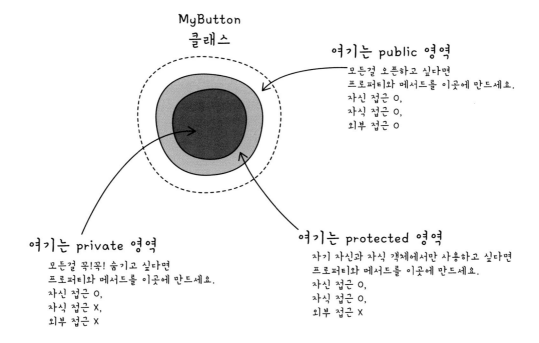

1 _ public 접근 지정자

public 접근 지정자를 적용하는 경우 객체 외부와 객체 내부 그리고 자식 객체에서 모두 접근 가능한 프로퍼티와 메서드를 만들 수 있습니다.

2 _ protected 접근 지정자

protected 접근 지정자를 적용하는 경우 객체 외부에서는 접근이 불가능하고 객체 내부와 자식 객체에서만 접근 가능한 프로퍼티와 메서드를 만들 수 있습니다.

3 _ private 접근 지정자

private 접근 지정자를 적용하는 경우 오직 객체 자기 자신에서만 접근할 수 있는 프로퍼티와 메서드를 만들 수 있습니다.

지금까지 다룬 접근 지정자를 정리하면 다음과 같습니다.

접근 지정자	객체 외부 접근	객체 내부 접근	자식객체 접근
public	O	O	O
protected	X	O	O
private	X	O	X

2 _ 예제

일반적인 객체지향 프로그래밍에서는 모두 접근 지정자 문법을 제공합니다. 자바 언어를 가지고 간단한
접근 지정자 예제를 보여드리겠습니다.

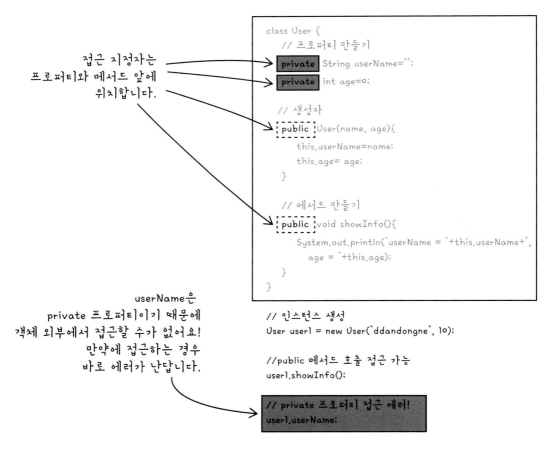

접근 지정자는
프로퍼티와 메서드 앞에
위치합니다.

userName은
private 프로퍼티이기 때문에
객체 외부에서 접근할 수가 없어요!
만약에 접근하는 경우
바로 에러가 난답니다.

```
class User {
    // 프로퍼티 만들기
    private String userName="";
    private int age=0;

    // 생성자
    public User(name, age){
        this.userName=name;
        this.age= age;
    }

    // 메서드 만들기
    public void showInfo(){
        System.out.println("userName = "+this.userName+",
            age = "+this.age);
    }
}
```

```
// 인스턴스 생성
User user1 = new User("ddandongne", 10);

//public 메서드 호출 접근 가능
user1.showInfo();

// private 프로퍼티 접근 에러!
user1.userName;
```

이처럼 일반 객체지향 프로그래밍에서는 접근 지정자 문법을 제공하기 때문에 좀더 멋진 캡슐화를 활용
해 객체를 만들 수 있습니다.

3 _ UML로 접근 지정자 표현하기

UML에서 접근 지정자는 다음과 같이 표현합니다.

접근 지정자	UML 접근 지정자 표현법
public	+
procted	#
private	−

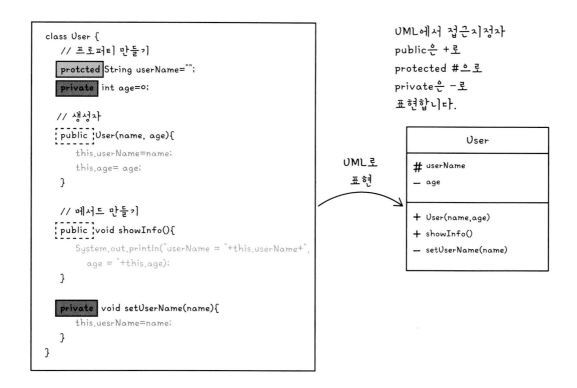

02 _ 자바스크립트에서 캡슐화

아쉽게도 자바스크립트는 접근 지정자 문법을 지원하지 않습니다. 문법적으로 지원한다는 의미는 객체 밖에서(인스턴스 이름으로 접근하는 경우) public을 제외한 protected, private으로 선언한 프로퍼티와 메서드는 아예 접근조차 할 수 없을 뿐만 아니라 접근하는 구문을 작성하는 즉시 에러가 되어 실행조차 할 수가 없게 됩니다. 바로 자바스크립트에서는 문법적으로 이런 기능을 제공하지 않는다는 뜻입니다.

대신 자바스크립트에서는 다음과 같은 방식으로 접근 지정자를 흉내 내어 사용합니다. 먼저 사용법을 봐 주세요.

문법

```
function MyClass() {
    //public 프로퍼티
    this.프로퍼티이름 = 값;

    //private/protected 프로퍼티
    this._프로퍼티이름 = 값;
}

// public 메서드
MyClass.prototype.메서드이름 = function() {
}
// private/protected 메서드
MyClass.prototype._메서드이름 = function() {
}
```

설명

정리하면 접근 지정자 대신 사용하는 자바스크립트 캡슐화 문법은 다음과 같습니다.

접근 지정자	자바스크립트	자바스크립트 표현 방법
public	지원(기본)	프로퍼티 메서드
protected	미지원	_프로퍼티 _메서드
private	미지원	_프로퍼티 _메서드

자바스크립트에서는 객체 외부에서 접근하지 못하게 하는 접근 지정자 private과 protected 대신 요소 이름 앞에 "_"를 붙여 만들어 사용합니다.

여기서 주의해야 할 점은 앞에서 언급한 것처럼 이렇게 한다고 해도 자바스크립트는 문법적으로 접근 지정자 기능을 지원하지 않기 때문에 객체 외부에서 얼마든지 접근할 수 있습니다. 하지만 일종의 무언의 약속처럼 "음. . . private이기 때문에 클래스 밖에서 접근해 사용하면 안 되겠군" 하는 식으로 사용하는 거죠.

Lesson
03 / 미션

이번 장 역시 지금까지 배운 캡슐화 내용을 검증하는 시간을 가져보겠습니다. 여러분 스스로 직접 풀어보길 바랍니다.

미션 01   캡슐화를 적용해 탭메뉴 만들기

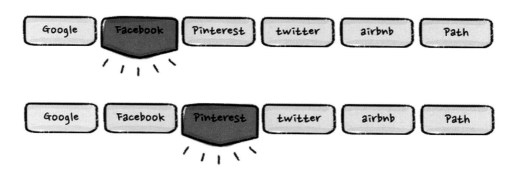

아래에 등장하는 풀이 전 코드는 앞서 만든 프로토타입 클래스 방식으로 만들어진 탭메뉴 소스입니다. 풀이 전 코드에 캡슐화를 적용해 좀더 객체지향스럽게 만들어 주세요. 좀더 자세히 설명하면 소스 코드를 보고 다음과 같이 해석할 수 있게 만들면 됩니다.

해석 예

"음... 이 메서드와 프로퍼티는 외부에서 접근해서 사용할 수 있군. 엇! 이 프로퍼티와 메서드는 외부에서 접근해서 사용할 수 없는 요소군!"

풀이 전 코드: 소스 _ 06부/03장/lesson03/01_complete/m01/00.html

```
$(document).ready(function(){
    // 첫 번째 탭메뉴 인스턴스 생성
    var tab1 = new TabMenu("#tabMenu1");
    tab1.setSelectItemAt(1);
```

```
    // 두 번째 탭메뉴 인스턴스 생성
    var tab2 = new TabMenu("#tabMenu2");
    tab2.setSelectItemAt(2);
});

// 탭메뉴 클래스
function TabMenu(selector) {
    this.$tabMenu = null;
    this.$menuItems = null;
    this.$selectMenuItem = null;

    // 요소 초기화및 이벤트 등록 호출하기
    this.init(selector);
    this.initEvent();
}

// 요소 초기화
TabMenu.prototype.init = function(selector) {
    this.$tabMenu = $(selector);
    this.$menuItems = this.$tabMenu.find("li");
}

// 이벤트 등록
TabMenu.prototype.initEvent = function() {
    var objThis = this;
    this.$menuItems.on("click", function() {
        objThis.setSelectItem($(this));
    });
}

// $menuItem에 해당하는 메뉴 아이템 선택하기
TabMenu.prototype.setSelectItem = function($menuItem) {
    // 기존 선택메뉴 아이템을 비활성화 처리하기
    if (this.$selectMenuItem) {
        this.$selectMenuItem.removeClass("select");
    }

    // 신규 아이템 활성화 처리하기
    this.$selectMenuItem = $menuItem;
    this.$selectMenuItem.addClass("select");
}
```

```
// index에 해당하는 메뉴 아이템 선택하기
TabMenu.prototype.setSelectItemAt=function(index){
    var $menuItem = this.$menuItems.eq(index);

    // 기존 메서드 재사용
    this.setSelectItem($menuItem);
}
```

풀이: 소스 _ 06부/03장/lesson03/01_complete/m01/01.html

```
$(document).ready(function(){
    // 첫 번째 탭메뉴 인스턴스 생성
    var tab1 = new TabMenu("#tabMenu1");
    tab1.setSelectItemAt(1);

    // 두 번째 탭메뉴 인스턴스 생성
    var tab2 = new TabMenu("#tabMenu2");
    tab2.setSelectItemAt(2);
});

// 탭메뉴 클래스
function TabMenu(selector) {
    this._$tabMenu = null;
    this._$menuItems = null;
    this._$selectMenuItem = null;

    // 요소 초기화및 이벤트 등록 호출하기
    this._init(selector);
    this._initEvent();
}

// 요소 초기화
TabMenu.prototype._init = function(selector) {
    this._$tabMenu = $(selector);
    this._$menuItems = this._$tabMenu.find("li");
}

// 이벤트 등록
TabMenu.prototype._initEvent = function() {
    var objThis = this;
```

```
        this._$menuItems.on("click", function() {
            objThis.setSelectItem($(this));
        });
    }

    // $menuItem에 해당하는 메뉴 아이템 선택하기
    TabMenu.prototype.setSelectItem = function($menuItem) {
        // 기존 선택메뉴 아이템을 비활성화 처리하기
        if (this._$selectMenuItem) {
            this._$selectMenuItem.removeClass("select");
        }

        // 신규 아이템 활성화 처리하기
        this._$selectMenuItem = $menuItem;
        this._$selectMenuItem.addClass("select");
    }

    // index에 해당하는 메뉴 아이템 선택하기
    TabMenu.prototype.setSelectItemAt=function(index){
        var $menuItem = this._$menuItems.eq(index);

        // 기존 메서드 재사용
        this.setSelectItem($menuItem);
    }
```

설명

풀이 방법은 아주 간단합니다. 풀이 전 코드 내용 중 클래스 내부에서만 사용하는 프로퍼티와 메서드를 찾아 객체 외부에서 접근할 수 없다는 의미로 "_"를 붙여 줍니다. 한눈에 확인할 수 있게 표로 정리해보죠.

요소	접근가능(public)	접근불가(private)
프로퍼티		_$menuItems
		_$selectMenuItem
		_$tabMenu
메서드	setSelectMenuItem($menuItem)	_init(selector)
	setSelectMenuItemAt(index)	_initEvent()

처음에는 이 방식이 뭔가 좀 어색할 수 있지만 여러분도 이 규칙에 익숙해져야 합니다. 지금 여러분이 유용하게 사용하는 외부 라이브러리 소스 내부를 들여다 보면 "_"가 붙어있는 프로퍼티와 메서드를 쉽게 볼 수 있을 것입니다. 참고로 풀이를 UML로 표현하면 다음과 같습니다.

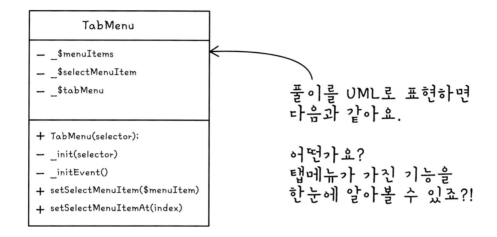

앞으로 이 책에 등장하는 예제의 내용 중 클래스 내부에서만 사용해야 하는 프로퍼티와 메서드에는 가급적 언더바(_)를 붙여 코드를 작성하겠습니다.

CHAPTER 04

객체지향 프로그래밍 특징 03-클래스 상속 기초

공지:
원의 크기는 난이도를 나타냅니다.
앞으로 갈수록 조금씩 어려워지니 차근차근 따라오세요.

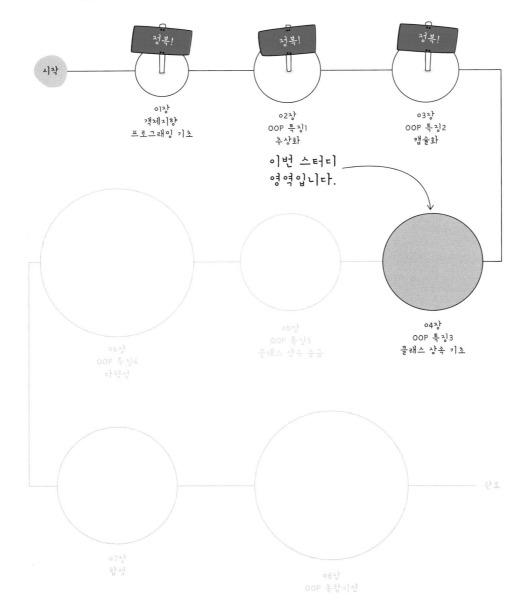

들어가며

이번 장을 시작으로 다음 장까지 객체지향 프로그래밍 네 가지 특징 중 세 번째 주제인 클래스 상속에 대해 다룹니다. 이번 장에서는 클래스 상속 기초편을 다루고, 다음 장에서는 이어서 클래스 상속 중급편을 다룹니다.

클래스 기초편에서는 클래스 상속의 개념과 기능을 자세히 다룹니다.

이번 장에서 다룰 내용은 다음과 같습니다.

클래스 상속을 사용하면 기존 코드를 변경하지 않고도 기능을 추가하거나 수정할 수 있습니다. 이번 레슨에서는 클래스 상속의 개념에 대해 학습합니다.

01 _ 클래스 상속이란?

객체지향 프로그래밍에서 상속의 개념은 현실에서 사용하는 상속이란 단어의 뜻과 비슷합니다. 예를 들어 다음과 같이 부모로부터 유산을 상속받았다면 자식은 상속받은 재산을 사용할 수 있게 됩니다.

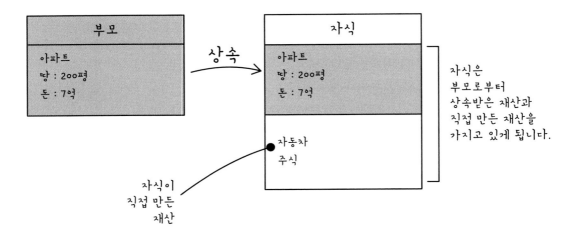

프로그래밍에서 상속은 확장이라고도 부르며 특정 클래스(부모 클래스)의 속성과 메서드를 하위(자식) 클래스가 물려받는 것을 의미합니다. 상속을 받는 자식 클래스에서는 부모의 소스코드를 복사할 필요 없이 부모 클래스의 기능과 속성을 모두 사용할 수 있을 뿐 아니라 필요한 기능을 추가해 확장할 수도 있습니다.

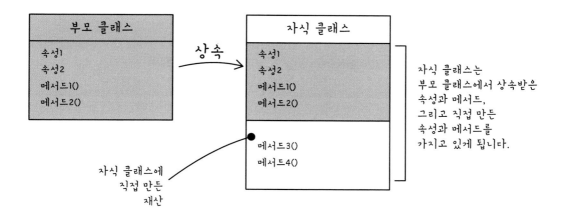

지금까지의 설명을 실제 자바스크립트 코드로 표현하면 다음과 같습니다.

예제 01 **간단한 클래스 상속**

소스 _ 06부/04장/lesson01/01_complete/01.html

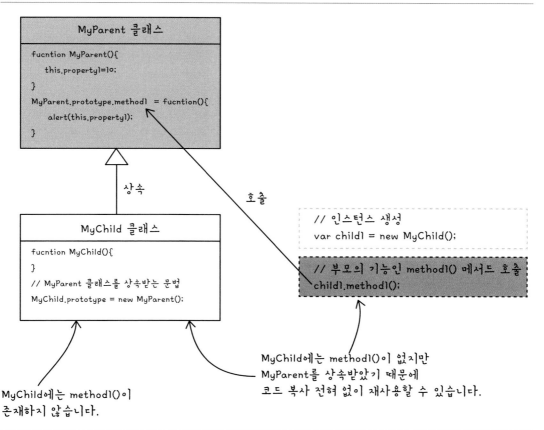

MyChild에는 method1()이라는 메서드를 만들지 않았지만 MyChild는 MyParent를 상속받았기 때문에 MyParent의 기능인 mehthod1()를 사용할 수 있습니다. 바로 이런 기능이 상속입니다. 이해를 돕기 위해 상속개념을 적용한 몇 가지 예를 들어보겠습니다.

02 _ 상속은 이럴 때 사용해요

1 _ 정수기와 얼음 정수기

얼음 정수기를 만드는 경우 처음부터 만드는 게 아니라 차가운 물과 뜨거운 물이 나오는 일반 정수기를 그대로 상속받아 얼음이 나오는 기능을 추가해 만드는 거죠.

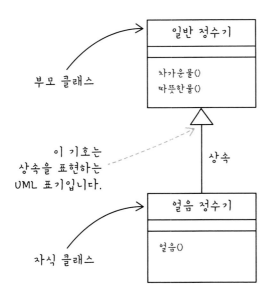

상속을 이용하면
코드를 복사하거나 수정할 필요없이
얼음 정수기에서 일반 정수기의 기능을
재사용할 수가 있습니다.

얼음 정수기에서 사용할 수 있는 기능은?
 1. 차가운물() : 상속받은 기능
 2. 따뜻한물() : 상속받은 기능
 3. 얼음() : 추가 기능

2 _ 일반 계산기와 공학 계산기

공학 계산기를 만들 때에도 일반 계산기를 상속받아 만들면 일반 계산기 기능을 만들 필요 없이 재사용할 수 있습니다.

3 _ 탭메뉴와 탭패널

탭패널을 만들 때에도 이미 만들어 놓은 탭메뉴를 상속한 후 패널처리 기능만 추가해서 만들면 아주 쉽게 탭패널을 만들 수 있습니다.

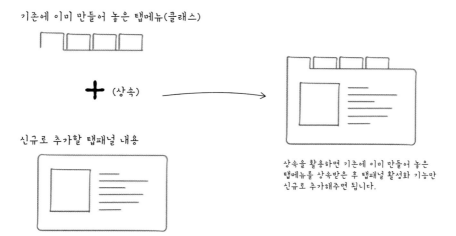

기존에 이미 만들어 놓은 탭메뉴(클래스)

✚ (상속)

신규로 추가할 탭패널 내용

상속을 활용하면 기존에 이미 만들어 놓은
탭메뉴를 상속받은 후 탭패널 활성화 기능만
신규로 추가해주면 됩니다.

UML로 표현하면 다음과 같습니다.

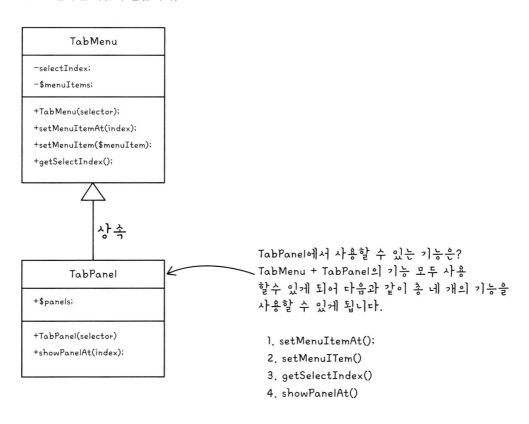

TabMenu

-selectIndex;
-$menuItems;

+TabMenu(selector);
+setMenuItemAt(index);
+setMenuItem($menuItem);
+getSelectIndex();

상속

TabPanel

+$panels;

+TabPanel(selector)
+showPanelAt(index);

TabPanel에서 사용할 수 있는 기능은?
TabMenu + TabPanel의 기능 모두 사용
할 수 있게 되어 다음과 같이 총 네 개의 기능을
사용할 수 있게 됩니다.

1. setMenuItemAt();
2. setMenuITem()
3. getSelectIndex()
4. showPanelAt()

어떤가요? 이 정도면 상속이 뭔지 알 수 있겠죠? 그럼 이어서 상속이 가진 기능에 대해 좀더 깊게 알아보죠.

이번 레슨에서는 상속이 가진 기능에 대해 학습합니다. 상속은 다음과 같이 세 가지 기능을 가지고 있습니다.

01. 코드 재사용

02. 중복코드 제거

03. 확장

01 _ 코드 재사용

먼저 상속을 사용하는 가장 큰 이유는 코드를 재사용하기 위함입니다. 예를 들어 다음 그림과 같이 자식 클래스(MyChild)가 부모 클래스(MyParent)를 상속했다고 보죠.

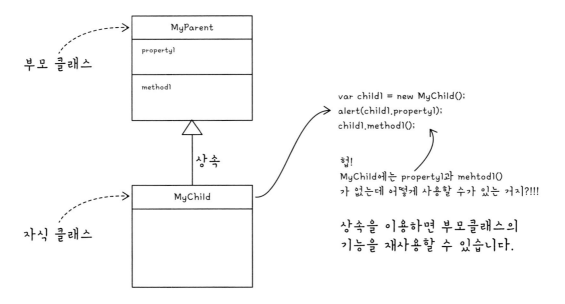

위의 그림을 코드로 표현하면 다음과 같습니다.

예제 01 **클래스 상속 기능 1: 코드 재사용**

소스 _ 06부/04장/lesson02/01_complete/01.html

```javascript
// 부모 클래스
function MyParent(){
    this.property1="value1";
}
MyParent.prototype.method1=function(){
    console.log("MyParent.method1() "+this.property1);
}

// 자식 클래스
function MyChild(){

}
// 상속
MyChild.prototype = new MyParent();

// 인스턴스 생성
var child1 = new MyChild();
// 부모의 프로퍼티와 메서드 호출
console.log("child1.property1 = "+ child1.property1);
child1.method1();
```

실행결과

```
child1.property1 = value1
MyParent.method1() value1
```

위의 코드에서 확인할 수 있는 것처럼 상속을 사용하면 코드 복사 없이 MyChild 클래스에서 MyParent 클래스 요소인 property1과 method1()을 사용하는 것을 확인할 수 있습니다. 바로 이런 경우를 코드 재사용이라고 합니다.

02 _ 중복 코드 제거

클래스 상속은 중복 코드 제거 기능을 가지고 있습니다. 예제를 이용해 좀더 자세히 알아보겠습니다. 먼저 다음과 같은 코드가 있다고 보죠.

예제 02 클래스 상속 기능2: 중복 코드 제거

풀이 전 코드: 소스 _ 06부/04장/lesson02/01_complete/02_OO.html

```javascript
// 첫 번째 – MyClassA
function MyClassA() {
    this.property1=10;
}
MyClassA.prototype.method1=function(){
    console.log("this.property1 = "+this.property1);
}
MyClassA.prototype.method2=function(){
    console.log("이 기능은 MyClassA에 있는 기능입니다.");
}

// 두 번째 – MyClassB
function MyClassB() {
    this.property1=10;
}
MyClassB.prototype.method1=function(){
    console.log("this.property1 = "+this.property1);
}
MyClassB.prototype.method2=function(){
    console.log("이 기능은 MyClassB에 있는 기능입니다.");
}

// 인스턴스 생성
var classA = new MyClassA();
// 프로퍼티와 메서드 접근
console.log("classA.property1 = "+classA.property1);
classA.method1();
classA.method2();

var classB = new MyClassB();
// 프로퍼티와 메서드 접근
console.log("classB.property1 = "+classB.property1);
classB.method1();
classB.method2();
```

실행결과

```
classA.property1 = 10
this.property1 = 10
이 기능은 MyClassA에 있는 기능입니다.
classB.property1 = 10
this.property1 = 10
이 기능은 MyClassB에 있는 기능입니다.
```

코드를 살펴보면 다음과 같이 두 개의 클래스에 중복 코드가 있는 것을 확인할 수 있습니다.

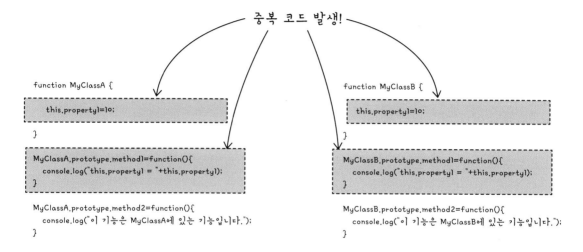

클래스 상속을 활용하면 중복 코드가 없는 깔끔한 코드를 만들 수 있습니다. 상속을 활용해 중복 코드를 없애는 방법은 간단합니다.

단계 01 _ **중복 코드를 담을 부모 클래스 생성**

먼저 다음과 같이 신규 클래스(MyParent)를 만든 후 MyClassA와 MyClassB 클래스의 중복 코드를 신규 클래스에 담아줍니다.

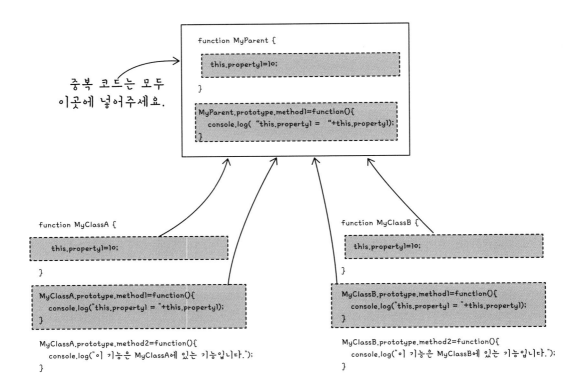

소스 _ 06부/04장/lesson02/01_complete/02_01.html

```
// 중복 코드를 담을 클래스
function MyParent(){
    this.property1=10;
}
MyParent.prototype.method1=function(){
    console.log("this.property1 = "+this.property1);
}

// 첫 번째 - MyClassA
function MyClassA() {
    this.property1=10;
}
MyClassA.prototype.method1=function(){
    console.log("this.property1 = "+this.property1);
}
```

```
MyClassA.prototype. method2=function(){
    console.log("이 기능은 MyClassA에 있는 기능입니다.");
}


// 두 번째 - MyClassB
function MyClassB() {
    this.property1=10;
}
MyClassB.prototype.method1=function(){
    console.log("this.property1 = "+this.property1);
}
MyClassB.prototype.method2=function(){
    console.log("이 기능은 MyClassB에 있는 기능입니다.");
}
```

단계 02 _ 중복 코드 제거

중복 코드를 MyParent 클래스에 담았다면 MyClassA와 MyClassB 클래스에서 중복 코드를 제거해 줍니다.

소스 _ 06부/04장/lesson02/01_complete/02_02.html

```
// 중복 코드를 담을 클래스
function MyParent(){
    this.property1=10;
}
MyParent.prototype.method1=function(){
    console.log("this.property1 = "+this.property1);
}


// 첫 번째 - MyClassA
function MyClassA() {
    this.property1=10;
}
MyClassA.prototype.method1=function(){
    console.log("this.property1 = "+this.property1);
}
MyClassA.prototype. method2=function(){
    console.log("이 기능은 MyClassA에 있는 기능입니다.");
}
```

```
// 두 번째 - MyClassB
function MyClassB() {
    this.property1=10;
}
MyClassB.prototype.method1=function(){
    console.log("this.property1 = "+this.property1);
}
MyClassB.prototype.method2=function(){
    console.log("이 기능은 MyClassB에 있는 기능입니다.");
}
```

단계 03 _ 상속 관계 만들기

다음으로 UML로 표현한 그림과 같이 MyClassA와 MyClassB에 MyParent를 상속으로 연결해 줍니다.

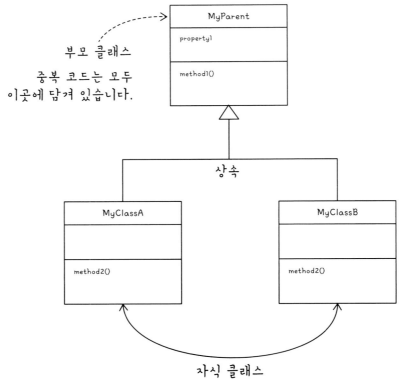

소스 _ 06부/04장/lesson02/01_complete/02_03.html

```javascript
// 중복 코드를 담을 클래스
function MyParent(){
    this.property1=10;
}
MyParent.prototype.method1=function(){
    console.log("this.property1 = "+this.property1);
}

// 첫 번째 - MyClassA
function MyClassA() {

}
// 상속
MyClassA.prototype = new MyParent();

MyClassA.prototype. method2=function(){
    console.log("이 기능은 MyClassA에 있는 기능입니다.");
}

// 두 번째 - MyClassB
function MyClassB() {

}
// 상속
MyClassB.prototype = new MyParent();

MyClassB.prototype.method2=function(){
    console.log("이 기능은 MyClassB에 있는 기능입니다.");
}

// 인스턴스 생성
var classA = new MyClassA();
// 프로퍼티와 메서드 접근
console.log("classA.property1 = "+classA.property1);
classA.method1();
classA.method2();

var classB = new MyClassB();
```

```
// 프로퍼티와 메서드 접근
console.log("classB.property1 = "+classB.property1);
classB.method1();
classB.method2();
```

위의 코드에서 확인할 수 있는 것처럼 클래스 상속을 활용하면 중복 코드를 없앨 수 있을 뿐 아니라 코드를 재사용할 수 있습니다.

03 _ 확장

클래스 상속을 활용하면 코드를 아주 쉽게 확장할 수 있습니다. 예를 들어 설명해 보겠습니다. 몇 달 전 A 프로젝트를 진행하며 MyClassA라는 클래스를 만들었다고 해보죠. 이 클래스에는 두 개의 메서드가 있습니다.

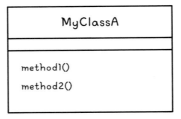

이번에는 B 프로젝트를 진행하게 되었는데 자세히 살펴보니 A 프로젝트에서 만든 MyClassA에 method3() 메서드와 method4() 메서드를 추가해 기능을 구현하면 해결된다는 걸 알았습니다.

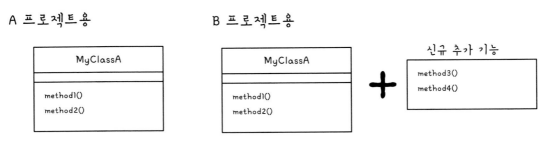

자! 그럼 지금부터 B프로젝트에서 필요한 클래스를 만들어 볼 텐데요. 처리 방법은 상속을 사용하지 않은 경우와 상속을 사용하는 경우 두 가지로 구현해 보겠습니다.

1 _ 상속을 사용하지 않는 경우

클래스 상속을 사용하지 않고 처리하는 방법은 다시 다음과 같이 두 가지 방법으로 구현해 보겠습니다.

- **첫 번째:** MyClassA를 직접 수정하는 경우
- **두 번째:** 신규 클래스를 만들어 해결하는 경우

그럼 첫 번째 방법부터 살펴보죠.

첫 번째: **MyClassA를 직접 수정하는 경우**

가장 쉬운 방법은 MyClassA에 method3(), method4() 메서드를 직접 추가해 주는 거죠.

문제점:

이 방법은 아쉽게도 A프로젝트와 B프로젝트의 경우 기존에 만든 클래스를 공유해서 사용하기 때문에 기존 A 프로젝트에서는 method3(), mehtod4()를 필요하지도 않고 사용하지도 않는 기능을 계속해서 가지고 있어야 합니다. 또한 기능을 추가하다가 코드를 잘못 입력해 잘 동작하고 있는 A프로젝트가 동작하지 않을 수도 있습니다.

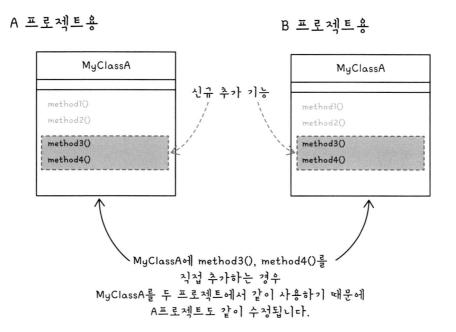

두 번째: **신규 클래스를 만들어 해결하는 경우**

MyClassA를 그대로 복사한 후 클래스이름을 MyClassB로 변경해 줍니다. 그리고 mehtod3(), method4()를 추가해 줍니다.

문제점:

신규로 클래스를 제작해 처리하기 때문에 기존 프로젝트에는 영향을 주지 않는 장점은 있지만 코드 중복의 문제점이 발생합니다.

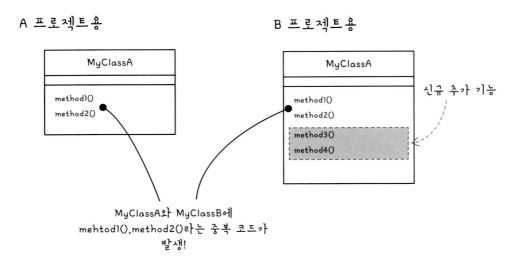

2 _ 상속을 사용하는 경우

클래스 상속을 활용하면 좀더 깔끔하게 문제점을 해결할 수 있습니다. MyClassA를 부모로 하는 MyClassB라는 클래스를 만들어 줍니다. 그리고 MyClassB 클래스에 method3(), method4()를 추가해 줍니다. 지금까지 내용을 UML로 표현하면 다음과 같습니다.

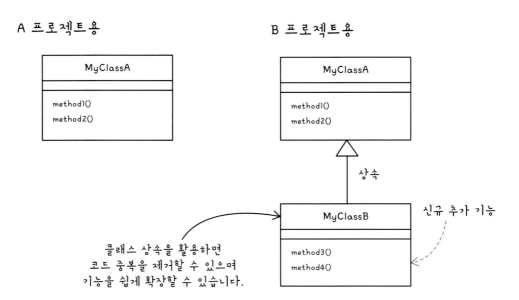

이처럼 클래스 상속을 활용하면 MyClassA를 수정할 필요 없이 기능을 확장할 수 있습니다.

이 정도 설명이면 여러분이 클래스 상속을 왜 배워야 하는지 설득하기 위해 충분할 것 같습니다. 그럼 프로그래밍적으로 클래스 상속을 구현하는 방법에 대해 알아보겠습니다.

이번 레슨에서는 일반 객체지향 프로그래밍의 상속 구현 방법을 알아본 후 자바스크립트의 상속 구현 방법을 알아보겠습니다.

01 _ 일반 OOP에서 클래스 상속

1 _ 문법

```
class MyParent {
}
class MyChild extends MyParent {
}
```

일반 객체지향 프로그래밍에서는 위의 문법과 같이 extends라는 클래스 상속 전용 명령을 이용해 클래스 상속을 구현합니다.

2 _ 예제

그럼 위의 상속 관련 기능 중에서 클래스 상속(extends)을 자바와 PHP 프로그래밍 언어에서는 어떤 식으로 구현하는지 살짝 구경해보죠.

자바
```
class MyParent {
    public int property=10;
    public method1(){
    }
}
class MyChild extends MyParent {
    public method2(){
    }
}
MyChild child = new MyChild();
child.method1();
```

PHP

```php
class MyParent {
    public $property=10;
    public function method1(){
    }
}
class MyChild extends MyParent {
    public function method2(){
    }
}
$child = new MyChild();
$child->method1();
```

이처럼 일반 객체지향 프로그래밍에서는 확장의 의미를 가진 extends라는 명령어를 이용해 상속을 구현합니다. 추가로 상속 역시 UML에서 표기법을 지원하며 다음과 같이 속이 하얗게 채워진 삼각형으로 상속을 표현합니다. 여기서 주의해야 할 점은 화살표 방향이 자식 클래스에서 부모 클래스를 가리키는 방향으로 되어 있어야 합니다. 반대가 아니라는 점을 꼭 숙지하세요.

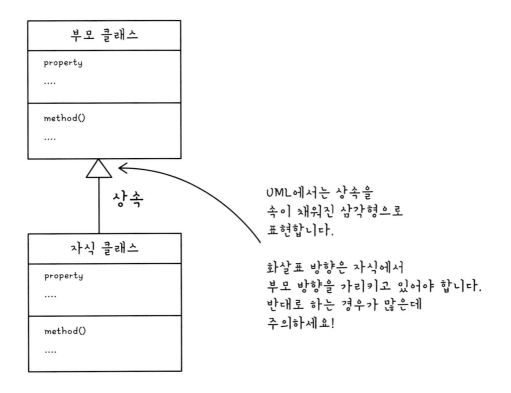

부모 클래스

property
....

method()
....

상속

자식 클래스

property
....

method()
....

UML에서는 상속을
속이 채워진 삼각형으로
표현합니다.

화살표 방향은 자식에서
부모 방향을 가리키고 있어야 합니다.
반대로 하는 경우가 많은데
주의하세요!

02 _ 자바스크립트에서 클래스 상속

자바스크립트에서는 객체지향 프로그래밍 특징 네 가지 중 유일하게 클래스 상속을 지원합니다. 자바스크립트에서는 프로토타입을 이용해 상속을 구현합니다.

1 _ 문법

```
function 부모클래스(){
    this.프로퍼티 = 값;
}
부모클래스.prototype.메서드=function(){
  ....
}


function 자식클래스(){
}
자식클래스.prototype = new 부모클래스();
```

자바스크립트에서 상속은 자식클래스의 prototype 속성에 부모 클래스의 인스턴스를 대입하는 방식으로 이뤄집니다. 이렇게 하면 부모 객체의 모든 기능이 자식 객체의 프로토타입에 연결되어 자식객체에서 부모의 기능을 사용할 수 있게 됩니다.

2 _ 예제

이해를 돕기 위해 간단한 예제를 만들어 보겠습니다.

예제 01 **자식 클래스에서 부모 클래스의 기능을 상속받아 사용하기**

소스 _ 06부/04장/lesson03/01_complete/01.html

```
// 부모 클래스
function MyParent(){
    this.property1 = "값";
}
MyParent.prototype.method1 = function(){
    console.log(this.property1);
}

// 자식 클래스
function MyChild(){
}
```

```
// 상속
MyChild.prototype = new MyParent();

// 자식 클래스 인스턴스 생성
var myChild = new MyChild();
// 자식객체에서 부모의 메서드 호출
myChild.method1();
```

설명

위의 코드에서 확인할 수 있는 것처럼 MyChild 클래스에서 method1() 메서드를 구현하지 않았음에도 불구하고 MyChild 클래스는 MyParent의 속성(프로퍼티)과 기능(메서드)을 상속받은 자식 클래스이기 때문에 method1() 메서드를 사용할 수 있는 것을 확인할 수 있습니다.

어떤가요? 이해하기 어렵지 않죠? 자! 그럼 이어서 실무에서 클래스 상속을 활용하는 예제를 미션을 통해 다뤄보도록 하죠.

이번 장에서 배운 클래스 상속은 앞에서 배운 두 가지 특징에 비해 다소 어려웠을 것입니다. 앞에서 배운 상속 개념을 참고해가며 미션을 천천히 풀어보세요.

미션 01 클래스 상속을 활용한 기능 확장

기존 심플 갤러리의 경우 배열 버튼을 누르면 아무런 효과 없이 즉시 이미지가 자신의 위치로 이동하는 것을 확인할 수 있습니다. 기존 심플 갤러리를 확장해 이미지가 부드럽게 이동할 수 있게 만들어 주세요. 단, 여기서 주의해야 할 사항이 하나 있는데요. 절대 기존 심플 갤러리 클래스(Simple Gallery)를 수정하면 안 됩니다.

실행 전

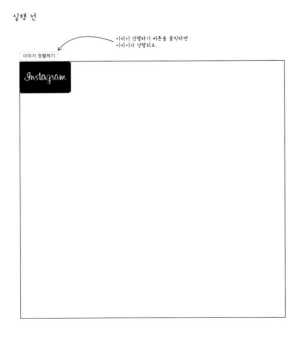

실행 후

풀이 전 코드: 소스 _ 06부/04장/lesson04/01_complete/m01/00.html

```javascript
$(document).ready(function(){
    // 인스턴스 생성
    var gallery1 = new SimpleGallery();
    gallery1.init("#container1 img");

    $("#btnStart").click(function(){
        // 이미지 정렬
        gallery1.show(3,150,150);
    });
});

function SimpleGallery(){
    // 프로퍼티 생성
    this.$images = null;
}

// 요소 초기화
SimpleGallery.prototype.init=function(selector){
    this.$images = $(selector);
}

// 이미지 출력 메서드 추가
SimpleGallery.prototype.show=function(count, imageWidth, imageHeight){
    // 이미지 개수 구하기.
    var length = this.$images.length;

    // 이미지 배열하기.
    for(var i=0;i<length;i++){
        // n번째 이미지 구하기
        var $img = this.$images.eq(i);

        // 위치 값 구하기
        var x = 100+((i%count)*imageWidth);
        var y = 100+(parseInt(i/count)*imageHeight);

        // 위치 설정
        $img.css({
            left:x,
```

```
            top:y
        });
    }
}
```

힌트 _ 이미지 이동 시 부드럽게 움직이는 방법

jQuery의 animate() 메서드를 이용하면 아주 쉽게 이미지를 부드럽게 움직일 수 있습니다. animate()는 '04부 09장 효과 다루기'를 참고해 주세요.

```
$이미지.animate({
    left:이동 위치값,
    top:이동 위치값
},이동시간);
```

예제: 소스 _ 06부/04장/lesson04/01_complete/m01/test_animate.html

```
$(document).ready(function(){
    $("#btnStart").click(function(){
        // 이미지를 부드럽게 이동시키기
        $("#target").animate({
            left:300,
            top:200
        },1000)
    });
});
```

풀이: 소스 _ 06부/04장/lesson04/01_complete/m01/01.html

```
$(document).ready(function(){
    // 인스턴스 생성
var gallery1 = new SimpleGallery();
    var gallery1 = new SimpleGallery(); ❺
    var gallery1 = new SimpleAniGallery();
    gallery1.init("#container1 img");

    $("#btnStart").click(function(){
        // 이미지 정렬
        gallery1.show(3,150,150);
        gallery1.showAni(3,150,150); ❻
    });
```

```
});


.  .  .  .

// 심플 애니 갤러리
function SimpleAniGallery(){   ❶
}

// 기존 심플 갤러리 상속
SimpleAniGallery.prototype = new SimpleGallery(); ❷

// 애니메이션 기능이 있는 이미지 출력 메서드 추가
SimpleAniGallery.prototype.showAni=function(count, imageWidth, imageHeight){ ❸
    // 이미지 개수 구하기.
    var length = this.$images.length;

    // 이미지 배열하기.
    for(var i=0;i<length;i++){
        // n번째 이미지 구하기
        var $img = this.$images.eq(i);

        // 위치 값 구하기
        var x = 100+((i%count)*imageWidth);
        var y = 100+(parseInt(i/count)*imageHeight);

        // 위치 설정
        $img.animate({ ❹
            left:x,
            top:y
        },1000);
    }
}
```

설명

❶ 먼저 심플 갤러리를 상속받을 클래스를 생성해 줍니다. 여기에서는 클래스 이름을 SimpleAniGallery로 만들어 줍니다.

❷ 상속 문법을 활용해 부모 클래스인 SimpleGallery를 자식 클래스인 SimpleAniGallery에서 상속받습니다. 이렇게 함으로써 SimpleAniGallery는 부모 클래스의 기능을 모두 사용할 수 있게 됩니다.

❸ 이미지를 부드럽게 정렬하는 기능을 담당할 메서드를 추가해 줍니다. 그리고 SimpleGallery의 show() 메서드 코드를 그 대로 복사해 줍니다.

❹ 기존 코드 내용 중 $img.css({}) 부분을 지우고 jQuery의 animate() 메서드를 추가해 이미지가 부드럽게 움직일 수 있게 만들어 줍니다.

❺ 코드를 모두 입력했다면 SimpleGallery() 대신 SimpleAniGallery 클래스의 인스턴스를 생성해 줍니다.

❻ 마지막으로 버튼 클릭 시 show() 메서드 대신 showAni() 메서드를 호출해 줍니다. 물론 show() 메서드를 호출해도 정 상적으로 동작할 것입니다.

코드를 모두 입력했다면 실행 후 버튼을 눌러 이미지가 부드럽게 정렬되는지 확인해 보세요. 이처럼 상속 을 활용하면 코드를 복사할 필요 없이 특정 클래스의 기능을 재사용할 수 있을 뿐 아니라 기능을 확장해 서 사용할 수 있습니다. 지금까지 작성한 코드를 UML로 정리하면 다음과 같습니다.

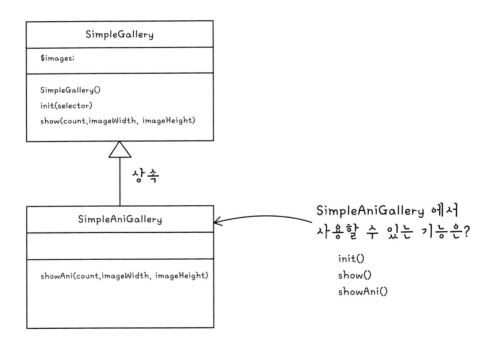

전체 소스 코드는 다음과 같습니다.

소스 _ 06부/04장/lesson04/01_complete/m01/01.html

```javascript
$(document).ready(function(){
    // 인스턴스 생성
    var gallery1 = new SimpleAniGallery();
    gallery1.init("#container1 img");

    $("#btnStart").click(function(){
        // 이미지 정렬
        gallery1.showAni(3,150,150);
    });
});

function SimpleGallery(){
    // 프로퍼티 생성
    this.$images = null;
}

// 요소 초기화
SimpleGallery.prototype.init=function(selector){
    this.$images = $(selector);
}

// 이미지 출력 메서드 추가
SimpleGallery.prototype.show=function(count, imageWidth, imageHeight){
    // 이미지 개수 구하기.
    var length = this.$images.length;

    // 이미지 배열하기.
    for(var i=0;i<length;i++){
        // n번째 이미지 구하기
        var $img = this.$images.eq(i);

        // 위치 값 구하기
        var x = 100+((i%count)*imageWidth);
        var y = 100+(parseInt(i/count)*imageHeight);
```

```
        // 위치 설정
        $img.css({
            left:x,
            top:y
        });
    }
}

// 심플 애니 갤러리
function SimpleAniGallery(){

}

// 기존 심플 갤러리 상속
SimpleAniGallery.prototype = new SimpleGallery();

// 이미지 출력 메서드 추가
SimpleAniGallery.prototype.showAni=function(count, imageWidth, imageHeight){
    // 이미지 개수 구하기.
    var length = this.$images.length;

    // 이미지 배열하기.
    for(var i=0;i<length;i++){
        // n번째 이미지 구하기
        var $img = this.$images.eq(i);

        // 위치 값 구하기
        var x = 100+((i%count)*imageWidth);
        var y = 100+(parseInt(i/count)*imageHeight);

        // 위치 설정
        $img.animate({
            left:x,
            top:y
        },1000);
    }
}
```

이처럼 상속을 활용하면 특정 클래스의 기능을 재사용할 수 있을 뿐만 아니라 확장까지 가능합니다.

이렇게 해서 가장 기본적인 클래스 상속에 대해 알아봤습니다. 이어서 상속 중급편에서는 상속과 관련있는 여러 가지 개념에 대해 좀더 알아보겠습니다.

CHAPTER 05

객체지향 프로그래밍 특징 03-클래스 상속 중급

공지:
원의 크기는 난이도를 나타냅니다.
앞으로 갈수록 조금씩 어려워지니 차근차근 따라오세요.

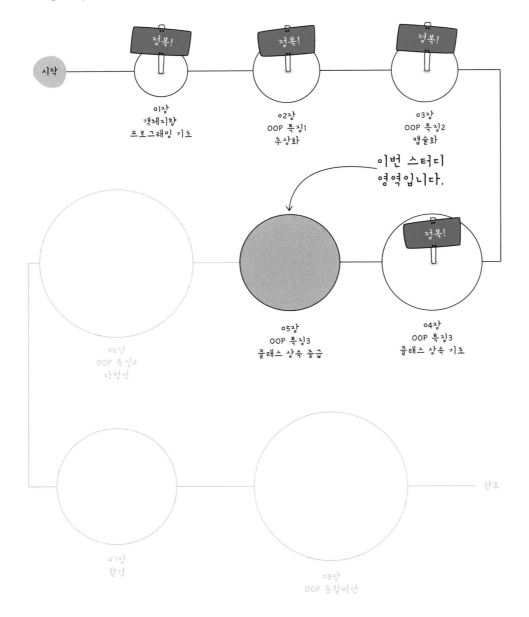

들어가며

앞 장에서는 가장 기본적인 클래스 상속에 대해 알아봤습니다. 이어서 이번 장에서는 클래스 상속과 관련한 여러 가지 기능에 대해 알아보겠습니다. 클래스 상속 중급인 만큼 어려운 내용이 있을 수 있음을 미리 알려드립니다. 그렇다고 너무 걱정하지 마세요. 이해를 돕기 위해 다양한 예제를 곳곳에 배치했으니 필자의 안내에 따라 내용을 천천히 읽어 나가면 됩니다.

이번 장에서 배울 내용은 다음과 같습니다.

/ 자식 클래스와 부모 클래스 연동처리

클래스 상속을 사용하다 보면 자식 클래스에서 부모 클래스의 생성자를 호출해야 하는 경우가 발생합니다. 지금부터 이 내용을 학습하겠습니다.

01 _ 자바스크립트 최상위 부모 Object 클래스

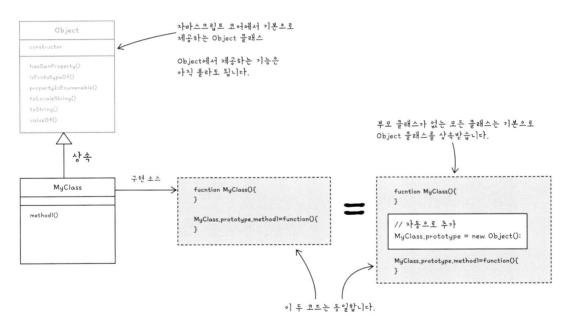

앞에서 설명은 안 했지만, 사실 부모가 없는 클래스의 경우 눈에 보이진 않지만 기본으로 자바스크립트에서 제공하는 Object라는 클래스를 상속받게 됩니다. 즉 자바스크립트에서 클래스는 모두 Object의 자식 클래스가 됩니다.

Object 클래스에서는 프로퍼티 값 하나와 여러 개의 메서드를 제공하는데 이 중에서 메서드는 많이 사용하지 않아 몰라도 되지만 constructor라는 속성은 중요하기 때문에 알고 있어야 합니다. 이에 대해서는 잠시 후 'Lesson 04. constructor 프로퍼티 활용'에서 자세히 다루겠습니다.

02 _ 자바스크립트에서 부모생성자 호출하기

상속 구현 시 부모 클래스의 생성자에 매개변수가 있는 경우 자식 클래스에서 부모 클래스의 생성자를 호출해 매개변수 값을 전달해야 합니다.

1 _ 문법

```
function 자식클래스([param1, param2, . . .]){
    부모클래스.call(this [, param1, param2, . . .]);
}
```

부모 클래스의 생성자를 호출할 때 함수객체에서 제공하는 call() 메서드를 이용해 첫 번째 매개변수에 자식 인스턴스를 전달하고, 두 번째 매개변수 이후부터는 부모의 생성자로 전달할 데이터를 전달해 줍니다. 이해를 돕기 위해 예를 들어 설명해 보겠습니다.

2 _ 예제

다음 예제처럼 상속을 사용하는 경우 자식클래스의 인스턴스 생성 시 부모의 속성값을 설정해야 하는 경우가 자주 있습니다. 이때 이번 절에서 다룬 문법대로 사용하면 됩니다.

예제 01 **자바스크립트에서 부모생성자 호출하기**

소스 _ 06부/05장/lesson01/01_complete/01.html

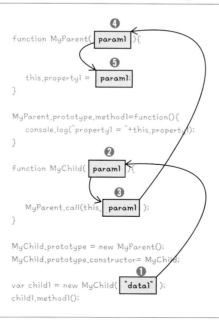

만약 3번의 구문을 호출해 주지 않으면 부모에 값이 전달되지 않아 method1() 메서드를 호출하는 경우 정상적으로 원하는 값이 출력되지 않게 됩니다. 이 내용은 중요한 부분이기 때문에 반드시 이해하고 있어야 합니다.

클래스 상속을 사용하다 보면 종종 물려받은 부모의 기능을 그대로 사용하지 않고 재정의해야 할 경우가 발생합니다. 이 경우를 메서드 오버라이드라고 하는데요. 이번 레슨에서는 자바스크립트에서 메서드 오버라이드하는 방법을 학습합니다.

01 _ 메서드 오버라이드란?

메서드 오버라이드(override)는 자식 클래스에서 부모 클래스의 기능(method)를 재정의할 때 사용하는 기능입니다. 오버라이드는 다음과 같은 경우에 주로 사용합니다

- **경우 1**: 부모 클래스의 기능을 사용하지 않고 자식 클래스에서 구현한 기능을 사용하고 싶은 경우
- **경우 2**: 부모 클래스의 기능을 자식 클래스에서 확장하고 싶은 경우

그럼 이 두 가지 경우를 좀더 자세히 알아보겠습니다.

02 _ 부모 클래스의 기능을 자식 클래스에서 재정의

1 _ 문법

```
MyParent.prototype.부모메서드 = function(){}
MyChild.prototype.부모메서드 = function(){}
```

부모 클래스의 기능을 자식 클래스에서 재정의(오버라이드)하는 것은 간단합니다. 위의 문법처럼 부모 클래스의 기능 중 재정의(오버라이드)하고자 하는 기능을 자식 클래스에서 똑같은 이름으로 만들어 주면 됩니다. 예제를 이용해 좀더 자세히 알아보죠.

2 _ 예제

예제 01 메서드 오버라이드

풀이 전 코드를 수정하지 않고 부모 클래스(MyParent)의 method1()을 실행하는 경우 다음과 같이 출력
되게 만들어 주세요.

실행결과

"프로퍼티1은 data1 입니다."

풀이 전 코드: 소스 _ 06부/05장/lesson02/01_complete/01_00.html

```javascript
// 부모 클래스
function MyParent(){
    this.property1= "data1";
    console.log("MyParent()")
}

MyParent.prototype.method1=function(){
    console.log("property1 = "+this.property1);
}

// 자식 클래스
function MyChild(){
    console.log("MyChild()");
}

// 부모 클래스 상속
MyChild.prototype = new MyParent();
// 생성자 설정
MyChild.prototype.constructor= MyChild;

// 자식 인스턴스 생성
var child1 = new MyChild();
// 메서드 호출
child1.method1();
```

풀이 : 소스 _ 06부/05장/lesson02/01_complete/01_01.html

```
// 부모 클래스
function MyParent(){
    this.property1= "data1";
    console.log("MyParent()")
}

MyParent.prototype.method1=function(){
    console.log("property1 = "+this.property1);
}

// 자식 클래스
function MyChild(){
    console.log("MyChild()");
}

// 부모 클래스 상속
MyChild.prototype = new MyParent();
// 생성자 설정
MyChild.prototype.constructor= MyChild;

// 메서드 override
MyChild.prototype.method1=function(){ ❶
    console.log("프로퍼티1은 "+this.property1+" 입니다.");
}
// 자식 인스턴스 생성
var child1 = new MyChild();
child1.method1();
```

설명

❶ 부모 클래스의 method1() 메서드를 자식 클래스(MyChild)에서 재정의(오버라이드)해 줍니다.

코드를 입력한 후 실행해 보세요. 이제 더 이상 부모 클래스의 method1() 메서드가 동작하지 않고 자식 클래스에서 작성한 method1() 메서드가 동작하는 것을 확인할 수 있을 것입니다.

이처럼 부모의 기능을 직접 수정하지 않고 부모의 기능을 재정의할 때 메서드 오버라이드를 사용합니다.

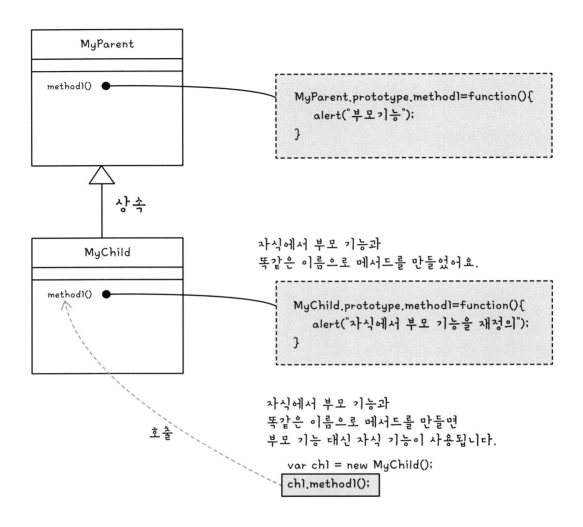

03 _ 부모 클래스의 기능을 자식 클래스에서 확장

실무를 진행하다 보면 부모의 기능을 완전히 새롭게 재정의하는 것이 아니라 부모의 기능을 그대로 사용하면서 동시에 기능을 약간 추가하고 싶은 경우가 있습니다. 이럴 때도 메서드 오버라이드를 활용합니다.

1 _ 문법

```
MyChild.prototype.부모메서드 = function([param1, param2, . . .]){
    부모클래스.prototype.부모메서드.call(this[,param1, param2,  . . .]);
    // 추가 확장 구문
}
```

기본은 오버라이드하고자 하는 부모 클래스의 기능(메서드)을 자식 클래스에서 동일한 이름으로 만들어 주는 것입니다. 이후 메서드 내부에는 오버함수객체(Function)에서 제공하는 call() 메서드를 활용해 부모의 기능을 호출해 줍니다. 다음으로 추가하고자 하는 구문을 작성해주는 것이지요. 이해를 돕기 위해 이번에도 예제를 가지고 좀더 자세히 설명하겠습니다.

2 _ 예제

예제 02 **오버라이드를 활용한 기능 확장**

풀이 전 코드를 수정하지 않고 메서드 오버라이드를 이용해 child1.info()을 호출하면 실행결과와 같이 출력되게 만들어 주세요.

실행결과

```
property1 = data1
property2 = data2
```

풀이 전 코드: 소스 _ 06부/05장/lesson02/01_complete/02_OO.html

```javascript
// 부모 클래스
function MyParent(){
    this.property1= "data1";
    console.log("MyParent()");
}

MyParent.prototype.info=function(){
    console.log("property1 = "+this.property1);
}

// 자식 클래스
function MyChild(){
    console.log("MyChild()");
    this.property2 ="data2";
}

// 부모 클래스 상속
MyChild.prototype = new MyParent();
// 생성자 설정
MyChild.prototype.constructor= MyChild;
```

```
// 자식 인스턴스 생성
var child1 = new MyChild();
// 자식 정보 출력
child1.info();
```

풀이: 소스 _ 06부/05장/lesson02/01_complete/02_01.html

```
// 부모 클래스
function MyParent(){
    this.property1= "data1";
    console.log("MyParent()");
}


MyParent.prototype.info=function(){
    console.log("property1 = "+this.property1);
}

// 자식 클래스
function MyChild(){
    console.log("MyChild()");
    this.property2 ="data2";
}


// 부모 클래스 상속
MyChild.prototype = new MyParent();
// 생성자 설정
MyChild.prototype.constructor= MyChild;

// 메서드 오버라이드를 활용한 기능 확장
MyChild.prototype.info=function(){ ❶
    MyParent.prototype.info.call(this); ❷
    console.log("property2 = "+this.property2); ❸
}

// 자식 인스턴스 생성
var child1 = new MyChild();

// 자식 정보 출력
child1.info(); ❹
```

설명

❶ 확장할 기능인 info() 메서드를 자식 클래스에서 오버라이드해 줍니다.

❷ 부모 클래스 info() 메서드를 그대로 재사용하기 위해 함수객체(Function)의 call() 메서드를 활용해 부모 클래스의 info() 메서드를 호출해 줍니다.

❸ 마지막으로 확장하고자 하는 기능을 추가해 줍니다.

코드를 모두 작성했다면 실행해 보세요. 결과가 실행결과처럼 출력되는 것을 확인할 수 있을 것입니다. 이해를 돕기 위해 ❹의 child.info() 메서드가 실행되는 순서를 그림으로 표현하면 다음과 같습니다.

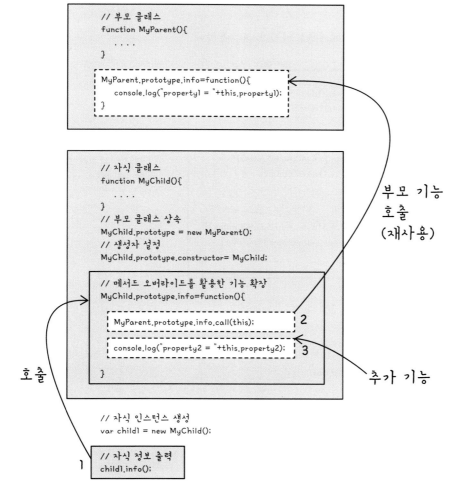

이처럼 메서드 오버라이드를 활용하면 부모의 기능을 확장할 수 있습니다.

01 _ 자바스크립트에서 메서드 오버로딩

메서드 오버로딩(overloading)은 동일한 이름을 가진 여러 개의 메서드를 만든 후 매개변수 타입과 개수에 맞는 메서드가 자동으로 호출되는 기능을 뜻합니다.

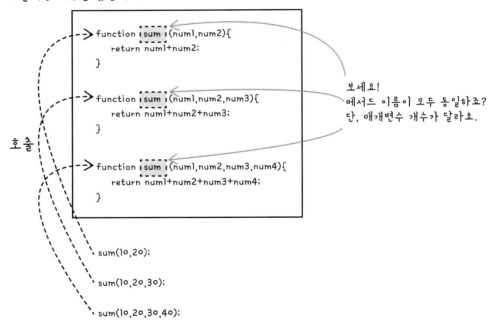

오버로딩은?
동일한 메서드가 여러 개인 경우 매개변수 타입과 개수에 맞게
자동 호출되는 기능을 뜻합니다.

```
function  sum (num1,num2){
    return num1+num2;
}

function  sum (num1,num2,num3){
    return num1+num2+num3;
}

function  sum (num1,num2,num3,num4){
    return num1+num2+num3+num4;
}
```

보세요!
메서드 이름이 모두 동일하죠?
단, 매개변수 개수가 달라요.

호출

```
sum(10,20);
sum(10,20,30);
sum(10,20,30,40);
```

하지만 아쉽게도 자바스크립트는 문법적으로 오버로딩을 제공하지 않습니다. 대신 오버로딩을 흉내 낼 수는 있습니다.

02 _ 문법

```
function 함수 또는 메서드 이름(){
    arguments 객체 활용
}
```

자바스크립트에서는 매개변수 정보를 담고 있는 arguments를 이용해 오버로딩을 흉내 냅니다. 오버로딩은 함수와 메서드에서 동일하게 사용할 수 있습니다. 예제를 이용해 좀더 자세히 알아보죠.

03 _ 예제

예제 01 메서드 오버로딩

다음 실행예와 같이 여러 개의 숫자 값을 더하는 함수를 만들어 주세요.

실행예

```
sum(10,20);    결과 30
sum(10,20,30); 결과 60
sum(10,20,30,40,50); 결과 150
```

풀이: 소스 _ 06부/05장/lesson03/01_complete/01.html

```
// 더하기 함수
function sum(){
    var result = 0;
    for(var i=0;i<arguments.length;i++){
        result+=arguments[i];
    }
    return result;
}

// 함수 호출
console.log(sum(10,20));
console.log(sum(10,20,30));
console.log(sum(10,20,30,40));
```

실행결과

```
30
60
100
```

설명

arguments 객체에 담긴 매개변수 값을 매개변수 개수만큼 반복해서 더해 줍니다. 오버로딩은 특히 여러분만의 라이브러리를 만들 때 유용하게 사용할 수 있을 것입니다.

```
Lesson
04 / constructor 프로퍼티 활용
```

이번 레슨에서는 constructor 프로퍼티 소개와 활용법에 대해 학습합니다. 내용은 짧지만 정말 중요한 내용이니 확실히 이해해야 합니다.

01 _ constructor 프로퍼티 소개

일반적으로 클래스를 만들면 자동으로 prototype의 constructor라는 프로퍼티가 만들어집니다.

이 프로퍼티에는 해당 클래스의 생성자 정보가 기본값으로 담기게 됩니다. 달리 말하면 constructor 프로퍼티를 이용해 사용하는 객체(인스턴스)가 어떤 클래스의 인스턴스인지 알아낼 수 있습니다. 하지만 상속관계를 맺는 경우 자식 클래스의 constructor 프로퍼티에는 기본적으로 부모클래스의 생성자가 담기게 되어 constructor 프로퍼티를 가지고는 해당 객체의 클래스를 알아낼 수가 없습니다. 예제를 이용해 좀더 자세히 설명해 보겠습니다.

02 _ 예제

예제 01 constructor 프로퍼티 활용

다음 코드는 사용하는 인스턴스가 특정 클래스의 인스턴스인지 확인하는 예제입니다. 먼저 다음 소스파일을 실행해 주세요.

소스 _ 06부/05장/lesson04/01_complete/01_01.html

```javascript
function MyParent(){
    this.property1="value1";
}

MyParent.prototype.method1=function(){
    console.log("property1 = ",this.property1);
}

function MyChild(){

}
```

```
  MyChild.prototype = new MyParent();

var parent1 = new MyParent();
var child1 = new MyChild();


if(parent1.constructor==MyParent){  ❶
    console.log("1. parent1는 MyParent의 인스턴스입니다.")
}
if(child1.constructor==MyChild){  ❷
    console.log("2. child1 MyChild의 인스턴스입니다.")
}
```

실행결과

1. parent1는 MyParent의 인스턴스입니다.

설명

parent1 인스턴스의 constructor 프로퍼티에는 클래스 생성자인 MyParent가 저장돼 있기 때문에 ❶의 조건문이 참이 되어 조건문 내부 내용이 실행됩니다. 하지만 실행결과에서 알 수 있는 것처럼 우리의 예상과는 달리 ❷의 조건문은 거짓이 되어 실행되지 않게 됩니다. 이유는 앞에서 설명한 것처럼 자식 객체의 경우 constructor 프로퍼티에는 부모의 생성자가 기본값으로 담기기 때문입니다.

그럼 어떻게 해결해야 할까요? 방법은 아주 간단합니다. 다음과 같이 constructor에 생성자를 설정해주면 됩니다.

해결책

소스 _ 06부/05장/lesson04/01_complete/01_02.html

```
. . . .
  MyChild.prototype = new MyParent();
  MyChild.prototype.constructor = MyChild;
. . . .
```

기존 코드를 변경한 후 실행해 보세요. ❷의 조건문이 참이 되어 조건문 내부 내용이 동작하는 것을 확인할 수 있을 것입니다.

실무에서 constructor를 가지고 어떤 클래스의 인스턴스인지 비교하는 일은 그렇게 많지 않을 것입니다. 하지만 여러분의 라이브러리를 만들 때 유용하게 사용하게 되는 속성이니 꼭 알아두길 바랍니다.

Lesson
05 / 클래스 상속 규칙

앞에서 알아본 것처럼 상속을 활용하면 부모의 기능을 재사용할 수 있을 뿐 아니라 기능을 재정의해서 확장할 수도 있습니다. 하지만 상속을 아무때나 사용해서는 안 됩니다. 반드시 상속관계가 성립될 때만 사용해야 합니다. 이번 레슨에서는 반드시 지켜야 할 클래스 상속 규칙에 대해 학습합니다.

01 _ 클래스 상속은 이럴 때 사용하면 안 되요

클래스 상속은 다음과 같은 경우에만 사용해야 합니다.

- **하나:** 코드 재사용만을 위해 클래스 상속을 사용하면 안 됩니다.
- **둘:** 중복 코드 제거만을 위해 클래스 상속을 사용해서도 안 됩니다.
- **셋:** 클래스 상속은 패밀리 관계(IS A)를 유지하면서 기능을 확장할 때만 사용해야 합니다.

패밀리 관계를 체크하는 방법은 간단합니다. 만약 철수가 사람이란 클래스를 상속받은 경우라면 철수는 사람의 한 종류이기 때문에 패밀리 관계가 성립됩니다. 그럼 상속 규칙에 대한 이해를 돕기 위해 예제를 가지고 설명해 보겠습니다.

02 _ 예제

아래에 등장하는 클래스들의 상속관계가 맞는지 아닌지 여러분도 같이 고민해보죠.

1 _ 사람(부모 클래스)과 슈퍼맨(자식 클래스)

프로그래밍 언어로 슈퍼맨을 추상화한다고 해보죠.

그럼 먼저 사람이 기본으로 가지고 있는 기능이 담긴 사람이라는 클래스를 만든 후 이 클래스를 상속받아 슈퍼맨 클래스를 만들면 아주 쉽게 만들 수 있습니다.

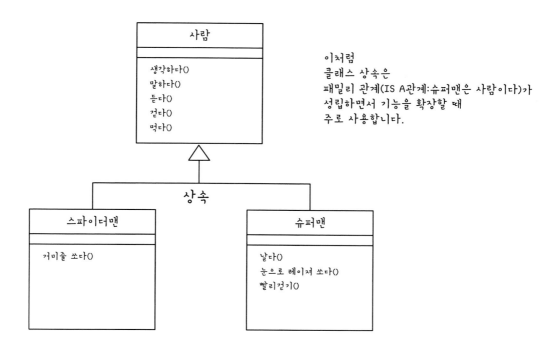

평소에는 일반인처럼 살다가 위험이 닥치면 슈퍼맨으로 변신하는 거죠. 추가로 스파이더맨 역시 사람을 상속받아 만들면 아주 쉽게 만들 수 있습니다. 즉 "슈퍼맨도 사람이다."라는(IS A) 공식이 성립해 정상적인 상속 관계가 성립되는 것을 확인할 수 있습니다.

2 _ 사람(부모 클래스)과 강아지(자식 클래스)

이번에도 프로그래밍 언어로 사람 말을 하는 강아지를 만든다고 해보죠. 먼저 사람 기능을 가진 사람이란 클래스를 만든 후 이 클래스를 상속받아 강아지를 만들면 다음과 같이 아주 쉽게 만들 수 있습니다.

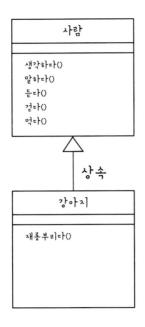

헙! 상속을 잘못했어요!

말하다()
기능만이 필요한데
이 기능을 사용하기 위해
상속을 받아버리면
생각하다(), 듣다() 등의
모든 기능을 물려 받게 됩니다.

언뜻 보면 괜찮은 것처럼 보이지만 사람 말을 하는 강아지는 말하는 기능만 있으면 되는데 필요하지도 않은 사람 클래스의 모든 기능을 물려 받게 되는 치명적인 문제점을 갖게 됩니다. 또한 IS A 공식에 넣어 보면 "강아지는 사람이다."가 되어 공식에 맞지 않게 됩니다. 즉, 특정 기능이 필요하다고 해서 무작정 상속을 이용해서는 안 된다는 의미입니다. 반드시 상속 규칙에 맞을 때만 상속을 사용하길 바랍니다.

CHAPTER 06

객체지향 프로그래밍 특징 04 - 다형성

공지:
원의 크기는 난이도를 나타냅니다.
앞으로 갈수록 조금씩 어려워지니 차근차근 따라오세요.

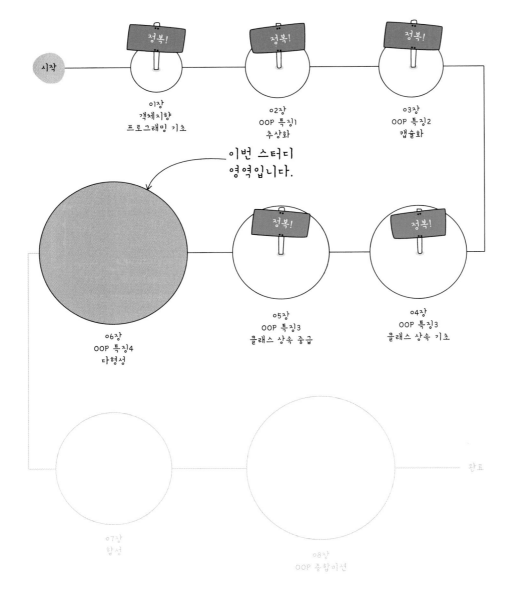

시작

정복!
이장
객체지향
프로그래밍 기초

정복!
02장
OOP 특징1
추상화

정복!
03장
OOP 특징2
캡슐화

이번 스터디
영역입니다.

정복!
05장
OOP 특징3
클래스 상속 중급

정복!
04장
OOP 특징3
클래스 상속 기초

06장
OOP 특징4
다형성

07장
합성

08장
OOP 종합미션

완료

들어가며

다형성은 객체지향 프로그래밍 네 가지 특징 중 가장 핵심적인 기능입니다. 다형성을 제대로 사용하면 프로그래밍은 향기 가득한 장미꽃처럼 아름다운 코드를 만들 수 있습니다. 재 그럼 다형성의 세계로 모험을 떠나보죠.

이번 장에서 배울 내용은 다음과 같습니다.

이번 레슨에서는 다형성의 개념을 학습합니다. 이제 막 객체지향 프로그래밍에 입문한 개발자의 경우 내용이 다소 어려울 수 있으니 가벼운 마음으로 이번 레슨의 내용을 읽어나가길 바랍니다.

01 _ 다형성이란?

다형성은 특정 기능을 선언(설계)부분과 구현(동작)부분으로 분리한 후 구현부분을 다양한 방법으로 만들어 선택해서 사용할 수 있게 하는 기능입니다. 여기서 선언부분은 인터페이스라고도 합니다. 좀더 자세히 설명하면 선언부분은 구현코드가 전혀 없는 텅 빈 상태이며 일종의 지켜야 할 약속(규약)으로 가득 찬 일종의 규약 문서입니다. 개발자는 문제를 해결하는 구현 코드를 선언부분에 맞게 구현하기만 하면 됩니다. 즉 선언부분과 구현부분은 1:N의 다형성 관계가 형성됩니다. 그럼 이해를 돕기 위해 다형성에 대한 예제를 몇 개 들어 보겠습니다.

02 _ 예제

1 _ 멀티탭과 전원 케이블

다형성의 예는 현실에서도 쉽게 볼 수 있습니다. 우선 다음 그림을 봐주세요. 여러분이 흔히 볼 수 있는 멀티 탭입니다.

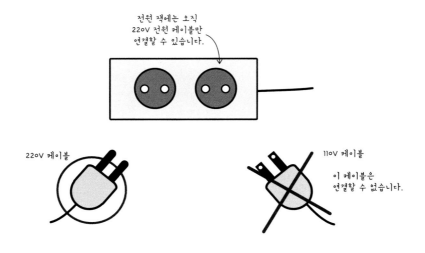

여기서 선언부분은 구멍이 두 개 뚫린 부분입니다. 구현부분은 멀티탭에 연결되는 전원 케이블입니다. 이 멀티탭에 연결하려면 전원 케이블은 반드시 연결 부분이 두 개 튀어 나와 있어야 합니다. 튀어 나와 있는 부분이 한 개거나 세 개여서는 절대 안 됩니다. 그리고 튀어 나온 부분이 사각형 이어도 안 되고 반드시 둥그런 원형이어야 합니다.

참고로 선언부분을 실제 코드로 만들 때 객체지향 프로그래밍의 기본 기능인 인터페이스(interface)와 추상 클래스가 사용되며 구현부분은 일반 클래스와 추상 클래스가 사용됩니다. 이 내용은 잠시 후 Lesson 04에서 자세히 다룹니다.

2 _ USB와 USB 기기들

다형성은 여러분이 즐겨 사용하는 USB 기기에서도 찾을 수 있습니다.

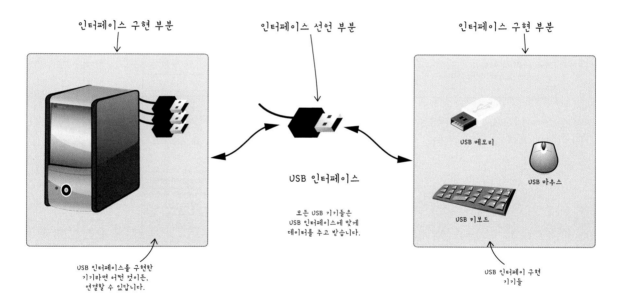

모든 USB 기기는 USB 규격에 맞춰 만들어져 있습니다. 또한 USB를 연결해서 사용하는 컴퓨터 역시 USB 규격에 맞춰 만들어져 있습니다. USB 규격에 맞춰 만들어져 있는 기기라면 그 어떤 기기라도 연결 해서 사용할 수 있습니다. 심지어 아직 출시되지 않은 USB 제품들까지 말이지요.

여기서 USB 규격은 설계 부분인 인터페이스에 해당하며 USB기기들은 구현 구분을 담당하게 됩니다.

3 _ 심플 이미지 갤러리와 정렬 기능

마지막으로 앞에서 살펴본 심플 이미지 갤러리를 다시 한 번 살펴보겠습니다. 다형성이 어떤 의미인지 배웠으니 그 전에 이해하지 못했던 구조가 아마도 눈에 들어 올 것입니다.

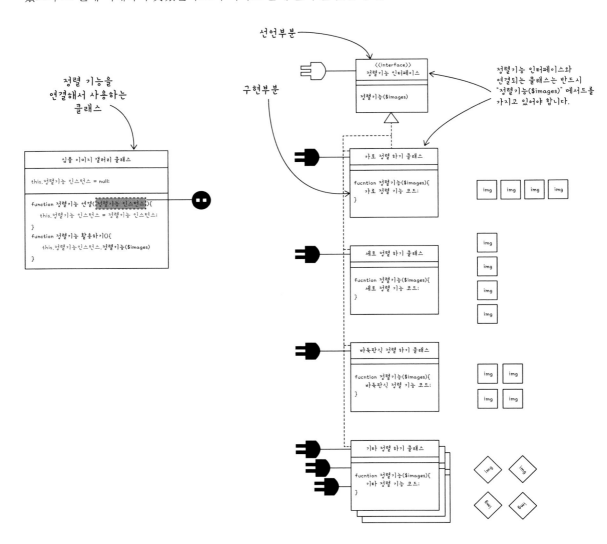

위의 이미지에서 선언부분인 "정렬기능 인터페이스"를 보면 정렬기능($images) 메서드가 들어 있습니다. 이 뜻은 구현부분에서는 반드시 "정렬기능 인터페이스"에 정의되어 있는 메서드와 동일하게 메서드를 만들어야 한다는 뜻입니다. 메서드 이름뿐 아니라 매개변수 개수까지 모두 동일해야 합니다. 위의 이미지에서 구현부분을 담당하는 "가로 정렬하기 클래스" 등을 살펴보면 선언 규칙에 맞게 메서드가 만들어져 있는 것을 확인할 수 있습니다. 즉 다형성을 적용해 구현한 구조입니다.

앞서 다룬 USB로 비교하자면 정렬 기능 인터페이스는 USB 규약과 동일하며 정렬 기능을 구현한 클래스들은 USB 기기와 동일합니다.

이렇게 만들어진 구현부분은 심플 이미지 갤러리 클래스에 연결되어 사용됩니다. 이때 주의깊게 살펴볼 부분이 있는데요. 바로 "심플 이미지 갤러리 클래스"의 정렬기능연결() 메서드입니다. 다음 그림에서 알 수 있는 것처럼 정렬기능연결() 메서드의 매개변수가 "정렬기능 인스턴스"라고 적혀 있습니다.

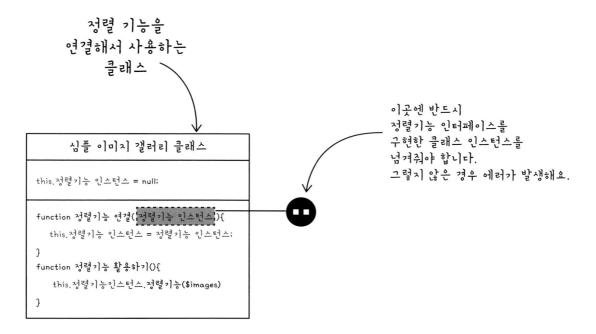

이 뜻은 이 매개변수 값으로 넘겨 줄 수 있는 값의 타입 반드시 정렬기능 인터페이스를 구현한 객체 여야 한다는 뜻을 가지고 있습니다. 만약 정렬 기능 인터페이스를 구현하지 않은 객체를 넘기게 되면 에러가 나게 되는 것이죠. 즉 반드시 USB 규격에 맞춘 기기만이 컴퓨터의 USB잭에 연결할 수 있다는 의미와도 같습니다.

앞에서 알아봤던 일반 객체지향 프로그래밍의 인터페이스 문법과 추상 클래스 문법 등이 있는 이유가 바로 이런 규격을 만드는 도구로 사용되기 때문입니다. 하지만 아쉽게도 자바스크립트는 이런 문법을 지원하지 않기 때문에 이런 멋진 프로그래밍을 할 순 없습니다. 그저 그냥 지원한다는 생각으로 구현하는 것이죠.

다형성과 데이터 타입과의 관계

이번 레슨에서는 다형성과 데이터 타입과의 관계에 대해 학습합니다. 이 내용은 다형성을 코드로 구현하기 위해서는 반드시 알고 있어야 하는 내용입니다.

01 _ 일반 객체지향 프로그래밍에서 데이터 타입의 의미

자바스크립트에서는 데이터 타입이 중요하게 사용되진 않지만 일반 프로그래밍에서 데이터 타입은 정말 중요합니다. 먼저 자바스크립트에서 변수를 선언할 때 데이터 타입을 작성하진 않지만 일반 프로그래밍에서는 대부분 변수에 저장할 데이터 타입을 작성합니다. 예를 들어 자바 언어에서 문자열 데이터를 저장할 변수를 만든다면 다음과 같이 만들 수 있습니다.

자바에서 변수 선언

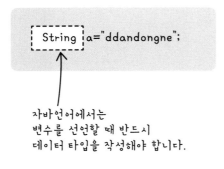

```
String a="ddandongne";
```

자바언어에서는
변수를 선언할 때 반드시
데이터 타입을 작성해야 합니다.

자바스크립트에서 변수 선언

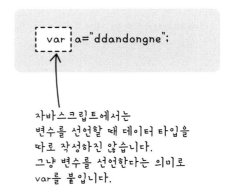

```
var a="ddandongne";
```

자바스크립트에서는
변수를 선언할 때 데이터 타입을
따로 작성하진 않습니다.
그냥 변수를 선언한다는 의미로
var를 붙입니다.

이때 자바스크립트와 다른 점은 자바에서는 문자열 변수를 만들었다면 해당 변수에는 반드시 문자열 데이터를 넣어야 합니다. 만약 숫자 데이터를 넣는 경우 에러가 발생합니다.

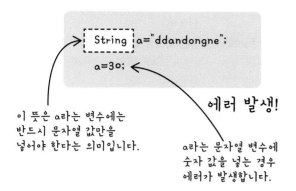

이와 같은 개념은 함수와 메서드에서도 그대로 사용됩니다. 만약 함수를 만든 후 매개변수에 문자열 타입으로 선언하는 경우에도 문자열 데이터 값으로 메서드를 호출해야 하지 다른 값으로 하는 경우 에러가 발생합니다.

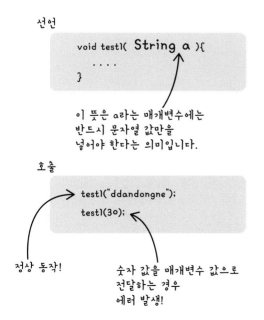

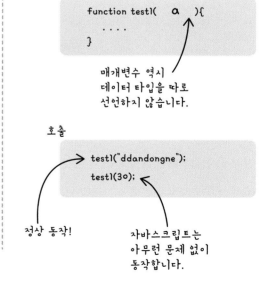

이처럼 일반 프로그래밍에서의 데이터 타입은 일종의 반드시 지켜야 할 규약처럼 사용됩니다.

02 _ 일반 객체지향 프로그래밍에서 다형성의 의미

객체지향 프로그래밍에서는 데이터 타입의 규약을 활용해 다형성을 구현합니다. 예를 들어 앞에서 구현한 심플 이미지 갤러리를 자바 객체지향 프로그래밍으로 구현하면 다음과 같이 표현할 수 있습니다.

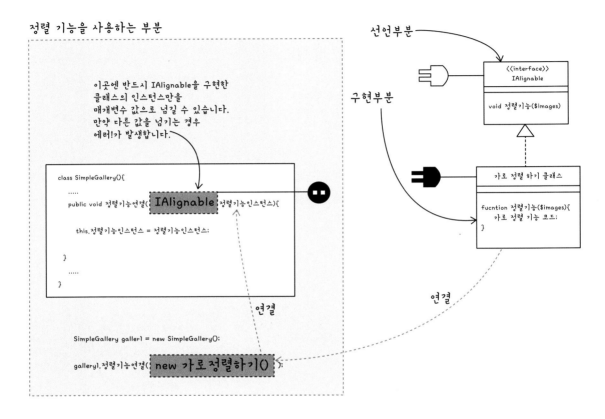

이때 정렬기능 메서드의 매개변수의 데이터 타입으로 IAlignable 인터페이스가 선언되었기 때문에 매개변수로 넘길 수 있는 값은 오직 IAlignable 인터페이스를 구현하고 있는 클래스의 인스턴스여야 합니다. 만약 숫자 값이나 문자열 또는 다른 클래스의 인스턴스를 값으로 넘기는 경우 에러가 발생합니다.

이와 같은 규칙은 상속의 부모클래스와 자식 클래스에서도 적용됩니다. 만약 다음과 같이 특정 클래스 타입으로 변수나 매개변수가 만들어져 있는 경우 데이터 값으로 넘길 수 있는 값은 특정 클래스와 특정 클래스를 상속받은 자식 클래스의 인스턴스뿐입니다.

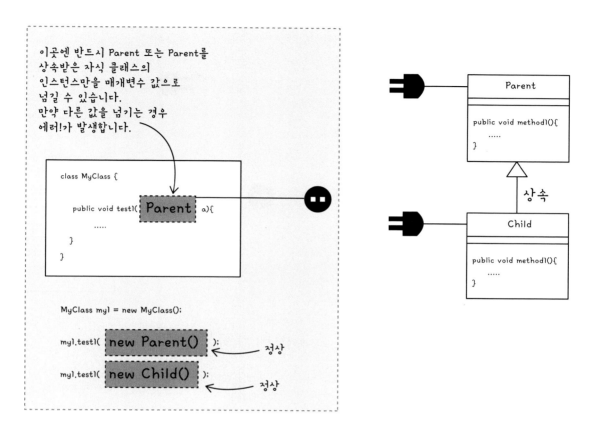

그럼 다음과 같이 자식 클래스가 매개변수 데이터 타입으로 선언된 경우 부모 클래스의 인스턴스를 넘기는 경우 어떻게 될까요? 부모 클래스는 자식 클래스가 아니기 때문에 바로 에러가 발생합니다.

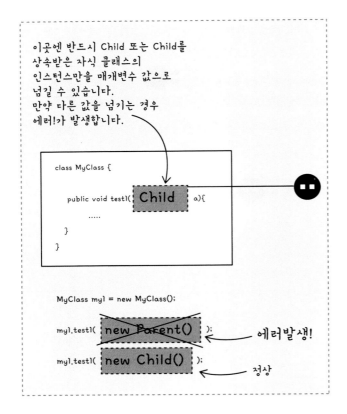

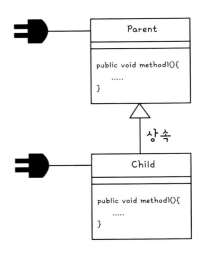

03 _ 정리

지금까지 내용을 정리해보면 일반 객체지향 프로그래밍에서 데이터 타입은 다음과 같은 규칙을 가지고 있습니다.

01. 변수 및 매개변수 선언 시 특정 인터페이스 타입인 경우 반드시 특정 인터페이스를 구현한 클래스의 인스턴스만을 저장하거나 매개변수 값으로 넘길 수 있습니다.

02. 변수 및 매개변수 선언 시 특정 클래스 타입인 경우 반드시 특정 클래스 또는 특정 클래스를 상속받은 자식 클래스의 인스턴스만을 저장하거나 매개변수 값으로 넘길 수 있습니다.

자바스크립트에서 다형성

이번 레슨에서는 실제 코드로 다형성을 구현하는 방법을 학습합니다. 먼저 일반 객체지향 프로그래밍 언어에서 다형성을 구현하는 방법을 살펴본 후 자바스크립트에서 다형성을 구현하는 방법을 살펴보겠습니다.

01 _ 일반 객체지향 프로그래밍의 다형성 관련 문법

일반적으로 다형성은 선언부분과 구현부분으로 나눠 구성되며 객체지향 프로그래밍 문법 3가지는 다음과 같이 사용됩니다.

다형성 선언부분	다형성 구현부분
인터페이스(interface)와 추상클래스(abstract class)	클래스(class)

마지막으로 자바와 PHP 프로그래밍 언어에서는 어떤 식으로 다형성을 구현하는지 살짝 구경해보죠.

JAVA

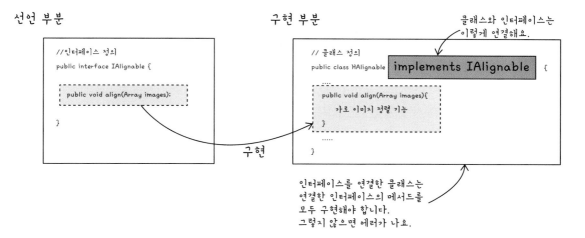

PHP

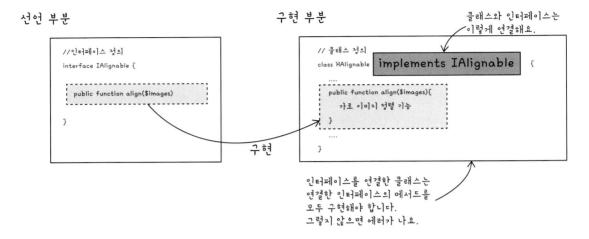

방금 알아본 것처럼 일반 객체지향 프로그래밍에서는 다형성을 선언부분과 구현부분을 완전히 분리해서 구현할 수 있다는 것을 알 수 있습니다. 자! 그럼 이어서 자바스크립트에서는 과연 어떻게 다형성을 구현하는지 알아보죠.

02 _ 자바스크립트에서 다형성

1 _ 자바스크립트에서 다형성 지원 유무

앞에서 확인한 것처럼 아쉽게도 자바스크립트는 인터페이스와 추상 클래스 그리고 엄격한 데이터 타입 체크 등의 다형성과 관련된 문법을 전혀 지원하지 않습니다. 그렇기 때문에 그저 자바스크립트에는 다형성을 지원한다는 가정하에 다형성스럽게 코드를 만드는 것이죠.

그렇다고 너무 실망하지 마세요. 문법만 제공하지 않을 뿐 다형성 개념을 사용해 코드를 만들게 되면 여러분이 지금까지 겪어보지 못한 진정한 프로그래밍의 참맛을 느끼게 될 것입니다. 좀더 자랑해 보자면 프로그래밍 실력은 다형성을 사용하기 전과 후로 나눠진다고 해도 과언이 아닐 정도로 아주 놀라운 기능입니다.

2 _ 문법

계속해서 언급한 것처럼 자바스크립트는 문법적으로 다형성과 관련된 기능을 전혀 제공하지 않습니다. 그냥 다형성을 지원한다 생각하고 사용하는 거죠.

자바스크립트에서 다형성은 일반적으로 다음과 같은 구조를 갖게 됩니다.

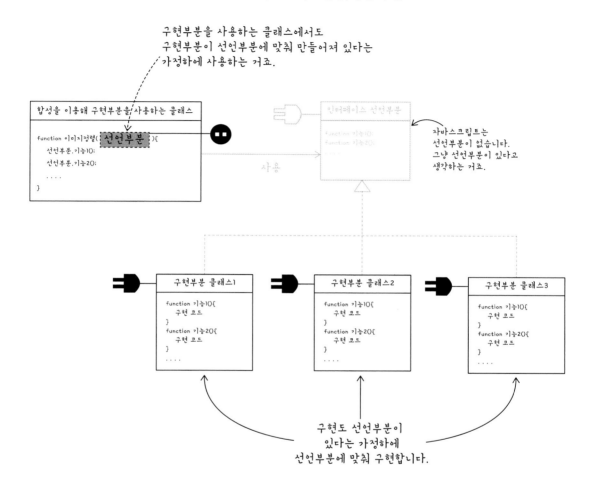

Lesson 04 / 미션

이번 장 역시 지금까지 학습한 다형성을 검증하는 시간을 가져보겠습니다. 미션을 먼저 여러분 스스로 풀어본 후 필자의 풀이와 비교해 보세요.

미션 01 심플 이미지 갤러리 만들기

아래에 등장하는 풀이 전 코드는 가로로 정렬하는 기능만 가지고 있는 심플 갤러리입니다. 이 코드를 수정해 다음 요구사항에 맞게 동작하도록 만들어 주세요.

01 _ 요구사항

01. 가로정렬 버튼 클릭 시 이미지를 가로로 정렬해 주세요.

02. 세로정렬 버튼 클릭 시 이미지를 세로로 정렬해 주세요.

03. 랜덤정렬 버튼 클릭 시 이미지를 랜덤하게 정렬해 주세요.

04. 바둑판정렬 버튼 클릭 시 이미지를 3개씩 이미지를 정렬해 주세요.

05. 단, 풀이는 다형성을 사용한 경우와 그렇지 않은 경우 두 가지로 나눠 구현해 주세요.

02 _ 화면 구성

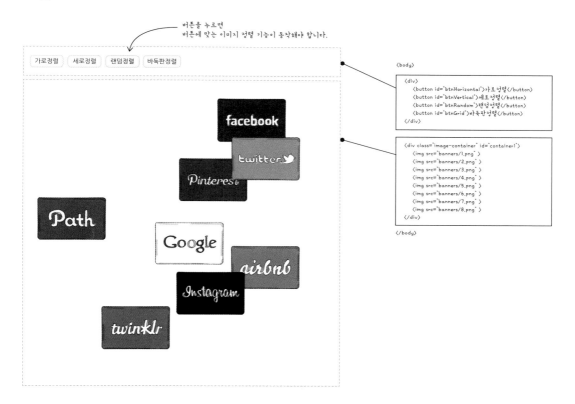

03 _ 풀이 전 코드

소스 _ 06부/06장/lesson04/01_complete/m01/step00.html

```
$(document).ready(function() {
    // 이미지 찾기.
    var img1 = new SimpleGallery("#container1 img");

    // 버튼 클릭 이벤트 실행.
    $("#btnHorizontal").click(function() {
        img1.show();
    });
});
```

```javascript
// 심플갤러리 클래스
function SimpleGallery(selector){
    this.$images = null;
    this.init(selector);
}

// 요소 초기화
SimpleGallery.prototype.init=function(selector){
    this.$images = $(selector);
}

// 이미지를 가로로 정렬
SimpleGallery.prototype.show=function(){
    // 이미지 개수 구하기.
    var length = this.$images.length;
    // 이미지 배열하기.
    for (var i = 0; i < length; i++) {
        var x = i * 200;

        this.$images.eq(i).css({
            left : x
        });
    }
}
```

여기까지 미션 설명이었습니다. 자! 그럼 책을 덮고 여러분이 직접 요구사항에 맞게 구현해 보세요. 제작 완료 후 여러분이 만든 코드와 필자가 만든 코드를 비교해가며 살펴보세요. 그럼 여러분에게 더욱 많은 도움이 될 것입니다. 도저히 어떻게 시작을 해야 할지 감을 잡지 못하는 분은 지금부터 필자를 따라 하나씩 구현해 나가면 됩니다. 시작해보죠!

04 _ 구현하기

지금부터 구현을 해볼 텐데요. 다형성의 장점을 확인하기 위해 다형성을 적용하지 않은 경우와 다형성을 적용한 경우로 나눠 구현해 보겠습니다.

방법 01: 다형성을 적용하지 않은 경우

방법 02: 다형성을 적용한 경우

방법 01 _ 다형성을 적용하지 않은 풀이

전체적인 풀이 내용을 간단하게 요약하자면 다형성을 적용하지 않은 풀이는 모든 기능을 하나에 클래스에 구현하는 구조입니다. 즉, 05부의 클래스 단위 프로그래밍이라고 생각하면 됩니다.

풀이는 여러분의 이해를 돕기 위해 다음과 같이 3단계로 나눠 진행하겠습니다.

단계 01: 정렬 기능 구현

단계 02: 정렬 기능 호출

단계 03: 정리

단계 01 _ 정렬 기능 구현

먼저 구현해야 할 4가지 정렬 기능을 각각의 메서드를 만들어 구현하는 작업을 진행하겠습니다. 풀이 순서에 맞게 다음 소스 코드를 입력해 주세요.

소스 _ 06부/06장/lesson04/01_complete/m01/class_step01.html

```
$(document).ready(function() {
    // 이미지 찾기.
    var img1 = new SimpleGallery("#container1 img");

    // 버튼 클릭 이벤트 실행.
    $("#btnHorizontal").click(function() {
        img1.show();
    });
});

// 심플갤러리 클래스
function SimpleGallery(selector) {
    this.$images = null;
    this.init(selector);
}

// 요소 초기화
SimpleGallery.prototype.init = function(selector) {
    this.$images = $(selector);
}
```

```javascript
// 이미지를 가로로 정렬
SimpleGallery.prototype.show=function(type){ ❺
    switch(type){
        case "horizontal" :
            this.alignHorizontal();
            break;
        case "vertical" :
            this.alignVertical();
            break;
        case "random" :
            this.alignRandom();
            break;
        case "grid" :
            this.alignGrid();
            break;
        default:
            this.alignHorizontal();
    }
}


// 가로 정렬 처리
SimpleGallery.prototype.alignHorizontal = function() { ❶
    // 이미지 개수 구하기.
    var length = this.$images.length;
    // 이미지 배열하기.
    for (var i = 0; i < length; i++) {
        var x = i * 200;

        this.$images.eq(i).css({
            left : x,
            top : 0
        });
    }
}
// 세로 정렬 처리
SimpleGallery.prototype.alignVertical = function() { ❷
    // 이미지 개수 구하기.
    var length = this.$images.length;
    // 이미지 배열하기.
    for (var i = 0; i < length; i++) {
        var y = i * 200;
```

```
            this.$images.eq(i).css({
                left : 0,
                top : y
            });
        }
    }
    // 랜덤 정렬 처리
    SimpleGallery.prototype.alignRandom = function() { ❸
        // 이미지 개수 구하기.
        var length = this.$images.length;
        // 이미지 배열하기.
        for (var i = 0; i < length; i++) {
            var x = 400 * Math.random();
            var y = 400 * Math.random();
            this.$images.eq(i).css({
                left : x,
                top : y
            });
        }
    }
    // 바둑판식 정렬 처리
    SimpleGallery.prototype.alignGrid = function() { ❹
        // 이미지 개수 구하기.
        var length = this.$images.length;
        var count = 3;
        // 이미지 배열하기.
        for (var i = 0; i < length; i++) {
            var x = (i % count) * 200;
            var y = parseInt(i / count) * 200;

            this.$images.eq(i).css({
                left : x,
                top : y
            });
        }
    }
```

설명

❶ 먼저 show() 메서드에 구현돼 있던 가로정렬 기능을 alignHorizontal()이라는 메서드를 신규로 만들어 포장해 줍니다.

❷. ❸. ❹ 세로정렬 기능과 랜덤정렬 기능 그리고 바둑판식정렬 기능을 신규 메서드를 추가해 구현해 줍니다.

❺ 매개변수 값에 따라 정렬기능이 호출될 수 있게 show() 메서드에 매개변수를 추가한 후 switch 조건문을 활용해 매개변수 값에 따라 정렬기능을 호출해 줍니다.

코드를 모두 입력했다면 정상적으로 동작하는지 실행해보죠. 아직 각각의 정렬버튼에 정렬기능을 연결시키지 않았기 때문에 실행결과는 기존과 동일하게 실행될 것입니다.

지금까지 내용을 UML로 표현하면 다음과 같습니다.

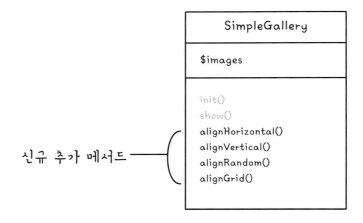

단계 02 _ 정렬 기능 호출

이번 단계에서는 정렬 버튼 클릭 시 해당 정렬 기능을 실행될 수 있게 만들어 주겠습니다.

소스 _ 06부/06장/lesson04/01_complete/m01/class_step02.html

```
$(document).ready(function() {
    // 이미지 찾기.
    var img1 = new SimpleGallery("#container1 img");

    // 버튼 클릭 이벤트 실행.
    $("#btnHorizontal").click(function() {
        img1.show("horizontal");
    });
```

```
    $("#btnVertical").click(function() {
        img1.show("vertical");
    });

    $("#btnRandom").click(function() {
        img1.show("random");
    });

    $("#btnGrid").click(function() {
        img1.show("grid");
    });
});
```

설명

각각의 버튼에 click 이벤트 리스너를 등록한 후 각 버튼에 맞게 앞 단계에서 작성한 메서드를 호출해 줍니다.

모든 코드를 입력했다면 요구사항에 맞게 정상적으로 동작하는지 실행해보죠. 이렇게 해서 다형성을 적용하지 않은 방식으로 미션을 풀어봤습니다.

단계 03 _ 정리

마지막으로 지금까지 작성한 코드를 정리해보는 시간을 가져보겠습니다. 먼저 지금까지 작성한 코드를 요약해서 표현하면 다음과 같습니다.

다형성을 적용하지 않은 경우

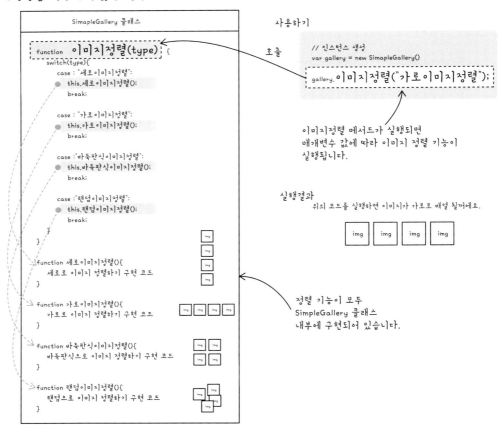

위의 코드를 보고 "어! 이게 문제라는 건가요? 괜찮은 코드 아닌가요?"라는 생각을 할 수도 있을 것 같네요. 네! 물론 좋은 코드입니다. 하지만 코드를 자세히 살펴보면 가장 큰 특징은 네 개의 이미지 정렬기능이 모두 SimpleGallery 클래스 내부에 구현되어 있다는 점입니다. 이로써 다음과 같은 문제점을 발견할수 있습니다.

사용하지 않는 코드가 많다

세로, 가로, 바둑판식, 랜덤 이미지 정렬까지 네 개의 이미지 정렬 기능이 모두 SimpleGallery 클래스에 구현되어 있기 때문에 기능 하나를 선택하면 나머지 세 개의 기능은 사용하고 있지 않게 되어 불필요한 코드가 됩니다.

코드 재사용성이 떨어진다

SimpleGallery 내부에 이미지 정렬 기능이 모두 구현되어 있기 때문에 만약 이미지 정렬 기능을 독립적으로 사용하고 싶어도 사용할 수가 없습니다. 원하는 정렬기능을 사용하려면 반드시 SimpleGallery 클래스의 인스턴스를 만들어야 합니다.

유지보수가 어렵다

네 가지 정렬 기능 이외에 새로운 이미지 정렬 기능을 추가해야 하는 경우 SimpleGallery 클래스에 추가해서 구현해야 하기 때문에 클래스 기능이 점점 거대해져 유지보수가 어려워집니다.

이렇게 해서 지금까지 다형성을 적용하지 않은 경우에 대해 자세히 알아봤습니다. 자! 그럼 이어서 다형성을 적용해 코드를 만들어보죠. 참고로 미리 언급하자면 일반적으로 다형성 적용 전 풀이와 같이 switch를 활용해 여러 조건을 처리하는 코드는 다형성으로 바꿀 수 있는 전형적인 경우입니다.

방법 02 _ 다형성을 적용한 경우

이번 풀이 경우에도 여러분의 이해를 돕기 위해 다음과 같이 5단계로 나눠 진행하겠습니다.

단계 01: 다형성 선언부분 만들기

단계 02: 다형성 구현부분 만들기(정렬 기능 구현)

단계 03: 다형성과 합성을 활용한 정렬 기능 연결

단계 04: 정렬 기능 호출

단계 05: 독립적으로 정렬 기능을 사용할 수 있는지 확인하기

단계 06: 정리

단계 01 _ **다형성 선언부분 만들기**

다형성을 만드는 첫 번째 작업은 구현부분에 공통적으로 구현해야 하는 기능을 선별해 선언부분으로 만드는 작업입니다. 심플 이미지 갤러리의 경우 정렬기능을 선언부분으로 만들어주면 되겠죠?!

```
function align($images){
// 이곳에 정렬 기능을 구현해주면 됩니다.
}
```

정리하자면 선언부분은 앞에서 알아본 것처럼 반드시 지켜야할 약속으로써 구현부분에서는 반드시 선언부분에 정의되어 있는 메서드의 이름과 매개변수 개수까지 동일하게 메서드를 정의해서 구현해야 합니다. 또한 자바스크립트의 경우 다형성의 선언부분을 정의하는 문법을 제공하지 않기 때문에 만들었다는 가정을 한다고 했습니다.

단계 02 _ 다형성 구현부분 만들기

이번에는 선언부분에 맞게 코드를 구현하는 단계입니다. 아래 코드와 같이 네 개의 정렬 기능 클래스를 생성한 후 선언부분에 작성된 메서드와 동일하게 메서드를 추가해 정렬 기능을 구현해 줍니다. 인스턴스는 여러 개 생성할 필요 없이 하나만 생성하면 되니 프로토타입 방식보다 리터럴 방식을 이용해 클래스를 만들었습니다.

소스 _ 06부/06장/lesson04/01_complete/m01/poly_step02.html

```javascript
// 가로 정렬 기능
var horizontalAlignable = {
    align : function($images) {
        // 이미지 개수 구하기.
        var length = $images.length;
        // 이미지 배열하기.
        for (var i = 0; i < length; i++) {
            var x = i * 200;

            $images.eq(i).css({
                left : x,
                top : 0
            });
        }
    }
}

// 세로 정렬 기능
var verticalAlignable = {
    align : function($images) {
        // 이미지 개수 구하기.
        var length = $images.length;
        // 이미지 배열하기.
        for (var i = 0; i < length; i++) {
            var y = i * 200;

            $images.eq(i).css({
                left : 0,
                top : y
            });
        }
    }
}
```

```javascript
// 랜덤 정렬 기능
var randomAlignable = {
    align : function($images) {
        // 이미지 개수 구하기.
        var length = $images.length;
        // 이미지 배열하기.
        for (var i = 0; i < length; i++) {
            var x = 400 * Math.random();
            var y = 400 * Math.random();
            $images.eq(i).css({
                left : x,
                top : y
            });
        }
    }
}

// 바둑판식 정렬 기능
var gridAlignable = {
    align : function($images) {
        // 이미지 개수 구하기.
        var length = $images.length;
        var count = 3;
        // 이미지 배열하기.
        for (var i = 0; i < length; i++) {
            var x = (i % count) * 200;
            var y = parseInt(i / count) * 200;

            $images.eq(i).css({
                left : x,
                top : y
            });
        }
    }
}
```

단계 03 _ 다형성과 합성을 활용한 정렬 기능 연결

이제 SimpleGallery 클래스의 show() 메서드에 다형성을 적용해 주기 위해 정렬기능을 구현한 클래스의 인스턴스를 받을 수 있는 매개변수를 추가해 줍니다.

소스 _ 06부/06장/lesson04/01_complete/m01/poly_step03.html

```
// 이미지 정렬 기능 실행
SimpleGallery.prototype.show = function(alignable) {
    alignable.align(this.$images);
}
```

정렬 기능 버튼이 눌릴 때 선택한 정렬 기능이 alignable 매개변수로 넘어와 사용될 것입니다. 즉 합성을 사용해 정렬 기능을 빌려 사용하게 되는 거죠.

단계 04 _ 정렬 기능 호출

정렬 버튼 클릭 시 버튼에 맞는 이미지 정렬 기능의 인스턴스를 매개변수 값으로 show() 메서드를 호출 해 줍니다.

소스 _ 06부/06장/lesson04/01_complete/m01/poly_step04.html

```
$(document).ready(function() {
    // 이미지 찾기.
    var img1 = new SimpleGallery("#container1 img");

    // 버튼 클릭 이벤트 실행.
    $("#btnHorizontal").click(function() {
        img1.show(horizontalAlignable);
    });
    $("#btnVertical").click(function() {
        img1.show(verticalAlignable);
    });

    $("#btnRandom").click(function() {
        img1.show(randomAlignable);
    });

    $("#btnGrid").click(function() {
        img1.show(gridAlignable);
    });
});
```

자! 드디어 모든 코드가 완성되었습니다. 코드를 모두 입력했다면 정상적으로 동작하는지 실행해 보세요. 다형성이 적용되어 깔끔하기 그지없는 코드가 멋지게 동작하는 것을 볼 수 있을 것입니다.

단계 05 _ 독립적으로 정렬 기능을 사용 할 수 있는지 확인하기

마지막으로 테스트 하나를 더 해보죠. 정렬 기능이 SimpleGallery 내부에 구현돼 있지 않고 외부에 독립적으로 구현되어 있기 때문에 랜덤 정렬기능을 다음과 같이 독립적으로 사용할 수 있습니다.

소스 _ 06부/06장/lesson04/01_complete/m01/poly_step05.html

```
$(document).ready(function() {
    // 독립적으로 랜덤 정렬 기능 사용
    randomAlignable.align($("#container1 img"));
});
```

단계 06 _ 정리

마지막으로 지금까지 작성한 코드를 요약해서 살펴보겠습니다.

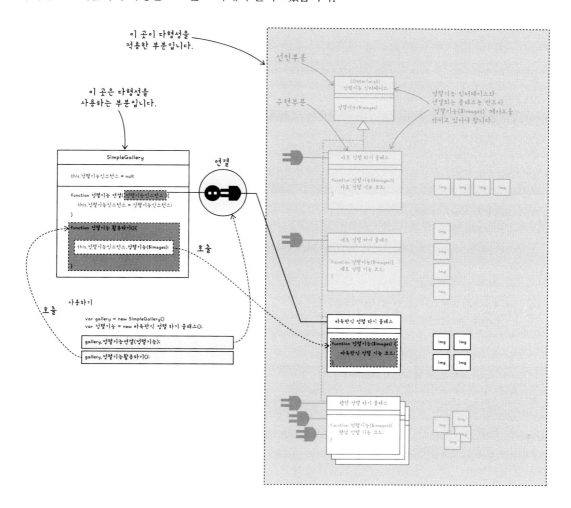

위의 이미지에서도 알 수 있는 것처럼 가장 큰 특징은 이미지 정렬 기능이 SimpleGallery 클래스 내부에 구현돼 있지 않고 각각 독립적인 클래스로 구현되어 있다는 점입니다. 이로써 다형성을 적용해 구현한 심플 갤러리는 다음과 같은 장점이 있습니다.

가벼워진 코드

SimpleGallery 클래스 내부에 이미지 정렬 기능을 직접 구현하지 않고 모두 외부에 구현되어 있기 때문에 엄청 가벼워집니다. 이와 동시에 코드를 간결하게 만들 수 있습니다.

코드 재사용성이 높아진다

이미지 정렬 기능이 각각 독립적으로 구현되어 있어서 SimpleGallery의 도움 없이 이미지 정렬 기능을 사용할 수 있습니다. 예를 들어 세로 이미지 정렬기능을 사용하고 싶은 경우 다음과 같이 해주면 됩니다.

```
var vAlign = new 세로 이미지 정렬하기 클래스();
vAlign.이미지정렬(이미지목록);
```

유지보수가 쉬워짐

새로운 이미지 정렬 기능을 추가해야 하는 경우 이미지 정렬 기능 인터페이스에 맞게 클래스를 만들어 SimleGallery에 연결해서 사용하면 됩니다. SimpleGallery 클래스를 전혀 수정하지 않고 말이지요.

이처럼 다형성을 이용하면 유지보수와 확장성이 엄청 좋은 코드를 만들 수 있습니다. 지금까지 작업한 전체 소스는 다음과 같습니다.

소스 _ 06부/06장/lesson04/01_complete/m01/poly_step05.html

```
$(document).ready(function() {
    // 이미지 찾기.
    var img1 = new SimpleGallery("#container1 img");

    // 버튼 클릭 이벤트 실행.
    $("#btnHorizontal").click(function() {
        img1.show(horizontalAlignable);
    });
    $("#btnVertical").click(function() {
        img1.show(verticalAlignable);
    });

    $("#btnRandom").click(function() {
        img1.show(randomAlignable);
    });
```

```javascript
    $("#btnGrid").click(function() {
        img1.show(gridAlignable);
    });
});

$(document).ready(function() {
    // 독립적으로 랜덤 정렬 기능 사용
    randomAlignable.align($("#container1 img"));
});



// 심플갤러리 클래스
function SimpleGallery(selector) {
    this.$images = null;
    this.init(selector);
}


// 요소 초기화
SimpleGallery.prototype.init = function(selector) {
    this.$images = $(selector);
}
// 이미지 정렬 기능 실행
SimpleGallery.prototype.show = function(alignable) {
    alignable.align(this.$images);
}


// 가로 정렬 기능
var horizontalAlignable = {
    align : function($images) {
        // 이미지 개수 구하기.
        var length = $images.length;
        // 이미지 배열하기.
        for (var i = 0; i < length; i++) {
            var x = i * 200;

            $images.eq(i).css({
                left : x,
                top : 0
            });
        }
    }
}
```

```javascript
// 세로 정렬 기능
var verticalAlignable = {
    align : function($images) {
        // 이미지 개수 구하기.
        var length = $images.length;
        // 이미지 배열하기.
        for (var i = 0; i < length; i++) {
            var y = i * 200;

            $images.eq(i).css({
                left : 0,
                top : y
            });
        }
    }
}

// 랜덤 정렬 기능
var randomAlignable = {
    align : function($images) {
        // 이미지 개수 구하기.
        var length = $images.length;
        // 이미지 배열하기.
        for (var i = 0; i < length; i++) {
            var x = 400 * Math.random();
            var y = 400 * Math.random();
            $images.eq(i).css({
                left : x,
                top : y
            });
        }
    }
}

// 바둑판식 정렬 기능
var gridAlignable = {
    align : function($images) {
        // 이미지 개수 구하기.
        var length = $images.length;
        var count = 3;
```

```
            // 이미지 배열하기.
            for (var i = 0; i < length; i++) {
                var x = (i % count) * 200;
                var y = parseInt(i / count) * 200;

                $images.eq(i).css({
                    left : x,
                    top : y
                });
            }
        }
    }
```

자바스크립트 객체지향 프로그래밍 특징 네 가지를 끝내며

이렇게 해서 자바스크립트에서 구현할 수 있는 객체지향 프로그래밍 네 가지 특징에 대해 모두 알아봤습니다. 아마도 많은 분들이 다소 어렵게 느꼈을 것입니다.

그렇다고 너무 걱정하지 마세요. 여러분만이 아니라 이제 막 객체지향 프로그래밍에 입문한 개발자라면 이런 어려움을 겪고 있을 테니까요. 모든 건 시간이 필요한 법! 꾸준히 연습한다면 조만간 객체지향답게 코딩하고 있는 여러분을 만나게 될 것입니다.

다음 장에서는 부수적으로 알아야 하는 객체지향 프로그래밍과 관련한 몇 가지 내용을 알아보겠습니다.

CHAPTER 07

합성

공지:
원의 크기는 난이도를 나타냅니다.
앞으로 갈수록 조금씩 어려워지니 차근차근 따라오세요.

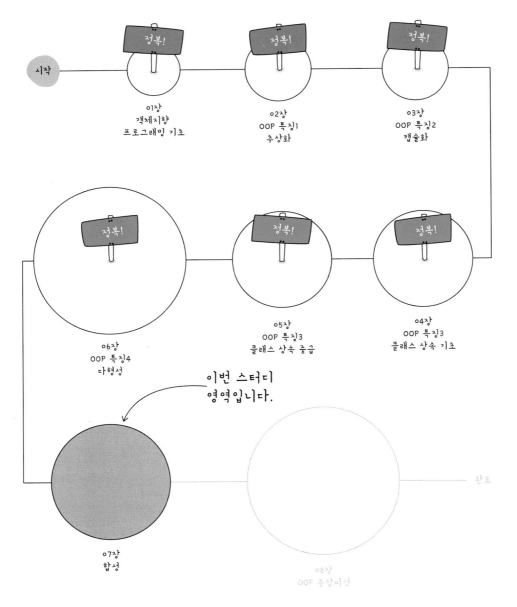

시작

01장
객체지향
프로그래밍 기초

02장
OOP 특징1
추상화

03장
OOP 특징2
캡슐화

06장
OOP 특징4
다형성

05장
OOP 특징3
클래스 상속 중급

04장
OOP 특징3
클래스 상속 기초

이번 스터디
영역입니다.

07장
합성

08장
OOP 종합미션

완료

들어가며

객체지향 프로그래밍에서 상속처럼 특정 클래스의 기능을 재사용할 수 방법이 하나 더 있습니다. 바로 '합성'입니다. 이번 장에서는 합성이 가진 기능을 알아본 후 기능을 재사용하는 공통점을 가진 클래스 상속과 합성과의 차이점에 대해 알아보겠습니다.

이번 장에서 배울 내용은 다음과 같습니다.

Lesson 01 / 합성 소개

이번 레슨에서는 합성이 가진 기능을 예제를 이용해 알아보겠습니다.

01 _ 합성이란?

합성(Composition)이란 단어에서도 짐작할 수 있는 것처럼 필요한 기능을 직접 구현하는 것이 아니라 필요한 기능을 구현하고 있는 객체와 연결(합성)해서 기능을 사용하는 것을 의미합니다. 이때 기능을 구현하고 있는 객체와 기능을 사용하는 객체 간의 관계를 합성관계라고 부릅니다. 이해를 돕기 위해 예제를 가지고 설명해 보겠습니다.

02 _ 예제

예를 들어 이미지를 가로로 정렬하는 기능만을 가진 아주 심플한 갤러리를 만든다고 해보죠.

여러 가지 풀이 방법이 있겠지만 여기에서는 합성을 사용하지 않은 풀이법과 합성을 사용한 방법으로 풀어보겠습니다.

1 _ 합성을 사용하지 않은 풀이

가장 일반적인 방법은 이미지를 가로로 정렬 기능을 SimpleGallery 클래스 내부에 직접 구현하는 방법일 것입니다.

소스 _ 06부/07장/lesson01/01_complete/01_01.html

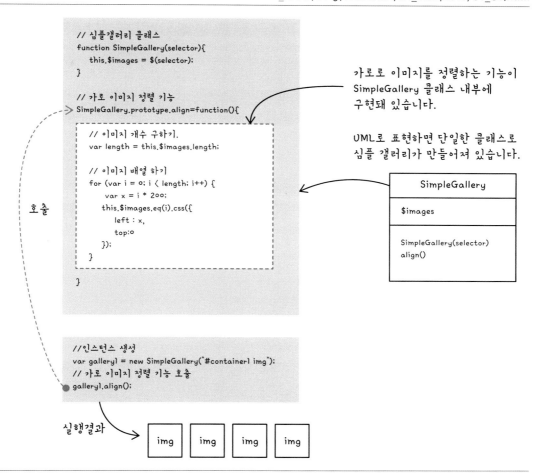

```
// 심플갤러리 클래스
function SimpleGallery(selector){
    this.$images = $(selector);
}

// 가로 이미지 정렬 기능
SimpleGallery.prototype.align=function(){

    // 이미지 개수 구하기.
    var length = this.$images.length;

    // 이미지 배열 하기
    for (var i = 0; i < length; i++) {
        var x = i * 200;
        this.$images.eq(i).css({
            left : x,
            top:0
        });
    }

}
```

가로로 이미지를 정렬하는 기능이 SimpleGallery 클래스 내부에 구현돼 있습니다.

UML로 표현하면 단일한 클래스로 심플 갤러리가 만들어져 있습니다.

SimpleGallery
$images
SimpleGallery(selector) align()

호출

```
//인스턴스 생성
var gallery1 = new SimpleGallery("#container1 img");
// 가로 이미지 정렬 기능 호출
gallery1.align();
```

실행결과

| img | img | img | img |

2 _ 합성을 사용한 풀이

두 번째 방법은 이미지를 가로로 정렬하는 기능을 SimpleGallery 내부에 구현하는 것이 아니라 독립적인 객체(HAlignable)로 구현한 후 연결(합성)해서 사용하는 것입니다. 코드로 표현하면 다음과 같습니다.

소스 _ 06부/07장/lesson01/01_complete/01_02.html

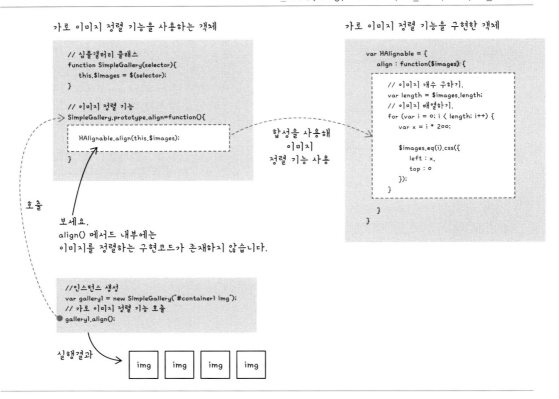

바로 이처럼 특정 기능을 직접 구현하지 않고 기능을 빌려서 사용하는 방식을 합성이라고 합니다. 참고로 풀이 내용을 UML로 표현하면 다음과 같습니다.

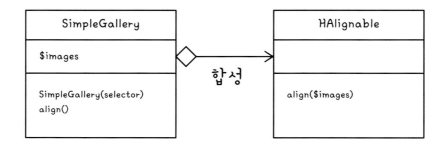

Lesson
02 / 클래스 상속 vs. 합성

기능을 재사용하는 면에서 생각해보면 클래스 상속과 합성은 많이 비슷해 보이지만 이 둘은 완전히 다른 기능입니다. 이번에는 앞에서 배운 클래스 상속과 합성에 대해 정리해보는 시간을 가져보겠습니다.

먼저 클래스 상속과 합성의 공통점부터 알아보죠.

01 _ 공통점

상속과 합성의 공통점은 특정 기능을 직접 구현하지 않고 사용할 수 있다는 점입니다. 예를 들어 DMB 기능이 있는 기기를 만든다고 해보죠.

1 _ 상속을 이용하는 경우

상속을 이용하면 DMB기능을 쉽게 재사용할 수 있게 됩니다.

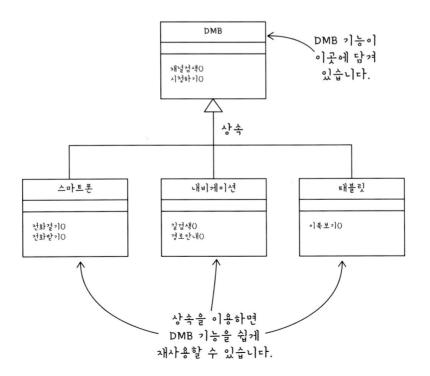

> **메모 _** 이번 예제는 언뜻 보면 상속을 제대로 사용한 것처럼 보이지만 상속을 잘못 사용한 경우입니다. 이유는 '02. 사용 용도'에서 자세히 설명하겠습니다.

2 _ 합성을 이용하는 경우

합성 역시 다음과 같이 DMB 기능을 재사용할 수 있습니다.

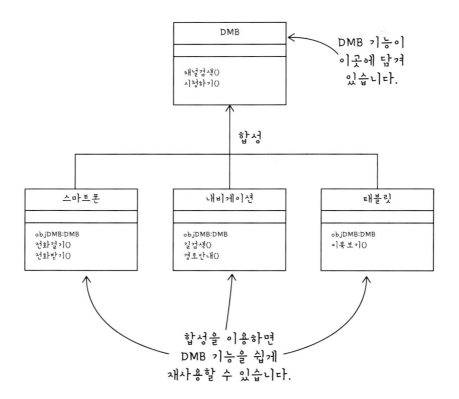

02 _ 사용 용도

앞의 공통점에서 알아본 것처럼 클래스 상속과 합성을 이용하면 기능을 쉽게 재사용할 수 있습니다.

하지만 코드 재사용을 위해 무조건 이 둘을 사용해서는 안 됩니다. 상황에 맞게 선택해서 사용해야 합니다. 먼저 클래스 상속의 사용 용도에 대해 알아보죠.

1 _ 클래스 상속은 이럴 때 사용해요

앞의 DMB 예제에서 상속을 사용했는데요. 아쉽게도 상속을 잘못 사용한 경우입니다. 왜냐면 스마트폰은 DMB 기능이 없는 스마트폰도 있기 때문에 "스마트 폰은 DMB이다."라는 패밀리 관계가 성립되지 않습니다. 이처럼 특정 기능이 필요하다고 해서 무조건 클래스 상속을 사용해서는 안 되며 반드시 다음과 같은 경우일 때만 사용해야 합니다.

01. 기능이 필요하다고 해서 무조건 상속을 사용하면 안 됩니다.

02. 반드시 IS-A 관계인 패밀리 관계가 성립되어야 합니다.

03. 상속은 기능을 재사용하기보다 부모 기능을 확장하기 위해 주로 사용합니다.

다음은 클래스 상속을 잘 활용한 예제입니다.

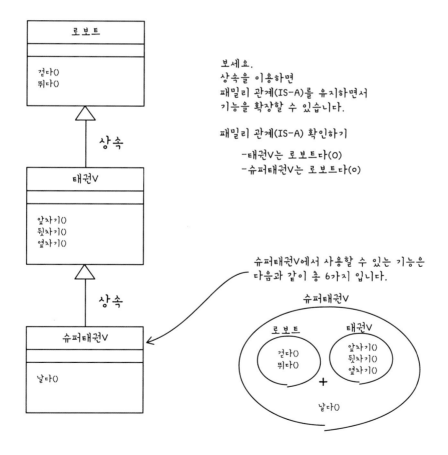

예제를 보면 패밀리 관계를 유지하면서 기능을 계속해서 확장해 가는 걸 확인할 수 있습니다. 바로 이럴 때 사용하는 기능이 클래스 상속입니다.

2 _ 합성은 이럴 때 사용해요

앞의 DMB 예제의 경우 합성을 제대로 활용한 경우입니다. 왜냐면 DMB 모듈을 사용하는 기기들은 서로 패밀리 관계가 아닐 뿐더러 오직 DMB 기능만이 필요한 기기들이기 때문에 이런 경우 합성을 이용해야 합니다. 이처럼 합성은 다음과 같은 경우에 사용하면 됩니다.

01. 패밀리 관계는 무시해도 됩니다.

02. 합성은 이미 구현되어 있는 기능을 빌려 쓰듯 재사용하고 싶을 때 주로 사용합니다.

03 _ 실무에서는 상속보다는 합성을 많이 사용합니다

그럼 실무에서는 상속과 합성 중 어떤 기능을 더 많이 사용할까요? 물론 상황에 따라 다르겠지만 상속보다는 합성을 더 많이 사용합니다. 이유는 지금까지 알아본 것처럼 합성은 상속이 흉내 내고 싶어도 흉내 낼 수 없는 놀라운 기능 한 가지를 가지고 있기 때문입니다. 바로 합성은 실행 시점에 동작을 변경할 수 있는 동적 바인딩(dynamic binding) 기능을 가지고 있습니다.

동적 바인딩에 대한 이해를 돕기 예를 들어 설명해 보겠습니다. 예제는 다형성 편 마지막에 풀어본 예제를 사용하겠습니다. 다음 실행화면을 우선 봐주세요. 생각 나시죠?

먼저 SimpleGallery 내부는 정렬기능이 전혀 구현되어 있지 않습니다. 이때 가로 정렬 버튼을 클릭하는 경우 가로 정렬 기능을 가진 객체가 SimpleGallery에 합성되어 비로소 사용됩니다. 다른 기능 역시 버튼을 누를 때 SimpleGallery에 합성되어 사용됩니다. 바로 이처럼 특정 기능을 직접 가지고 있는 게 아니라 실행한 후 기능을 갖게 되는 경우를 우리는 동적 바인딩이라고 부릅니다.

04 _ 정리

지금까지 다룬 상속과 합성의 특징을 정리하면 다음과 같습니다.

클래스 상속	객체 합성
1. 반드시 패밀리 관계일 때만 사용해야 함 2. 재사용의 목적보다 객체를 확장하고 싶은 경우에 적합 3. 기능을 클래스 내부에 직접 구현	1. 패밀리 관계와는 상관없이 특정 객체가 가진 기능을 재사용하고 싶은 경우 2. 동적 바인딩 기능 구현을 위해 사용. 3. 기능을 직접 구현하는 게 아니라 외부에 구현되어 있는 객체를 연결해서 사용

이 장을 마치며

이렇게 해서 길고 길었던 자바스크립트 객체지향 프로그래밍을 모두 알아봤습니다.

끝낸 느낌은 어떤가요? 아마도 좋기는 한 것 같은데 쉽지는 않다고 느낄 것입니다. 사실 객체지향 프로그래밍을 정복하기 위해서는 우리가 말을 배울 때처럼 계속해서 실무에 사용하며 시행착오를 겪어야 할 것입니다.

오늘날 점점 웹 프론트엔드 분야의 개발이 단순한 이미지 슬라이더나 메뉴 제작이 아니라 커다란 웹앱을 제작하는 수단으로 가고 있기 때문에 주먹구구식의 코딩이 아닌 좀더 객체지향적인 개념을 필요로 할 것입니다. 객체지향을 프로그래밍을 배워야 하는 또 다른 이유는 요즘 많이 사용되고 있는 angularjs, backbone 같은 mvc 프레임워크를 이해하고 사용하기 위해서는 객체지향 프로그래밍 개념은 필수라는 것입니다. 그러므로 앞으로 웹 프론트엔드 개발자를 꿈꾸고 있는 분이라면 객체지향 프로그래밍을 꼭 정복하길 바랍니다.

CHAPTER 08

객체지향 프로그래밍 종합 미션

공지:
원의 크기는 난이도를 나타냅니다.
앞으로 갈수록 조금씩 어려워지니 차근차근 따라오세요.

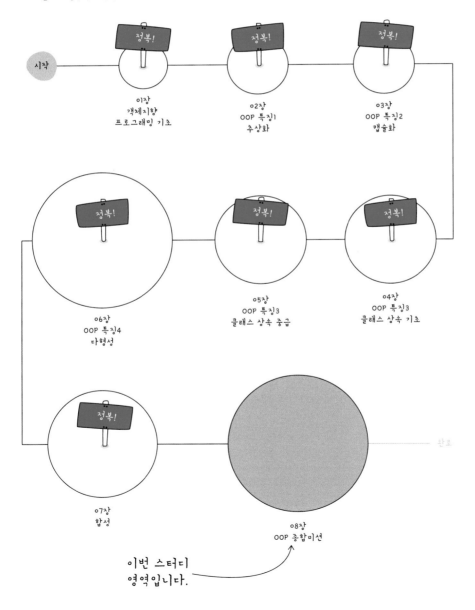

시작

01장
객체지향
프로그래밍 기초

정복!

02장
OOP 특징1
추상화

정복!

03장
OOP 특징2
캡슐화

정복!

06장
OOP 특징4
다형성

정복!

05장
OOP 특징3
클래스 상속 중급

정복!

04장
OOP 특징3
클래스 상속 기초

정복!

07장
합성

정복!

08장
OOP 종합미션

완료

이번 스터디
영역입니다.

들어가며

우선 이 책에서 가장 어려운 자바스크립트 객체지향 프로그래밍 영역을 무사히 완주하신 분들에게 축하의 박수를 보냅니다. 물론 많은 내용을 학습하긴 했지만 아직까지도 이해하지 못한 부분이 많이 있을 것입니다. 또한 이해는 되는데 실무에서는 어떻게 사용해야 하는지 아직까지 갈피를 잡지 못한 분들도 있을 것입니다. 바로 이런 분들을 위해 이번 장을 준비했습니다.

이번 장의 목적은 미션을 활용해 지금까지 학습한 객체지향 프로그래밍을 정리하는 것입니다. 진행 방식은 롤링 배너를 가지고 이번 장에서 배운 객체지향 프로그래밍의 기능을 미션마다 하나씩 적용해 롤링 배너의 기능을 한 개씩 추가하는 방식으로 진행됩니다.

이번 장에서 진행할 내용은 다음과 같습니다.

미션 01 롤링 배너 ver 1.0: 클래스 단위 코딩
미션 02 롤링 배너 ver 2.0: 여러 개 롤링 배너 만들기
미션 03 롤링 배너 ver 3.0: 상속 활용
미션 04 롤링 배너 ver 4.0: 다형성 및 합성 활용

그럼 가장 기본적인 구조를 가진 미션 01부터 진행해보죠.

미션 01   롤링 배너 ver 1.0: 클래스 단위 코딩

이번 미션에서는 가장 단순한 형태인 클래스를 활용해 롤링 배너를 만들겠습니다. 롤링 배너를 만들면서 다시 한 번 클래스의 용도와 기능을 정리하게 됩니다.

01 _ 소개 및 미리보기

이번에 새롭게 만들 UI 요소는 롤링배너입니다. 주로 웹 페이지 사이드 부분에 위치하며 특정 시간마다 광고용 이미지를 보여주는 기능을 가지고 있습니다. 먼저 우리가 구현할 롤링배너가 어떻게 동작하는지 살펴보기 위해 모든 기능이 구현되어 있는 최종 결과물 파일을 실행해 주세요. 단, 구현된 소스는 절대 봐서는 안 됩니다. 한번 보게 되면 구현 중에 자꾸 생각나서 방해가 되니 오직 실행만 해주세요.

- **소스 _** 06부/08장/01_complete/m01/step04.html

실행화면

실행해보면 알겠지만 2초마다 아래에서 위로 이미지가 부드럽게 롤링되는 것을 볼 수 있습니다. 마우스를 롤링배너 위에 올리거나 다시 나가더라도 롤링 효과가 멈추거나 하는 기능은 없습니다.

02 _ 요구사항

정리해보면 여러분은 지금부터 다음과 같이 동작하는 롤링배너를 만들어야 합니다.

01. 특정 시간마다 아래에서 위로 이미지가 부드럽게 롤링되며 변하게 만들어 주세요.

02. 모든 작업은 prototype 방식으로 클래스로 만들어 주세요.

요구사항은 비교적 간단하죠? 다음으로 이번 미션의 핵심 내용 중 하나인 롤링 효과를 좀더 자세히 살펴보겠습니다.

03 _ 출력 효과

출력 효과를 좀더 자세히 살펴보면 현재 배너는 페이드아웃(fadeOut) 효과와 함께 현재 위치에서 위쪽으로 서서히 사라집니다. 다음 배너는 페이드인(fadeIn) 효과와 함께 아래쪽에서 0위치로 서서히 등장합니다. 모든 배너는 이 롤링 효과를 적용해 출력해야 합니다.

현재 배너는 페이드아웃되며 서서히 사라지고
다음 배너는 페이드인되며 서서히 나타납니다.

04 _ 레이아웃 구성

화면 레이아웃은 필자가 미리 다음과 같이 만들어 놨습니다.

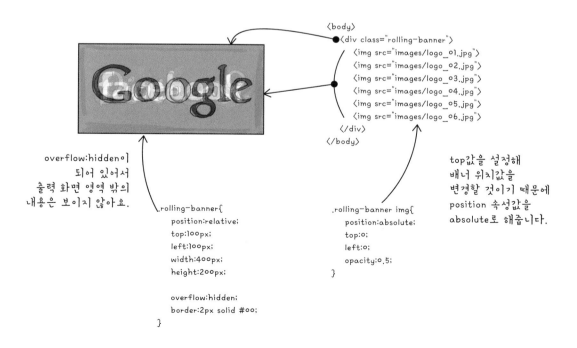

```
<body>
<div class="rolling-banner">
  <img src="images/logo_01.jpg">
  <img src="images/logo_02.jpg">
  <img src="images/logo_03.jpg">
  <img src="images/logo_04.jpg">
  <img src="images/logo_05.jpg">
  <img src="images/logo_06.jpg">
</div>
</body>
```

overflow:hidden이
되어 있어서
출력 화면 영역 밖의
내용은 보이지 않아요.

```
.rolling-banner{
    position:relative;
    top:100px;
    left:100px;
    width:400px;
    height:200px;

    overflow:hidden;
    border:2px solid #00;
}
```

```
.rolling-banner img{
    position:absolute;
    top:0;
    left:0;
    opacity:0.5;
}
```

top값을 설정해
배너 위치값을
변경할 것이기 때문에
position 속성값을
absolute로 해줍니다.

자! 이렇게 해서 여러분이 구현해야 할 롤링배너에 대해 자세히 알아봤습니다. 이제부터 여러분이 할 일은 자바스크립트와 jQuery를 활용해 요구사항에 맞게 롤링 배너를 만들면 됩니다. 그럼 지금부터 책을 덮고 구현하기 시작하세요. 풀이 완료 후 필자가 풀이한 내용과 비교해 보길 바랍니다. 만약 이번 미션을 혼자 구현하기 어려운 분들은 지금부터 필자를 따라 풀이를 같이 진행하면 됩니다. 그럼 구현을 시작해보죠!

05 _ 용어정리

우선 원할한 진행을 위해 화면 요소에 이름을 붙여 내용을 설명할 때 사용하겠습니다.

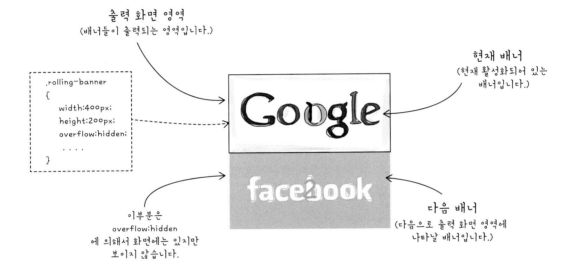

- **출력 화면 영역:** 배너가 출력되는 영역입니다.

- **현재 배너:** 현재 활성화돼 있는 배너입니다.

- **다음 배너:** 다음으로 출력 영역 나타날 배너입니다.

06 _ 구현하기

이해를 돕기 위해 구현은 다음과 같이 4단계로 나눠 진행하겠습니다.

단계 01: 클래스 생성 및 초기화 작업

단계 02: 첫 번째 배너 활성화

단계 03: 모션 없는 롤링 배너 구현

단계 04: 롤링 효과 적용

그럼 첫 번째 단계부터 진행해보죠.

단계 01 _ 클래스 생성 및 초기화 작업

이번 단계에서는 롤링배너 기능을 구현할 클래스를 생성하는 작업과 롤링배너에서 사용하는 기본 요소를 초기화하는 작업을 진행합니다. 먼저 ing 폴더에 들어있는 연습용 소스 파일을 연 후 소스 설명 순서를 따라 다음 내용을 하나씩 입력해 주세요.

소스 _ 06부/08장/01_complete/m01/step01.html

```
$(document).ready(function() {
    // 인스턴스 생성
    var rolling1 = new RollingBanner(); ❺
})
function RollingBanner() { ❶
    // 프로퍼티 생성및 초기화
    this._$banners = null; ❷

    this._init(); ❹
}
// 요소 초기화.
RollingBanner.prototype._init = function() { ❸
    this._$banners = $("#banner1 img");
}
```

설명

❶ 가장 먼저 메서드와 프로퍼티를 담을 클래스를 만듭니다. 여기에서는 RollingBanner라는 이름으로 클래스를 만들어 줍니다.

❷ 배너 목록을 담을 _$banners라는 프로퍼티를 만들어 줍니다. 객체 내부에서만 사용할 프로퍼티이기 때문에 private이라는 의미로 언더바(_)를 붙여 줍니다.

❸ 롤링배너 내부에서 공용으로 사용할 요소들의 초기화를 전문으로 하는 _init() 메서드를 만든 후 배너를 찾아 _$banners에 넣어줍니다. _init() 메서드 역시 객체 내부에서만 사용할 메서드이기 때문에 private 메서드라는 의미로 언더바(_)를 붙여 줍니다.

참고로 앞으로 등장하는 코드에서 언더바(_)가 붙은 경우는 객체 외부에서 접근이 불가능한 private 또는 protected 요소라고 생각하면 됩니다. 이와 달리 언더바가 붙어있지 않은 경우 객체 외부에서나 내부에서 모두 접근 가능한 public 요소라고 판단하면 됩니다. 언더바를 붙이는 표현법은 앞에서 다룬 '3장. 객체지향 프로그래밍 특징 02–캡슐화에서 Lesson 02. 자바스크립트에서의 캡슐화' 내용을 참고하세요.

❹ 롤링배너 객체가 생성될 때 _init() 메서드를 호출해 줍니다.

❺ 단계01에서 만든 클래스가 정상적으로 동작하는지 확인하기 위해 RollingBanner 클래스의 인스턴스를 생성해 줍니다.

코드를 모두 입력했다면 정상적으로 동작하는지 실행해 보세요.

이번 단계에서는 초기화 작업만 했기 때문에 실행결과는 코딩 전과 동일합니다. 그러므로 입력한 코드에 에러가 없는지 확인만 하면 됩니다.

단계 02 _ 첫 번째 배너 활성화

이번 단계에서 구현할 내용은 시작 시 첫 번째 배너만을 활성화(보이게)하고 나머지 배너들은 비활성화(보이지 않게) 하는 작업입니다.

소스 _ 06부/08장/01_complete/m01/step02.html

```
$(document).ready(function() {
    // 인스턴스 생성
    var rolling1 = new RollingBanner();
})


function RollingBanner() {
    // 프로퍼티 생성및 초기화
    this._$banners = null;
    this._currentIndex=0; ❶

    this._init();
    this._initBannerPos(); ❸
}

// 배너 위치 초기화
RollingBanner.prototype._initBannerPos = function() { ❷
    // 배너 위치를 화면에서 보이지 않게 숨기기
    this._$banners.css("top", 200);
```

```
    // 0번째 배너 활성화
    this._$banners.eq(this._currentIndex).css("top", 0);
}


CSS 코드
.rolling-banner {

    . . . .
    /*  테스트를 위해 주석 처리*/
    /*overflow:hidden; */ ❹
    . . . .
}


.rolling-banner img {
    . . . .
/*  테스트를 위해 속성 추가*/
    opacity:0.5; ❺
}
```

설명

❶ 활성화된 배너의 인덱스 정보를 담을 _currentIndex 라는 프로퍼티를 만들어 줍니다.

❷ _initBannerPos()라는 메서드를 신규로 만든 후 0번째 이미지를 활성화하고 나머지는 비활성화 처리하는 코드를 구현해
줍니다.

❸ _initBannerPos() 메서드를 생성자에서 호출해 줍니다.

❹ 테스트를 위해 마스크 기능을 하는 overflow 속성을 주석처리해 줍니다.

❺ 이미지 투명값도 테스트를 위해 0.5로 넣어줍니다.

❹와 ❺의 두 스타일 속성값은 구현 마지막 단계에서 주석 처리를 지워주고 투명 값은 삭제할 것입니다.

코드를 모두 입력했다면 실행해보죠. 정상적으로 코드를 입력했다면 실행화면처럼 0번째 배너가 활성화
된 것을 볼 수 있을 것입니다.

실행화면

단계 03 _ 모션 없는 롤링배너 구현

롤링배너의 핵심은 무한루프를 돌며 특정 시간마다 배너를 순차적으로 변경해주는 로직입니다. 예를 들어 배너가 5개인 경우 다음과 같이 현재 배너 인덱스 값과 다음 배너 인덱스 값을 만들어 낼 줄 알아야 합니다.

현재 배너 인덱스	다음 배너 인덱스
0	1
1	2
2	3
3	4
4	0
0	1
1	2
2	3
3	4
4	0
…	…

이렇게 인덱스 값을 구할 수 있다면 다음 작업은 아주 간단합니다. 인덱스에 맞는 배너를 접근해 현재 배너는 활성화에서 비활성화 상태로 변경하고 다음 배너는 비활성화에서 활성화 상태로 만들어 주기만 하면 됩니다.

지금까지 설명을 소스 코드로 표현하면 다음과 같습니다.

소스 _ 06부/08장/01_complete/m01/step03.html

```
$(document).ready(function() {
    var rolling1 = new RollingBanner();
})
function RollingBanner() {
    . . . .
    this._timerID = -1; ❻
    . . . .
    this.startAutoPlay(); ❽
}

RollingBanner.prototype.startAutoPlay = function() { ❼
    var objThis = this;

    // 타이머가 두번 이상 실행되지 않게 조건 처리
    if (this._timerID == -1) {
      this._timerID = setInterval(function() {
          objThis.nextBanner();
      }, 2000)
    }
}

// 다음 배너 활성화
RollingBanner.prototype.nextBanner = function() { ❶
    // 현재 index값 구하기
    var outIndex = this._currrentIndex; ❷
    // 다음 배너 index값 구하기
    this._currentIndex++;
    // 마지막 배너까지 롤링한 경우 다시 0번째부터 롤링될 수 있게 인덱스 값을 0으로 설정
    if (this._currentIndex >= this._$banners.length) {
      this._currentIndex = 0;
    }

    // 현재 배너 구하기
    var $outBanner = this._$banners.eq(outIndex); ❸
    // 다음 배너 구하기
    var $inBanner = this._$banners.eq(this._currentIndex);
```

```
    // 현재 배너 사라지게 하기
    $outBanner.css({ ❹
      top : -200
    });

    // 현재 배너 나타나게 하기
    $inBanner.css({ ❺
      top : 0
    });
  }
```

설명

❶ 먼저 nextBanner() 메서드를 신규로 만든 후 다음 배너를 활성화하는 코드를 작성해 줍니다.

❷ 좀더 자세히 설명하면 현재 배너와 다음 배너 인덱스 값을 구합니다.

❸ 배너 목록에서 인덱스 값에 해당하는 현재 배너와 다음 배너를 구합니다.

❹ 현재 배너는 화면에서 사라지게 만들어 줍니다.

❺ 다음 배너는 나타나게 만들어 줍니다.

❻ 타이머 아이디 값을 담을 변수를 만들어 줍니다. 초깃값은 -1로 설정해 줍니다.

❼ 신규로 startAutoPlay() 메서드를 추가한 후 타이머를 이용해 2초에 한 번씩 nextBanner() 메서드를 호출하는 코드를 작성해 줍니다.

❽ 배너가 무한 롤링될 수 있게 startAutoPlay() 메서드를 생성자에서 호출해 줍니다.

코드를 모두 입력한 후 실행해 보세요. 정상적으로 코드를 입력했다면 다음 실행화면처럼 배너가 무한 롤링되는 화면을 볼 수 있을 것입니다.

실행화면

단계 04 _ 롤링 효과 적용

드디어 마지막 작업이네요. 이번 단계에서 구현할 내용은 배너가 부드럽게 나타나고 사라지는 롤링 효과를 구현하는 작업입니다.

현재 배너는 페이드아웃되며 서서히 사라지고
다음 배너는 페이드인되며 서서히 나타납니다.

롤링 효과는 다음과 같은 순서로 구현됩니다.

롤링 준비

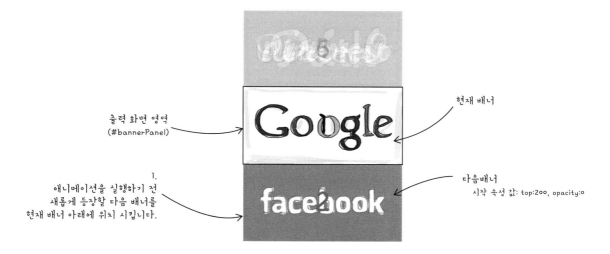

출력 화면 영역
(#bannerPanel)

현재 배너

1.
애니메이션을 실행하기 전
새롭게 등장할 다음 배너를
현재 배너 아래에 위치 시킵니다.

다음배너
시작 속성 값: top:200, opacity:0

롤링 시작

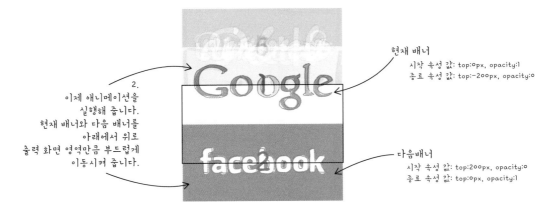

현재 배너
시작 속성 값: top:0px, opacity:1
종료 속성 값: top:-200px, opacity:0

2.
이제 애니메이션을
실행해 줍니다.
현재 배너와 다음 배너를
아래에서 위로
출력 화면 영역만큼 부드럽게
이동시켜 줍니다.

다음배너
시작 속성 값: top:200px, opacity:0
종료 속성 값: top:0px, opacity:1

롤링 완료

현재 배너
opacity 속성 값이 0이 되어
화면에서 보이지 않게 됩니다.

3.
최종 결과는
이렇게 됩니다.

다음배너
다음 배너가 현재 배너 위치에
오게 됩니다.

롤링반복

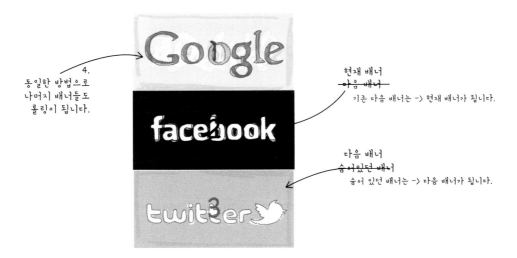

4.
동일한 방법으로
나머지 배너들도
롤링이 됩니다.

현재 배너
~~다음 배너~~
기존 다음 배너는 -> 현재 배너가 됩니다.

다음 배너
~~숨어있던 배너~~
숨어 있던 배너는 -> 다음 배너가 됩니다.

지금까지 설명을 코드로 표현하면 다음과 같습니다.

소스 _ 06부/08장/01_complete/m01/step04.html

```
// 다음 배너 활성화
RollingBanner.prototype.nextBanner=function(){
    // 현재 index값 구하기
    var outIndex = this._currrentIndex;
    // 다음 배너 index값 구하기
    this._currentIndex++;
    // 마지막 배너까지 롤링한 경우 다시 0번째부터 롤링될 수 있게 인덱스 값을 0으로 설정
    if (this._currentIndex >= this._$banners.length) {
      this._currentIndex = 0;
    }

    // 현재 배너 구하기
    var $outBanner = this._$banners.eq(outIndex);
    // 다음 배너 구하기
    var $inBanner = this._$banners.eq(this._currentIndex);

    // 롤링 준비-다음 배너 위치 초기화
    $inBanner.css({ ❶
        top:200,
        opacity:0
    })

    // 현재 배너 사라지게 하기
    $outBanner.stop().animate({ ❷
        top:-200,
        opacity:0
    },600);

    // 다음 배너 나타나게 하기
    $inBanner.stop().animate({ ❸
        top:0,
        opacity:1
    },600);
}
```

```
.rolling-banner{
    . . . .
    /* 테스트를 위해 주석 처리*/
    overflow:hidden; ❹
}

.rolling-banner img {
. . . .
    /* 테스트를 위해 속성 추가*/
    /*opacity:0.5; */ ❺
}
```

설명

❶ 롤링 순서 첫 번째 단계인 롤링 준비에 해당하는 코드입니다. 다음에 등장할 배너 위치를 잡아줍니다.

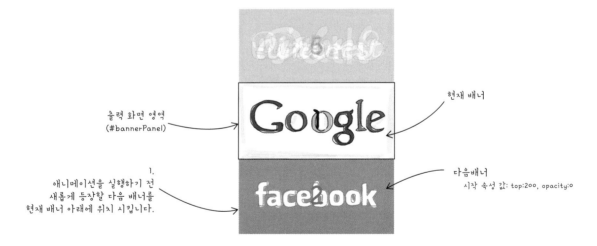

출력 화면 영역
(#bannerPanel)

현재 배너

다음배너
시작 속성 값: top:200, opacity:0

1.
애니메이션을 실행하기 전
새롭게 등장할 다음 배너를
현재 배너 아래에 위치 시킵니다.

❷ 롤링을 시작합니다. 현재 배너는 화면에서 사라지는 효과를 내기 위해 top을 −200px 위치로 opacity 값을 0으로 설정해 jQuery에서 제공하는 animate( ) 메서드를 호출해 줍니다.

❸ 다음 배너는 화면에 등장하는 효과를 내기 위해 top 값을 0px 위치로 opacity 값을 1로 설정해 animate( ) 메서드를 호출해 줍니다.

❷,❸ 내용이 호출되면 다음과 같이 배너가 롤링되기 시작합니다.

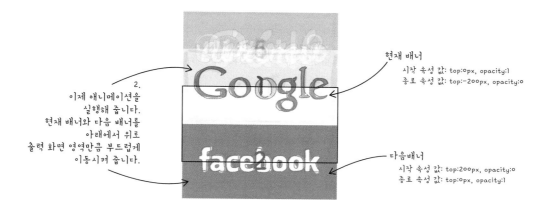

2.
이제 애니메이션을
실행해 줍니다.
현재 배너와 다음 배너를
아래에서 위로
출력 화면 영역만큼 부드럽게
이동시켜 줍니다.

현재 배너
시작 속성 값: top:0px, opacity:1
종료 속성 값: top:-200px, opacity:0

다음배너
시작 속성 값: top:200px, opacity:0
종료 속성 값: top:0px, opacity:1

롤링 애니메이션이 완료되면 현재 배너와 다음 배너는 다음 그림과 같은 상태가 됩니다.

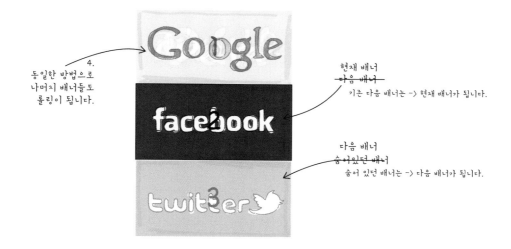

4.
동일한 방법으로
나머지 배너들도
롤링이 됩니다.

현재 배너
다음 배너
기존 다음 배너는 -> 현재 배너가 됩니다.

다음 배너
숨어있던 배너
숨어 있던 배너는 -> 다음 배너가 됩니다.

다시 nextBanner()가 호출되면 기존 다음 배너는 현재 배너가 되고 대기 중인 배너 중 하나가 다음 배너가 되어 결국에는 무한 롤링이 됩니다.

❹ 테스트를 위해 주석처리 해놓은 overflow:hidden을 다시 활성화시켜 줍니다.

❺ 테스트를 위해 추가했던 opacity:0.5를 제거해 줍니다.

코드를 모두 입력했다면 정상적으로 롤링이 되는지 실행해 보세요. 멋지게 동작하는 롤링 배너를 볼 수 있을 것입니다. 이렇게 해서 첫 번째 미션이자 첫 번째 버전인 롤링 배너를 클래스 단위 코딩으로 완성해 봤습니다. 지금까지 만든 롤링배너를 UML로 요약하면 다음과 같습니다.

```
┌─────────────────────────────────────┐
│           RollingBanner             │
├─────────────────────────────────────┤
│  _$banners                          │
│  _currentIndex                      │
│  _timerID                           │
│                                     │
├─────────────────────────────────────┤
│  RollingBanner()                    │
│  _init()                            │
│  _initBannerPos()                   │
│  startAutoPlay()                    │
│                                     │
└─────────────────────────────────────┘
```

전체 소스 코드는 다음과 같습니다.

소스 _ 06부/08장/01_complete/m01/step04.html

```javascript
$(document).ready(function(){
    // 인스턴스 생성
    var rolling1 = new RollingBanner();
})

function RollingBanner(){
    // 프로퍼티 생성및 초기화
    this._$banners = null;
    this._currentIndex=0;
    this._timerID = -1;

    this._init();
    this._initBannerPos();
    this.startAutoPlay();
}

// 요소 초기화.
RollingBanner.prototype._init=function(){
    this._$banners = $("#banner1 img");
}

// 배너 위치 초기화
RollingBanner.prototype._initBannerPos=function(){
```

```javascript
    // 배너 위치를 화면에서 보이지 않게 숨기기
    this._$banners.css("top", 200);

    // 0번째 배너 활성화
    this._$banners.eq(this._currentIndex).css("top", 0);
}


RollingBanner.prototype.startAutoPlay=function(){
    var objThis = this;

    // 타이머가 두번 이상 실행되지 않게 조건 처리
    if(this._timerID==-1){
        this._timerID = setInterval(function(){
            objThis.nextBanner();
        },2000);
    }
}


// 다음 배너 활성화
RollingBanner.prototype.nextBanner=function(){
     // 이전 배너 구하기
    var $outBanner = this._$banners.eq(this._currentIndex);

    // 다음 배너 index값 구하기
    this._currentIndex++;
    // 마지막 배너까지 롤링한 경우 다시 0번째부터 롤링될 수 있게 인덱스 값을 0으로 설정
    if(this._currentIndex>=this._$banners.length){
        this._currentIndex=0;
    }

    // 다음 배너 구하기
    var $inBanner = this._$banners.eq(this._currentIndex);

    // 다음 배너 위치 초기화
    $inBanner.css({
        top:200,
        opacity:0
    })
```

```
// 현재 배너 사라지게 하기
$outBanner.stop().animate({
    top:-200,
    opacity:0
},600);

// 다음 배너 나타나게 하기
$inBanner.stop().animate({
    top:0,
    opacity:1
},600);
}
```

미션 02 롤링 배너 ver 2.0 : 여러 개의 롤링배너 만들기

이번 미션에서는 하나의 클래스로 여러 개의 객체를 생성하기 위한 옵션값 처리 방법과 클래스 재사용 방법 등을 학습합니다.

01 _ 소개 및 미리보기

미션 01에서 만든 롤링 배너는 배너 선택자가 내부에 포함돼 있기 때문에 아쉽게도 오직 하나의 롤링 배너만을 만들 수밖에 없었습니다.

```
// 요소 초기화
RollingBanner.prototype._init=function(){

    this._$banners = $( "#banner1 img" );

}
```

배너 정보를 나타내는
선택자가 고정돼 있어요.

이와 더불어 배너 높이 값이 200으로 하드 코딩되어 있기 때문에 만약 배너 높이가 200이 아닌 경우 이 값도 수정해줘야 하는 번거로움이 있습니다.

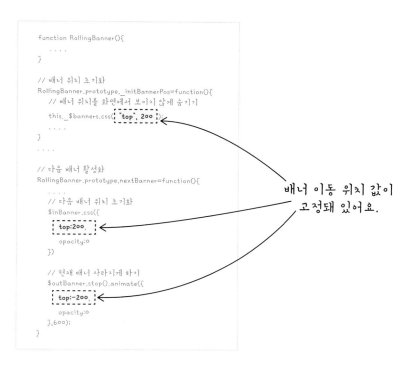

이번 미션은 바로 클래스 하나로 여러 개의 롤링 배너를 만들 수 있게 코드를 수정하는 것입니다. 실제 구현에 앞서 이번 미션에서 구현해야 할 내용을 정확히 파악하기 위해 구현 완료 파일을 실행해 보겠습니다.

■ 소스 _ 06부/08장/01_complete/m02/step05.html

실행해보면 크기가 다른 두 롤링배너가 각기 다르게 롤링되는 것을 볼 수 있을 것입니다.

실행화면

자세히 보면 두 개의 롤링 배너가 전환되는 시간과 롤링 효과의 진행 시간이 다르다는 것을 알 수 있을 것입니다. 바로 이 내용이 이제 여러분이 만들어야 할 미션입니다.

02 _ 요구사항

이번 미션의 요구사항을 정리하면 다음과 같습니다.

01. RollingBanner 클래스 하나로 여러 개의 롤링 배너를 만들 수 있게 수정해 주세요.

02. 배너 전환 시간을 설정할 수 있게 만들어 주세요.

03. 롤링 효과 시간을 설정할 수 있게 만들어 주세요.

필자가 생각하기에 요구사항은 비교적 어렵지 않아 보이는데 여러분은 어떻게 생각하고 있나요? 일단 여러분 스스로 요구사항을 어떻게 처리할 것인지 고민해보길 바랍니다.

03 _ 레이아웃 구성

원할한 진행을 위해 마크업 및 CSS 스타일 속성은 필자가 다음과 같이 만들어 둔 상태입니다.

```
<div class="rolling-banner" id="banner1">
    <img src="images/logo_01.jpg">
    <img src="images/logo_02.jpg">
    <img src="images/logo_03.jpg">
    <img src="images/logo_04.jpg">
    <img src="images/logo_05.jpg">
    <img src="images/logo_06.jpg">
</div>
```

```
<div class="rolling-banner" id="banner2">
    <img src="images/logo_01.jpg">
    <img src="images/logo_02.jpg">
    <img src="images/logo_03.jpg">
    <img src="images/logo_04.jpg">
    <img src="images/logo_05.jpg">
    <img src="images/logo_06.jpg">
</div>
```

Google

Google

```
#banner1 {
    left:50px;
    top:250px;
    width:400px;
    height:200px;
}
```

```
#banner2 {
    left:500px;
    top:250px;
    width:200px;
    height:100px;
}
```

공통 스타일

```
.rolling-banner{
    position:absolute;
    overflow:hidden;
    border:2px solid #00;
}
```

```
.rolling-banner img{
    position:absolute;
    top:0;
    left:0;
    width:100%;
    height:100%;
}
```

이렇게 해서 이번 미션에서 구현할 내용을 모두 살펴봤습니다. 그럼 지금부터 미션 풀이를 진행해 볼 텐데요. 미션을 스스로 풀 수 있는 분이라면 책을 덮고 풀이를 진행하면 됩니다. 스스로 풀지 못하는 분이라면 필자를 따라 진행하면 됩니다. 자! 그럼 시작해보죠.

04 _ 기능 구현하기

기능 구현은 이해를 돕기 위해 다음과 같이 총 5단계로 나눠 진행하겠습니다.

단계 01: 여러 개의 롤링 배너를 만들 수 있게 수정

단계 02: 롤링 배너 위치 값 자동으로 설정하기

단계 03: 단계 02 문제점 해결하기

단계 04: 배너 전환 시간 설정 기능 추가

단계 05: 롤링 효과 시간 설정 기능 추가

단계 01 _ 여러 개의 롤링 배너를 만들 수 있게 수정

앞에서 알아본 것처럼 현재 롤링 배너는 배너 정보가 고정돼 있기 때문에 여러 개의 롤링 배너를 만들 수 없습니다.

```
// 요소 초기화
RollingBanner.prototype._init=function(){

    this._$banners = $( "#banner1 img" );

}
```

배너 정보를 나타내는
선택자가 고정돼 있어요.

이번 단계에서는 이 부분을 수정해 하나의 RollingBanner 클래스로 여러 개의 롤링 배너를 만들 수 있게 수정해보죠. 코드는 설명 순서대로 입력하면 됩니다.

소스 _ 06부/08장/01_complete/m02/step01.html

```
$(document).ready(function(){
    // 인스턴스 생성
    var rolling1 = new RollingBanner("#banner1"); ❺
    var rolling2 = new RollingBanner("#banner2"); ❻
})
```

```
function RollingBanner(selector){ ❸
    // 프로퍼티 생성및 초기화
    this._$banners = null;
    this._currentIndex=0;
    this._timerID = -1;

    this._init(selector); ❹
    this._initBannerPos();
    this.startAutoPlay();
}

// 요소 초기화.
RollingBanner.prototype._init=function(selector){ ❶
    this._$banners = $(selector).children("img"); ❷
}
```

설명

❶ 먼저 고정된 선택자 값을 매개변수 값으로 받을 수 있게 selector라는 매개변수를 추가해 줍니다.

❷ 여기서 주의해야 할 사항이 있습니다. 기존 코드에서는 "#banner1 img"와 같은 식으로 선택자를 만들어 사용했는데요. 여기에서는 이 방법 대신 배너 이미지 정보를 가지고 있는 노드만을 선택자(#banner1 또는 #banner2)로 받아 내부에서 배너 이미지 정보(img)를 찾는 구조로 변경했습니다. 이렇게 변경한 이유는 배너 이미지를 감싸고 있는 노드, 즉 selector에 해당하는 DOM 요소에 이벤트를 걸어야 하는 경우가 많기 때문입니다.

❸ 배너 정보를 나타내는 선택자를 외부에서 설정할 수 있게 생성자에 selector라는 매개변수를 추가해 줍니다.

❹ 객체가 생성될 때 공용 요소를 찾도록 만들기 위해 ❸에서 받은 선택자 값을 _init() 메서드의 매개변수 값으로 넘겨 줍니다.

❺ 첫 번째 배너를 나타내는 선택자인 #banner1을 값으로 RollingBanner 클래스의 인스턴스를 생성해 줍니다.

❻ 추가로 두 번째 배너를 나타내는 선택자인 #banner2를 값으로 RollingBanner 클래스의 인스턴스를 생성해 줍니다.

지금까지 설명을 요약해보면 선택자 정보는 다음 같은 흐름을 타고 사용됩니다.

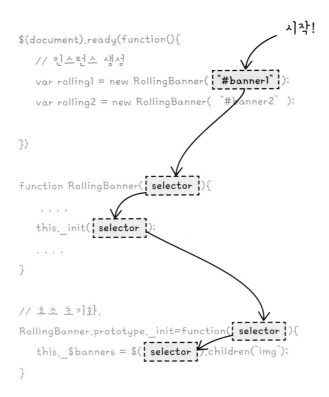

코드를 모두 입력했다면 두 개의 롤링 배너가 정상적으로 동작하는지 실행해 보세요. 실행 화면처럼 동시에 배너가 롤링되는 것을 볼 수 있을 것입니다.

실행화면

단계 02 _ 롤링 배너 위치 값 자동으로 설정하기

단계 01 실행화면은 정상적으로 동작하는 것처럼 보이지만 자세히 살펴보면 두 번째 배너가 정상적으로 동작하지 않는 것을 확인할 수 있습니다.

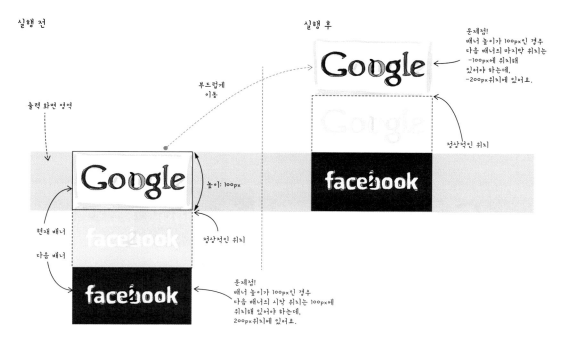

왜냐면 롤링 배너 위치 값이 200으로 고정돼 있기 때문에 두 번째 롤링 배너의 경우 높이가 100이고 다음에 등장할 배너의 시작위치가 100이어야 하지만 고정된 값 때문에 200이 돼 버립니다. 현재 배너의 사라지는 마지막 위치 역시 −100이 되어야 하는데 −200이 되어 깔끔하지 않게 롤링효과가 진행됩니다.

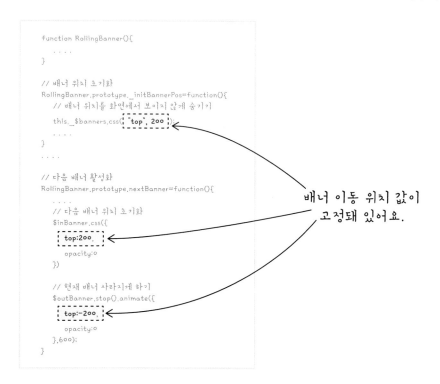

정리하자면 만약 이미지 높이가 200px인 경우 다음과 같이 동작해야 합니다.

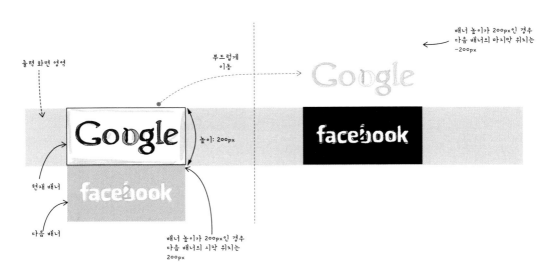

이미지 높이가 100px인 경우는 다음과 같이 동작해야 합니다.

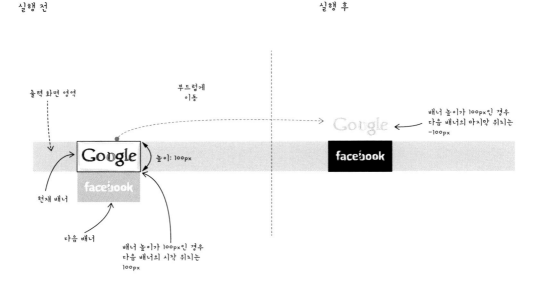

바로 이번 단계에서 구현할 내용은 배너에 따라 자동으로 다음 배너의 시작 위치 값과 현재 배너의 마지막 위치 값을 설정할 수 있게 만드는 작업입니다.

소스 _ 06부/08장/01_complete/m02/step02.html

```javascript
function RollingBanner(selector){
    // 프로퍼티 생성및 초기화
    this._$banners = null;
    this._currentIndex=0;
    this._timerID = -1;
    this._bannerHeight=0; ❶
    . . . .

}

// 요소 초기화.
RollingBanner.prototype._init=function(selector){
    this._$banners = $(selector);
    this._bannerHeight = this._$banners.eq(0).height(); ❷
}

// 배너 위치 초기화
RollingBanner.prototype._initBannerPos=function(){
    // 배너 위치를 화면에서 보이지 않게 숨기기
    this._$banners.css("top", this._bannerHeight); ❸
    . . . .
}

// 다음 배너 활성화
RollingBanner.prototype.nextBanner=function(){

    . . . .

    // 다음 배너 위치 초기화
    $inBanner.css({
        top: this._bannerHeight, ❹
        opacity:0
    })


    // 현재 배너 사라지게 하기
    $outBanner.stop().animate({
        top:- this._bannerHeight, ❺
```

```
        opacity:0
    },600);


    . . . .
  }
```

설명

❶ 생성자에 배너 높이를 담을 프로퍼티를 _bannerHeight라는 이름으로 추가합니다.

❷ 롤링 배너의 크기는 모두 동일하기 때문에 0번째 배너의 높이 값을 _bannerHeight에 대입해 줍니다.

❸, ❹, ❺에 고정돼 있던 200과 −200 대신 _bannerHeight 프로퍼티를 넣어 줍니다.

코드를 모두 입력했다면 정상적으로 동작하는지 실행해보죠. 하지만 아쉽게도 롤링배너가 제대로 동작하지 않을 것입니다. 이유는 시작부분에 해당하는 jQuery의 ready()는 배너 이미지가 로딩되기 전에 실행되기 때문에 ready()에서 배너 이미지의 높이를 구하는 경우 0이 돼버립니다. 문제 해결 방법에 대해서는 다음 단계에서 자세히 알아보겠습니다.

단계 03 _ 단계 02 문제점 해결하기

단계 02 문제점을 해결하는 방법은 두 가지 정도가 있습니다.

- 첫 번째 window.onload 이벤트를 활용하는 방법

- 두 번째 이미지의 load 이벤트를 활용하는 방법

먼저 첫 번째 방법부터 자세히 알아보죠.

1 _ 첫 번째 window.onload 이벤트를 활용하는 방법

자바스크립트 기본 객체인 window에서 발생하는 onload 이벤트는 웹브라우저가 웹페이지를 읽어 들인 후 파싱 단계를 거쳐 작성된 HTML 태그와 1:1 맵핑되는 DOM 객체를 만드는 작업부터 웹페이지에 포함된 이미지와 같은 리소스까지 모두 읽어들인 후 사용할 준비가 되면 발생하는 이벤트입니다.

이와 달리 현재 예제에서 사용한 jQuery의 ready() 메서드는 자바스크립트의 DOMContentLoaded라는 이벤트를 내부에서 사용하며 이 이벤트는 웹브라우저가 웹페이지를 읽어 들인 후 파싱 단계를 거쳐 작성된 태그와 1:1 맵핑되는 DOM 객체로 만드는 작업을 완료한 후 발생하는 이벤트입니다.

간단한 예제를 만들어 이 두 이벤트의 차이점에 대해 알아보죠.

DOMContentLoaded 이벤트 테스트

소스 _ 06부/08장/01_complete/m02/test_DOMContentLoaded.html

```
<html>
<head>
<script  type="text/javascript" src="../../../libs/jquery-1.11.0.min.js"></script>
    <script type="text/javascript">
        $(document).ready(function(){
            var height = $("#target").height();
            alert("height = "+height);
        })
    </script>
</head>

<body>
    <img src="images/logo_01.jpg" id="target">
</body>
</html>
```

설명

실행해보면 이미지 높이가 0으로 나오는 것을 알 수 있습니다. 몇 번 실행하다 보면 높이가 400으로 나오는 경우도 있는데 이유는 웹브라우저에 캐쉬된 이미지가 사용되기 때문입니다.

onLoad 이벤트 테스트

소스 _ 06부/08장/01_complete/m02/test_onload.html

```
<html>
<head>
<script  type="text/javascript" src="../../../libs/jquery-1.11.0.min.js"></script>
    <script type="text/javascript">
        window.onload=functioin(){
            var height = $("#target").height();
            alert("height = "+height);
        }
    </script>
</head>
```

```
<body>
    <img src="images/logo_01.jpg" id="target">
</body>
</html>
```

설명

이미지 크기가 정확하게 출력되는 것을 확인할 수 있습니다.

이에 따라 실행 즉시 이미지 크기를 알아내려면 window 객체에서 발생하는 onload 이벤트를 사용해야 합니다. 즉 기존 롤링 배너 코드를 ready() 메서드 대신 onload 이벤트로 다음과 같이 변경만 하면 됩니다.

소스 _ 06부/08장/01_complete/m02/step03_01.html

```
window.onload=function(){
    // 인스턴스 생성
    var rolling1 = new RollingBanner("#banner1 img");
    var rolling2 = new RollingBanner("#banner2 img");
}
```

2 _ 두 번째 이미지의 onLoad 이벤트를 활용하는 방법

〈img〉 태그와 1:1 맵핑되는 객체는 HTMLImageElement라는 객체입니다. 이 객체는 주로 img 태그의 src 속성에 해당하는 이미지를 읽어들여 화면에 보여주는 기능을 합니다. 이때 이미지를 모두 읽어들이면 onLoad라는 이벤트를 발생합니다.

소스 _ 06부/08장/01_complete/m02/test_image_onLoad.html

```
<html>
<head>
<script  type="text/javascript" src="../../../libs/jquery-1.11.0.min.js"></script>
    <script type="text/javascript">
        $(document).ready(function(){

            $("#target").on("load", function(){
                var height = $("#target").height();
                alert("height = "+height);
```

```
            })
        })
    </script>
</head>

<body>
    <img src="images/logo_01.jpg" id="target">
</body>
</html>
```

설명

이미지의 높이가 정상적으로 출력되는 것을 확인할 수 있습니다.

롤링 배너에 이미지 onLoad 이벤트를 활용하려면 다음과 같이 변경해줘야 합니다.

소스 _ 06부/08장/01_complete/m02/step03_02.html

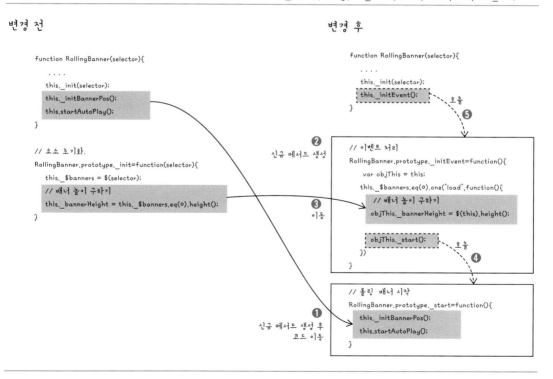

설명

❶ 우선 이미지 높이 값을 구하기 전까지 롤링 효과가 실행되면 안 되기 때문에 _start()라는 메서드를 만든 후 생성자에 작성한 _initBannerPos() 메서드와 startAutoPlay() 메서드 호출 코드를 옮겨 줍니다.

❷ 다음으로 _initEvent()라는 메서드를 신규로 만들어 줍니다. 그리고 첫 번째 배너에 load 이벤트 리스너를 걸어 줍니다. 이때 이벤트는 한 번만 사용하고 지울 것이기 때문에 on() 메서드 대신 one() 메서드를 사용합니다.

❸ load 이벤트 리스너 내부 높이 너비를 구하는 코드를 작성해 줍니다. 여기까지 실행되면 롤링 배너를 시작할 준비가 모두 마무리됩니다.

❹ 마지막으로 ❶에서 만든 _start() 메서드를 호출합니다.

❺ 지금까지 설명한 코드가 실행될 수 있게 생성자에서 _initEvent() 메서드를 호출해 줍니다.

코드를 모두 입력했다면 다시 한 번 실행해 보세요. 롤링 배너가 정상적으로 동작하는 것을 확인할 수 있을 것입니다. 풀이는 앞으로 두 번째 방법인 이미지 로드 이벤트를 활용한 방법을 사용하겠습니다.

단계 04 _ 배너 전환 시간 설정 기능 추가

이번에는 롤링 배너마다 배너 전환 시간을 다르게 설정할 수 있는 기능을 추가해 보죠. 수정 방법은 단계 01과 동일합니다. 고정된 값을 외부에서 설정할 수 있게 변경해 주는 것이죠.

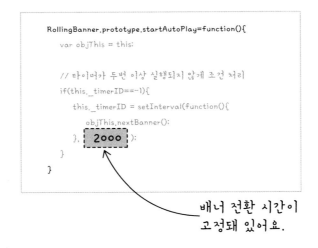

```
RollingBanner.prototype.startAutoPlay=function(){
    var objThis = this;

    // 타이머가 두번 이상 실행되지 않게 조건 처리
    if(this._timerID==-1){
        this._timerID = setInterval(function(){
            objThis.nextBanner();
        }, 2000 );
    }
}
```

배너 전환 시간이
고정돼 있어요.

소스 _ 06부/08장/01_complete/m02/step04.html

```
$(document).ready(function(){
    // 인스턴스 생성
```

```
        var rolling1 = new RollingBanner("#banner1", 3000); ❹
        var rolling2 = new RollingBanner("#banner2",1000); ❺
})

function RollingBanner(selector,playSpeed){ ❶
    // 프로퍼티 생성및 초기화
    this._$banners = null;
    this._currentIndex=0;
    this._timerID = -1;
    this._playSpeed = playSpeed; ❷

    . . .

}

RollingBanner.prototype.startAutoPlay=function(){
    var objThis = this;

    // 타이머가 두번 이상 실행되지 않게 조건 처리
    if(this._timerID==-1){
        this._timerID = setInterval(function(){
            objThis.nextBanner();
        },this._playSpeed); ❸
    }
}
```

풀이

❶ 외부에서 전환 시간을 설정할 수 있게 생성자에 playSpeed라는 매개변수를 추가해 줍니다.

❷ _playSpeed라는 이름을 가진 신규 프로퍼티를 추가한 후 playSpeed 매개변수 값으로 초기화해 줍니다.

❸ startAutoPlay에 고정된 2000 값 대신 _playSpeed 프로퍼티를 넣어 줍니다.

❹ 첫 번째 롤링 배너는 3000(3초)으로 전환 시간을 설정해 줍니다.

❺ 두 번째 롤링 배너는 1000(1초)로 전환 시간을 설정해 줍니다.

코드를 모두 입력했다면 정상적으로 동작하는지 실행해보죠. 각기 다르게 전환 효과가 동작하는 것을 확인할 수 있을 것입니다.

단계 05 _ 롤링 효과 시간 설정 기능 추가

이번 기능 역시 앞에서 했던 단계와 동일한 방법으로 고정된 롤링 효과 시간 값을 외부에서 설정할 수 있게 만들면 됩니다.

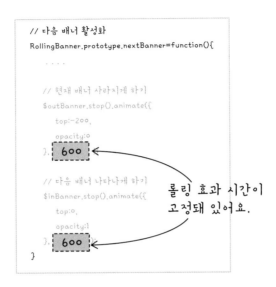

소스 _ 06부/08장/01_complete/m02/step05.html

```javascript
$(document).ready(function(){
    // 인스턴스 생성
    var rolling1 = new RollingBanner("#banner1", 3000,1000); ➎
    var rolling2 = new RollingBanner("#banner2",1000,300); ➏
})

function RollingBanner(selector,playSpeed, rollingSpeed){ ❶
    // 프로퍼티 생성 및 초기화
    . . . .
    this._rollingSpeed = rollingSpeed; ❷

    this._init(selector);
    this._initEvent();
}
```

```
// 다음 배너 활성화
RollingBanner.prototype.nextBanner=function(){

    . . . .

    // 현재 배너 사라지게 하기
    $outBanner.stop().animate({
        top:- this._bannerHeight,
        opacity:0
    },this._rollingSpeed); ❸

    // 다음 배너 나타나게 하기
    $inBanner.stop().animate({
        top:0,
        opacity:1
    },this._rollingSpeed); ❹
}
```

설명

❶ 외부에서 롤링 효과 시간을 설정할 수 있게 생성자에 rollingSpeed라는 매개변수를 추가해 줍니다.

❷ _rollingSpeed라는 이름을 가진 신규 프로퍼티를 추가한 후 rollingSpeed 매개변수 값으로 초기화해 줍니다.

❸, ❹ nextBanner() 메서드에서 600(0.6초)으로 고정되어 있는 값 대신 _rollingSpeed를 넣어 줍니다.

❺ 첫 번째 롤링 배너의 롤링 효과 시간을1000(1초)으로 설정해 줍니다.

❻ 두 번째 로링 배너의 롤링 효과 시간을 300(0.3초)으로 설정해 줍니다.

❺, ❻에서 주의해야 할 사항이 있는데요. 롤링 효과 시간이 전환보다 커서는 안 됩니다. 만약 크게 되는 경우 올린 효과가 진행 도중에 배너가 전환돼버립니다.

자! 코드를 모두 입력했다면 실행해보죠. 설정한 롤링 효과 시간이 적용돼 첫 번째 롤링 배너가 두 번째 롤링배너보다 느리게 롤링 효과가 동작하는 것을 확인할 수 있을 것입니다.

이렇게 해서 미션 02 풀이가 마무리됐습니다. 지금까지 작성한 코드를 UML로 요약하면 다음과 같습니다.

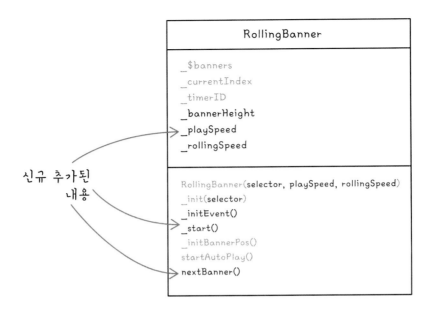

전체 소스 코드는 다음과 같습니다.

소스 _ 06부/08장/01_complete/m02/step05.html

```
$(document).ready(function(){
    // 인스턴스 생성
    var rolling1 = new RollingBanner("#banner1", 3000,1000);
    var rolling2 = new RollingBanner("#banner2",1000,300);
})

function RollingBanner(selector,playSpeed, rollingSpeed){
    // 프로퍼티 생성및 초기화
    this._$banners = null;
    this._currentIndex=0;
    this._timerID = -1;
    this._bannerHeight=0;
    this._playSpeed = playSpeed;
    this._rollingSpeed = rollingSpeed;

    this._init(selector);
    this._initEvent();
}
```

```javascript
// 요소 초기화.
RollingBanner.prototype._init=function(selector){
    this._$banners = $(selector).children("img");
}

// 이벤트 처리
RollingBanner.prototype._initEvent=function(){
    var objThis = this;
    this._$banners.eq(0).one("load",function(){
        // 배너 높이 구하기
        objThis._bannerHeight = $(this).height();
        objThis._start();
    })
}

// 롤링 배너 시작
RollingBanner.prototype._start=function(){
    this._initBannerPos();
    this.startAutoPlay();
}

// 배너 위치 초기화
RollingBanner.prototype._initBannerPos=function(){
    // 배너 위치를 화면에서 보이지 않게 숨기기
    this._$banners.css("top", this._bannerHeight);

    // 0번째 배너 활성화
    this._$banners.eq(this._currentIndex).css("top", 0);
}

RollingBanner.prototype.startAutoPlay=function(){
    var objThis = this;

    // 타이머가 두번 이상 실행되지 않게 조건 처리
    if(this._timerID==-1){
        this._timerID = setInterval(function(){
            objThis.nextBanner();
        },this._playSpeed);
    }
}
```

```
// 다음 배너 활성화
RollingBanner.prototype.nextBanner=function(){
    // 이전 배너 구하기
    var $outBanner = this._$banners.eq(this._currentIndex);

    // 다음 배너 index값 구하기
    this._currentIndex++;
    // 마지막 배너까지 롤링한 경우 다시 0번째부터 롤링될 수 있게 인덱스 값을 0으로 설정
    if(this._currentIndex>=this._$banners.length){
        this._currentIndex=0;
    }

    // 다음 배너 구하기
    var $inBanner = this._$banners.eq(this._currentIndex);

    // 다음 배너 위치 초기화
    $inBanner.css({
        top: this._bannerHeight,
        opacity:0
    })

    // 현재 배너 사라지게 하기
    $outBanner.stop().animate({
        top:- this._bannerHeight,
        opacity:0
    },this._rollingSpeed);

    // 다음 배너 나타나게 하기
    $inBanner.stop().animate({
        top:0,
        opacity:1
    },this._rollingSpeed);
}
```

미션 03   롤링 배너 ver 3.0: 상속 활용

이번 미션에서는 클래스 상속을 활용해 기능을 확장하는 방법을 학습합니다. 클래스 상속의 기능을 다시 한 번 확인할 수 있는 좋은 예제가 될 것입니다.

01 _ 미션 소개 및 미리보기

일반적인 롤링배너의 경우 배너 영역에 마우스가 들어오는 경우 롤링 효과가 멈추고 마우스가 배너 영역 밖으로 나가는 경우 다시 롤링되는 기능을 가지고 있습니다. 바로 이번 미션은 이 기능을 구현하는 것입니다. 이번 미션을 좀더 자세히 알아보기 위해 이미 완성된 파일을 열어 실행해보죠.

- 소스 _ 06부/08장/01_complete/m03/step03.html

실행화면

실행하면 미션 02에서 만든 것과 동일하게 동작하는 롤링 배너를 볼 수 있을 것입니다, 여기서 왼쪽 롤링 배너는 기존과 똑같은 일반 롤링배너입니다. 바로 두 번째 롤링 배너가 정지/재실행 기능이 구현된 롤링 배너입니다. 테스트를 한번 해보죠. 두 번째 롤링 배너에 마우스 프인터 올려 보세요. 멈추죠? 다시 마우스 포인터를 롤링배너 밖으로 이동해 보세요. 그럼 다시 롤링되기 시작할 것입니다.

02 _ 요구사항

지금까지 살펴본 내용을 정리하면 여러분은 다음 요구사항에 맞게 기존 롤링 배너를 확장해 기능을 추가하는 미션입니다.

01. 기존 롤링 배너를 확장해 롤링 배너에 마우스 커서가 들어오는 경우 멈추고 다시 밖으로 나가는 경우 다시 롤링되게 만들어 주세요.

02. 단, 기존 RollingBanner 클래스를 절대 수정해서는 안 됩니다.

이 미션의 핵심 바로 두 번째 내용입니다. 여러분은 기존에 만들어져 있는 RollingBanner 클래스를 절대 수정해서는 안 됩니다. 자! 그럼 지금부터 책을 덮고 요구사항에 맞게 구현을 시작해보죠. 풀이를 스스로 할 수 없을 것 같은 분들은 필자를 따라 진행하면 됩니다.

03 _ 핵심 내용 및 해결책 찾기

이번 미션의 핵심은 기존 RollingBanner 클래스를 수정하지 않고 기능을 추가하는 것입니다. 왠지 모순처럼 들리지만 이럴 때 사용하는 기능이 바로 클래스 상속이라는 것을 앞에서 배웠습니다. 맞습니다. 이번 미션은 여러분이 과연 상속을 제대로 이해하고 있는지 테스트하기 위한 미션입니다. 혹시 앞에서 배운 상속이 전혀 기억나지 않는 분들은 다시 앞으로 돌아가 상속에 대해 다시 한 번 복습하고 오길 바랍니다.

04 _ 구현하기

이번 미션 풀이는 이해를 돕기 위해 다음과 같이 총 3단계로 나눠 진행하겠습니다.

단계 01: 자식 롤링 배너 클래스 만들기

단계 02: 요소 초기화 메서드 기능 확장

단계 03: 정지/재시작 기능 추가

그럼 첫 번째 단계부터 시작해보죠.

단계 01 _ 자식 롤링 배너 클래스 만들기

이번 단계에서는 기존 RollingBanner 클래스를 확장해 기능을 추가할 자식 클래스를 만드는 작업을 하겠습니다.

소스 _ 06부/08장/01_complete/m03/step01.html

```
// 자식 롤링 배너 클래스
function ChildRollingBanner(selector, playSpeed, rollingSpeed){ ❶
    RollingBanner.call(this, selector, playSpeed, rollingSpeed); ❷
}

// RollingBanner 상속 받기
ChildRollingBanner.prototype = new RollingBanner(); ❸
ChildRollingBanner.prototype.constructor = ChildRollingBanner; ❹
```

```
$(document).ready(function(){
    // 인스턴스 생성
    var rolling1 = new RollingBanner("#banner1", 3000,1000);
    var rolling2 = new ChildRollingBanner("#banner2",1000,300); ❺
})
```

설명

❶ 먼저 RollingBanner 클래스를 상속받아 기능을 추가할 자식 클래스를 ChildRollingBanner라는 이름으로 클래스를 만들어 줍니다.

여기에서 주의해야 할 사항이 있는데요. 부모 생성자에 넘겨줘야 할 파라미터 값이 있는 경우 자식 클래스의 생성자에서 값을 받아 넘겨줘야 합니다. 이를 위해서 자식클래스의 생성자에도 부모 클래스의 생성자와 똑같이 매개변수를 만들어 줍니다.

❷ 자식에서 받은 매개변수 값을 그대로 부모에게 넘겨주기 위해 자식 객체 생성 시 넘겨 받은 매개변수 값을 call() 메서드를 이용해 부모 생성자로 넘겨 줍니다(05장. Lesson01의 02_자바스크립트에서 부모생성자 호출하기 참조).

❸ 부모 클래스인 RollingBanner를 자식 클래스인 ChildRollingBanner가 상속받을 수 있게 상속 관계를 만들어 줍니다.

❹ ❸이 실행되면 생성자 정보를 담고 있는 속성인 constructor에는 기존 부모의 생성자가 담기게 됩니다. 그렇기 때문에 자식 클래스의 생성자를 대입해 줘야 합니다. (05장 객체지향 프로그래밍 특징 03-클래스 상속 중급 내용 중 Lesson04. constructor 프로퍼티 활용 편을 참고하세요)

❺ 아직 기능을 모두 구현하지 않았지만 입력한 정보가 정상적으로 테스트하기 위해 두 번째 롤링 배너를 ChildRollingBanner 클래스로 변경해 줍니다.

자! 코드를 모두 입력했다면 정상적으로 동작하는지 실행해보죠! 실행 결과는 기존과 동일하니 입력한 코드에서 에러가 없는지 확인만 하면 됩니다.

단계 02 _ 요소 초기화 메서드 기능 확장

마우스가 롤링 배너로 들어오는 경우 롤링 효과를 멈추고 나가는 경우 다시 롤링 효과가 동작되게 하려면 롤링 배너 자체에 이벤트를 걸어야 합니다. 이번 단계에서는 이벤트 리스너를 등록하기 위한 준비 작업을 해보겠습니다.

소스 _ 06부/08장/01_complete/m03/step02.html

```
// 자식 롤링 배너 클래스
function ChildRollingBanner(selector, playSpeed, rollingSpeed){
    this._$rolling = null; ❶
    RollingBanner.call(this, selector, playSpeed, rollingSpeed);
}

// 요소 초기화.
ChildRollingBanner.prototype._init=function(selector){ ❷
    this._$rolling = $(selector); ❸
    RollingBanner.prototype._init.call(this, selector); ❹
}
```

설명

❶ 먼저 이벤트를 걸기 위해 필요한 롤링 배너를 담을 _$rolling프로퍼티를 생성자에 추가해 줍니다.

❷ 요소 초기화 기능을 확장하기 위해 _init() 메서드를 오버라이드(override)해 줍니다.

❸ selector 정보에 해당하는 요소를 찾아 _$rolling 프로퍼티에 저장합니다.

❹ 롤링할 배너들을 찾는 기능은 부모 클래스의 _init() 메서드에 이미 구현돼 있기 때문에 부모 클래스의 _init() 메서드를 호출해 줍니다.

코드를 입력했다면 정상적으로 동작하는지 실행해보죠. 이번 단계 역시 실행화면은 동일합니다. 여기서 주의해서 봐야 할 부분은 _init() 메서드입니다.

ChildRollingBanner 클래스의 인스턴스가 생성되면 _init() 메서드는 다음과 같은 순서로 실행됩니다.

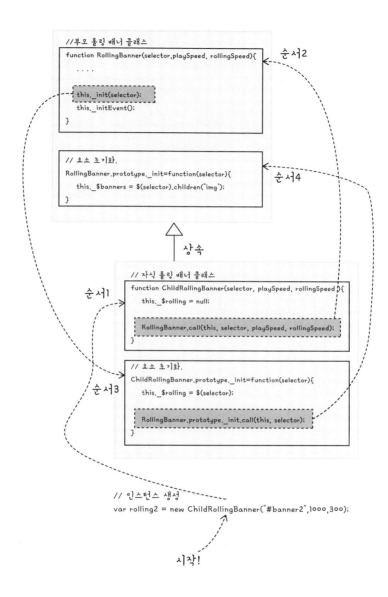

순서1

ChildRollingBanner 클래스의 인스턴스가 생성되면 먼저 자식 클래스의 생성자가 실행됩니다.

순서2

RollingBanner.call( ) 메서드에 의해 부모 클래스의 생성자가 실행되며 프로퍼티가 생성됩니다.

순서 3

부모생성자에 내부의 this._init( ) 메서드가 호출되면 부모 클래스의 _init( ) 메서드가 호출되는 것이 아니라 자식 클래스의 _init( ) 메서드가 호출됩니다.

순서4

RollingBanner.prototype._init.call() 메서드에 의해서 부모 클래스의 _init() 메서드가 호출됩니다.

단계 03 _ 정지/재시작 기능 추가

이번에는 이번 미션의 핵심 기능인 롤링 배너 위에 마우스가 들어올 때 롤링 효과가 멈추고 나가는 경우 다시 롤링 효과가 동작하게 만드는 기능을 구현해 보겠습니다.

소스 _ 06부/08장/01_complete/m03/step03.html

```
// 메서드 override
ChildRollingBanner.prototype._initEvent=function(){ ❷
    RollingBanner.prototype._initEvent.call(this); ❸
    var objThis = this;
    // 마우스가 롤링 배너에 들어오는 경우 롤링 효과 정지
    this._$rolling.mouseenter(function(){ ❹
        objThis.stopAutoPlay();
    });

    // 마우스가 롤링 배너 밖으로 나가는 경우 롤링 효과 재시작
    this._$rolling.mouseleave(function(){ ❺
        objThis.startAutoPlay();
    });
}

// 롤링 효과 정지
ChildRollingBanner.prototype.stopAutoPlay=function(){ ❶
    if(this._timerID!=-1){
        clearInterval(this._timerID);
        this._timerID =-1;
    }
}
```

설명

❶ 신규로 stopAutoPlay() 메서드를 추가한 후 타이머를 멈추는 코드를 작성합니다.

❷ 신규로 이벤트를 등록하기 위해 _initEvent() 메서드를 오버라이드합니다.

❸ 부모의 _initEvent() 메서드를 호출해 줍니다.

❹ 마우스가 롤링 배너 안으로 들어오는 경우 롤링 배너를 멈추기 위해 _$rolling 요소에 mouseenter 이벤트를 추가한 후 stopAutoPlay() 메서드를 호출해 줍니다.

❺ 마우스가 롤링 배너 밖으로 나가는 경우 멈춰있는 롤링 배너를 다시 동작할 수 있게 _$rolling 요소에 mouseleave 이벤트를 추가한 후 startAutoPlay() 메서드를 호출해 줍니다.

코드를 모두 입력했다면 정상적으로 동작하는 실행해보죠. 실행 한 후 마우스 커서를 두 번째 롤링 배너 위치에 올려 롤링 배너가 멈추는지 확인해 보세요. 그리고 다시 마우스를 롤링 배너 밖으로 뺀 후 배너가 다시 롤링되는지 확인해 보세요.

어떤가요? 정상적으로 동작하죠!? 이처럼 클래스 상속을 활용하면 기능을 재사용할 수 있을 뿐만 아니라 확장할 수도 있습니다.

지금까지 만든 내용을UML로 요약하면 다음과 같이 표현할 수 있습니다.

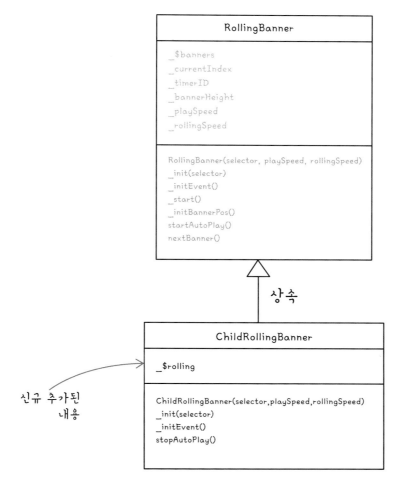

전체 소스 코드 소스 _ 06부/08장/01_complete/m03/step03.html

```javascript
$(document).ready(function(){
    // 인스턴스 생성
    var rolling1 = new RollingBanner("#banner1", 3000,1000);
    var rolling2 = new ChildRollingBanner("#banner2",1000,300);
})

function RollingBanner(selector,playSpeed, rollingSpeed){
    // 프로퍼티 생성및 초기화
    this._$banners = null;
    this._currentIndex=0;
    this._timerID = -1;
    this._bannerHeight=0;
    this._playSpeed = playSpeed;
    this._rollingSpeed = rollingSpeed;

    this._init(selector);
    this._initEvent();
}

// 요소 초기화.
RollingBanner.prototype._init=function(selector){
    this._$banners = $(selector).children("li");
}

// 이벤트 처리
RollingBanner.prototype._initEvent=function(){
    var objThis = this;
    this._$banners.eq(0).one("load",function(){
        // 배너 높이 구하기
        objThis._bannerHeight = $(this).height();
        objThis._start();
    })
}

// 롤링 배너 시작
RollingBanner.prototype._start=function(){
    this._initBannerPos();
    this.startAutoPlay();
}
```

```javascript
// 배너 위치 초기화
RollingBanner.prototype._initBannerPos=function(){
    // 배너 위치를 화면에서 보이지 않게 숨기기
    this._$banners.css("top", this._bannerHeight);

    // 0번째 배너 활성화
    this._$banners.eq(this._currentIndex).css("top", 0);
}

RollingBanner.prototype.startAutoPlay=function(){
    var objThis = this;

    // 타이머가 두번 이상 실행되지 않게 조건 처리
    if(this._timerID==-1){
        this._timerID = setInterval(function(){
            objThis.nextBanner();
        },this._playSpeed);
    }
}

// 다음 배너 활성화
RollingBanner.prototype.nextBanner=function(){
     // 이전 배너 구하기
    var $outBanner = this._$banners.eq(this._currentIndex);

    // 다음 배너 index값 구하기
    this._currentIndex++;
    // 마지막 배너까지 롤링한 경우 다시 0번째부터 롤링될 수 있게 인덱스 값을 0으로 설정
    if(this._currentIndex>=this._$banners.length){
        this._currentIndex=0;
    }

    // 다음 배너 구하기
    var $inBanner = this._$banners.eq(this._currentIndex);

    // 다음 배너 위치 초기화
    $inBanner.css({
        top: this._bannerHeight,
        opacity:0
    })
```

```javascript
    // 현재 배너 사라지게 하기
    $outBanner.stop().animate({
        top:- this._bannerHeight,
        opacity:0
    },this._rollingSpeed);

    // 다음 배너 나타나게 하기
    $inBanner.stop().animate({
        top:0,
        opacity:1
    },this._rollingSpeed);
}

// 자식 롤링 배너 클래스
function ChildRollingBanner(selector, playSpeed, rollingSpeed ){
    this._$rolling = null;
    RollingBanner.call(this, selector, playSpeed, rollingSpeed);
}

// RollingBanner 상속 받기
ChildRollingBanner.prototype = new RollingBanner();
ChildRollingBanner.prototype.constructor = ChildRollingBanner;

// 요소 초기화.
ChildRollingBanner.prototype._init=function(selector){
    this._$rolling = $(selector);
    RollingBanner.prototype._init.call(this, selector);
}

// 메서드 override
ChildRollingBanner.prototype._initEvent=function(){
    RollingBanner.prototype._initEvent.call(this);
    var objThis = this;
    // 마우스가 롤링 배너에 들어오는 경우 롤링 효과 정지
    this._$rolling.mouseenter(function(){
        objThis.stopAutoPlay();
    });

    // 마우스가 롤링 배너 밖으로 나가는 경우 롤링 효과 재시작
    this._$rolling.mouseleave(function(){
```

```
        objThis.startAutoPlay();
    });
}

// 롤링 효과 정지
ChildRollingBanner.prototype.stopAutoPlay=function(){
    if(this._timerID!=-1){
        clearInterval(this._timerID);
        this._timerID =-1;
    }
}
```

미션 04   롤링 배너 ver 4.0: 다형성과 합성 활용

이번 미션에서는 객체지향 프로그래밍의 가장 핵심적인 기능인 다형성과 합성을 활용한 기능 확장 방법을 학습합니다. 다형성과 합성의 기능을 다시 한 번 확인할 수 있는 좋은 예제가 될 것입니다.

01 _ 미션 소개 및 미리보기

실행화면

아래에서 위로 롤링되는 효과

위에서 아래로 롤링되는 효과

오른쪽에서 왼쪽으로 롤링되는 효과

왼쪽에서 오른쪽으로 롤링되는 효과

이번 미션은 실행 화면처럼 기존 롤링 배너에 3개의 롤링효과를 추가한 후 원하는 효과를 선택해서 사용할 수 있게 하는 미션입니다.

이번 미션을 정확하게 이해하기 위해 이미 구현이 돼 있는 파일을 웹브라우저에서 실행해 주세요.

- 소스 _ 06부/08장/01_complete/m04/step03.html

실행 화면을 살펴보면 첫 번째 롤링 배너는 기존 롤링 효과를 가지고 있습니다. 두 번째는 위에서 아래로 롤링됩니다. 그리고 다음 줄의 첫 번째 롤링 배너는 오른쪽에서 왼쪽으로 롤링됩니다. 마지막 롤링 배너는 왼쪽에서 오른쪽으로 롤링됩니다.

4개의 롤링 배너 모두 마우스가 들어오는 경우 멈추가 다시 나가면 실행되는 기능을 가지고 있습니다.

02 _ 요구사항

요구사항을 정리하면 다음과 같습니다.

01. 배너가 아래에서 위로 롤링되게 만들어 주세요.

02. 배너가 위에서 아래로 롤링되게 만들어 주세요.

03. 배너가 왼쪽에서 오른쪽으로 롤링되게 만들어 주세요.

04. 배너가 오른쪽에서 왼쪽으로 롤링되게 만들어 주세요.

05. 네 개의 롤링 효과를 선택해서 사용할 수 있게 만들어 주세요.

06. 단, 롤링 효과는 다형성을 활용해 만들어 주세요.

03 _ 레이아웃

여러분이 작업할 웹페이지는 필자가 이미 다음과 같이 만들어 논 상태입니다.

```
<div class="rolling-banner" id="banner1">
    <img src="images/logo_01.jpg">
    <img src="images/logo_02.jpg">
    <img src="images/logo_03.jpg">
    <img src="images/logo_04.jpg">
    <img src="images/logo_05.jpg">
    <img src="images/logo_06.jpg">
</div>
```

```
<div class="rolling-banner" id="banner2">
    <img src="images/logo_01.jpg">
    <img src="images/logo_02.jpg">
    <img src="images/logo_03.jpg">
    <img src="images/logo_04.jpg">
    <img src="images/logo_05.jpg">
    <img src="images/logo_06.jpg">
</div>
```

```
<div class="rolling-banner" id="banner3">
    <img src="images/logo_01.jpg">
    <img src="images/logo_02.jpg">
    <img src="images/logo_03.jpg">
    <img src="images/logo_04.jpg">
    <img src="images/logo_05.jpg">
    <img src="images/logo_06.jpg">
</div>
```

```
<div class="rolling-banner" id="banner4">
    <img src="images/logo_01.jpg">
    <img src="images/logo_02.jpg">
    <img src="images/logo_03.jpg">
    <img src="images/logo_04.jpg">
    <img src="images/logo_05.jpg">
    <img src="images/logo_06.jpg">
</div>
```

 이렇게 해서 이번 구현해야 할 미션에 대해 자세히 알아봤습니다. 자! 그럼 책을 덮고 여러분 스스로 요구사항에 맞게 롤링 배너를 만들어 보세요. 직접 구현하기 어려운 분은 필자를 따라 풀이를 진행하면 됩니다. 그럼 구현을 시작해보죠!

04 _ 핵심 내용 및 해결 방법 찾기

미션을 풀기 위해서는 우선 요구사항을 철저하게 분석해야 합니다. 그리고 어떻게 해결할 것인지 해결 방법까지 찾아 내야 합니다. 특히 객체지향 프로그래밍을 하는 경우 객체와 객체 간의 관계까지 설계해야 합니다.

자, 그럼 지금부터 여러분이 직접 여러 개의 롤링 효과를 어떻게 구현하고 어떻게 사용할 것인지 설계를 해보죠. 힌트를 살짝 드리자면 앞에서 배운 다형성과 합성을 이용하면 됩니다. 그리고 선언 부분과 구현 부분을 나눠 설계하세요. 필자는 잠시 후에 뵙겠습니다

. . . .

다들 설계는 해보셨나요? 좋습니다. 그럼 여러분이 설계한 내용과 필자가 설계한 내용을 비교해가면서 다음 내용을 봐주세요. 우선 설계에 앞서 구조가 앞의 다형성에서 풀었던 심플 갤러리 구조와 많이 닮아 있는 것을 확인할 수 있습니다. 심플 이미지 갤러리는 롤링 배너이고 4개의 정렬 기능은 4개의 롤링 효과와 동일합니다. 물론 구현 내용은 다르지만 구조는 완전히 닮아 있습니다. 그렇다면 설계도는 다음과 같은 구조가 될 것입니다.

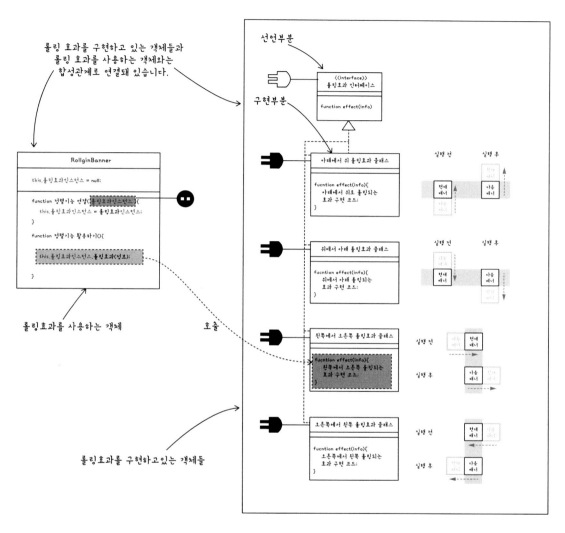

이 설계도는 그저 추측으로만 그린 것이며 아직 검증되지 않은 상태임을 알려드립니다. 구조는 크게 롤링 효과를 구현한 부분과 이 효과를 사용하는 부분으로 구성되어 있으며 이 둘은 전형적인 합성 관계로 연결됩니다. 또한 네 개의 롤링 효과를 구현하고 있는 클래스는 롤링 효과 인터페이스로 만들어진 선언부분의 기능을 구현하고 있는 전형적인 다형성을 적용한 구조로 만들어져 있습니다.

자! 그럼! 여기서 가상으로 잡은 설계도가 실제 구현 가능한지 기존 코드를 가지고 테스트해보죠. 테스트하는 방법은 간단합니다. 기존 롤링 배너 클래스에 구현돼 있는 아래에서 위로 롤링되는 효과를 독립적인 객체로 만든 후 롤링 배너에서는 다시 이 롤링 효과를 합성해서 사용해보는 것이죠.

지금까지 내용을 구현 코드로 표현하면 다음과 같습니다.

소스 _ 06부/08장/01_complete/m04/test_effect.html

변경 전

```
// 다음 배너 활성화
RollingBanner.prototype.nextBanner=function(){

    // 이전 배너 구하기
    var $outBanner = this._$banners.eq(this._currentIndex);

    // 다음 배너 index값 구하기
    this._currentIndex++;
    if(this._currentIndex)=this._$banners.length){
        this._currentIndex=0;
    }

    // 다음 배너 구하기
    var $inBanner = this._$banners.eq(this._currentIndex);

    // 다음 배너 위치 초기화
    $inBanner.css({
        top: this._bannerHeight,
        opacity:0
    })

    // 현재 배너 사라지게 하기
    $outBanner.stop().animate({
        top:- this._bannerHeight,
        opacity:0
    },this._rollingSpeed);

    // 다음 배너 나타나게 하기
    $inBanner.stop().animate({
        top:0,
        opacity:1
    },this._rollingSpeed);

}
```

❶ 롤링 효과를
롤링 배너에서 분리해
독립적인 클래스로 구현

❷ 롤링 효과를
합성해서 사용

변경 후

```
// 다음 배너 활성화
RollingBanner.prototype.nextBanner=function(){

    // 이전 배너 구하기
    var $outBanner = this._$banners.eq(this._currentIndex);

    // 다음 배너 index값 구하기
    this._currentIndex++;
    if(this._currentIndex)=this._$banners.length){
        this._currentIndex=0;
    }

    // 다음 배너 구하기
    var $inBanner = this._$banners.eq(this._currentIndex);

    BTRollingEffect.effect({
        "$inBanner": $inBanner,
        "$outBanner":$outBanner,
        bannerHeight:this._bannerHeight,
        speed:this._rollingSpeed
    })
}
```

```
BTRollingEffect = {
    effect:function(info){

        // 다음 배너 위치 초기화
        info.$inBanner.css({
            top:info.bannerHeight,
            opacity:0
        })

        // 현재 배너 사라지게 하기
        info.$outBanner.stop().animate({
            top:-info.bannerHeight,
            opacity:0
        },info.speed);

        // 다음 배너 나타나게 하기
        info.$inBanner.stop().animate({
            top:0,
            opacity:1
        },info.speed);

    }
}
```

설명

❶ 롤링 효과를 독립적인 클래스로 구현

먼저 합성관계를 적용하기 위해 RollingBanner 클래스에 구현돼 있는 아래에서 위로 롤링되는 효과를 분리해 신규 클래스에 구현해 줍니다. 클래스에 대한 인스턴스는 여러 개 생성하지 않을 것이기 때문에 프로토타입(prototype)을 활용한 클래스보다는 오브젝트 리터럴 방식으로 만드는 것이 더 효과적입니다.

❷ 롤링배너에서 롤링 효과를 합성해서 사용하기

롤링 효과는 이제 독립적으로 구현된 상태이기 때문에 nextBanner() 메서드에서 기존 롤링 효과 코드를 모두 지워 줍니다. 그리고 그 자리에 롤링 효과를 합성해서 사용합니다.

코드를 모두 입력했다면 롤링 효과가 정상적으로 동작하는지 실행해 보세요. 어떤가요? 정상적으로 잘 동작하죠!

좋습니다. 상상했던 설계도가 실현가능한 설계도라고 판단이 됐기 때문에 이제 남은 작업은 설계도에 맞게 구현하는 작업만 남은 것 같군요.

05 _ 구현하기

지금부터 설계도에 맞게 구현을 시작해볼 텐데요. 구현은 이해를 돕기 위해 다음과 같이 몇 개로 나눠 진행해 보겠습니다.

단계 01: 롤링 효과 선언부분 만들기

단계 02: 롤링 효과 구현부분 만들기

단계 03: 롤링 배너에 롤링 효과 연결(합성)해서 사용하기

우선 롤링 효과 구현 부분을 먼저 만든 후 롤링 효과를 사용하는 부분을 만드는 순서로 진행하겠습니다.

단계 01 _ **롤링 효과 선언부분 만들기**

다형성을 적용한 롤링 효과를 구현하기 위해서는 먼저 롤링 효과들이 공통적으로 가지고 있어야 하는 기능을 선언부분으로 만드는 작업입니다. 롤링 효과의 경우 효과를 처리하는 기능 하나만 선언부분으로 만들어 주면 됩니다. 메서드 이름은 effect로 정하겠습니다.

다음으로 메서드의 매개변수를 만들어보죠. 앞의 핵심 내용에서 알아본 것처럼 네 가지 롤링 효과 모두 공통적으로 필요한 데이터는 현재 출력된 배너와 다음에 등장할 배너 그리고 롤링 속도 값입니다.

추가로 위에서 아래로 롤링되는 효과와 아래에서 위로 롤링되는 효과는 배너의 높이 값이 필요하고, 왼쪽에서 오른쪽으로 롤링되는 효과와 오른쪽에서 왼쪽으로 롤링되는 효과는 배너의 너비 값이 필요합니다. 매개변수가 많기 때문에 여러 개의 매개변수를 나누는 것보다 하나의 리터럴로 묶어 사용하는 것이 더 낫습니다. 정리하면 선언 부분은 다음과 같이 만들 수 있습니다.

```
function effect(info){
}
```

info 매개변수에는 다음과 같이 총 5개의 정보가 담긴 리터럴 오브젝트가 롤링 배너 객체에서 롤링 효과 객체쪽으로 넘어오게 됩니다.

프로퍼티	설명
$inBanner	나타날 배너
$outBanner	사라질 배너
bannerWidth	배너 너비
bannerHeight	배너 높이
rollingSpeed	롤링 속도

아쉽게도 자바스크립트의 경우 다형성의 선언부분을 정의하는 문법인 인터페이스나 추상 클래스를 제공하지 않기 때문에 만들었다는 가정을 한다고 했습니다.

단계 02 _ 롤링 효과 구현부분 만들기

이번에는 롤링 효과 선언부분에 맞게 실제 동작하는 코드를 구현하는 단계입니다. 구현해야 할 롤링 효과가 총 4개이니 오브젝트 리터럴 방식으로 다음과 같이 만들어 줍니다.

소스 _ 06부/08장/01_complete/m04/step02.html

```
// 아래에서 위로 롤링되는 효과
BTRollingEffect = { ❶
    effect:function(info){
        // 다음 배너 위치 초기화
        info.$inBanner.css({
            top:info.bannerHeight,
            opacity:0
        })

        // 현재 배너 사라지게 하기
        info.$outBanner.stop().animate({
```

```
            top:-info.bannerHeight,
            opacity:0
        },info.speed);

        // 다음 배너 나타나게 하기
        info.$inBanner.stop().animate({
            top:0,
            opacity:1
        },info.speed);
    }
}

// 위에서 아래로 롤링되는 효과
TBRollingEffect = { ❷
    effect:function(info){
        // 다음 배너 위치 초기화
        info.$inBanner.css({
            top:-info.bannerHeight,
            opacity:0
        })

        // 현재 배너 사라지게 하기
        info.$outBanner.stop().animate({
            top:info.bannerHeight,
            opacity:0
        },info.speed);

        // 다음 배너 나타나게 하기
        info.$inBanner.stop().animate({
            top:0,
            opacity:1
        },info.speed);
    }
}

// 왼쪽에서 오른쪽으로 롤링되는 효과
LTRollingEffect = { ❸
    effect:function(info){
        // 다음 배너 위치 초기화
        info.$inBanner.css({
            left:-info.bannerWidth,
```

```
                opacity:0
            })

            // 현재 배너 사라지게 하기
            info.$outBanner.stop().animate({
                left:info.bannerWidth,
                opacity:0
            },info.speed);

            // 다음 배너 나타나게 하기
            info.$inBanner.stop().animate({
                top:0,
                opacity:1
            },info.speed);
        }
    }

// 오른쪽에서 왼쪽으로 롤링되는 효과
TLRollingEffect = {  ❹
    effect:function(info){
        // 다음 배너 위치 초기화
        info.$inBanner.css({
            left:info.bannerWidth,
            opacity:0
        })

        // 현재 배너 사라지게 하기
        info.$outBanner.stop().animate({
            left:-info.bannerWidth,
            opacity:0
        },info.speed);

        // 다음 배너 나타나게 하기
        info.$inBanner.stop().animate({
            top:0,
            opacity:1
        },info.speed);
    }
}
```

설명

❶ 리터럴 오브젝트 방식으로 아래에서 위로 롤링되는 효과를 구현합니다.

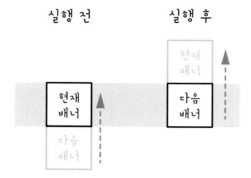

❷ 리터럴 오브젝트 방식으로 위에서 아래로 롤링되는 효과를 구현합니다.

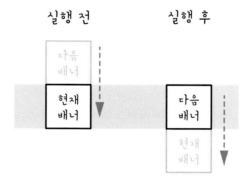

❸ 리터럴 오브젝트 방식으로 왼쪽에서 오른쪽으로 롤링되는 효과를 구현합니다.

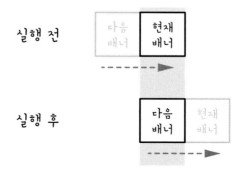

❹ 리터럴 오브젝트 방식으로 오른쪽에서 왼쪽으로 롤링되는 효과를 구현합니다.

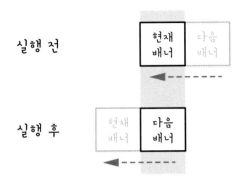

단계03 _ 롤링 배너에 롤링 효과 연결(합성)해서 사용하기

이번 단계에서는 롤링 배너 객체에 롤링 효과를 합성해 사용할 수 있게 만드는 작업을 구현해 보겠습니다.

소스 _ 06부/08장/01_complete/m04/step03.html

```
$(document).ready(function(){
    // 인스턴스 생성
    var rolling1 = new RollingBanner("#banner1", 2000,600, BTRollingEffect); ❼
    var rolling2 = new RollingBanner("#banner2", 2000,600, TBRollingEffect); ❽
    var rolling3 = new RollingBanner("#banner3", 2000,600, RLRollingEffect); ❾
    var rolling4 = new RollingBanner("#banner4", 2000,600, LRRollingEffect); ❿
})

function RollingBanner(selector,playSpeed, rollingSpeed, effect){ ❶
    // 프로퍼티 생성 및 초기화
    . . . .

    // 롤링효과 인스턴스를 저장할 변수
    this._effect =effect; ❷
    this._bannerWidth = 0; ❹

    this._init(selector);
    this._initEvent();
}
```

```
// 이벤트 처리
RollingBanner.prototype._initEvent=function(){
    var objThis = this;
    this._$banners.eq(0).one("load",function(){
        // 배너 높이 구하기
        objThis._bannerHeight = $(this).height();
        // 배너 너비 구하기
        objThis._bannerWidth = $(this).width();  ❺

        objThis._start();
    })
}


// 롤링 효과 연결(합성)
RollingBanner.prototype.setEffect=function(effect){  ❸
    this._effect = effect;
}


// 다음 배너 활성화
RollingBanner.prototype.nextBanner=function(){
    // 이전 배너 구하기
    var $outBanner = this._$banners.eq(this._currentIndex);

    // 다음 배너 index값 구하기
    this._currentIndex++;
    // 마지막 배너까지 롤링한 경우 다시 0번째부터 롤링될 수 있게 인덱스 값을 0으로 설정
    if(this._currentIndex>=this._$banners.length){
        this._currentIndex=0;
    }

    // 다음 배너 구하기
    var $inBanner = this._$banners.eq(this._currentIndex);
    ❻
    if(this._effect){  ❻-❶
        // 롤링 효과로 넘길 데이터 만들기
        var info = {  ❻-❷
            "$inBanner": $inBanner,
            "$outBanner":$outBanner,
            bannerWidth:this._bannerWidth,
            bannerHeight:this._bannerHeight,
```

```
            speed:this._rollingSpeed
        }

        // 롤링 효과 호출
        this._effect.effect(info) ❻-❸
    }else{
        console.log("아직 롤링 효과가 연결되지 않았습니다.");
    }
}
```

설명

❶ 롤링 객체 생성 시 외부에서 롤링 효과를 선택할 수 있게 먼저 생성자에 effect매개변수를 추가해 줍니다.

❷ _effect라는 프로퍼티를 신규로 생성한 후 effect 매개변수로 넘어온 롤링 효과를 이 프로퍼티에 저장해 줍니다.

❸ setEffect()라는 메서드를 신규로 만들어 외부에서 롤링 효과를 동적으로 변경할 수 코드를 구현해 줍니다.

❹ 왼쪽에서 오른쪽으로 롤링되는 효과와 오른쪽에서 왼쪽으로 롤링되는 효과에서 사용할 배너의 너비를 저장할 _bannerWidth 프로퍼티를 신규로 만들어 줍니다.

❺ 배너 너비를 신규 프로퍼티인 _bannerWidth에 저장해 줍니다.

❻ 이번 단계의 핵심 내용입니다. 바로 연결된 롤링 효과를 사용하는 구문이지요.

❻-❶ 먼저 롤링 효과가 롤링배너에 연결돼 있는지 판단합니다.

❻-❷ 만약 롤링 효과가 연결돼 있다면 롤링 효과로 보낼 데이터를 리터럴로 묶어 만들어 줍니다.

❻-❸ 마지막으로 앞에서 만든 데이터를 매개변수 값으로 연결돼 있는 롤링 효과의 effect() 메서드를 호출해 줍니다.

❼ 테스트를 위해 첫 번째 롤링 객체에는 위에서 아래로 롤링되는 효과를 연결해 줍니다.

❽ 두 번째 롤링 객체에는 위에서 아래로 롤링되는 효과를 연결해 줍니다.

❾ 세 번째 롤링 객체에는 왼쪽에서 오른쪽으로 롤링되는 효과를 연결해 줍니다.

❿ 네 번째 롤링 객체에는 오른쪽에서 왼쪽으로 롤링되는 효과를 연결해 줍니다.

코드를 모두 입력했다면 정상적으로 동작하는지 실행해 보세요. 어떤가요? 4개의 롤링 배너가 각각 다른 롤링 효과에 맞게 동작하죠? 이처럼 다형성을 이용하면 유지보수와 확장성이 매우 좋은 코드를 만들 수 있습니다.

지금까지 작성한 코드를 UML로 요약하면 다음과 같습니다.

롤링 효과 사용 부분   롤링 효과 사용 부분

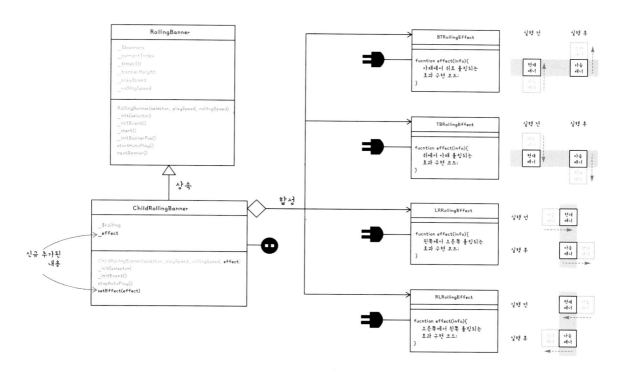

전체 소스 코드 소스 _ 06부/08장/01_complete/m04/step03.html

```
$(document).ready(function(){
    // 인스턴스 생성
    var rolling1 = new RollingBanner("#banner1", 2000,600, BTRollingEffect);
    var rolling2 = new RollingBanner("#banner2", 2000,600, TBRollingEffect);
    var rolling3 = new RollingBanner("#banner3", 2000,600, RLRollingEffect);
    var rolling4 = new RollingBanner("#banner4", 2000,600, LRRollingEffect);
})

function RollingBanner(selector,playSpeed, rollingSpeed, effect){
    // 프로퍼티 생성및 초기화
    this._$banners = null;
    this._currentIndex=0;
    this._timerID = -1;
```

```
    this._bannerHeight=0;
    this._playSpeed = playSpeed;
    this._rollingSpeed = rollingSpeed;

    // 롤링효과 인스턴스를 저장할 변수
    this._effect =null;
    this._bannerWidth = 0;

    this._init(selector);
    this._initEvent();
    this.setEffect(effect);
}

// 요소 초기화.
RollingBanner.prototype._init=function(selector){
    this._$banners = $(selector).find("img");
}

// 이벤트 처리
RollingBanner.prototype._initEvent=function(){
     var objThis = this;
    this._$banners.eq(0).one("load",function(){
         // 배너 높이 구하기
        objThis._bannerHeight = $(this).height();
        // 배너 너비 구하기
        objThis._bannerWidth = $(this).width();

        objThis._start();
    })
}

// 롤링  배너 시작
RollingBanner.prototype._start=function(){
    this._initBannerPos();
    this.startAutoPlay();
}

// 배너 위치 초기화
RollingBanner.prototype._initBannerPos=function(){
```

```
        // 배너 위치를 화면에서 보이지 않게 숨기기
        this._$banners.css("top", this._bannerHeight);

        // 0번째 배너 활성화
        this._$banners.eq(this._currentIndex).css("top", 0);
}


RollingBanner.prototype.startAutoPlay=function(){
        var objThis = this;

        // 타이머가 두번 이상 실행되지 않게 조건 처리
        if(this._timerID==-1){
            this._timerID = setInterval(function(){
                objThis.nextBanner();
            },this._playSpeed);
        }
}


// 롤링효과 연결(합성)
RollingBanner.prototype.setEffect=function(effect){
        this._effect = effect;
}


// 다음 배너 활성화
RollingBanner.prototype.nextBanner=function(){
        // 이전 배너 구하기
        var $outBanner = this._$banners.eq(this._currentIndex);

        // 다음 배너 index값 구하기
        this._currentIndex++;
        // 마지막 배너까지 롤링한 경우 다시 0번째부터 롤링될 수 있게 인덱스 값을 0으로 설정
        if(this._currentIndex>=this._$banners.length){
            this._currentIndex=0;
        }

        // 다음 배너 구하기
        var $inBanner = this._$banners.eq(this._currentIndex);

        if(this._effect){
```

```javascript
            // 롤링효과로 넘길 데이터 만들기
            var info = {
                "$inBanner": $inBanner,
                "$outBanner":$outBanner,
                bannerWidth:this._bannerWidth,
                bannerHeight:this._bannerHeight,
                speed:this._rollingSpeed
            }
            console.log(info);
            // 롤링효과 호출
            this._effect.effect(info)
        }else{
            console.log("아직 롤링 효과가 연결되지 않았습니다.");
        }
    }
}

// 아래에서 위로 롤링되는 효과
BTRollingEffect = {
    effect:function(info){
        // 다음 배너 위치 초기화
        info.$inBanner.css({
            top:info.bannerHeight,
            opacity:0,
            left:0,
        })

        // 현재 배너 사라지게 하기
        info.$outBanner.stop().animate({
            top:-info.bannerHeight,
            opacity:0
        },info.speed);

        // 다음 배너 나타나게 하기
        info.$inBanner.stop().animate({
            top:0,
            opacity:1
        },info.speed);
    }
}
```

```javascript
// 위에서 아래로 롤링되는 효과
TBRollingEffect = {
    effect:function(info){
        // 다음 배너 위치 초기화
        info.$inBanner.css({
            top:-info.bannerHeight,
            left:0,
            opacity:0
        })

        // 현재 배너 사라지게 하기
        info.$outBanner.stop().animate({
            top:info.bannerHeight,
            opacity:0
        },info.speed);

        // 다음 배너 나타나게 하기
        info.$inBanner.stop().animate({
            top:0,
            opacity:1
        },info.speed);
    }
}

// 왼쪽에서 오른쪽으로 롤링되는 효과
LRRollingEffect = {
    effect:function(info){
        // 다음 배너 위치 초기화
        info.$inBanner.css({
            left:-info.bannerWidth,
             top:0,
            opacity:0
        })

        // 현재 배너 사라지게 하기
        info.$outBanner.stop().animate({
            left:info.bannerWidth,
            opacity:0
        },info.speed);
```

```
        // 다음 배너 나타나게 하기
        info.$inBanner.stop().animate({
            left:0,
            opacity:1
        },info.speed);
    }
}

// 오른쪽에서 왼쪽으로 롤링되는 효과
RLRollingEffect = {
    effect:function(info){
        // 다음 배너 위치 초기화
        info.$inBanner.css({
            left:info.bannerWidth,
            top:0,
            opacity:0
        })

        // 현재 배너 사라지게 하기
        info.$outBanner.stop().animate({
            left:-info.bannerWidth,
            opacity:0
        },info.speed);

        // 다음 배너 나타나게 하기
        info.$inBanner.stop().animate({
            left:0,
            opacity:1
        },info.speed);
    }
}
```

실무
스터디편
소개

실무 스터디 영역은 다음과 같이 총 1개의 영역으로 구성돼 있습니다.

전체 스터디 맵

공지: 원의 크기는 난이도를 나타냅니다.

이번 스터디 영역에서 다룰 내용입니다.

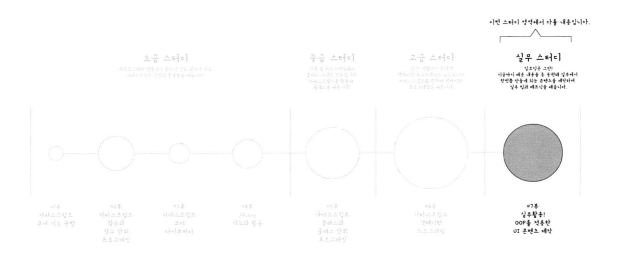

초급 스터디

중급 스터디

고급 스터디

실무 스터디

07부
실무활용!
OOP를 적용한
UI 콘텐츠 제작

07부

실무활용! OOP를 적용한 UI 콘텐츠 제작

이번 단계에서는 여러분이 지금까지 앞에서 배운 내용을 총 동원해 실무에서 한 번쯤 만들게 되는 UI 콘텐츠를 제작하는 단계입니다. 특히 자바스크립트 객체지향 프로그래밍과 jQuery 플러그인 제작기법을 배울 수 있는 좋은 시간이 될 수 있을 것입니다.

핵심 주제: bar가 있는 1단 메뉴, 폴더아코디언, 이미지 슬라이더와 상속을 활용한 기능 확장, 탭패널과 다형성을 활용한 기능 확장

총 예상 스터디 시간: 88시간

실무활용!
OOP를 적용한 UI 콘텐츠 제작

전체 스터디 맵 공지: 원의 크기는 난이도를 나타냅니다.

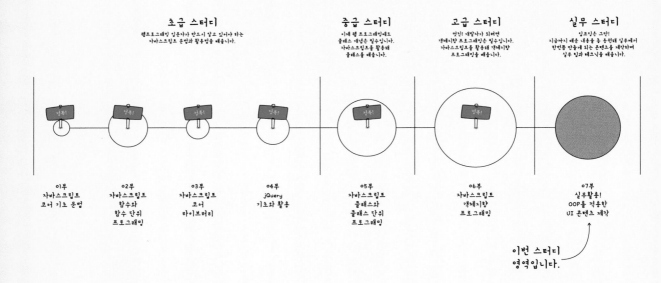

초급 스터디
랩프로그래밍 입문자가 반드시 알고 있어야 하는
자바스크립트 문법과 활용법을 배웁니다.

중급 스터디
이제 랩 프로그래밍에도
클래스 개념은 필수입니다.
자바스크립트를 활용해 클래스를 배웁니다.

고급 스터디
멋진! 개발자가 되려면
객체지향 프로그래밍은 필수입니다.
자바스크립트를 활용해 객체지향
프로그래밍을 배웁니다.

실무 스터디
입문링은 그만!
지금까지 배운 내용을 총 총한테 실무에서
한번쯤 만들게 되는 콘텐츠를 제작하며
실무 팁과 테크닉을 배웁니다.

이부
자바스크립트
코어 기초 문법

02부
자바스크립트
함수와
함수 단위
프로그래밍

03부
자바스크립트
코어
라이브러리

04부
jQuery
기초와 활용

05부
자바스크립트
클래스와
클래스 단위
프로그래밍

06부
자바스크립트
객체지향
프로그래밍

07부
실무활용!
OOP를 적용한
UI 콘텐츠 제작

이번 스터디
영역입니다.

01.
길잡이

여러분은 드디어 이 책의 마지막 영역인 '실무활용! 객체지향 프로그래밍(OOP)을 적용한 UI 콘텐츠 제작'에 접어 들었습니다. 이번 단계에서는 총 4개의 UI 콘텐츠를 직접 만들게 되며 콘텐츠 제작은 모두 다음과 같이 2단계로 나눠 진행됩니다.

1단계: 분석하기

제작해야 하는 콘텐츠의 요구사항과 출력 효과 및 동작 효과를 분석하는 단계입니다. 이 단계를 통해 구현해야 하는 내용을 정확히 파악하게 됩니다.

2단계: 구현하기

1단계에서 분석한 내용을 바탕으로 콘텐츠 기능을 단계별로 나눠 구현하는 단계입니다. 모든 과정은 기능별로 단계를 나눠 진행되기 때문에 구현 원리부터 좀더 생동감 있는 실무 기술과 팁을 배울 수 있을 것입니다.

먼저 다음 지도와 표를 보며 이번 영역에서 배울 내용을 간단히 살펴보겠습니다.

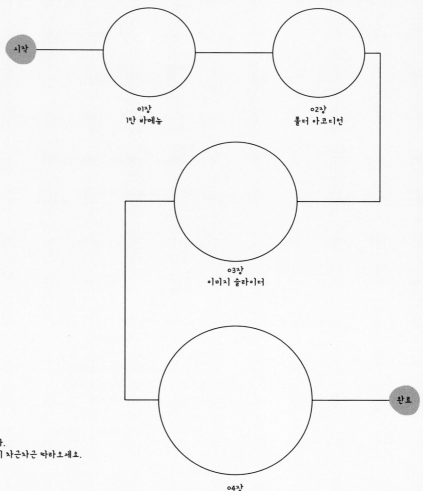

시작

01장
1단 바메뉴

02장
폴더 아코디언

03장
이미지 슬라이더

완료

04장
탭패널

공지:
원의 크기는 난이도를 나타냅니다.
앞으로 갈수록 조금씩 어려워지니 차근차근 따라오세요.

장	주제	내용
04장	탭패널	Lesson 01 분석하기
		01 소개 및 미리보기
		02 요구사항
		03 용어정리
		04 출력효과
		05 동작효과
		Lesson 02 구현하기
		단계 01: 레이아웃 잡기
		단계 02: 탭메뉴 만들기
		단계 03: 탭내용 출력하기
		단계 04: 다형성을 활용해 출력효과 분리하기
		단계 05: 옵션값 만들기
		단계 06: 캡슐화 처리
		단계 07: jQuery 플러그인 제작

02.
스터디 일정 작성하기

다음 표에 나오는 예상 진행시간을 참고하여 여러분의 상황에 맞게 스터디 일정을 잡아보세요.

장	내용	예상 진행시간	시작일	종료일
01장	1단 바메뉴	16시간		
02장	폴더 아코디언	16시간		
03장	이미지 슬라이더	24시간		
04장	탭패널	32시간		

자! 이제 스터디를 위한 모든 준비가 끝났습니다. 그럼 시작해 볼까요?!

CHAPTER 01

1단 바메뉴

공지:
원의 크기는 난이도를 나타냅니다.
앞으로 갈수록 조금씩 어려워지니 차근차근 따라오세요.

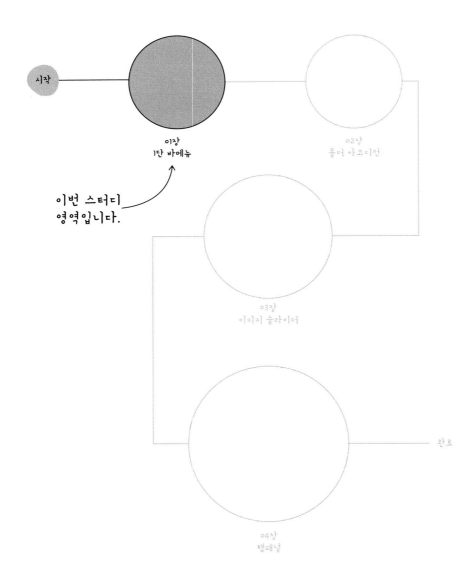

들어가며

실무 스터디에서 첫 번째로 만들 UI 콘텐츠 주제는 바(Bar)가 있는 1단 메뉴입니다. 이번 콘텐츠에는 메뉴 선택 처리부터 선택 메뉴 변경 시 이벤트 발생 등 메뉴 콘텐츠를 제작할 때 공통적으로 필요한 다양한 실무 팁과 처리 방법이 담겨 있습니다.

이번 장에서 배울 내용은 다음과 같습니다.

Lesson
01 / 분석하기

이번 레슨은 이번 장에서 구현할 바메뉴의 요구사항과 출력효과 및 동작효과를 분석하는 단계입니다. UI 콘텐츠 제작 경험이 많지 않은 개발자의 경우 이번 레슨을 가이드 삼아 실전 프로젝트를 시작하면 됩니다.

01 _ 소개 및 미리보기

이번 장에서 진행할 프로젝트는 오버 또는 선택한 메뉴를 따라다니는 바(Bar)가 있는 1단 메뉴입니다. 프로젝트 공식 명칭은 '1단 바메뉴'로 부르겠습니다. 여기서 1단의 의미는 서브 메뉴 없이 오직 메인 메뉴만 있는 것을 의미합니다.

먼저 이번 레슨에서의 바메뉴에 대한 요구사항을 살펴보겠습니다. 우선 요구사항을 정확히 파악하기 위해 모든 기능이 구현된 최종 결과물 파일을 웹 브라우저에서 실행해 주세요.

- 소스 _ 07부/01장/01_complete/step0603/index.html

실행한 후 마우스 커서를 메뉴아이템에서 이리저리 움직여 보세요. 그럼 오버한 메뉴아이템으로 메뉴 바가 따라다니는 것을 확인할 수 있을 것입니다. 동시에 메뉴아이템 크기에 맞게 바의 크기도 부드럽게 변경되는 것을 확인할 수 있을 것입니다. 이때 특정 메뉴아이템을 클릭한 후 메뉴 영역을 이리저리 움직이다가 마우스 커서를 메뉴 영역 밖으로 이동해 보세요. 그럼 메뉴 바가 선택한 메뉴아이템 항목으로 이동하는 것을 확인할 수 있을 것입니다.

02 _ 요구사항

요구사항을 정리하면 다음과 같습니다.

01. 오버 메뉴와 선택 메뉴 항목을 따라다니는 바가 있는 1단 메뉴를 만들어 주세요. 메뉴 동작효과는 '05 동작효과'에 자세히 설명되어 있습니다.

02. 선택 메뉴가 변경되면 이전 선택 메뉴아이템과 신규 선택 메뉴아이템을 select라는 이벤트에 담아 발생해 주세요.

03. 구현소스는 모두 자바스크립트 prototype 문법을 이용해 클래스로 만들어 주세요.

04. 마지막으로 1단 바메뉴를 jQuery 코드 방식으로 사용할 수 있게 jQuery 플러그인으로 만들어 주세요.

다음 내용으로 이동하기 전에 각 요구사항 항목의 구현방법을 생각해 보세요.

03 _ 용어정리

원활한 진행을 위해 화면 요소에 이름을 붙여 사용하겠습니다.

1. 바메뉴 및 바, 메뉴 영역 그리고 메뉴아이템

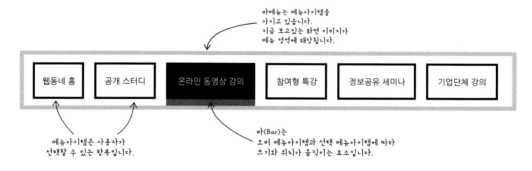

2. 아웃 스타일(상태), 오버 스타일(상태), 선택 스타일(상태)

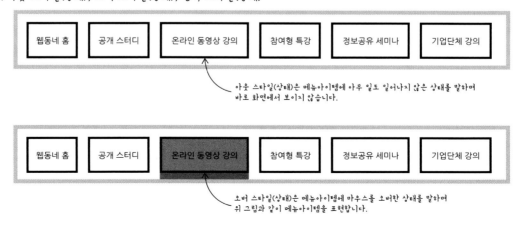

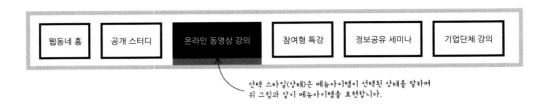

선택 스타일(상태)은 메뉴아이템이 선택된 상태를 말하며
위 그림과 같이 메뉴아이템을 표현합니다.

3. 오버 메뉴아이템, 선택 메뉴아이템

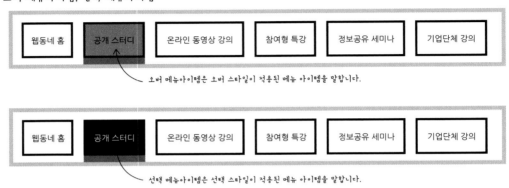

오버 메뉴아이템은 오버 스타일이 적용된 메뉴 아이템을 말합니다.

선택 메뉴아이템은 선택 스타일이 적용된 메뉴 아이템을 말합니다.

04 _ 출력효과

출력효과란? 사용자의 반응 또는 특정 기능을 실행했을 때 사용자에게 시각적으로 어떻게 보여줄 것인지 결정하는 부분입니다. 바메뉴에서 구현할 출력효과는 한 가지입니다.

오버효과와 선택효과

메뉴아이템이 오버 상태 또는 선택 상태가 되는 경우, 해당 메뉴아이템의 위치와 크기와 동일하게 메뉴 바의 위치와 크기가 부드럽게 변경돼야 합니다.

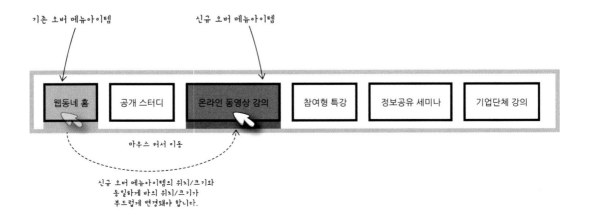

기존 오버 메뉴아이템

신규 오버 메뉴아이템

마우스 커서 이동

신규 오버 메뉴아이템의 위치/크기와
동일하게 바의 위치/크기가
부드럽게 변경돼야 합니다.

05 _ 동작효과

이번에는 사용자의 마우스나 키보드 동작에 따라 바메뉴가 어떻게 동작하고 움직여야 하는지 알아보겠습니다. 바메뉴 동작효과를 자세히 살펴보면 다음과 같이 총 일곱 가지 경우로 나눌 수 있습니다.

01. 마우스 포인터 위치를 메뉴아이템 위로 이동했을 때, 선택 메뉴아이템이 없고 오버 메뉴아이템도 없는 경우

02. 마우스 포인트 위치를 메뉴아이템 위로 이동했을 때, 선택 메뉴아이템이 없고 오버 메뉴아이템이 있는 경우

03. 마우스 포인트 위치를 메뉴아이템 위로 이동했을 때, 선택 메뉴아이템이 있는 경우

04. 마우스 포인터가 메뉴 밖으로 나갔을 때, 선택 메뉴아이템이 없고 오버 메뉴아이템만 있는 경우

05. 마우스 포인터가 메뉴 밖으로 나갔을 때, 선택 메뉴아이템이 있는 경우

06. 메뉴아이템을 클릭했을 때, 기존 선택 메뉴아이템이 없는 경우

07. 메뉴아이템을 클릭했을 때, 기존 선택 메뉴아이템이 있는 경우

각 경우를 좀더 자세히 살펴보죠.

01. 마우스를 메뉴아이템 위로 이동했을 때, 오버 메뉴아이템이 없는 경우

이 경우는 바메뉴를 이제 막 실행했을 때입니다. 다음 그림처럼 오버 상태로 만들어주면 됩니다.

최종 결과물을 웹브라우저에서 실행한 후 그림에 나온 순서대로 따라해 보세요. 이해하기 훨씬 쉬울 것입니다.

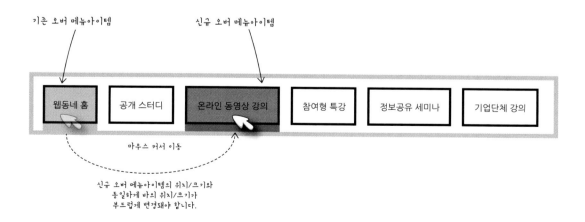

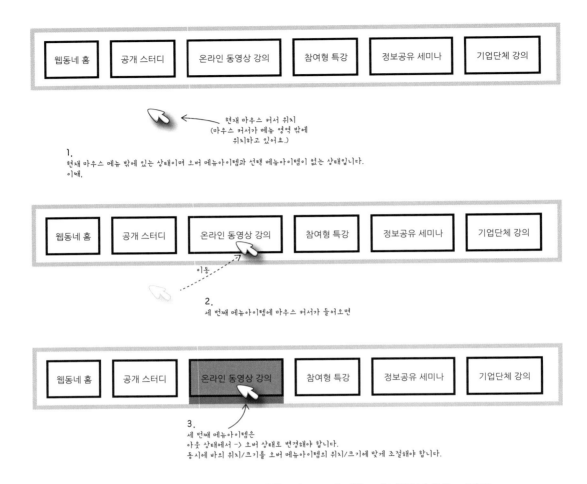

현재 마우스 커서 위치
(마우스 커서가 메뉴 영역 밖에
위치하고 있어요.)

1.
현재 마우스 메뉴 밖에 있는 상태이며 오버 메뉴아이템과 선택 메뉴아이템이 없는 상태입니다.
이때,

이동

2.
세 번째 메뉴아이템에 마우스 커서가 들어오면

3.
세 번째 메뉴아이템은
아웃 상태에서 -> 오버 상태로 변경해야 합니다.
동시에 바의 위치/크기를 오버 메뉴아이템의 위치/크기에 맞게 조절해야 합니다.

02. 마우스를 메뉴아이템 위로 이동했을 때, 오버 메뉴아이템이 있는 경우

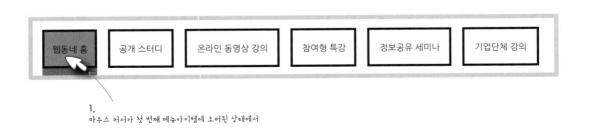

1.
마우스 커서가 첫 번째 메뉴아이템에 오버된 상태에서

2.
두 번째 메뉴아이템에 마우스 커서가 들어오면

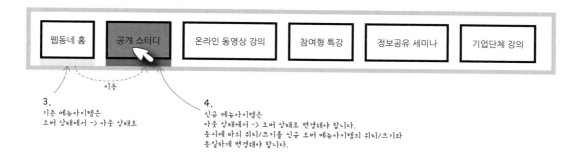

이동

3.
기존 메뉴아이템은
오버 상태에서 -> 아웃 상태로

4.
신규 메뉴아이템은
아웃 상태에서 -> 오버 상태로 변경해야 합니다.
동시에 바의 위치/크기를 신규 오버 메뉴아이템의 위치/크기와
동일하게 변경해야 합니다.

03. 마우스를 메뉴아이템 위로 이동했을 때, 선택 메뉴아이템이 있는 경우

1.
첫 번째 메뉴아이템이 선택 상태일 때

현재 마우스 커서 위치

이동   2.
선택된 메뉴 아이템에 마우스 커서가 들어오면

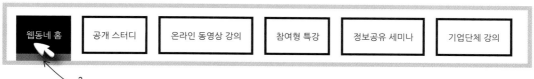

3.
기존 선택 메뉴아이템은
선택 상태를 그대로 유지해야 합니다.
오버 상태로 변경되면 안되요!

04. 마우스가 메뉴 밖으로 나갔을 때, 선택 메뉴아이템이 없고 오버 메뉴아이템만 있는 경우

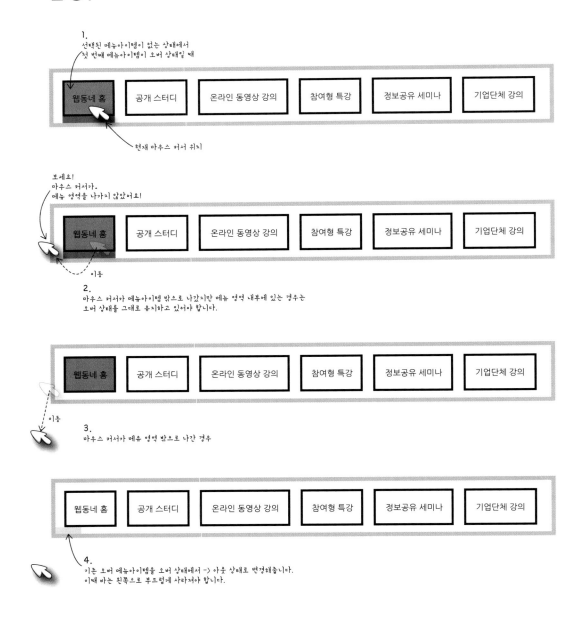

1.
선택된 메뉴아이템이 없는 상태에서
첫 번째 메뉴아이템이 오버 상태일 때

웹동네 홈 공개 스터디 온라인 동영상 강의 참여형 특강 정보공유 세미나 기업단체 강의

현재 마우스 커서 위치

보세요!
마우스 커서가.
메뉴 영역을 나가지 않았어요!

웹동네 홈 공개 스터디 온라인 동영상 강의 참여형 특강 정보공유 세미나 기업단체 강의

이동

2.
마우스 커서가 메뉴아이템 밖으로 나갔지만 메뉴 영역 내부에 있는 경우는
오버 상태를 그대로 유지하고 있어야 합니다.

웹동네 홈 공개 스터디 온라인 동영상 강의 참여형 특강 정보공유 세미나 기업단체 강의

이동

3.
마우스 커서가 메뉴 영역 밖으로 나간 경우

웹동네 홈 공개 스터디 온라인 동영상 강의 참여형 특강 정보공유 세미나 기업단체 강의

4.
기존 오버 메뉴아이템을 오버 상태에서 -> 아웃 상태로 변경해줍니다.
이때 바는 왼쪽으로 부드럽게 사라져야 합니다.

05. 마우스가 메뉴 밖으로 나갔을 때, 선택 메뉴아이템이 있는 경우

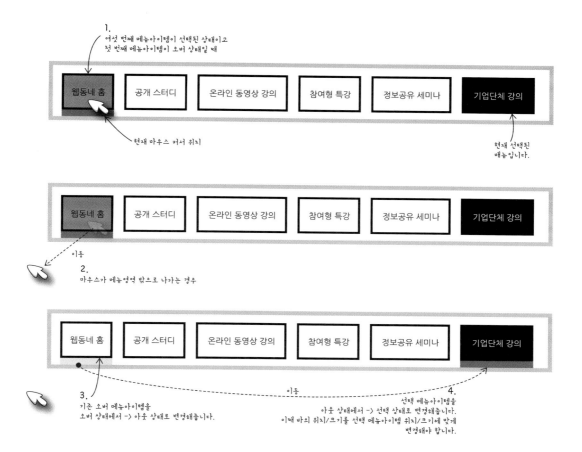

1.
여섯 번째 메뉴아이템이 선택된 상태이고
첫 번째 메뉴아이템이 오버 상태일 때

웹동네 홈 | 공개 스터디 | 온라인 동영상 강의 | 참여형 특강 | 정보공유 세미나 | 기업단체 강의

현재 마우스 커서 위치

현재 선택된
매뉴입니다.

이동
2.
마우스가 메뉴영역 밖으로 나가는 경우

3.
기존 오버 메뉴아이템을
오버 상태에서 -> 아웃 상태로 변경해줍니다.

이동

4.
선택 메뉴아이템을
아웃 상태에서 -> 선택 상태로 변경해줍니다.
이때 바의 위치/크기를 선택 메뉴아이템 위치/크기에 맞게
변경해야 합니다.

06. 메뉴아이템을 클릭했을 때, 기존 선택 메뉴아이템이 없는 경우

1.
첫 번째 메뉴아이템이 오버 상태에서

웹동네 홈 | 공개 스터디 | 온라인 동영상 강의 | 참여형 특강 | 정보공유 세미나 | 기업단체 강의

현재 마우스 커서 위치

07. 메뉴아이템을 클릭했을 때, 기존 선택 메뉴아이템이 있는 경우

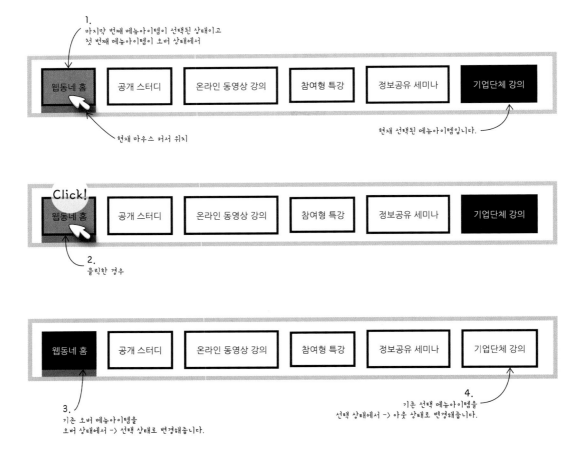

여기까지 바메뉴의 동작 효과를 자세히 알아봤습니다. 다시 한 번 언급하자면 분석 단계 부분은 프로젝트 진행에 있어서 가장 중요한 부분입니다. 정확히 어떻게 동작 해야 하는지, 무엇을 만들어야 할지 모르는 상태에서 프로젝트를 진행한다는 건 너무나도 무모한 도전일 뿐입니다. 분석이 중요한 또다른 이유는 바로 우리가 구현해야 할 내용 자체이기 때문입니다. 방금까지 살펴본 일곱 가지 경우에 맞게 바메뉴가 동작하도록 코드를 만들어야 한다는 것이지요. 이처럼 분석은 정말 중요합니다. 그러니 다음 단계로 가기 전에 추가로 분석해야 할 내용이 있는지 다시 한 번 살펴보길 바랍니다.

자! 그럼 책을 덮고 여러분이 직접 요구사항에 맞게 1단 바메뉴를 만들어 보세요.

제작 완료 후 여러분이 만든 코드와 필자가 만든 코드를 비교해가며 살펴보세요. 그럼 여러분에게 더욱 많은 도움이 될 것입니다.

구현 시작을 도저히 어떻게 해야 할지 감을 잡지 못하는 분은 지금부터 필자를 따라 하나씩 구현해 나가면 됩니다. 시작해보죠!

Lesson 02 / 구현하기

이번 레슨에서는 앞에서 분석한 내용을 토대로 요구사항에 맞게 바메뉴를 구현합니다. 진행 방식은 기능을 여러 단계로 나눠 조금씩 완성하는 방식으로 진행됩니다. 마치 여러분과 필자가 함께 코딩하는 듯한 느낌을 받을 것입니다.

1단 바메뉴 구현 순서는 다음과 같습니다.

단계 01: 레이아웃 만들기　　　　　　　　　　**단계 02:** 오버 메뉴아이템 구현하기

단계 03: 선택 메뉴아이템 구현하기　　　　　　**단계 04:** 선택 이벤트 발생

단계 05: 캡슐화하기　　　　　　　　　　　　**단계 06:** 바메뉴 jQuery 플러그인 제작

단계 01 _ 레이아웃 만들기

가장 먼저 해야 할 일은 이번 장에서 구현할 바메뉴에 맞게 레이아웃을 만드는 것입니다. 레이아웃은 원할한 진행을 위해 다음과 같이 필자가 미리 잡아놨습니다. 소스 파일을 열어 살펴보세요.

소스 _ 07부/01장/01_complete/step01/index.html

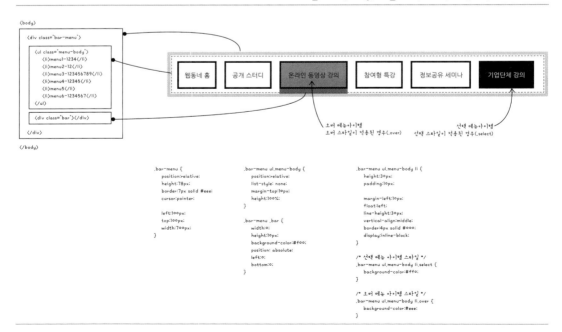

이어서 파일 내부를 보면 다음과 같이 스크립트가 작성돼 있을 것입니다. 이 소스는 작성한 스타일이 제대로 적용되는지 확인하기 위한 목적으로 만들어졌을 뿐 다음 단계에서는 제거됩니다.

```
<script>
    $(document).ready(function(){
        // 1. 오버 스타일 효과 테스트 ❶
        $(".bar-menu .menu-body li:eq(0)").addClass("over");

        // 2. 선택 스타일 효과 테스트
        var $item = $(".bar-menu .menu-body li:eq(2)"); ❷
        // 메뉴 항목에 선택 스타일 적용
        $item.addClass("select");

        // 3. 선택한 메뉴 항목 위치로 bar 이동 테스트 ❸
        // 이동 위치는 현재 위치 + margin-left
        var left = $item.position().left+parseInt($item.css("margin-left"));

        var width = $item.outerWidth();
            $(".bar").css({
            left:left,
            width:width
        })
    });
</script>
```

설명

❶ 오버 스타일이 제대로 적용되는지 확인하는 구문입니다.

❷ 선택 스타일이 제대로 적용되는지 확인하기 위한 구문입니다.

❸ 바 스타일이 정상적으로 동작하는지 확인하기 위한 구문으로써 선택 메뉴아이템의 위치와 크기에 맞게 바의 위치와 크기를 조절하는 코드가 작성돼 있습니다.

코드를 확인했으면 실행해보죠. 그럼 다음과 같은 실행화면을 볼 수 있을 것입니다.

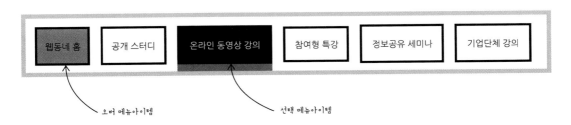

정상적으로 스타일이 적용되는지 확인하기 위해서 ❶과 ❷의 코드에서 ":eq(index)" 선택자의 인덱스 값을 다른 값으로 변경한 후 실행해 보세요. 그럼 입력한 인덱스에 해당하는 메뉴아이템이 선택상태로 보일 것입니다. 이렇게 해서 기본적인 레이아웃을 잡아 봤습니다.

단계 02 _ 오버 메뉴아이템 구현하기

이제 본격적으로 스크립트 작업을 진행해볼 텐데요. 이번 단계에서 구현할 내용은 오버 메뉴아이템 처리입니다. 오버 메뉴아이템 구현하기는 다음과 같이 4단계로 나눠 구현하겠습니다.

단계 02-01: 바메뉴 클래스 만들기

단계 02-02: 오버 효과 처리 1

    동작효과 1: 마우스 포인터 위치를 메뉴아이템 위로 이동했을 때, 선택 메뉴아이템이 없고 오버 메뉴아이템도 없는 경우

    동작효과 2: 마우스 포인트 위치를 메뉴아이템 위로 이동했을 때, 선택 메뉴아이템이 없고 오버 메뉴아이템만 있는 경우

단계 02-03: 오버 효과 처리 2

    동작효과 3: 마우스 포인터가 메뉴 밖으로 나갔을 때, 선택 메뉴아이템이 없고 오버 메뉴아이템만 있는 경우

단계 02-04: 바 이동 처리

단계 02-01: 바메뉴 클래스 만들기

이번 단계에서는 1단 바메뉴 기능을 담을 클래스와 기본 구조를 잡아 보겠습니다. 설명 순서에 따라 다음 코드를 입력해 주세요.

소스 _ 07부/01장/01_complete/step0201/barmenu.js

```
function BarMenu(){ ❶
  // 프로퍼티 생성하기
    this.init(); ❹
    this.initEvent();
}

// 요소 초기화
BarMenu.prototype.init=function(){ ❷
    console.log("init");
}
```

```
// 이벤트 초기화
BarMenu.prototype.initEvent=function(){  ❸
    console.log("initEvent");
}
```

소스 _ 07부/01장/01_complete/step0201/index.html

```
$(document).ready(function(){
    var barMenu = new BarMenu();  ❺
});
```

설명

❶ 먼저 바메뉴 기능을 담을 생성자를 만들어 줍니다.

❷ 바메뉴에서 공통으로 사용할 정보와 DOM 요소를 초기화하는 코드를 담을 init() 메서드를 만들어 줍니다.

❸ 이벤트를 전문으로 등록하는 역할을 하는 initEvent() 메서드를 만들어 줍니다.

❹ 바메뉴 객체 생성 시 요소 초기화와 이벤트 초기화를 위해 init(), initEvent() 메서드를 호출해 줍니다.

❺ 정상적으로 클래스가 동작하는지 확인하기 위해 BarMenu 클래스 인스턴스를 생성합니다.

코드를 모두 입력했다면 실행해 보세요. 다음 실행화면처럼 정보가 출력되면 정상입니다.

실행화면

```
init
initEvent
```

단계 02-02: 오버 효과 처리 1

이번 단계에서 구현할 내용은 다음과 같이 사용자 반응에 따른 두 가지 동작효과 처리입니다. 먼저 정확히 무엇을 구현하려고 하는지 다시 한 번 살펴보죠.

동작효과 1: 마우스 포인터 위치를 메뉴아이템 위로 이동했을 때, 선택 메뉴아이템이 없고 오버 메뉴아이템도 없는 경우

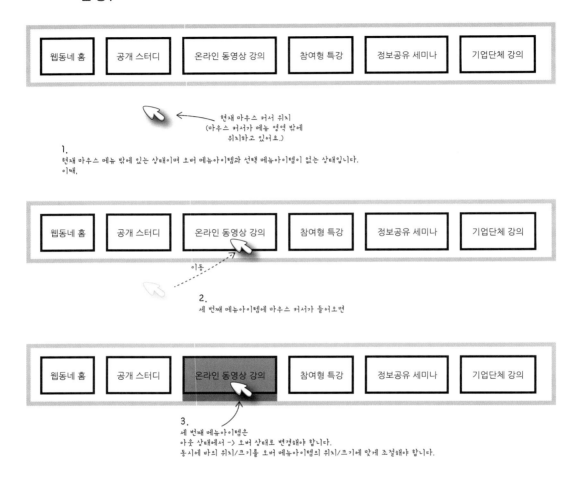

동작효과 2: 마우스 포인트 위치를 메뉴아이템 위로 이동했을 때, 선택 메뉴아이템이 없고 오버 메뉴아이템이 있는 경우

2.
두 번째 메뉴아이템에 마우스 커서가 들어오면

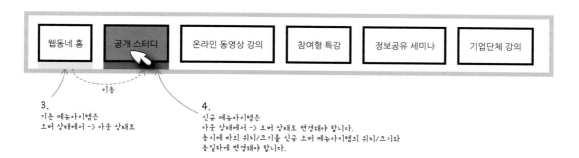

3.
기존 메뉴아이템은
오버 상태에서 -> 아웃 상태로

4.
신규 메뉴아이템은
아웃 상태에서 -> 오버 상태로 변경해야 합니다.
동시에 바의 위치/크기를 신규 오버 메뉴아이템의 위치/크기와
동일하게 변경해야 합니다.

그럼 살펴본 내용을 코드로 구현해보죠. 기존 코드에 설명 순서에 따라 다음 코드를 입력해 주세요.

소스 _ 07부/01장/01_complete/step0202/index.html

```
$(document).ready(function(){
    var barMenu = new BarMenu("#barMenu1"); ❶
});
```

소스 _ 07부/01장/01_complete/step0202/barmenu.js

```
function BarMenu(selector){ ❷
    // 프로퍼티 생성하기 ❺
    this.$barMenu = null;
    this.$menuBody= null;
    this.$menuItems  = null;
    this.$overItem = null;
    this.$bar = null;

    this.init(selector); ❸
    this.initEvent();
}
```

```
// 요소 초기화
BarMenu.prototype.init=function(selector){ ❹
    this.$barMenu = $(selector); ❻
    this.$menuBody = this.$barMenu.find(".menu-body");
    this.$menuItems = this.$menuBody.find("li");
    this.$bar = this.$barMenu.find(".bar");
}


// 이벤트 초기화
BarMenu.prototype.initEvent=function(){
    var objThis = this;

    // 오버 메뉴 효과 처리
    this.$menuItems.mouseenter(function(e){ ❽
        objThis.setOverMenuItem($(this));
    })
}


/*
* 오버 메뉴아이템 처리하기
* $item : 신규 오버 메뉴아이템
*/
BarMenu.prototype.setOverMenuItem=function($item){ ❼
    // 기존 오버 메뉴아이템에서 over 스타일 제거
    if(this.$overItem){ ❼-❶
        this.$overItem.removeClass("over");
    }

    this.$overItem = $item; ❼-❷
    this.$overItem.addClass("over"); ❼-❸
}
```

설명

이번 단계의 작업을 요약하면 하나의 자바스크립트 클래스로 여러 개의 1단 바메뉴가 동작할 수 있게 만드는 작업입니다.

❶ 먼저 인스턴스 생성 시 현재 1단 바메뉴의 아이디 값(#barMenu1)을 넘겨 줍니다.

❷ BarMenu 클래스 생성자에 선택자 값을 받을 수 있는 매개변수를 추가해 줍니다.

❸, ❹ init() 메서드에도 선택자 값을 받을 수 있는 매개변수를 추가해 줍니다.

❺ 바메뉴에서 사용할 프로퍼티를 생성해 줍니다.

❻ 바메뉴에서 공통으로 사용할 DOM 요소를 찾아 프로퍼티에 담아 줍니다.

❼ 오버 메뉴아이템 처리를 하는 setOverMenuItem() 메서드를 만들어 줍니다.

❼-❶ 기존 오버 메뉴아이템 스타일을 제거해 줍니다.

❼-❷ $item 매개변수 값으로 넘어온 메뉴아이템 항목을 $overItem 프로퍼티에 담아 오버 메뉴아이템 정보를 업데이트해 줍니다.

❼-❸ 마지막으로 신규 오버 메뉴아이템에 오버 스타일을 제거해 줍니다.

❽ 오버효과 처리를 위해 메뉴아이템($menuItems)에 이벤트를 등록한 후 오버 메뉴아이템 처리 기능을 하는 setOverMenuItem() 메서드를 호출해 줍니다.

코드를 모두 입력했다면 마우스 움직임에 따라 오버효과가 정삭적으로 동작하는지 실행해 보세요.

단계 02-03: 오버 효과 처리 2

이번 단계에서는 동작효과 중 네 번째 경우를 구현합니다. 네 번째 동작효과를 다시 한 번 살펴보죠.

동작효과 4: 마우스 포인터가 메뉴 밖으로 나갔을 때, 선택 메뉴아이템이 없고 오버 메뉴아이템만 있는 경우

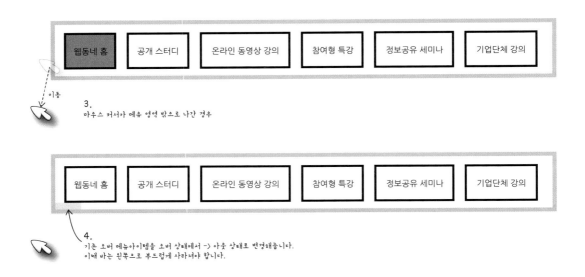

위의 내용을 소스로 표현하면 다음과 같습니다.

소스 _ 07부/01장/01_complete/step0203/barmenu.js

```
// 이벤트 초기화
BarMenu.prototype.initEvent=function(){
    var objThis = this;

    // 오버 메뉴 효과 처리
    this.$menuItems.mouseenter(function(e){
        objThis.setOverMenuItem($(this));
    })

    // 메뉴 영역을 나간 경우
    this.$barMenu.mouseleave(function(e){ ❷
        // 기존 오버메뉴아이템이 있는 경우 제거
        objThis.removeOverItem();
    })
}

// 오버 메뉴아이템 제거
BarMenu.prototype.removeOverItem=function(){ ❶
```

```
        if(this.$overItem){
            this.$overItem.removeClass("over");
        }
        this.$overItem = null;
    }
```

설명

❶ 적용된 오버 메뉴아이템 스타일을 제거하는 removeOverItem() 메서드를 추가해 줍니다.

❷ 메뉴아이템이 아닌 메뉴(#barMenu1) 자체에 mouseleave 이벤트 리스너를 추가해 메뉴 영역 밖으로 나가는 경우 기존 오버 메뉴아이템의 오버 스타일을 제거해 줍니다.

코드를 모두 입력했다면 실행해보죠. 앞에서 설명한 것처럼 오버 메뉴아이템이 있는 상태에서 마우스 커서를 메뉴 영역 밖으로 나가는 경우 오버 스타일이 제거되는 것을 확인할 수 있을 것입니다.

단계 02-04: 바 이동 처리

이번 단계는 오버 효과 구현 마지막 단계로서 오버 메뉴아이템과 동일하게 메뉴 바의 너비와 위치를 동일하게 조작하는 작업입니다.

바의 위치/크기를
신규 오버 메뉴아이템의 위치/크기와
동일하게 변경해야 합니다.

소스 _ 07부/01장/01_complete/step0204/barmenu.js

```
/*
* 오버 메뉴아이템 처리하기
* $item : 신규 오버 메뉴아이템
*/
BarMenu.prototype.setOverMenuItem=function($item){
    // 기존 오버메뉴아이템에서 over 스타일 제거
    if(this.$overItem){
```

```
                this.$overItem.removeClass("over");
        }

        this.$overItem = $item;
        this.$overItem.addClass("over");

        // 메뉴 바 이동
        this.moveBar($item); ❷
}


// step #02-03
// 오버 메뉴아이템 제거
BarMenu.prototype.removeOverItem=function(){
        if(this.$overItem){
                this.$overItem.removeClass("over");
        }
        this.$overItem = null;

        this.moveBar(null); ❸
}
/*
 * step #02-04
 * $item : 이동 메뉴아이템
 */
BarMenu.prototype.moveBar=function($item){ ❶
        var left = -100;
        var width = 0;
        if($item!=null) {
                left = $item.position(true).left+parseInt($item.css("margin-left")); ❶-❶
                width = $item.outerWidth(); ❶-❷
        }

        // 애니메이션 이동
        this.$bar.stop().animate({ ❶-❸
                "left":left,
                "width":width
        },300,"easeOutQuint");
}
```

설명

❶ 먼저 moveBar( ) 메서드를 신규로 추가해 줍니다.

❶-❶ 메뉴바가 이동할 위치 값을 구해줍니다. 방법은 moveBar( ) 메서드 매개변수($item) 값으로 넘어온 메뉴아이템의 현재 위치 값과 마진 값을 더해주면 됩니다.

❶-❷ ❶-❶과 동일한 방법으로 메뉴바의 크기를 구해줍니다. 메뉴아이템에 외각선이 적용되어 있기 때문에 outerWidth( ) 메서드를 사용해야 합니다.

❶-❸ animate( ) 메서드를 활용해 메뉴바의 위치와 크기를 앞에서 구한 위치와 크기로 부드럽게 변경해줍니다.

> **메모 _** position() 및 outerWidth()는 '4부-08장-Lesson01 요소의 위치 및 크기 관련 기능'을 참고하세요.

❷ 오버한 메뉴아이템에 따라 메뉴바를 움직일 수 있게 moveBar( ) 메서드를 호출해 줍니다.

❸ 오버 메뉴아이템에 스타일이 제거되는 경우 메뉴 바를 화면 왼쪽에 숨기기 위해 moveBar( )를 null 값을 넣어 호출해 줍니다.

코드 입력 후 실행해 보세요. 실행 후 오버 메뉴아이템이 있는 상태에서 마우스 커서를 메뉴 영역 밖으로 나가는 경우 오버 상태가 제거됨과 동시에 메뉴 바가 부드럽게 사라지는 것을 확인할 수 있을 것입니다. 이렇게 해서 오버 메뉴 효과 처리를 모두 구현했습니다.

단계 03: 선택 메뉴아이템 구현하기

이번 단계에서 구현할 선택 메뉴아이템 구현하기는 다음과 같이 세 단계로 나눠 처리하겠습니다.

단계 03-01: 선택 메뉴아이템 처리 1
  동작효과 6: 메뉴아이템을 클릭했을 때, 기존 선택 메뉴아이템이 없는 경우
  동작효과 7: 메뉴아이템을 클릭했을 때, 기존 선택 메뉴아이템이 있는 경우

단계03-02: 선택 메뉴아이템 처리 2
  동작효과 3: 마우스를 메뉴아이템 위로 이동했을 때, 선택 메뉴아이템이 있는 경우

단계 03-03: 재선택 처리
  동작효과 5: 마우스 포인터가 메뉴 밖으로 나갔을 때, 선택 메뉴아이템이 있는 경우

단계 03-04: 시작 시 n번째 메뉴아이템 선택

단계 03–01: 선택 메뉴아이템 처리 1

이번 단계에서 구현할 내용은 동작 효과 내용 중 6번째와 7번째 내용입니다. 구현할 동작효과를 다시 한 번 자세히 살펴보죠.

동작효과 6: 메뉴아이템을 클릭했을 때, 기존 선택 메뉴아이템이 없는 경우

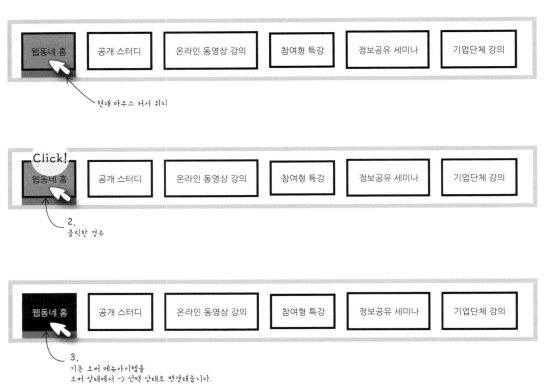

동작효과 7: 메뉴아이템을 클릭했을 때, 기존 선택 메뉴아이템이 있는 경우

2.
클릭한 경우

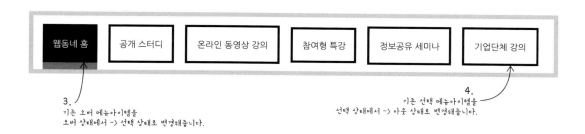

3.
기존 오버 메뉴아이템을
오버 상태에서 -> 선택 상태로 변경해줍니다.

4.
기존 선택 메뉴아이템을
선택 상태에서 -> 아웃 상태로 변경해줍니다.

지금까지 내용을 소스로 표현하면 다음과 같습니다. 설명 순서에 맞게 코드를 입력해 주세요.

소스 _ 07부/01장/01_complete/step0301/barmenu.js

```javascript
function BarMenu(selector){
    // step #02-02
    // 프로퍼티 생성하기
    this.$barMenu = null;
    this.$menuBody= null;
    this.$menuItems  = null;
    this.$overItem = null;
    this.$bar = null;

    // 선택 메뉴아이템
    this.$selectItem = null; ❶

    this.init(selector);
    this.initEvent();
}
// 이벤트 초기화
BarMenu.prototype.initEvent=function(){

    . . . .
```

```
        // 선택 메뉴아이템 처리
        this.$menuItems.click(function(e){ ❸
            // 기존 오버 메뉴아이템이 있는 경우 제거
            objThis.removeOverItem(); ❸-❶
            // 선택 메뉴아이템 처리
            objThis.setSelectMenuItem($(this)); ❸-❷
        })
    }

    /*
    * 선택 메뉴아이템 처리
    * $item : 선택 메뉴아이템
    *
    */
    BarMenu.prototype.setSelectMenuItem=function($item){ ❷
        // 선택 메뉴아이템 스타일 처리
        if(this.$selectItem){ ❷-❶
            this.$selectItem.removeClass("select");
        }
        this.$selectItem = $item; ❷-❷
        this.$selectItem.addClass("select"); ❷-❸

        // 메뉴 바 이동
        this.moveBar($item); ❷-❹
    }
```

설명

❶ 먼저 선택 메뉴아이템을 저장할 변수를 만들어 줍니다.

❷ 소스파일 끝에 선택 메뉴아이템 처리를 담당할 setSelectMenuItem() 메서드를 추가해 줍니다.

❷-❶ 기존 선택 메뉴아이템이 있는 경우 선택 스타일(.select)을 제거해 줍니다.

❷-❷ 매개변수 값으로 받은 메뉴아이템을 신규 선택 메뉴아이템 변수($selectItem)에 저장해 줍니다.

❷-❸ 신규 선택 메뉴아이템에 선택 스타일(.select)을 추가해 줍니다.

❷-❹ 메뉴 바의 위치와 크기를 신규 선택 메뉴아이템으로 설정해 줍니다.

❸ 선택 메뉴아이템 처리를 위해 메뉴아이템에 클릭 이벤트 리스너를 등록해 줍니다.

❸-❶ 클릭한 메뉴아이템이 오버 메뉴아이템인 경우 오버 스타일을 제거해주기 위해 removeOverItem() 메서드를 호출해 줍니다.

❸-❷ 클릭한 메뉴아이템을 선택 메뉴아이템으로 만들어주기 위해 setSelectMenuItem( ) 메서드를 호출해 줍니다.

코드를 모두 입력했다면 정상적으로 동작하는지 실행해보죠. 실행 후 앞에서 설명한 동작 순서처럼 실행해 보세요.

단계 03-02: 선택 메뉴아이템 처리 2

이번 단계에서 구현할 내용은 3번째 동작효과입니다. 동작효과를 다시 한 번 살펴보죠.

동작효과 3: 마우스를 메뉴아이템 위로 이동했을 때, 선택 메뉴아이템이 있는 경우

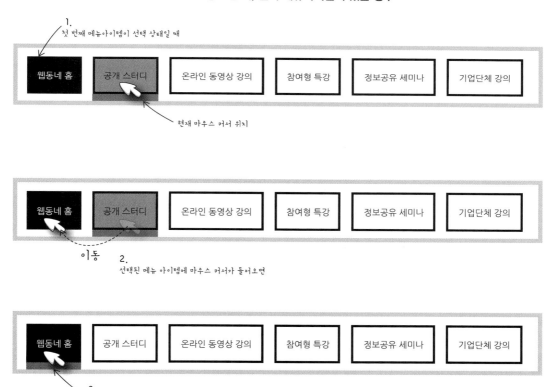

앞 단계에서 구현한 내용을 실행해보면 알겠지만 선택 메뉴아이템에서 마우스 오버를 하는 경우 선택 상태가 오버 상태로 변경돼버립니다. 우리가 원하는 효과는 선택 메뉴아이템은 오버 상태로 변하지 않고 선택 상태를 계속해서 유지하고 있어야 합니다.

지금 설명한 내용을 코드로 구현하면 다음과 같습니다.

소스 _ 07부/01장/01_complete/step0302/barmenu.js

```
BarMenu.prototype.setOverMenuItem=function($item){
    // 기존 오버 메뉴아이템에서 over 스타일 제거
    if(this.$overItem){
        this.$overItem.removeClass("over");
    }

    //this.$overItem = $item; ❶
    //this.$overItem.addClass("over");

    // 신규 오버 메뉴아이템이 선택 메뉴아이템과 같지 않은 경우에만 오버 메뉴아이템 스타일 적용하기
    // 선택 메뉴아이템 인덱스 값 구하기
    var selectIndex = -1; ❷
    if(this.$selectItem!=null){
        selectIndex = this.$selectItem.index();
    }

    // 신규 오버 메뉴아이템의 인덱스 값과 선택 메뉴아이템 인덱스 값을 비교
    if($item.index()!=selectIndex){ ❸
        // 오버 효과 처리
        this.$overItem = $item;
        this.$overItem.addClass("over");
    }else {
        this.$overItem = null;
    }

    // 메뉴 바 이동
    this.moveBar($item);
}
```

설명

처리 방법은 간단합니다. 메뉴아이템에서 마우스가 오버되는 경우 오버된 메뉴아이템이 선택 메뉴아이템이 아닌 경우에만 처리하는 것입니다. 단, 여기서 주의해야 할 사항이 있는데요. 신규 오버 메뉴아이템($item)의 경우 mouseenter 이벤트가 발생할 때마다 $(this)에 의해서 만들어진 인스턴스이기 때문에 다음과 같이 $item과 선택 메뉴아이템($selectItem)을 비교하는 똑같은 메뉴아이템이라고 판단할 수 없습니다.

```
  if(this.$selectItem != $item){
      this.$overItem = $item;
      this.addOverItemStyle();
  }
```

이때는 메뉴 항목의 인덱스 값을 구해 판단해야 합니다.

❶ 일단 기존 오버 메뉴 효과 처리를 주석 처리해 줍니다.

❷ 선택 메뉴아이템의 인덱스 값을 구해 줍니다.

❸ 오버 메뉴아이템이 선택 메뉴아이템이 아닐 경우에만 오버 메뉴 효과를 적용해 줍니다.

코드를 모두 입력했다면 실행해보죠. 실행 후 특정 메뉴아이템을 선택한 후 마우스를 오버해 보세요. 기존과 달리 선택 효과를 그대로 유지하고 있는 것을 볼 수 있을 것입니다.

단계 03-03: 재선택 처리

이번 단계에서 구현할 내용은 동작효과 내용 중 5번째 내용입니다. 구현할 동작효과를 다시 한 번 자세히 살펴보죠.

동작효과 5: 마우스 포인터가 메뉴 밖으로 나갔을 때, 선택 메뉴아이템이 있는 경우

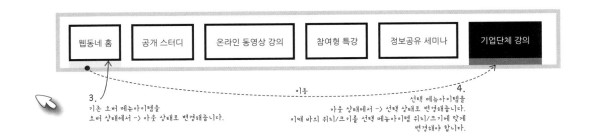

지금까지 내용을 소스로 표현하면 다음과 같습니다. 설명 순서에 맞게 코드를 입력해 주세요.

소스 _ 07부/01장/01_complete/step0303/barmenu.js

```
// 이벤트 초기화
BarMenu.prototype.initEvent=function(){

    . . .
    // 메뉴 영역을 나간 경우
    this.$barMenu.mouseleave(function(e){
        // 기존 오버 메뉴아이템이 있는 경우 제거
        objThis.removeOverItem();

        // step #03-03
        // 기존 선택 메뉴아이템이 있는 경우 선택 처리
        objThis.reSelectMenuItem(); ❷
    })
    . . .

}

// 기존 선택 메뉴아이템이 있는 경우 선택 처리
BarMenu.prototype.reSelectMenuItem=function(){ ❶
    if(this.$selectItem){
        this.moveBar(this.$selectItem);
    }
}
```

설명

❶ 소스 파일 마지막 부분에 reSelectMenuItem()이라는 메서드를 추가하고 메뉴 바의 위치와 크기를 선택 메뉴아이템에 맞게 조절되도록 moveBar() 메서드를 호출해주는 구문을 작성해 줍니다.

❷ reSelectMenuItem() 메서드는 마우스 커서가 메뉴 영역 밖으로 나간 경우만 실행되어야 하기 때문에 메뉴의 기존 mouseleave 이벤트 리스너에 추가해 줍니다.

코드를 모두 입력했다면 앞에서 설명한 동작 효과 5번째처럼 실행해서 정상적으로 동작하는지 확인해 주세요.

단계 03-04: 시작 시 n번째 메뉴아이템 선택

일반적인 메뉴 콘텐츠의 경우 시작 시 인덱스 값이 n번째인 메뉴아이템이 선택된 상태에서 시작하는 경우가 종종 있습니다. 이번 단계에서는 바로 이 기능을 구현해 보겠습니다. 다만 여기서 알고 있어야 하는 내용이 하나 있는데요. 시작 메뉴아이템 선택 시 바는 모션 없이 해당 메뉴아이템의 위치와 크기에 맞게 고정된 상태로 나와야 합니다.

지금까지의 설명을 코드로 표현하면 다음과 같습니다.

소스 _ 07부/01장/01_complete/step0304/barmenu.js

```
/*
 * $item : 이동 메뉴아이템
 */
BarMenu.prototype.moveBar=function($item, animation){ ❶

    var left = -100;
    var width = 0;
    if($item!=null) {
        left = $item.position(true).left+parseInt($item.css("margin-left"));
        width = $item.outerWidth();
    }
    /*
     // 애니메이션 이동
    this.$bar.stop().animate({ ❶-❶
        "left":left,
        "width":width
    },300,"easeOutQuint");
```

```
    */
    if(animation==false){ ❶-❷
        // 애니메이션 없이 바로 이동
        this.$bar.css({
            "left":left,
            "width":width
        });
    }else { ❶-❸
        // 애니메이션 이동
        this.$bar.stop().animate({
            "left":left,
            "width":width
        },300,"easeOutQuint");
    }
}


/*
 * 선택 메뉴아이템 처리
 * $item : 선택 메뉴아이템
 */
BarMenu.prototype.setSelectMenuItem=function($item, animation){ ❷
    // 선택 메뉴아이템 스타일 처리
    if(this.$selectItem){
        this.$selectItem.removeClass("select");
    }
    this.$selectItem = $item;
    this.$selectItem.addClass("select");

    // 메뉴 바 이동
    this.moveBar($item, animation);
}


/*
 * step #03-04
 * animation : 애니메이션 이동 여부
 */
BarMenu.prototype.setSelectMenuItemAt=function(index, animation){ ❸
    this.setSelectMenuItem(this.$menuItems.eq(index), animation);
}
```

소스 _ 07부/01장/01_complete/step0304/index.html

```
<script>
    $(document).ready(function(){
        var barMenu = new BarMenu("#barMenu1");
        barMenu.setSelectMenuItemAt(1, false); ❹
    });
</script>
```

설명

❶ 먼저 메뉴 바를 움직이는 기능을 하는 moveBar() 메서드에 애니메이션 유무를 선택할 수 있는 매개변수(animation)를 추가해 줍니다.

❶-❶ 먼저 기존 코드를 주석 처리하거나 삭제해 줍니다.

❶-❷ animation 값이 false인 경우 애니메이션 없이 메뉴 바의 위치와 크기를 조절해 줍니다.

❶-❸ animation 값이 없거나 true인 경우 기존과 같이 애니메이션 효과를 실행해 줍니다.

❷ 기존 선택 메뉴아이템을 처리하는 setSelectMenuItem() 메서드에도 animation 속성을 추가해 줍니다. 그리고 moveBar() 메서드 호출에도 animation을 추가해 줍니다.

❸ 소스 파일 끝 부분에 setSelectMenuItemAt() 메서드를 신규로 추가한 후 index에 해당하는 메뉴를 선택할 수 있는 기능을 구현해 줍니다. 이때 기존 setSelectMenuItem() 메서드를 활용합니다.

❹ 시작 시 setSelctMenuItemAt() 메서드를 호출해 인덱스 값이 1인 메뉴아이템을 선택해 줍니다.

코드를 모두 입력했다면 실행해보죠. 실행하면 두 번째(인덱스 값이 1) 메뉴아이템이 선택돼 있는 것을 확인할 수 있을 것입니다. 이렇게 해서 '선택 메뉴아이템 구현하기' 부분을 모두 완료했습니다.

여기서 잠시 쉬며 중간정검을 하고 넘어 가죠. 요구사항 중 지금까지 구현한 내용을 정리하면 다음과 같습니다.

01. ~~오버 메뉴와 선택메뉴 항목을 따라다니는 바가 있는 1단 메뉴를 만들어 주세요. 메뉴 동작효과는 03 동작효과에서 자세히 설명되어 있습니다.~~

02. 선택 메뉴아이템이 변경되는 경우 이전 선택 메뉴아이템과 신규 선택 메뉴아이템을 select라는 이벤트에 담아 발생해 주세요.

03. 모든 내용은 자바스크립트 prototype 문법을 이용해 클래스로 만들어 주세요.

04. 마지막으로 바 메뉴를 jQuery 플러그인으로도 만들어 주세요.

단계 04: 선택 이벤트 발생

이번 단계에서는 요구사항 두 번째 내용인 선택 메뉴아이템이 변경되는 경우 이 정보를 이벤트로 만들어 클래스 외부로 알려주는 기능을 구현합니다.

> **메모 _** 이번 단계의 기능을 구현하려면 이벤트 개념과 사용자 정의 이벤트도 만들 수 있어야 합니다. 이벤트에 대한 내용은 '04부-07장-이벤트 다루기'를 참고해 주세요.

설명 순서에 맞게 다음 코드를 입력해 주세요.

소스 _ 07부/01장/01_complete/step04/barmenu.js

```javascript
/*
 * 선택 메뉴아이템 처리
 * $item : 선택 메뉴아이템
 */
BarMenu.prototype.setSelectMenuItem=function($item, animation){ ❷
    var $oldItem = this.$selectItem;

    // 선택 메뉴아이템 스타일 처리
    if(this.$selectItem){
        this.$selectItem.removeClass("select");
    }
    this.$selectItem = $item;
    this.$selectItem.addClass("select");

    // 메뉴 바 이동
    this.moveBar($item, animation);

    // 이벤트 발생
    this.dispatchSelectEvent($oldItem,$item);
}

/*
 * step #04
 * select 이벤트 발생
 * $oldItem : 기존 선택 메뉴아이템
 * $newItem : 신규 선택 메뉴아이템
 */
```

```
BarMenu.prototype.dispatchSelectEvent=function($oldItem, $newItem){ ❶
    var event = jQuery.Event("select"); ❶-❶

    event.$oldItem = $oldItem; ❶-❷
    event.$newItem = $newItem;
    this.$barMenu.trigger(event); ❶-❸
}
```

소스 _ 07부/01장/01_complete/step04/index.html

```
<script>
    $(document).ready(function(){
        var barMenu = new BarMenu("#barMenu1");
        barMenu.setSelectMenuItemAt(1, false);

        // select 이벤트 리스너 등록
        barMenu.$barMenu.on("select",function(e){ ❸
            var oldIndex = -1;
            if(e.$oldItem)
                oldIndex = e.$oldItem.index();

            console.log("old = "+oldIndex+", new = "+e.$newItem.index());
        });

        barMenu.setSelectMenuItemAt(1, false);
    });
</script>
```

설명

❶ 먼저 소스파일 끝 부분에 사용자 정의 이벤트를 발생하는 기능을 구현할 dispatchSelectEvent() 메서드를 추가해 줍니다.

❶-❶ jQuery의 Event() 유틸리티를 이용해 select라는 사용자 정의 이벤트 객체를 생성해 줍니다.

❶-❷ 매개변수 값으로 들어온 이전 선택 메뉴아이템($oldItem)과 신규 선택 메뉴아이템($item)을 이벤트 객체에 담아 줍니다.

❶-❸ trigger() 메서드를 이용해 이벤트를 발생해 줍니다. 여기서 주의깊게 살펴봐야 할 내용이 있는데요. 이벤트 발생 시 1단 바메뉴 영역(#barMenu1)이 담긴 jQuery 객체를 이용했다는 점입니다. 즉 #barMenu1에서 이벤트를 발생하기 때문에 받을 때에도 #barMenu1에 이벤트 리스너를 등록해야 한다는 의미입니다.

❷ 이벤트를 발생시키기 위해 선택 메뉴아이템을 처리하는 setSelectMenuItem() 메서드에서 기존 선택 메뉴아이템 정보와 신규 선택 메뉴아이템 정보를 매개변수 값으로 해서 dispatchSelectEvent() 메서드를 호출해 줍니다.

❸ 마지막으로 이벤트 발생 테스트를 위해 1단 바메뉴 객체의 $barMenu(1단 바메뉴 영역이 담긴) 프로퍼티에 접근해 select 이벤트 리스너를 등록한 후 이벤트 객체에 담겨 넘어온 이전 선택 메뉴아이템($oldItem)과 신규 선택 메뉴아이템($newItem)의 인덱스 정보를 출력해 줍니다.

코드를 모두 작성했다면 정상적으로 이벤트가 발생하는지 실행해보죠. 예를 들어 처음 세 번째 메뉴(인덱스 값은 2)를 선택하면 oldIndex=-1, newIndex=2가 출력되고, 첫 번째 메뉴 메뉴(인덱스 값은 0)를 선택하면 oldIndex=2, newIndex=0이 출력될 것입니다. 이렇게 출력되면 정상적인 동작으로 판단하면 됩니다.

단계 05: 캡슐화하기

이번에는 바메뉴 클래스 제작 마지막 단계인 캡슐화를 진행하겠습니다. 캡슐화란 앞에서 배운것처럼 은닉성, 즉 클래스 외부에서 클래스 내부 요소인 프로퍼티와 메서드를 접근할 수 없게 만드는 것으로써 정보를 보호하기 위해 사용한다고 배웠습니다. 또한 자바스크립트는 문법적으로 캡슐화를 지원하지 만 외부에서 접근하지 못한다는 의미로 프로퍼티와 메서드 앞에 언더바(_)를 붙여 사용한다고 배웠습니다. 바로 이번 단계 작업은 외부에서 접근하면 안 되는 프로퍼티와 메서드에 언더바(_)를 붙이는 작업입니다. 동시에 언더바가 붙지 않은 프로퍼티와 메서드는 외부에서 접근해 사용하는 요소가 됩니다.

그럼 먼저 여러분 스스로 앞에서 작성한 코드에 캡슐화 작업을 진행해 보세요. 작업 완료 후 다음에 등장하는 필자 풀이 코드와 비교해보길 바랍니다.

소스 _ 07부/01장/01_complete/step05/barmenu.js

```
function BarMenu(selector){
    // 프로퍼티 생성하기
    this.$barMenu = null;
    this._$menuBody = null;
    this._$menuItems = null;
    this._$overItem = null;
    this._$bar = null;

    // 선택 메뉴아이템
    this._$selectItem = null;
```

```
        this._init(selector);
        this._initEvent();
    }


    // 요소 초기화
    BarMenu.prototype._init=function(selector){
        this.$barMenu = $(selector);
        this._$menuBody = this.$barMenu.find(".menu-body");
        this._$menuItems = this._$menuBody.find("li");
        this._$bar = this.$barMenu.find(".bar");
    }


    // 이벤트 초기화
    BarMenu.prototype._initEvent=function(){
        var objThis = this;

        // 오버 메뉴 효과 처리
        this._$menuItems.mouseenter(function(e){
            objThis._setOverMenuItem($(this));
        });


        // 메뉴 영역을 나간 경우
        this.$barMenu.mouseleave(function(e){
            // 기존 오버 메뉴아이템이 있는 경우 제거
            objThis._removeOverItem();

            // 기존 선택 메뉴아이템이 있는 경우 선택 처리
            objThis._reSelectMenuItem();
        });


        // 선택 메뉴아이템 처리
        this._$menuItems.click(function(e){
            // 기존 오버 메뉴아이템이 있는 경우 제거
            objThis._removeOverItem();
            // 선택 메뉴아이템 처리
            objThis.setSelectMenuItem($(this));
        });
    }
```

```
/*
* 오버 메뉴아이템 처리하기
* $item : 신규 오버 메뉴아이템
*/
BarMenu.prototype._setOverMenuItem=function($item){
    // 기존 오버 메뉴아이템에서 over 스타일 제거
    if(this._$overItem){
        this._$overItem.removeClass("over");
    }

    // 신규 오버 메뉴아이템이 선택 메뉴아이템과 같지 않은 경우에만 오버 메뉴아이템 스타일 적용하기
    // 주의!
    // $item의 경우 mouseenter이벤트가 발생할 때마다 $(this)에 의해서 인스턴스가 계속해서
    // 만들어지기 때문에 $selectItem == $item과 비교하면 안 됨

    // 선택 메뉴아이템 인덱스 값 구하기
    var selectIndex = -1;
    if(this._$selectItem!=null){
        selectIndex = this._$selectItem.index();
    }

    // 신규 오버 메뉴아이템의 인덱스 값과 선택 메뉴아이템 인덱스 값을 비교
    if($item.index()!=selectIndex){
        // 오버 효과 처리
        this._$overItem = $item;
        this._$overItem.addClass("over");
    }else {
        this._$overItem = null;
    }

    // 메뉴 바 이동
    this._moveBar($item);
}

// 오버 메뉴아이템 제거
BarMenu.prototype._removeOverItem=function(){
    if(this._$overItem){
        this._$overItem.removeClass("over");
    }
    this._$overItem = null;
```

```
    this._moveBar(null);
}


/*
 * $item : 이동 메뉴아이템
 */
BarMenu.prototype._moveBar=function($item, animation){

    var left = -100;
    var width = 0;
    if($item!=null) {
        left = $item.position(true).left+parseInt($item.css("margin-left"));
        width = $item.outerWidth();
    }

    if(animation==false){
        // 애니메이션 없이 바로 이동
        this._$bar.css({
            "left":left,
            "width":width
        });
    }else {
        // 애니메이션 이동
        this._$bar.stop().animate({
            "left":left,
            "width":width
        },300,"easeOutQuint");
    }
}


/*
 * 선택 메뉴아이템 처리
 * $item : 선택 메뉴아이템
 *
 */
BarMenu.prototype.setSelectMenuItem=function($item, animation){
    var $oldItem = this._$selectItem;

    // 선택 메뉴아이템 스타일 처리
    if(this._$selectItem){
```

```
            this._$selectItem.removeClass("select");
        }
        this._$selectItem = $item;

        this._$selectItem.addClass("select");

        // 메뉴 바 이동
        this._moveBar($item, animation);

        // 이벤트 발생
        this._dispatchSelectEvent($oldItem,$item);
    }


// 기존 선택 메뉴아이템이 있는 경우 선택 처리
BarMenu.prototype._reSelectMenuItem=function(){
    if(this._$selectItem){
        this._moveBar(this._$selectItem);
    }
}


/*
* animation : 애니메이션 이동 여부
 */
BarMenu.prototype.setSelectMenuItemAt=function(index, animation){
    this.setSelectMenuItem(this._$menuItems.eq(index), animation);
}


/*
* select 이벤트 발생
 * $oldItem : 기존 선택 메뉴아이템
 * $newItem : 신규 선택 메뉴아이템
 */
BarMenu.prototype._dispatchSelectEvent=function($oldItem, $newItem){
    var event = jQuery.Event("select");

    event.$oldItem = $oldItem;
    event.$newItem = $newItem;
    this.$barMenu.trigger(event);
}
```

설명

우선 클래스 요소(프로퍼티와 메서드) 중 외부에서 접근 가능 요소와 접근 불가능한 요소를 보기 쉽게 표로 정리하면 다음과 같습니다.

요소	접근 가능(public)	접근 불가(private)
프로퍼티	$barMenu	_$menuBody _$menuItems _$overItem _$bar
메서드	setSelectMenuItem() setSelectMenuItemAt()	_init() _initEvent() _reSelectMenuItem() _setOverMenuItem() _removeOverItem() _removeOverItemStyle() _addOverItemStyle() _moveBar() _dispatchSelectEvent()

표를 보면 알 수 있는 것처럼 외부에서 접근 가능한 요소보다 접근 불가능한 요소가 더 많다는 것을 알 수 있습니다. 이는 잘못된 작업이 아니라 일반적으로 클래스는 꼭 필요함 요소만 외부에 노출하기 때문에 정상적인 처리라고 보면 됩니다. 여기서 잠시 쉬며 중간정검을 하고 넘어 가죠. 요구사항 중 지금까지 구현한 내용을 정리하면 다음과 같습니다.

01. 오버 메뉴와 선택메뉴 항목을 따라다니는 바가 있는 1단 메뉴를 만들어 주세요. 메뉴 동작효과는 03 동작효과에서 자세히 설명되어 있습니다.

02. 선택 메뉴아이템이 변경되는 경우 이전 선택 메뉴아이템과 신규 선택 메뉴아이템을 select라는 이벤트에 담어 발생해 주세요.

03. 모든 내용은 자바스크립트 prototype 문법을 이용해 클래스로 만들어 주세요.

04. 마지막으로 바메뉴를 jQuery 플러그인으로도 만들어 주세요.

드디어 마지막 요구사항만을 남겨두고 있습니다.

단계 06 _ jQuery 플러그인 제작

이번 단계에서는 1단 바메뉴를 좀더 쉽게 사용할 수 있게 jQuery 플러그인으로 만들어 보겠습니다. 바메뉴를 jQuery 플러그인으로 제작하는 과정은 세 단계로 나눠 진행하겠습니다.

단계 06-01: barMenu 플러그인 만들기

단계 06-02: 멀티 바메뉴 만들기

단계 06-03: barMenu 선택 플러그인 만들기

메모 _ jQuery 플러그인을 제작하는 방법은 '05부-03장 jQuery 플러그인 제작'을 참고해 주세요.

단계 06-01: barMenu 플러그인 만들기

'05부-03장 jQuery 플러그인 제작'에서도 알아본 것처럼 jQuery 플러그인을 만드는 방법은 아주 간단합니다. jQuery 플러그인 문법에 맞게 기능을 포장만 해주면 되기 때문이지요. 복습하는 의미로 jQuery 플러그인 문법을 다시 한 번 살펴보겠습니다.

jQuery 플러그인 문법

```
(function($) {
    $.fn.플러그인이름=function(){
        this.each(function(index){
            // 기능 구현
        })
        return this;
    }
})(jQuery)
```

위의 플러그인 문법에 맞게 바메뉴를 플러그인으로 만들면 다음과 같이 만들 수 있습니다.

소스 _ 07부/01장/01_complete/step0601/barmenu.js

```
(function($){
    // barMenu 플러그인
    $.fn.barMenu=function(){ ❶
        // 선택자에 해당하는 요소 개수만큼 BarMenu 객체 생성
        this.each(function(index){ ❶-❶
            var barMenu = new BarMenu(this);

        });
        return this; ❶-❷
    }
})(jQuery);
```

소스 _ 07부/01장/01_complete/step0601/index.html

```
<script>
    $(document).ready(function(){
        /*
        var barMenu = new BarMenu("#barMenu1"); ❷
        barMenu.setSelectMenuItemAt(1, false);

        // select 이벤트 리스너 등록
        barMenu.$barMenu.on("select",function(e){
            var oldIndex = -1;
            console.log(e);
            if(e.$oldItem)
                oldIndex = e.$oldItem.index();

            console.log("old = "+oldIndex+", new = "+e.$newItem.index());
        });

        barMenu.setSelectMenuItemAt(1, false);
        */

        $("#barMenu1").barMenu().on("select",function(e){ ❸
            var oldIndex = -1;
            if(e.$oldItem)
                oldIndex = e.$oldItem.index();

            console.log("old = "+oldIndex+", new = "+e.$newItem.index());
        });
    });
</script>
```

설명

❶ 먼저 barMenu라는 이름의 플러그인을 만들어 줍니다.

❶-❶ 내부에는 선택자에 해당하는 개수만큼 BarMenu 클래스의 인스턴스를 생성해 줍니다. 여러 개의 바메뉴가 정상적으로 동작하는지 확인하는 내용은 바로 이어서 등장하는 '단계 06-02 단계'에서 좀더 다루겠습니다.

❶-❷ jQuery 체인이 형성될 수 있게 선택자에 해당하는 자바스크립트 DOM 요소를 감싸고 있는 jQuery 인스턴스를 나타내는 this를 리턴해줘야 합니다.

그래야 ❸에서처럼 $("#barMenu1").barMenu() 플러그인 호출 후 on() 메서드를 이어서 호출할 수 있게 됩니다.

> **메모 _** $.fn.barMenu는 다음과 같이 표현할 수 있습니다.
>
> $.fn.barMenu=function(){
>
>   }
>
>   jQuery.prototype.barMenu=function(){
>
>   }
>
> 위의 내용에서 $는 jQuery와 동일하며 $.fn 은 jQuery.prototype과 동일합니다. 즉, 플러그인을 사용하는 의미는 메서드 호출일 뿐이라는 점을 알아 두세요.

❷ 바메뉴를 클래스 인스턴스로 생성해 사용한 코드를 주석처리하거나 제거해 줍니다.

❸ ❶에서 만든 barMenu 플러그인을 사용해 바메뉴를 활성화시켜 줍니다. 이어서 on() 메서드를 바로 호출해 select 이벤트 리스너를 등록해 줍니다.

코드를 모두 입력했다면 실행해보죠. 실행해보면 알겠지만 동작은 클래스 방식과 플러그인 방식 모두 동일합니다. 이처럼 특정 기능을 jQuery 플러그인으로 만들면 좀더 쉽게 사용할 수 있게 됩니다.

단계 06–02: 멀티 바메뉴 만들기

방금 만든 barMenu 플러그인은 여러 개의 바메뉴가 독립적으로 실행될 수 있게 만들어져 있습니다. 정말 여러 개의 바메뉴가 독립적으로 동작하는지 확인해 보겠습니다.

먼저 다음과 같이 바메뉴를 하나 더 추가해 주세요.

소스 _ 07부/01장/01_complete/step0602/index.html

```
<style>
    . . . .
    #barMenu2 {  ❶
        position:relative;

        left:100px;
        top:250px;
        width:700px;
    }
</style>
```

```html
<body>
    <div class="bar-menu" id="barMenu1">
        <ul class="menu-body">
            <li>웹동네 홈</li>
            <li>공개 스터디</li>
            <li>온라인 동영상 강의</li>
            <li>참여형 특강</li>
            <li>정보공유 세미나</li>
            <li>기업/단체강의</li>
        </ul>
        <div class="bar"> </div>
    </div>

    <div class="bar-menu" id="barMenu2">   ❷
        <ul class="menu-body">
            <li>웹동네 홈</li>
            <li>공개 스터디</li>
            <li>온라인 동영상 강의</li>
            <li>참여형 특강</li>
            <li>정보공유 세미나</li>
            <li>기업/단체강의</li>
        </ul>
        <div class="bar"> </div>
    </div>
</body>

<script>
    $(document).ready(function()
        var $barMenu = $(".bar-menu").barMenu(); ❸
        $barMenu.on("select",function(e){
            var oldIndex = -1;
            if(e.$oldItem)
                oldIndex = e.$oldItem.index();

            console.log("old = "+oldIndex+", new = "+e.$newItem.index());
        });
    });
</script>
```

설명

❶ 먼저 두 번째 메뉴(#barMenu2)에 대한 위치를 잡기 위해 스타일을 추가해 줍니다.

❷ 기존 첫 번째 메뉴를 그대로 복사한 후 아이디 값을 barMenu2로 만들어 줍니다.

❸ 스크립트 소스에서 선택자를 #barMenu1 대신 .bar-menu로 변경해 줍니다.

코드를 모두 입력했다면 실행화면처럼 두 개의 바메뉴가 독립적으로 동작하는지 실행해보죠.

실행화면

단계 06-03: barMenu 선택처리 플러그인 만들기

이번 단계에서는 외부에서 n번째 인덱스에 해당하는 메뉴아이템을 선택할 수 있는 기능을 플러그인으로 구현해 보겠습니다. 즉 다음과 같이 호출하면 2번째 인덱스에 해당하는 메뉴아이템이 선택돼야 합니다.

```
$("#barMenu1").selectBarMenuItemAt(2,false);
```

구현방식은 앞에서 구현한 barMenu() 플러그인과 동일합니다.

소스 _ 07부/01장/01_complete/step0603/barmenu.js

```
(function($){
    // barMenu 플러그인
    $.fn.barMenu=function(){
        // 선택자에 해당하는 요소 개수만큼 BarMenu 객체 생성
        this.each(function(index){
            var barMenu = new BarMenu(this);
```

```
            $(this).data("barMenu", barMenu); ❶


        });
        return this;
    }


    // barMenu 선택처리 플러그인
    $.fn.selectBarMenuAt=function(selectIndex, animation){ ❷
        this.each(function(index){
            var barMenu = $(this).data("barMenu"); ❷-❶
            if(barMenu)
                barMenu.setSelectMenuItemAt(selectIndex,animation); ❷-❷


        });
        return this; ❷-❸
    }
})(jQuery);
```

소스 _ 07부/01장/01_complete/step0603/index.html

```
<script>
    $(document).ready(function(){
        var $barMenu = $(".bar-menu").barMenu();
        $barMenu.on("select",function(e){
            var oldIndex = -1;
            if(e.$oldItem)
                oldIndex = e.$oldItem.index();


            console.log("old = "+oldIndex+", new = "+e.$newItem.index());
        });

        //#barMenu1의 2번째 메뉴아이템 선택
        $barMenu.eq(0).selectBarMenuAt(2, false); ❸
        //#barMenu2의 5번째 메뉴아이템 선택
        $barMenu.eq(1).selectBarMenuAt(5, false); ❹
    });
</script>
```

코드설명

❶ 먼저 n번째 인덱스에 해당하는 바메뉴를 선택하는 기능(setSelectMenuItemAt( ) 메서드)을 사용해야 하기 때문에 barMenu( ) 플러그인 내부에서 생성한 barMenu 객체를 해당 jQuery 객체에 저장해 줍니다.

❷ n번째 인덱스에 해당하는 메뉴아이템을 선택하는 기능을 구현할 플러그인을 selectBarMenuAt이라는 이름으로 만들어 줍니다.

❷-❶ barMenu 플러그인에서 저장한 BarMenu 클래스의 인스턴스를 구합니다.

❷-❷ setSelectMenuItemAt( ) 메서드를 호출해 n번째 인덱스에 해당하는 메뉴아이템을 선택 아이템으로 만들어 줍니다.

❷-❸ barMenu 플러그인과 동일하게 체인 구조가 이뤄질 수 있게 this를 리턴해 줍니다.

❸ 마지막으로 selectBarMenuAt( ) 플러그인을 호출해 첫 번째 바메뉴(#barMenu1)의 1번째 메뉴아이템을 선택 메뉴아이템으로 만들어 줍니다.

❹ selectBarMenuAt( ) 플러그인을 호출해 두 번째 바메뉴(#barMenu2)의 3번째 메뉴아이템을 선택 메뉴아이템으로 만들어 줍니다.

코드를 모두 입력한 후 실행하면 다음과 같은 실행화면을 볼 수 있을 것입니다.

자! 이렇게 해서 실무활용 웹 콘텐츠 제작 첫 번째 주제인 바메뉴를 모두 완성했습니다. 전체 소스 코드는 다음과 같습니다.

소스 _ 07부/01장/01_complete/step0603/index.html

```
<html>
<head>
    <link rel="stylesheet" type="text/css" href="barmenu.css">
    <style>
        * {
```

```
        padding:0;
        margin:0;
    }
    body{
        font-size:9pt;
    }

    #barMenu1 {
        position:relative;

        left:100px;
        top:100px;
        width:700px;
    }

     #barMenu2 {
        position:relative;

        left:100px;
        top:150px;
        width:700px;
    }
</style>

<script src="../libs/jquery-1.11.0.min.js"></script>
<script src="../libs/jquery.easing.1.3.js"></script>
<script src="barmenu.js"></script>
<script>
    $(document).ready(function(){
        var $barMenu = $(".bar-menu").barMenu();
        $barMenu.on("select",function(e){
            var oldIndex = -1;
            if(e.$oldItem)
                oldIndex = e.$oldItem.index();

            console.log("old = "+oldIndex+", new = "+e.$newItem.index());
        });

        //#barMenu1의 2번째 메뉴아이템 선택
        $barMenu.eq(0).selectBarMenuAt(1, false);
```

```
            //#barMenu2의 5번째 메뉴아이템 선택
            $barMenu.eq(1).selectBarMenuAt(3, false);
        });
    </script>

</head>

<body>
    <div class="bar-menu" id="barMenu1">
        <ul class="menu-body">
            <li>웹동네 홈</li>
            <li>공개 스터디</li>
            <li>온라인 동영상 강의</li>
            <li>참여형 특강</li>
            <li>정보공유 세미나</li>
            <li>기업/단체강의</li>
        </ul>
        <div class="bar"> </div>
    </div>

    <div class="bar-menu" id="barMenu2">
        <ul class="menu-body">
            <li>웹동네 홈</li>
            <li>공개 스터디</li>
            <li>온라인 동영상 강의</li>
            <li>참여형 특강</li>
            <li>정보공유 세미나</li>
            <li>기업/단체강의</li>
        </ul>
        <div class="bar"> </div>
    </div>
</body>
</html>
```

소스 _ 07부/01장/01_complete/step0603/barmenu.js

```
(function($){
    // step #06-01
    // barMenu 플러그인
    $.fn.barMenu=function(){
```

```
        // 선택자에 해당하는 요소 개수만큼 BarMenu 객체 생성
        this.each(function(index){
            var barMenu = new BarMenu(this);
            $(this).data("barMenu", barMenu);
        });
        return this;
    }


    // step #06-03
    // barMenu 선택처리 플러그인
    $.fn.selectBarMenuAt=function(selectIndex, animation){
        this.each(function(index){
            var barMenu = $(this).data("barMenu");
            if(barMenu)
                barMenu.setSelectMenuItemAt(selectIndex,animation);
        });
        return this;
    }
})(jQuery);


function BarMenu(selector){
    // step #02-02
    // 프로퍼티 생성하기
    this.$barMenu = null;
    this._$menuBody= null;
    this._$menuItems  = null;
    this._$overItem = null;
    this._$bar = null;


    // step #03-01
    // 선택 메뉴아이템
    this._$selectItem = null;

    this._init(selector);
    this._initEvent();
}

// 요소 초기화
BarMenu.prototype._init=function(selector){
    // step #02-02
    this.$barMenu = $(selector);
```

```
        console.log(this.$barMenu);
        this._$menuBody = this.$barMenu.find(".menu-body");
        this._$menuItems = this._$menuBody.find("li");
        this._$bar = this.$barMenu.find(".bar");
    }

// 이벤트 초기화
BarMenu.prototype._initEvent=function(){
    // step #02-02
    var objThis = this;

    // 오버 메뉴 효과 처리
    this._$menuItems.mouseenter(function(e){
        objThis._setOverMenuItem($(this));
    })

    // step #02-03
    // 메뉴 영역을 나간 경우
    this.$barMenu.mouseleave(function(e){
        // 기존 오버 메뉴아이템이 있는 경우 제거
        objThis._removeOverItem();

        // step #03-03
        // 기존 선택 메뉴아이템이 있는 경우 선택 처리
        objThis._reSelectMenuItem();
    })

    // step #03-01
    // 선택 메뉴아이템 처리
    this._$menuItems.click(function(e){
        // 기존 오버 메뉴아이템이 있는 경우 제거
        objThis._removeOverItem();
        // 선택 메뉴아이템 처리
        objThis.setSelectMenuItem($(this));
    })
}

// step #02-02
/*
* 오버 메뉴아이템 처리하기
* $item : 신규 오버 메뉴아이템
*/
```

```
BarMenu.prototype._setOverMenuItem=function($item){
    // 기존 오버 메뉴아이템에서 over 스타일 제거
    if(this._$overItem){
        this._$overItem.removeClass("over");
    }


    // step #03-02
    // 신규 오버 메뉴아이템이 선택 메뉴아이템과 같지 않은 경우에만 오버 메뉴아이템 스타일 적용하기
    // 주의!
    // $item의 경우 mouseenter 이벤트가 발생할 때마다 $(this)에 의해서 인스턴스가 계속해서
    // 만들어지기 때문에 $selectItem == $item과 비교하면 안 됨

    // 선택 메뉴아이템 인덱스 값 구하기
    var selectIndex = -1;
    if(this._$selectItem!=null){
        selectIndex = this._$selectItem.index();
    }

    // 신규 오버 메뉴아이템의 인덱스 값과 선택 메뉴아이템 인덱스 값을 비교
    if($item.index()!=selectIndex){
        // 오버 효과 처리
        this._$overItem = $item;
        this._$overItem.addClass("over");
    }else {
        this._$overItem = null;
    }


    // step #02-04
    // 메뉴 바 이동
    this._moveBar($item);
}

// step #02-03
// 오버 메뉴아이템 제거
BarMenu.prototype._removeOverItem=function(){
    if(this._$overItem){
        this._$overItem.removeClass("over");
    }
    this._$overItem = null;

    // step #02-04
    this._moveBar(null);
}
```

```
/*
 * step #02-04
 * $item : 이동 메뉴아이템
 */
BarMenu.prototype._moveBar=function($item, animation){
    var left = -100;
    var width = 0;
    if($item!=null) {
        left = $item.position(true).left+parseInt($item.css("margin-left"));
        width = $item.outerWidth();
    }

    if(animation==false){
        // 애니메이션 없이 바로 이동
        this._$bar.css({
            "left":left,
            "width":width
        });
    }else {
        // 애니메이션 이동
        this._$bar.stop().animate({
            "left":left,
            "width":width
        },300,"easeOutQuint");
    }
}


/*
 * step #03-01
 * 선택 메뉴아이템 처리
 * $item : 선택 메뉴아이템
 *
 */
BarMenu.prototype.setSelectMenuItem=function($item, animation){
    // step #04
    var $oldItem = this._$selectItem;

    // 선택 메뉴아이템 스타일 처리
    if(this._$selectItem){
        this._$selectItem.removeClass("select");
    }
```

```
    this._$selectItem = $item;

    this._$selectItem.addClass("select");

    // 메뉴 바 이동
    this._moveBar($item, animation);

    // step #04
    // 이벤트 발생
    this._dispatchSelectEvent($oldItem,$item);
}


// step #03-03
// 기존 선택 메뉴아이템이 있는 경우 선택 처리
BarMenu.prototype._reSelectMenuItem=function(){
    if(this._$selectItem){
        this._moveBar(this._$selectItem);
    }
}


/*
 * step #03-04
 * animation : 애니메이션 이동 여부
 */
BarMenu.prototype.setSelectMenuItemAt=function(index, animation){
    this.setSelectMenuItem(this._$menuItems.eq(index), animation);
}


/*
 * step #04
 * select 이벤트 발생
 * $oldItem : 기존 선택 메뉴아이템
 * $newItem : 신규 선택 메뉴아이템
 */
BarMenu.prototype._dispatchSelectEvent=function($oldItem, $newItem){
    var event = jQuery.Event("select");

    event.$oldItem = $oldItem;
    event.$newItem = $newItem;
    this.$barMenu.trigger(event);
}
```

CHAPTER 02

폴더 아코디언

공지:
원의 크기는 난이도를 나타냅니다.
앞으로 갈수록 조금씩 어려워지니 차근차근 따라오세요.

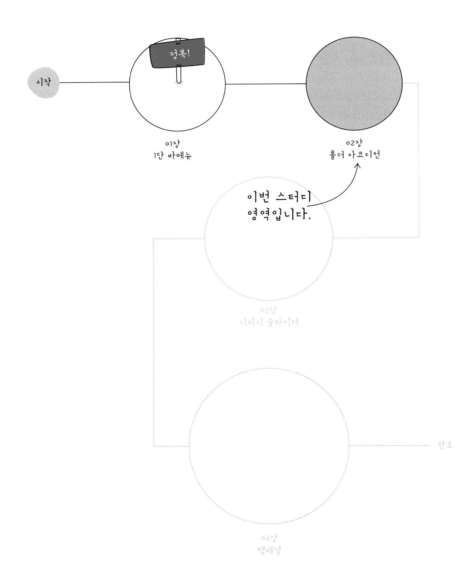

시작

정복!

01장
1단 바메뉴

02장
폴더 아코디언

이번 스터디
영역입니다.

03장
이미지 슬라이더

04장
탭패널

완료

들어가며

실무 스터디에서 만들 두 번째 UI 콘텐츠 주제는 폴더아코디언입니다. 이번 콘텐츠 제작에는 인터랙티브 콘텐츠 제작 시 공통적으로 필요한 실무 팁과 처리 방법이 담겨 있습니다.

이번 장에서 배울 내용은 다음과 같습니다.

Lesson 01 / 분석하기

이번 레슨은 이번 장에서 구현할 폴더아코디언의 요구사항과 출력효과 및 동작효과를 분석하는 단계입니다.

01 _ 소개 및 미리보기

먼저 우리가 만들 폴더아코디언에 대해 살펴보겠습니다. 모든 기능이 구현된 최종 결과물 파일을 웹 브라우저에서 실행해 주세요.

소스 _ 07부/02장/01_complete/step0702/index.html

실행하면 어디선가 한 번 정도는 봤을 만큼 익숙한 폴더아코디언이 보일 것입니다. 메인 메뉴아이템 왼쪽에 위치하고 있는 폴더 모양을 클릭해 보세요. 서브 메뉴패널이 부드럽게 열리고 닫히는 것을 볼 수 있습니다. 서브 메뉴아이템도 클릭하면 선택되는 걸 확인할 수 있을 것입니다.

02 _ 요구사항

정리해보면 이번 장에서는 다음과 같은 요구사항을 가진 폴더아코디언을 만들 것입니다.

01. 서브 메뉴가 열리고 접히는 폴더아코디언을 만들어 주세요.

02. 메뉴는 2단까지이며 서브 메뉴 항목이 보일 때 부드럽게 열리고 닫히게 만들어 주세요.

03. 또한 서브 메뉴 아이템을 선택할 수 있게 만들어 주세요. 단, 서브 메뉴아이템은 오직 하나만 선택할 수 있어야 합니다.

04. 서브 메뉴패널이 열리는 경우에는 open 이벤트를, 닫히는 경우는 close이벤트를, 서브 메뉴아이템을 선택하는 경우는 select 라는 이벤트를 발생시켜 주세요.

05. 모든 내용은 자바스크립트 prototype 문법을 이용해 클래스로 만들어 주세요.

06. 마지막으로 바 메뉴를 jQuery 플러그인으로도 만들어 주세요.

주의할 점이 하나 있는데요. 어떤 폴더아코디언의 경우 서브 메뉴패널이 오직 하나만 열리는 것도 있습니다. 이번 장에서 만드는 폴더아코디언는 윈도우 탐색기 프로그램처럼 서브 메뉴패널이 각기 독립적으로 자유롭게 열고 닫게 만들 것입니다. 그리고 다른 아코디언과 구분을 짓기 위해 우리가 만들 아코디언을 폴더아코디언이라고 부르겠습니다.

03 _ 용어정리

원활한 진행을 위해 화면 요소에 이름을 붙여 사용하겠습니다.

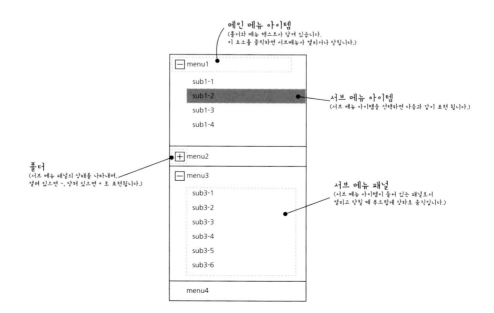

04 _ 출력효과

폴더아코디언은 다음과 같이 두 개의 출력효과를 가지고 있습니다.

01. 서브 메뉴패널이 열리는 효과

02. 서브 메뉴패널이 닫히는 효과

각 효과에 대해 자세히 살펴보죠.

01. 서브 메뉴패널이 열리는 효과

서브 메뉴패널이 닫힌 상태에서 열리는 경우 서브 메뉴패널은 메인 메뉴아이템 뒷 부분에 숨겨진 상태에서 부드럽게 등장합니다.

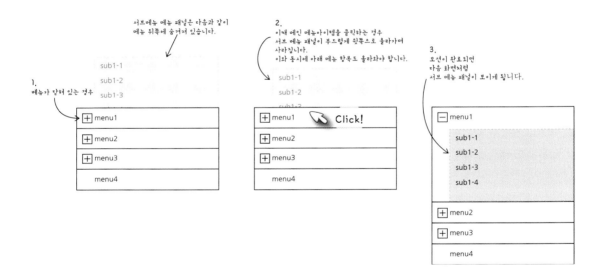

02. 서브 메뉴패널이 닫히는 효과

서브 메뉴패널이 열린 상태에서 닫히는 경우 서브 메뉴패널은 메인 메뉴아이템 뒷 부분으로 부드럽게 사라집니다.

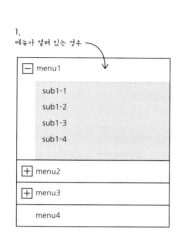

1.
메뉴가 열려 있는 경우

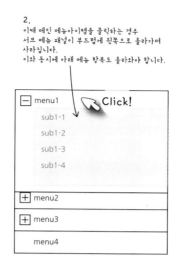

2.
이때 메인 메뉴아이템을 클릭하는 경우
서브 메뉴 패널이 부드럽게 윗쪽으로 올라가며
사라집니다.
이와 동시에 아래 메뉴 항목도 올라와야 합니다.

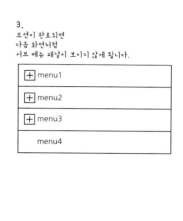

3.
모션이 완료되면
다음 화면처럼
서브 메뉴 패널이 보이지 않게 됩니다.

05 _ 동작 효과

이번에는 사용자의 마우스나 키보드 동작에 따라아코디언이 어떻게 동작하고 움직여야 하는지 알아보겠습니다. 폴더아코디언은 다음과 같이 두 개의 동작효과를 가지고 있습니다.

01. 메인 메뉴아이템을 클릭하는 경우

02. 서브 메뉴아이템을 클릭하는 경우

각 경우를 자세히 살펴보죠. 최종 결과물을 웹 브라우저에서 실행한 후 그림에 나온 순서대로 진행해 보세요.

01. 메인 메뉴아이템을 클릭하는 경우

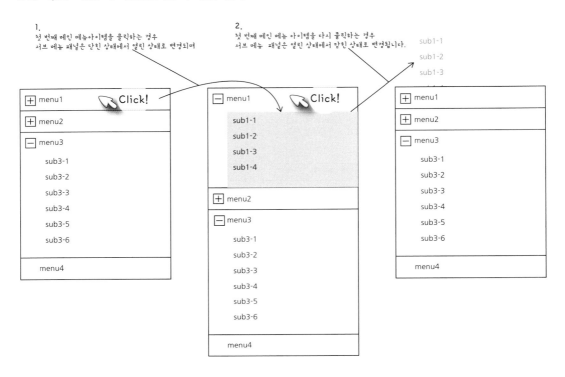

02. 서브 메뉴아이템을 클릭하는 경우

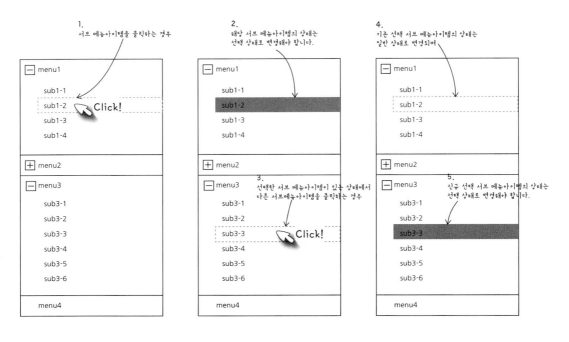

이렇게 해서 동작효과까지 우리가 만들 폴더아코디언 메뉴에 대해 자세히 알아봤습니다.

자! 그럼 지금부터 폴더아코디언을 만들어보죠. 진행방식은 앞의 바 메뉴와 동일합니다. 먼저 여러분 스스로 요구사항에 맞게 만들어 본 후 필자가 만든 코드와 비교해가며 살펴보겠습니다. 물론 시작을 어떻게 해야 할지 감을 잡지 못하는 분은 지금부터 필자와 같이 진행해도 됩니다.

Lesson 02 / 구현하기

이번 레슨에서는 앞에서 분석한 내용을 토대로 요구사항에 맞게 폴더아코디언을 구현합니다. 폴더아코디언 구현 순서는 다음과 같습니다.

단계 01: 레이아웃 잡기   **단계 02:** 서브 메뉴패널 열고 닫기

단계 03: 서브 메뉴아이템 선택   **단계 04:** 외부 선택 기능 추가

단계 05: 사용자 정의 이벤트 발생 처리   **단계 06:** 캡슐화 적용

단계 07: 폴더아코디언 jQuery 플러그인 제작

단계 01: 레이아웃 잡기

가장 먼저 해야 할 일은 이번 장에서 구현할 폴더아코디언 메뉴에 맞게 레이아웃을 만드는 것입니다. 레이아웃은 원할한 진행을 위해 다음과 같이 필자가 미리 잡아놨습니다. 필자가 만들어 놓은 레이아웃 구조를 살펴보죠.

1. 레이아웃 구조

먼저 메뉴는 다음과 같은 레이아웃 구조를 가지고 있습니다.

소스 _ 07부/02장/01_complete/step01/index.html

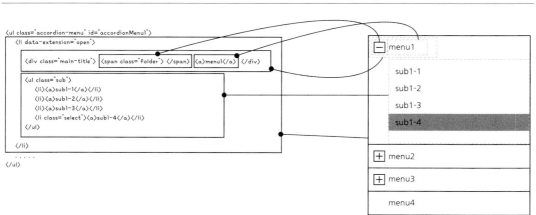

2. 서브 메뉴패널

서브 메뉴패널의 스타일은 다음과 같이 구성돼 있습니다.

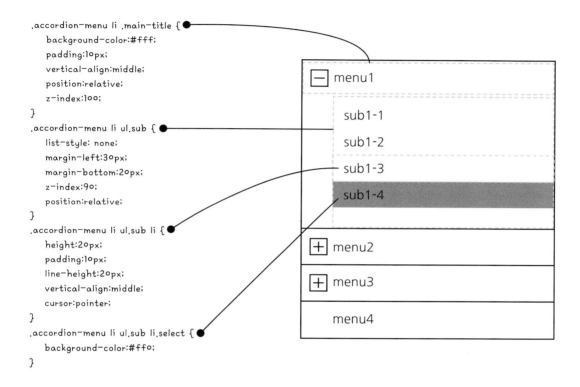

```
.accordion-menu li .main-title {
    background-color:#fff;
    padding:10px;
    vertical-align:middle;
    position:relative;
    z-index:100;
}
.accordion-menu li ul.sub {
    list-style: none;
    margin-left:30px;
    margin-bottom:20px;
    z-index:90;
    position:relative;
}
.accordion-menu li ul.sub li {
    height:20px;
    padding:10px;
    line-height:20px;
    vertical-align:middle;
    cursor:pointer;
}
.accordion-menu li ul.sub li.select {
    background-color:#ff0;
}
```

이번 폴더아코디언의 핵심은 앞에서 알아본 것처럼 서브 메뉴패널(.accordion-menu li ul.sub)을 위아래로 움직여 열리고 닫히는 효과를 구현하는 것입니다.

서브 메뉴패널을 위아래로 움직이는 방법은 여러 가지 방법이 있지만 여기에서는 위의 .main-title 과 .sub 스타일에 작성한 것처럼 z-index 값을 이용해 서브 메뉴패널을 메인 메뉴아이템 밑에 둔 후 margin-top을 이용해 위아래로 움직이는 방법을 사용하겠습니다. 예를 들어 설명하면 서브 메뉴패널의 margin-top 스타일 속성값을 –OOpx로 주면 서브 메뉴패널(.sub)을 메인 메뉴 타이틀(.main-title) 밑으로 숨기는 효과를 낼 수 있게 됩니다.

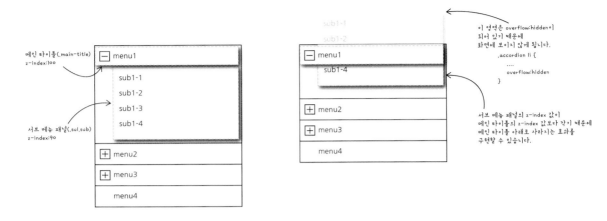

여기서 알아야 할 중요한 사실이 하나 더 있는데요. 서브 메뉴패널을 움직이기 위해 margin-top을 이용하는 또 다른 이유는 바로 메인 메뉴의 크기가 자동으로 조절되기 때문입니다. 이해를 돕기 위해 예를 들어 보겠습니다. 우선 다음 소스 파일을 열어주세요.

■ **소스** _ 07부/02장/01_complete/step01/index.html

다음 그림에 나온 순서대로 작업을 진행해주세요.

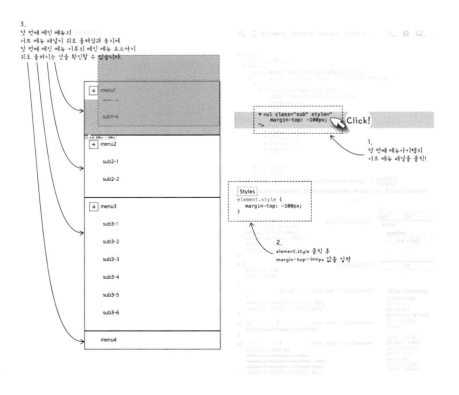

방금 확인한 것처럼 첫 번째 메인 메뉴의 서브 패널의 margin-top 속성값을 조절하면 첫 번째 메뉴의
크기가 자동으로 조절되고 두 번째에서 마지막 번째 메인 메뉴의 위치가 자동으로 조절되는 것을 확인할
수 있습니다.

만약 top을 사용하는 경우 절대 좌표로 설정되어 메인 메뉴의 크기가 자동으로 정렬되지 않게 됩니다. 정
말 그런지 테스트를 해보죠. 다음 순서에 맞게 top 값을 조절해 보세요.

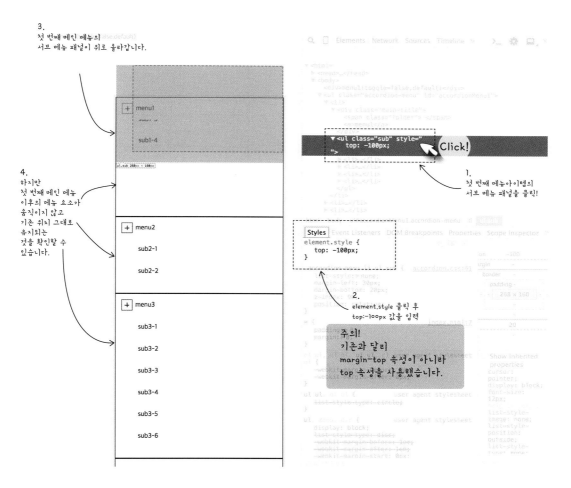

방금 확인한 것처럼 margin-top을 이용했을 때와는 달리 top을 이용하는 경우 메인 메뉴의 크기가 조
절되지 않고 그대로 유지하는 것을 볼 수 있습니다

3. 폴더

폴더의 경우 열기와 닫기 그리고 서브 메뉴가 없는 경우를 표현하기 위해 다음과 같은 스타일을 정의했습니다.

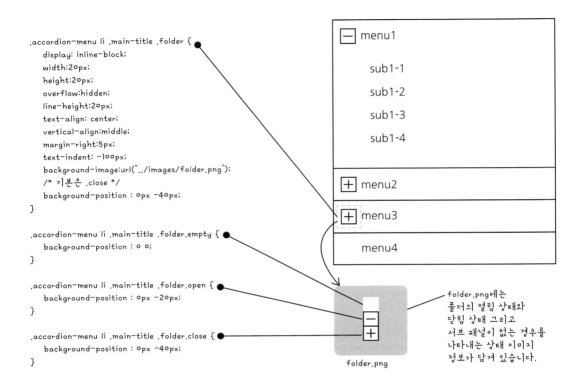

```
.accordion-menu li .main-title .folder {
    display: inline-block;
    width:20px;
    height:20px;
    overflow:hidden;
    line-height:20px;
    text-align: center;
    vertical-align:middle;
    margin-right:5px;
    text-indent: -100px;
    background-image:url("../images/folder.png");
    /* 기본은 .close */
    background-position : 0px -40px;
}

.accordion-menu li .main-title .folder.empty {
    background-position : 0 0;
}

.accordion-menu li .main-title .folder.open {
    background-position : 0px -20px;
}

.accordion-menu li .main-title .folder.close {
    background-position : 0px -40px;
}
```

folder.png에는
폴더의 열림 상태와
닫힘 상태 그리고
서브 패널이 없는 경우를
나타내는 상태 이미지
정보가 담겨 있습니다.

folder.png

이렇게 해서 폴더아코디언에 맞는 레이아웃을 만들어 봤습니다. 이제 본격적으로 스크립트 작업을 진행해보죠.

단계 02: 서브 메뉴패널 열고 닫기

먼저 폴더아코디언의 핵심 기능인 '서브 메뉴패널 열고 닫는 기능'을 5단계로 나눠 진행하겠습니다.

단계 02-01: 마크업 정보에 따른 폴더 상태 설정하기

단계 02-02: 마크업 정보에 따른 서브 메뉴패널 열고 닫기

단계 02-03: 메인 메뉴아이템 클릭 시 서브 메뉴패널 열고 닫기

단계 02-04: 서브 메뉴패널 열고 닫기에 애니메이션 추가

단계 02-05: 인덱스 값으로 서브 메뉴패널 열고 닫기

이 단계에서 진행할 핵심 내용을 미리 살펴보면, 열리고 닫힌 상태에 따라 다음과 같이 표현돼야 합니다.

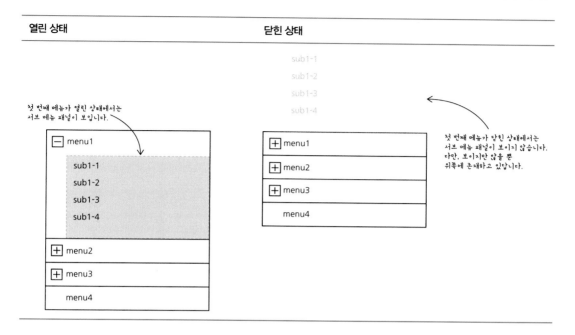

또한 열리고 닫힌 상태를 마크업으로 설정할 수 있게 해야 합니다. 요구사항을 해결할 수 있는 방법은 다음과 같이 크게 두 가지 정도가 있습니다.

- **방법 1:** 마크업에 스타일을 직접 적용하기
- **방법 2:** 사용자 정의 속성 + 스크립트 활용

방법 1 _ 마크업에 스타일을 직접 적용하기

가장 쉽게 해결할 수 있는 방법은 다음과 같이 HTML 태그에 스타일을 수동으로 직접 작성해주는 것입니다.

```
<ul class="accordion-menu" id="accordionMenu1">
    <li >
        <div class="main-title"><span class="folder open"> </span><a>menu1</a></div>
        <ul class="sub show">
            <li><a>sub1-1</a></li>
            <li><a>sub1-2</a></li>
            <li><a>sub1-3</a></li>
            <li><a>sub1-4</a></li>
        </ul>
    </li>
```

```
<li>
<div class="main-title"><span class="folder close"> </span><a>menu2</a></div>
    <ul class="sub hide">
        <li><a>sub2-1</a></li>
        <li><a>sub2-2</a></li>
    </ul>
</li>
<li >
    <div class="main-title"><span class="folder close"> </span><a>menu3</a> </div>
    <ul class="sub hide">
        <li><a>sub3-1</a></li>
        <li><a>sub3-2</a></li>
        <li><a>sub3-3</a></li>
        <li><a>sub3-4</a></li>
        <li><a>sub3-5</a></li>
        <li><a>sub3-6</a></li>
    </ul>
</li>
<li>
    <div class="main-title"><span class="folder empty"> </span><a>menu4</a></div>
</li>
</ul>
```

실행결과

이 방법은 쉽긴 하지만 폴더(.folder)와 서브패널(.sub)에 스타일을 직접 설정해야 하는 번거로운 단점이 있습니다.

방법 2 _ 사용자 정의 속성+스크립트 활용

방법 2는 사용자 정의 속성에 메뉴 상태를 설정한 후 스크립트로 상태를 읽어 상태에 맞게 방법 1에서 수동으로 했던 작업을 자동으로 설정해주는 방식입니다. 소스로 표현하자면 '실행 전 코드'가 스크립트에 의해 '실행 후 코드'처럼 변경됩니다. 즉 '실행 후 코드'는 방법 1의 마크업 코드와 동일하게 됩니다.

실행 전 코드	실행 후 코드

```
<ul class="accordion-menu" id="accordionMenu1">
    <li data-extension="open">
        <div class="main-title">
            <span class="folder"> </span><a>menu1</a>
        </div>
        <ul class="sub">
            <li><a>sub1-1</a></li>
            <li><a>sub1-2</a></li>
            <li><a>sub1-3</a></li>
            <li><a>sub1-4</a></li>
        </ul>
    </li>

    <li data-extension="close">
        <div class="main-title">
            <span class="folder"> </span><a>menu2</a>
        </div>
        <ul class="sub">
            <li><a>sub2-1</a></li>
            <li><a>sub2-2</a></li>
        </ul>
    </li>
    <li data-extension="close">
        <div class="main-title">
            <span class="folder"> </span><a>menu3</a>
        </div>
        <ul class="sub">
            <li><a>sub3-1</a></li>
            <li><a>sub3-2</a></li>
            <li><a>sub3-3</a></li>
            <li><a>sub3-4</a></li>
            <li><a>sub3-5</a></li>
            <li><a>sub3-6</a></li>
        </ul>
    </li>
```

```
<ul class="accordion-menu" id="accordionMenu1">
    <li data-extension="open">
        <div class="main-title">
            <span class="folder open"> </span><a>menu1</a>
        </div>
        <ul class="sub show">
            <li><a>sub1-1</a></li>
            <li><a>sub1-2</a></li>
            <li><a>sub1-3</a></li>
            <li><a>sub1-4</a></li>
        </ul>
    </li>

    <li data-extension="close">
        <div class="main-title">
            <span class="folder close"> </span><a>menu2</a>
        </div>
        <ul class="sub hide">
            <li><a>sub2-1</a></li>
            <li><a>sub2-2</a></li>
        </ul>
    </li>
    <li data-extension="close">
        <div class="main-title">
            <span class="folder close"> </span><a>menu3</a>
        </div>
        <ul class="sub hide">
            <li><a>sub3-1</a></li>
            <li><a>sub3-2</a></li>
            <li><a>sub3-3</a></li>
            <li><a>sub3-4</a></li>
            <li><a>sub3-5</a></li>
            <li><a>sub3-6</a></li>
        </ul>
    </li>
```

```
    <li>                                              < li>
        <div class="main-title">                          <div class="main-title">
            <span class="folder"> </span><a>menu4</a>            <span class="folder empty"> </span><a>menu4</a>
        </div>                                            </div>
    </li>                                             </li>
</ul>                                             </ul>
```

방금 확인한 것처럼 방법 1보다 방법 2가 좀더 간결하다는 걸 확인할 수 있습니다. 이에 따라 이번 프로젝트에서는 방법 2 방식으로 처리하겠습니다. 자! 그럼 지금까지 처리 방법에 대해 알아봤으니 실제 스크립트 작업을 진행해보죠.

단계 02-01: 마크업 정보에 따른 폴더 상태 설정하기

그럼 먼저 마크업 정보에 작성한 정보를 읽어 서브 메뉴패널의 열림과 닫힘을 폴더에 표현해 보겠습니다. 좀더 풀어서 설명하자면 다음과 같이 메뉴아이템에 data-extension이라는 속성을 추가해 상태 정보를 설정한 후 이 값을 읽어 폴더 상태를 설정하는 작업입니다.

```
<ul class="accordion-menu" id="accordionMenu1">
    <li data-extension="open">
        <div class="main-title"><span class="folder"> </span><a>menu1</a></div>
        <ul class="sub">
            <li><a>sub1-1</a></li>
            <li><a>sub1-2</a></li>
            <li><a>sub1-3</a></li>
            <li><a>sub1-4</a></li>
        </ul>
    </li>

    <li data-extension="close">
        . . . .
    </li>
    <li data-extension="close">
        . . . .
    </li>
    <li>
        <div class="main-title"><span class="folder"> </span><a>menu4</a></div>
    </li>
</ul>
```

정리해보면 다음과 같이 data-extension 값을 읽어 메뉴아이템의 클래스 이름을 설정해줘야 합니다.

이름	서브 메뉴패널 열림	서브 메뉴패널 닫힘	서브 메뉴패널 없음
상태 아이콘	⊟	⊞	
data-extendsion	open	close(기본)	empty 또는 스크립트를 이용해 서브 패널 유무 확인
class name	open	close(기본)	empty

자! 그럼 기능 구현을 담을 FolderAccordionMenu라는 클래스를 만든 후 다음 코드를 설명 순서에 맞게 작성해 주세요.

소스 _ 07부/02장/01_complete/step0201/folderaccordion.js

```
function FolderAccordionMenu(selector){ ❶
    // 내부에서 사용하는 변수는 반드시 생성자에 선언한 후 사용해 주세요.
    this.$accordionMenu = null; ❶-❶
    this.$mainMenuItems = null; ❶-❷

    this.init(selector); ❺
    this.initSubMenuPanel();
}

/*
* 요소 초기화
*/
FolderAccordionMenu.prototype.init=function(selector){ ❷
    this.$accordionMenu = $(selector);
    this.$mainMenuItems = this.$accordionMenu.children("li");
}

/*
* 폴더 상태 설정
*/
FolderAccordionMenu.prototype.setFolderState=function($item,state){ ❸
    var $folder = $item.find(".main-title .folder");
    // 기존 클래스를 모두 제거
    $folder.removeClass();
    $folder.addClass("folder "+state);
}
```

```
/*
 *  서브 패널 초기화 - 초기 시작 시 닫힌 상태로 만들기
 */
FolderAccordionMenu.prototype.initSubMenuPanel=function(){❹
    var objThis =  this;
    this.$mainMenuItems.each(function(index){
        var $item = $(this);
        var $subMenu = $item.find(".sub");

        // 서브가 없는 경우
        if($subMenu.length==0){
            $item.attr("data-extension","empty");
            objThis.setFolderState($item, "empty");
        }else {
            if($item.attr("data-extension")=="open"){
                objThis.setFolderState($item, "open");
            }else{
                $item.attr("data-extension","close");
                objThis.setFolderState($item, "close");
            }
        }
    })
}
```

소스 _ 07부/02장/01_complete/step0201/index.html

```
<script>
    $(document).ready(function(){
        var accordion = new FolderAccordionMenu(".accordion-menu"); ❻
    })
</script>
```

설명

❶ 먼저 폴더아코디언 기능을 담을 FolderAccordionMenu 클래스를 만들어 줍니다.

❶-❶ 폴더아코디언 메인(#accordionMenu1)을 담을 프로퍼티를 만들어 줍니다.

❶-❷ 폴더아코디언 메인 메뉴아이템을 담을 프로퍼티를 만들어 줍니다.

❷ 클래스 전역에서 사용할 DOM 요소를 찾는 역할을 할 init() 메서드를 만든 후 폴더아코디언 메인과 폴더아코디언 메인 메뉴아이템을 찾아 프로퍼티에 담아 줍니다.

❸ 서브 메뉴패널의 상태(open, close, empty)를 폴더에 표현할 전담 메서드인 setFolderState()를 만들어 기능을 구현해 줍니다.

❹ 서브 메뉴패널을 초기화하는 initSubMenuPanel() 메서드를 만든 후 메인 메뉴 아이템 태그(ul.acocrdion-menu > li)의 data-extension 속성에 입력돼 있는 서브 메뉴 상태 값을 읽은 후 이 값을 매개변수 값으로 해서 setFolderState() 메서드를 호출하는 구문을 작성해 줍니다.

❺ 생성자에서 init()와 initSubMenuPanel() 메서드를 호출해 줍니다.

❻ 마지막으로 폴더아코디언 메뉴 인스턴스를 생성해 줍니다.

여기까지 스크립트 코드를 모두 입력했습니다. 이어서 마크업 작업을 해보죠. 다음 파일을 열어 data-extension 속성을 추가해 줍니다.

소스 _ 07부/02장/01_complete/step0201/index.html

```html
<ul class="accordion-menu" id="accordionMenu1">
    <li data-extension="open">
        <div class="main-title"><span class="folder"> </span><a>menu1</a></div>
        <ul class="sub">
            <li><a>sub1-1</a></li>
            <li><a>sub1-2</a></li>
            <li><a>sub1-3</a></li>
            <li><a>sub1-4</a></li>
        </ul>
    </li>
    <!-- 만약 서브 메뉴패널이 있는데 data-extension을 넣지 않는 경우 기본값인 close가 설정됩니다.
    -->
    <li>
        <div class="main-title"><span class="folder"> </span><a>menu2</a></div>
        <ul class="sub">
            <li><a>sub2-1</a></li>
            <li><a>sub2-2</a></li>
        </ul>
    </li>
    <li data-extension="close">
        <div class="main-title"><span class="folder"> </span><a>menu3</a> </div>
        <ul class="sub">
            <li><a>sub3-1</a></li>
            <li><a>sub3-2</a></li>
            <li><a>sub3-3</a></li>
```

```
                <li><a>sub3-4</a></li>
                <li><a>sub3-5</a></li>
                <li><a>sub3-6</a></li>
            </ul>
        </li>
        <!-- 서브 메뉴패널이 없는 경우 data-extension 값은 empty가 설정됩니다. -->
        <li>
            <div class="main-title"><span class="folder"> </span><a>menu4</a></div>
        </li>
    </ul>
```

설명

만약 폴더를 열린 상태로 설정하고 싶으면 data-extension 값을 open으로 해주고 닫힌 상태로 하고 싶은 경우 값을 close로 설정하면 됩니다. 참고로 여기에서 진행한 작업은 오직 폴더 상태만을 처리합니다. 서브 메뉴패널을 열고 닫는 작업은 다음 단계에서 진행합니다. 코드를 모두 입력했다면 다음 실행화면과 같이 동작하는지 확인해보죠.

실행화면

```
┌─────────────────────────────┐
│ ⊟ menu1                      │
│                             │
│      sub1-1                  │
│      sub1-2                  │
│      sub1-3                  │
│      sub1-4                  │
│                             │
├─────────────────────────────┤
│ ⊟ menu2                      │
│                             │
│      sub2-1                  │
│      sub2-2                  │
│                             │
├─────────────────────────────┤
│ ⊟ menu3                      │
│                             │
│      sub3-1                  │
│      sub3-2                  │
│      sub3-3                  │
│      sub3-4                  │
│      sub3-5                  │
│      sub3-6                  │
│                             │
├─────────────────────────────┤
│      menu4                   │
└─────────────────────────────┘
```

정상적으로 결과물을 확인했다면 첫 번째 메뉴의 data-extension 속성값을 close로 변경한 후 실행해 보세요. 첫 번째 메인 메뉴의 폴더 상태도 닫힌 상태로 나올 것입니다.

단계 02-02: 마크업 정보에 따른 서브 메뉴패널 열고 닫기

이번 단계에서는 초기 시작 시 data-extension 속성값에 따라 다음과 같이 실제 서브 메뉴패널의 상태를 열려있거나 닫힌 상태로 표현하는 기능을 구현합니다.

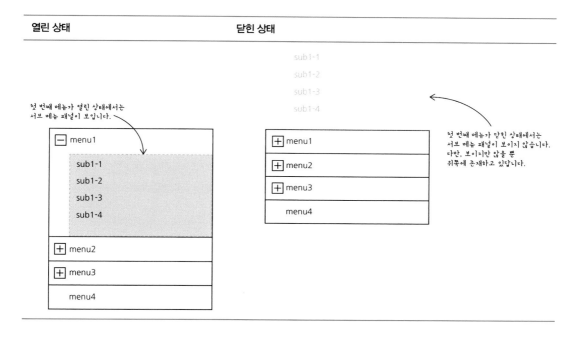

열리고 닫힐 때 애니메이션 효과를 적용할 텐데요. 이번 단계에서는 애니메이션 효과 없이 일단 열리고 닫히게끔 만들어 보겠습니다. 다음 코드를 설명 순서대로 작성해 주세요.

소스 _ 07부/02장/01_complete/step0202/folderaccordion.js

```
/* step #02-01
 *  서브 패널 초기화 - 초기 시작 시 닫힌 상태로 만들기
 */
FolderAccordionMenu.prototype.initSubMenuPanel=function(){
    var objThis =  this;
    this.$mainMenuItems.each(function(index){
        var $item = $(this);
        var $subMenu = $item.find(".sub");
```

```
            // 서브가 없는 경우
            if($subMenu.length==0){
                $item.attr("data-extension","empty");
                objThis.setFolderState($item, "empty");

            }else {
                if($item.attr("data-extension")=="open")
                    //objThis.setFolderState($item, "open");
                    objThis.openSubMenu($item); ❸
                }else{
                    //$item.attr("data-extension","close");
                    //objThis.setFolderState($item, "close");
                    objThis.closeSubMenu($item); ❹
                }
            }
        })
}


/*
* step #02-02
* 서브 메뉴패널 열기
*/
FolderAccordionMenu.prototype.openSubMenu=function($item){ ❶
    if($item != null){
        $item.attr("data-extension", "open"); ❶-❶
        var $subMenu = $item.find(".sub"); ❶-❷
        $subMenu.css({
            marginTop:0
        });
        // 폴더 상태를 open 상태로 만들기 ❶-❸
        this.setFolderState($item, "open");
    }
}


/*
* step #02-02
* 서브 메뉴패널 닫기
*/
FolderAccordionMenu.prototype.closeSubMenu=function($item){ ❷
```

```
        if($item != null){
            $item.attr("data-extension", "close"); ❷-❶

            var $subMenu = $item.find(".sub"); ❷-❷
            $subMenu.css({
                marginTop:-$subMenu.outerHeight(true)
            });
            // 폴더 상태를 close 상태로 만들기 ❷-❸
            this.setFolderState($item, "close");
        }
    }
```

설명

❶ 특정 메인 메뉴의 서브 메뉴패널을 열기 상태로 만드는 openSubMenu() 메서드를 추가해 줍니다.

❶-❶ 서브 메뉴패널을 열기 상태로 만들기 위해 먼저 메인 메뉴아이템($item)의 data-extension 속성값을 open 상태로 만들어 줍니다.

❶-❷ 서브 메뉴패널의 margin-top 스타일 속성값을 0으로 만들어 화면에서 보이게 만들어 줍니다.

❶-❸ 마지막으로 단계 02-01단계에서 만든 setFolderState() 메서드를 호출해 폴더 상태를 열기 상태로 만들어 줍니다.

❷ 특정 메인 메뉴의 서브 메뉴패널을 닫기 상태로 만드는 closeSubMenu() 메서드를 추가해 줍니다.

❷-❶ openSubMenu()와 동일한 방식으로 메인 메뉴아이템의 data-extension 속성값을 open 상태로 만들어 줍니다.

❷-❷ 서브 메뉴패널의 margin-top 속성에 서브 메뉴패널의 마진까지 포함한 높이 값을 대입해 화면에서 사라지게 만들어 줍니다.

❷-❸ 마지막으로 setFolderState() 메서드를 호출해 폴더 상태를 닫기 상태로 만들어 줍니다.

❸, ❹ 단계 02-01에서 작성한 코드 중 폴더 상태 변경 코드가 각각 openSubMenu()와 closeSubMenu() 메서드에 통합되어 있으므로 기존 코드 대신 openSubMenu()와 closeSubMenu() 메서드를 호출해 줍니다.

코드를 모두 입력했다면 정상적으로 동작하는지 실행해보죠. 단계 02-01의 실행화면과는 달리 이제 서브 메뉴패널도 열려있거나 닫힌 상태로 보일 것입니다.

```
<ul class="accordion-menu" id="accordionMenu1">
    <li data-extension="open">
        . . . . .
    </li>
```

```
    <!-- 만약 서브 메뉴패널이 있는데 data-extension을 넣지
않는 경우 기본값인 close 가 설정됩니다. -->
    <li>

        . . . .

    </li>
    <li data-extension="open">

        . . . .

    </li>
    <!-- 서브 메뉴패널이 없는 경우 data-extension 값은 empty
가 설정됩니다. -->
    <li>

        . . . .

    </li>
</ul>
```

확인했다면 다시 마크업 파일 이동 후 메인 메뉴아이템이 설정되어 있는 data−extension 속성값을 모두 close로 변경한 후 실행해 보세요.그럼 다음과 같이 모든 내용이 닫혀 있는 상태로 보일 것입니다.

```
<ul class="accordion-menu" id="accordionMenu1">
    <li data-extension="close">

        . . . .

    </li>
    <!-- 만약 서브 메뉴패널이 있는데 data-extension을 넣지
않는 경우 기본값인 close가 설정됩니다. -->
    <li>

        . . . .

    </li>
    <li data-extension="close">

        . . . .

    </li>
    <!-- 서브 메뉴패널이 없는 경우 data-extension 값은 empty가 설정됩니다. -->
    <li>

        . . . .

    </li>
</ul>
```

단계 02-03: 메인 메뉴아이템 클릭 시 서브 메뉴패널 열고 닫기

단계 02-02까지는 마크업에 사용자 정의 속성인 data-extension을 추가해 서브 메뉴패널의 상태를 설정 했습니다. 이번 단계에서는 스크립트를 활용해 메인 메뉴아이템 클릭 시 서브 메뉴패널이 열고 닫히는 기능을 구현합니다. 먼저 이번 단계에서 구현할 내용을 다시 한 번 확인해보죠.

메인 메뉴아이템을 클릭하는 경우

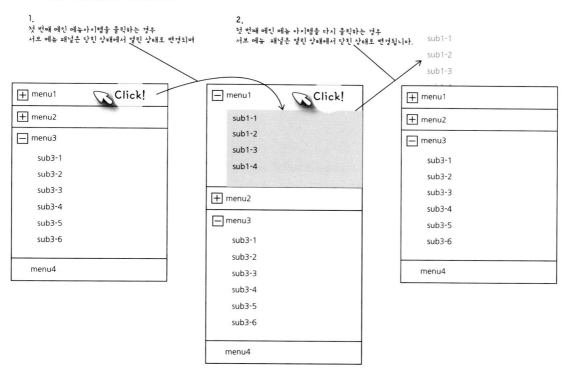

위의 설명을 코드로 표현하면 다음과 같습니다. 소스 코드를 설명 순서대로 작성해 주세요.

소스 _ 07부/02장/01_complete/step0203/folderaccordion.js

```
function FolderAccordionMenu(selector){
    this.$accordionMenu = null;
    this.$mainMenuItems = null;

    this.init(selector);
    this.initSubMenuPanel();
```

```
        this.initEvent(); ❸
    }


    /*
    * 이벤트 초기화
    */
    FolderAccordionMenu.prototype.initEvent=function(){❷
        var objThis = this;
        this.$mainMenuItems.children(".main-title").click(function(e){❷-❶
            var $item = $(this).parent();
            objThis.toggleSubMenuPanel($item); ❷-❷
        })
    }
    /*
    * 서브 메뉴패널 열고 닫기
    */
    FolderAccordionMenu.prototype.toggleSubMenuPanel=function($item){ ❶
        var extension = $item.attr("data-extension"); ❶-❶

        // 서브가 없는 경우 취소
        if(extension=="empty"){ ❶-❷
            return;
        }

        console.log("서브 메뉴패널이 있는 경우만 실행");
        if(extension=="open"){❶-❸
            this.closeSubMenu($item);
        }else{
            this.openSubMenu($item);
        }
    }
```

설명

❶ 먼저 기존 코드 마지막 부분에 서브 메뉴패널을 열고닫는 기능을 구현할 toggleSubMenuPanel() 메서드를 신규로 추가해 줍니다.

❶-❶ 매개변수($item)로 넘어온 메인 메뉴아이템에서 data-extension 속성값을 구합니다.

❶-❷ 속성값이 "empty"이면 서브 메뉴패널이 없는 것을 의미하기 때문에 return 구문을 이용해 작업을 중지합니다.

❶-❸ 서브 메뉴패널이 열려 있는 상태면 닫힌 상태로 만들고 닫힌 상태면 열린 상태로 만드는 코드를 작성해 줍니다. 일종의 토글 기능입니다.

❷ 이벤트 리스너 등록을 전문으로 처리할 initEvent() 메서드를 신규로 추가해 줍니다.

❷-❶ 메인 메뉴아이템($mainMenuItems)의 메인 타이틀(.main-title)에 click 이벤트 리스너를 추가해 줍니다.

❷-❷ 클릭 이벤트가 발생하면 앞에서 작성한 toggleSubMenuPanel() 메서드를 호출해 서브 메뉴패널을 토글시켜 줍니다.

❸ 이벤트가 동작할 수 있게 생성자에서 initEvent() 메서드를 호출해 줍니다.

자! 모든 코드를 입력했다면 정상적으로 동작하는지 실행해보죠. 코드 실행후 마우스로 메인 메뉴아이템을 클릭해 보세요. 서브 메뉴패널이 열리고 닫히는 것을 볼 수 있을 것입니다.

단계 02-04: 서브 메뉴패널 열고 닫기에 애니메이션 추가

이번 단계에서 분석하기 부분에서 살펴본 출력효과 부분인 서브 메뉴패널이 부드럽게 열고 닫히는 애니메이션 기능을 구현합니다. 다음 코드를 설명 순서대로 작성해 주세요.

소스 _ 07부/02장/01_complete/step0204/folderaccordion.js

```
/*
 * 서브 패널 초기화 - 초기 시작 시 닫힌 상태로 만들기
 */
FolderAccordionMenu.prototype.initSubMenuPanel=function(){
    var objThis = this;
    this.$mainMenuItems.each(function(index){
        var $item = $(this);
        var $subMenu = $item.find(".sub");

        // 서브가 없는 경우
        if($subMenu.length==0){
            $item.attr("data-extension","empty");
            objThis.setFolderState($item, "empty");

        }else {
            if($item.attr("data-extension")=="open"){
                objThis.openSubMenu($item, false); ❸
            }else{
```

```
                        objThis.closeSubMenu($item,false);
                    }
                }
            })
    }


    /*
    * 서브 메뉴패널 열기
    * animation 기본값은 true
    */
    FolderAccordionMenu.prototype.openSubMenu=function($item, animation){ ❶
        if($item != null){
            $item.attr("data-extension", "open");
            var $subMenu = $item.find(".sub");

            if(animation==false){ ❶-❶
                $subMenu.css({
                    marginTop:0
                });
            }else {
                $subMenu.stop().animate({ ❶-❷
                        marginTop:0
                    },300,"easeInCubic"
                );
            }

            this.setFolderState($item, "open");
        }
    }


    /*
    * 서브 메뉴패널 닫기
    * animation 기본값은 true
    */
    FolderAccordionMenu.prototype.closeSubMenu=function($item, animation){❷
        if($item != null){
            $item.attr("data-extension", "close");
            var $subMenu = $item.find(".sub");

            var subMenuPanelHeight = -$subMenu.outerHeight(true);
```

```
            if(animation==false){  ❷-❶
                $subMenu.css({
                    marginTop:subMenuPanelHeight
                });
            }else {   ❷-❷
                $subMenu.stop().animate({
                        marginTop:subMenuPanelHeight
                    },300,"easeInCubic"
                );
            }

            this.setFolderState($item, "close");
        }
    }
```

설명

❶ 먼저 openSubMenu( ) 메서드에 애니메이션 유무를 설정할 수 있는 매개변수(animation)을 추가해 줍니다.

❶-❶ animation 값이 false 인 경우 css( ) 메서드를 활용해 애니메이션 없이 서브 메뉴패널이 열릴 수 있게 위치를 설정해 줍니다.

❶-❷ animation 값이 true이거나 값이 없는 경우 animate( ) 메서드를 활용해 서브 메뉴패널이 부드럽게 열릴 수 있게 애니메이션을 추가해 줍니다.

❷ openSubMenu( )와 동일하게 closeSubMenu( ) 메서드에도 애니메이션 유무를 설정할 수 있는 매개변수(animation)를 추가해 줍니다.

❷-❶ animation 값이 false인 경우 css( ) 메서드를 활용해 애니메이션 없이 서브 메뉴패널이 닫혀 보이게 위치를 설정해 줍니다.

❷-❷ animation 값이 true이거나 값이 없는 경우 animate( ) 메서드를 활용해 서브 메뉴패널이 부드럽게 닫힐 수 있게 애니메이션을 추가해 줍니다.

❸ 초기 실행 시 서브 메뉴패널이 즉시 열려 있거나 닫힌 상태로 나올 수 있게 openSubMenu( ) 메서드와 closeSubMenu( ) 메서드 호출 시 animation 파라미터를 false 값으로 해서 호출해 줍니다.

코드를 모두 입력했다면 정상적으로 동작하는지 실행해보죠. 코드를 정상적으로 입력했다면 초기 시작 시 서브 메뉴패널이 애니메이션 없이 열려있거나 닫혀있는 상태로 나와야 합니다. 이때 메인 메뉴아이템을 클릭하면 서브 메뉴패널은 애니메이션이 적용되어 부드럽게 열리거나 닫히게 됩니다.

단계 02-05: 인덱스 값으로 서브 메뉴패널 열고 닫기

드디어 '단계 02: 서브 메뉴패널 열고 닫기'의 마지막 단계입니다. 이번 단계에서는 FolderAccordion Menu 객체의 외부와 내부에서 인덱스 값으로 서브 메뉴패널을 열고 닫을 수 있는 기능을 구현합니다. 즉, 다음과 같이 동작할 수 있게 메서드를 추가해야 합니다.

```
var accordion = new FolderAccordionMenu(".accordion-menu");
// 부드럽게 0번째 메뉴 열기
accordion.openSubMenuAt(0,true);

// 즉시 2번째 메뉴 닫기
accordion.closeSubMenuAt(2,false);
```

먼저 다음 코드를 설명 순서대로 입력해 주세요.

소스 _ 07부/02장/01_complete/step0205/folderaccordion.js

```
/*
 * index 메뉴의 서브 메뉴패널 열기
 */
FolderAccordionMenu.prototype.openSubMenuAt=function(index, animation){ ❶
    var $item = this.$mainMenuItems.eq(index);
    this.openSubMenu($item, animation);
}

/*
 * index 메뉴의 서브 메뉴패널 닫기
 */
FolderAccordionMenu.prototype.closeSubMenuAt=function(index, animation){ ❷
    var $item = this.$mainMenuItems.eq(index);
    this.closeSubMenuAt($item, animation);
}
```

소스 _ 07부/02장/01_complete/step0205/index.html

```
$(document).ready(function(){
    var accordion = new FolderAccordionMenu(".accordion-menu");

    accordion.openSubMenuAt(0,true); ❸
    accordion.closeSubMenuAt(2,true);
})
```

설명

❶ openSubMenuAt() 메서드를 신규로 추가한 후 index에 해당하는 서브 메뉴패널을 열린 상태로 만드는 코드를 만들어 줍니다.

❷ closeSubMenuAt() 메서드를 신규로 추가한 후 index에 해당하는 서브 메뉴패널을 닫힌 상태로 만드는 코드를 만들어 줍니다.

❸ 신규로 추가한 openSubMenuAt() 메서드와 closeSubMenuAt() 메서드가 정상적으로 동작하는지 확인 하기 위한 코드를 추가해 줍니다.

코드를 모두 입력했다면 실행해보죠. 인덱스 값이 0 번째인 메뉴는 시작과 동시에 애니메이션 효과가 적용돼 부드럽게 열리고, 2번째 메뉴는 부드럽게 닫히는 것을 확인할 수 있을 것입니다.

이렇게 해서 이번 장의 핵심인 서브 메뉴패널을 열고 닫는 기능을 모두 구현했습니다.

단계 03 _ 서브 메뉴아이템 선택

이번 단계에서는 서브 메뉴아이템 선택 처리를 진행합니다.

구현할 내용을 다시 한 번 살펴보면 다음과 같습니다.

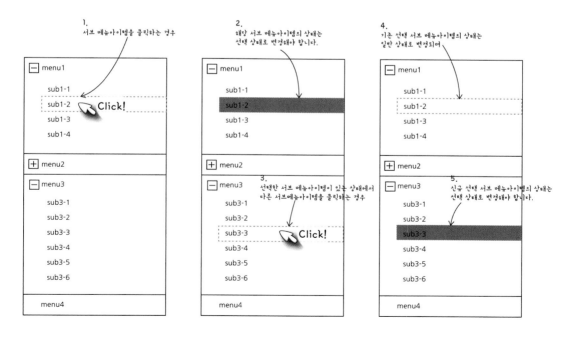

정리하면 모든 서브 메뉴 아이템을 통틀어 오직 하나의 서브 메뉴 아이템만이 선택될 수 있게 만들어야
합니다. 지금까지 내용을 코드로 표현하면 다음과 같습니다. 소스 코드를 설명 순서대로 작성해 주세요.

소스 _ 07부/02장/01_complete/step03/folderaccordion.js

```javascript
function FolderAccordionMenu(selector){
    this.$accordionMenu = null;
    this.$mainMenuItems = null;

    // 선택 서브 메뉴아이템
    this.$selectSubItem = null; ❶

    this.init(selector);
    this.initSubMenuPanel();

    this.initEvent();
}

/*
* 이벤트 초기화
*/
FolderAccordionMenu.prototype.initEvent=function(){
    var objThis = this;
    this.$mainMenuItems.children(".main-title").click(function(e){
        var $item = $(this).parent();
        objThis.toggleSubMenuPanel($item);
    })

    this.$mainMenuItems.find(".sub li").click(function(e){ ❸
        objThis.selectSubMenuItem($(this));
    })
}

/*
* 서브 메뉴아이템 선택
*/
FolderAccordionMenu.prototype.selectSubMenuItem=function($item){ ❷
    if(this.$selectSubItem != null){
        this.$selectSubItem.removeClass("select");
    }
```

```
        this.$selectSubItem = $item;
        this.$selectSubItem.addClass("select");
    }
```

설명

❶ 먼저 선택 서브 메뉴아이템을 담을 $selectSubItem 변수를 만들어 줍니다.

❷ 코드 마지막 부분에 selectSubMenuItem() 메서드를 신규로 추가한 후 서브 메뉴아이템 선택 처리 코드를 작성합니다.

❸ 마지막으로 서브 메뉴아이템에 클릭 이벤트 리스너를 추가한 후 클릭한 서브 메뉴아이템이 선택될 수 있게 selectSubMenuItem()을 호출해 줍니다.

자! 그럼 코드를 모두 입력했다면 실행해보죠.

동작효과에서 살펴본 것처럼 서브 메뉴아이템을 클릭해 보세요. 다음 실행화면처럼 오직 하나의 서브 메뉴아이템이 선택되는 것을 확인할 수 있을 것입니다.

단계 04 _ 외부 선택 기능 추가

이번 단계에서 객체 외부에서 인덱스 값을 활용해 특정 서브 메뉴패널과 서브 메뉴아이템을 선택하는 기능을 구현합니다. 예를 들어 다음과 같이 메서드를 호출하면 1 번째 서브 메뉴패널의 1 번째 서브 메뉴아이템은 선택 상태가 되는 거죠.

```
var accordion = new FolderAccordionMenu(".accordion-menu");
accordion.selectMenu (1,1,false);
```

이때 서브 메뉴패널 역시 열린 상태가 됩니다. false는 서브 메뉴패널의 애니메이션 유무를 나타냅니다. 지금까지 설명한 내용을 코드로 표현하면 다음과 같습니다. 소스 코드를 설명 순서대로 작성해 주세요.

소스 _ 07부/02장/01_complete/step04/folderaccordion.js

```
/*
 * step #04
 * 메뉴 선택 기능
 * @mainIndex: 메인 메뉴아이템 index
 * @subIndex: 서브 메뉴아이템 index
 * @animation: 애니메이션 실행 유무
 */
```

```
FolderAccordionMenu.prototype.selectMenu=function(mainIndex,subIndex, animation){ ❶
    // 메인 메뉴아이템
    var $item = this.$mainMenuItems.eq(mainIndex); ❶-❶
    // 서브 메뉴아이템
    var $subMenuItem = $item.find(".sub li").eq(subIndex); ❶-❷
    // 서브 메뉴아이템이 존재하는 경우에만 처리
    if($subMenuItem){
        // 서브 메뉴패널 열기
        this.openSubMenu($item, animation); ❶-❸

        // 서브 메뉴아이템 선택
        this.selectSubMenuItem($subMenuItem); ❶-❹
    }
}
```

소스 _ 07부/02장/01_complete/step04/index.html

```
$(document).ready(function(){
    var accordion = new FolderAccordionMenu(".accordion-menu");
    accordion.selectMenu(1,1,true); ❷
})
```

설명

❶ 코드 마지막 부분에 selectMenu() 메서드를 신규로 추가해 줍니다.

❶-❶ mainIndex 매개변수 값에 해당하는 인덱스 값에 해당하는 서브 메뉴패널을 구합니다.

❶-❷ subIndex 매개변수 값에 해당하는 서브 메뉴아이템을 구합니다.

선택하는 기능을 구현해 줍니다.

❶-❸ openSubMenu() 메서드를 활용해 ❶-❶에서 구한 서브 메뉴패널을 열어줍니다.

❶-❹ selectSubMenuItem() 메서드를 활용해 ❶-❷에서 구한 서브 메뉴아이템을 선택해 줍니다.

❷ 신규로 추가한 selectMenu() 메서드가 정상적으로 동작하는지 확인하기 위한 코드를 추가해 줍니다.

자! 그럼 실행해보죠! 다음과 같이 시작과 동시에 1번째 메뉴의 서브 메뉴패널이 부드럽게 열리며 1번째 서브 메뉴아이템이 선택된 상태로 보일 것입니다.

실행화면

여기서 중간 정검을 해보면 우리는 다음과 같이 요구사항을 처리했습니다.

01. ~~서브 메뉴가 열리고 접히는 폴더아코디언을 만들어 주세요.~~

02. ~~메뉴는 2단까지 이며 서브 메뉴 항목이 보일 때 부드럽게 열리고 닫히게 만들어 주세요.~~

03. ~~또한 서브 메뉴아이템을 선택할 수 있게 만들어 주세요. 단, 서브 메뉴아이템은 오직 하나만 선택할 수 있어야 합니다.~~

04. 서브 메뉴패널이 열리는 경우에는 open 이벤트를, 닫히는 경우는 close 이벤트를, 서브 메뉴아이템을 선택하는 경우는 select라는 이벤트를 발생시켜 주세요. (단계 05에서 진행할 내용)

05. 모든 내용은 자바스크립트 prototype 문법을 이용해 클래스로 만들어 주세요. (진행중)

06. 마지막으로 바 메뉴를 jQuery 플러그인으로도 만들어주세요. (단계 06에서 진행할 내용)

단계 05 _ 사용자 정의 이벤트 발생 처리

이번 단계에서는 서브 메뉴패널이 열리는 경우 open이벤트를 발생, 닫히는 경우 close이벤트를 발생, 서브 메뉴아이템을 선택하는 경우 select 이벤트를 발생하는 기능을 구현합니다.

이번 단계는 다음과 같이 두 단계로 나눠 진행하겠습니다.

단계 05-01: 서브 메뉴패널 열리고 닫힐 때 이벤트 발생

단계 05-02: 서브 메뉴아이템 선택 이벤트 발생

먼저 단계 05-01부터 진행해보죠.

단계 05-01: 서브 메뉴패널 열리고 닫힐 때 이벤트 발생

이번 단계에서는 서브 메뉴패널이 열릴 때는 열린 서브 메뉴패널 정보를 open이라는 사용자 정의 이벤트에 담아 발생하고, 서브 메뉴패널이 닫힐 때는 닫힌 서브 메뉴패널 정보를 close라는 사용자 정의 이벤트에 담아 발생하는 기능을 구현합니다.

이 내용을 코드로 구현하면 다음과 같습니다. 소스코드를 설명 순서대로 작성해 주세요.

소스 _ 07부/02장/01_complete/step0501/folderaccordion.js

```
/*
* 서브 메뉴패널 열기
* animation 기본값은 true
*/
FolderAccordionMenu.prototype.openSubMenu=function($item, animation){
    if($item != null){

        . . . .


        this.setFolderState($item, "open");


        // open 이벤트 발생
        this.dispatchOpenCloseEvent($item, "open"); ❷
    }
}


/*
* 서브 메뉴패널 닫기
* animation 기본값은 true
*/
FolderAccordionMenu.prototype.closeSubMenu=function($item, animation){
    if($item != null){

        . . . .


        this.setFolderState($item, "close");


        // close 이벤트 발생
        this.dispatchOpenCloseEvent($item, "close"); ❸
    }
}
```

```
FolderAccordionMenu.prototype.dispatchOpenCloseEvent=function($item, eventName){ ❶
    var event = jQuery.Event(eventName); ❶-❶
    event.$target=$item; ❶-❷

    this.$accordionMenu.trigger(event); ❶-❸
}
```

소스 _ 07부/02장/01_complete/step0501/index.html

```
$(document).ready(function(){
    var accordion = new FolderAccordionMenu(".accordion-menu");
    //accordion.openSubMenuAt(1,true);
    //accordion.selectSubMenuItemAt(1);
    //accordion.selectMenu(1,1,false);

    accordion.$accordionMenu.on("open", function(e){ ❹
        console.log("open", e.$target.find(".main-title a").text());
    })

    accordion.$accordionMenu.on("close", function(e){ ❺
        console.log("close", e.$target.find(".main-title a").text());
    })
})
```

설명

❶ 먼저 코드 마지막 부분에 서브 메뉴패널이 열리고(open) 닫히는(close) 이벤트를 전문으로 발생하는 dispatchOpenCloseEvent() 메서드를 신규로 추가해 줍니다. $item 매개변수에는 열리고 닫히는 서브 메뉴패널이 담긴 메인 메뉴아이템이 담기게 되며, eventName 매개변수에는 발생할 이벤트 이름이 담기게 됩니다.

❶-❶ jQuery의 Event() 메서드를 사용해 이벤트 발생 기능이 담긴 이벤트 객체를 생성합니다.

이때 이벤트 객체를 사용해 발생할 이벤트 이름을 생성자에 넘겨줍니다.

❶-❷ 이벤트에 담아 보낼 데이터를 이벤트 객체에 넣어줍니다. 여기에서는 열리고 닫히는 서브 메뉴패널을 가지고 있는 메인 메뉴아이템을 객체에 넣어줍니다.

❶-❸ 마지막으로 trigger() 메서드를 호출해 이벤트를 발생합니다.

❷ 서브 메뉴패널 열기를 처리하는 메서드의 마지막 부분에 열린 서브 메뉴아이템과 "open"을 매개변수 값으로 앞에서 만든 dispatchOpenCloseEvent() 이벤트 발생 메서드를 호출해 줍니다.

❸ 서브 메뉴패널 닫기를 처리하는 메서드의 마지막 부분에 닫힌 서브 메뉴아이템과 "close"를 매개변수 값으로 앞에서 만든 dispatchOpenCloseEvent() 이벤트 발생 메서드를 호출해 줍니다.

❹, ❺ 이벤트가 정상적으로 발생하는지 확인하기 위해 ready()에 이벤트 리스너를 추가해 정보를 출력하는 코드를 작성합니다.

자! 코드를 모두 입력했다면 정상적으로 동작하는지 실행해보죠. 서브 메뉴패널이 열리거나 닫힐 때 웹 브라우저(구글 크롬 또는 애플 사파리 브라우저) 콘솔 창에 이벤트 발생 정보가 출력되는 것을 확인할 수 있을 것입니다.

단계 05-02: 서브 메뉴아이템 선택 이벤트 발생

이번 단계에서는 서브 메뉴아이템이 선택될 때 선택정보를 외부에 알려주는 선택 이벤트를 발생하는 기능을 구현합니다. 참고로 선택 이벤트 발생은 '01장 1단 바 메뉴'에서 구현한 내용과 거의 동일합니다. 소스코드를 설명 순서대로 작성해 주세요.

소스 _ 07부/02장/01_complete/step0502/folderaccordion.js

```
/*
 * 서브 메뉴아이템 선택
 */
FolderAccordionMenu.prototype.selectSubMenuItem=function($item){
    var $oldItem = this.$selectSubItem;

    if(this.$selectSubItem != null){
        this.$selectSubItem.removeClass("select");
    }

    this.$selectSubItem = $item;
    this.$selectSubItem.addClass("select");

    // 선택 이벤트 발생
    this.dispatchSelectEvent($oldItem, this.$selectSubItem); ❷
}

// select 이벤트 발생
FolderAccordionMenu.prototype.dispatchSelectEvent=function($oldItem, $newItem){ ❶
    var event = jQuery.Event("select");
```

```
        event.$oldItem = $oldItem;
        event.$newItem = $newItem;

        this.$accordionMenu.trigger(event);
    }
```

```
$(document).ready(function(){
    var accordion = new FolderAccordionMenu(".accordion-menu");

    accordion.$accordionMenu.on("open", function(e){
        console.log("open", e.$target.find(".main-title a").text());
    })

    accordion.$accordionMenu.on("close", function(e){
        console.log("close", e.$target.find(".main-title a").text());
    })

    accordion.$accordionMenu.on("select",function(e){ ❸
        var oldText = "없음";
        if(e.$oldItem)
            oldText = e.$oldItem.text();
        console.log("select old = ", oldText+", new = "+e.$newItem.text());
    })
})
```

설명

❶ 먼저 코드 마지막 부분에 dispatchSelectEvent() 메서드를 신규로 추가해 줍니다. 메서드 내부에는 기존 선택 서브 메뉴 아이템($oldItem)과 신규 선택 서브 메뉴아이템($newItem) 정보를 담아 select라는 사용자 정의 이벤트를 발생하는 코드를 작성해 줍니다.

❷ 서브 메뉴아이템을 선택 처리하는 selectSubMenuItem () 메서드 마지막 부분에 신규로 추가해 줍니다. 메서드 내부에는 기존 선택 메뉴아이템 정보와 신규 선택 서브 메뉴아이템 정보를 매개변수 값으로 dispatchSelectEvent() 메서드를 호출해 select 이벤트를 발생해 줍니다.

❸ 테스트를 위해 select 이벤트 리스너를 추가해 이벤트에 담겨온 정보를 출력하는 코드를 작성해 줍니다.

코드를 모두 입력했다면 정상적으로 동작하는지 실행해보죠. 서브 메뉴아이템을 클릭하는 경우 select 이벤트가 발생하는 것을 확인할 수 있을 것입니다.

이렇게 해서 사용자 정의 이벤트 발생 기능을 모두 완료했습니다.

단계 06 _ 캡슐화 적용

이번 단계에서는 클래스 마무리 작업인 캡슐화를 적용해 보겠습니다. 지금부터 여러분이 생각하기에 외부에서 접근하지 말아야 하는 프로퍼티와 메서드에 언더바(_)를 붙여주세요.

소스 _ 07부/02장/01_complete/step06/folderaccordion.js

```
function FolderAccordionMenu(selector){
    this.$accordionMenu = null;
    this._$mainMenuItems = null;
    // 선택 서브 메뉴아이템
    this._$selectSubItem = null;

    this._init(selector);
    this._initSubMenuPanel();

    this._initEvent();
}

/*
* 요소 초기화
*/
FolderAccordionMenu.prototype._init=function(selector){
    this.$accordionMenu = $(selector);
    this._$mainMenuItems = this.$accordionMenu.children("li");
}

/*
* 이벤트 초기화
*/
FolderAccordionMenu.prototype._initEvent=function(){
    var objThis = this;
    this._$mainMenuItems.children(".main-title").click(function(e){
        var $item = $(this).parent();
```

```
            objThis.toggleSubMenuPanel($item);
        })

    this._$mainMenuItems.find(".sub li").click(function(e){
        objThis._selectSubMenuItem($(this));
    })
}


/*
*  서브 패널 초기화 - 초기 시작 시 닫힌 상태로 만들기
*/
FolderAccordionMenu.prototype._initSubMenuPanel=function(){
    var objThis =  this;
    this._$mainMenuItems.each(function(index){
        var $item = $(this);
        var $subMenu = $item.find(".sub");

        // 서브가 없는 경우
        if($subMenu.length==0){
            $item.attr("data-extension","empty");
            objThis._setFolderState($item, "empty");

        }else {
            if($item.attr("data-extension")=="open"){
                objThis.openSubMenu($item, false);

            }else{
                objThis.closeSubMenu($item,false);
            }
        }
    })
}


/*
* 폴더 상태 설정
*/
FolderAccordionMenu.prototype._setFolderState=function($item,state){
    var $folder = $item.find(".main-title .folder");
    // 기존 클래스를 모두 제거
```

```
        $folder.removeClass();
        $folder.addClass("folder "+state);


}


/*
* 서브 메뉴패널 열기
* animation 기본값은 true
*/
FolderAccordionMenu.prototype.openSubMenu=function($item, animation){
    if($item != null){
        $item.attr("data-extension", "open");
        var $subMenu = $item.find(".sub");

        if(animation==false){
            $subMenu.css({
                marginTop:0
            });
        }else {
            $subMenu.stop().animate({
                    marginTop:0
                },300,"easeInCubic"
            );
        }

        this._setFolderState($item, "open");
        // open 이벤트 발생
        this._dispatchOpenCloseEvent($item, "open");
    }
}


/*
* 서브 메뉴패널 닫기
* animation 기본값은 true
*/
FolderAccordionMenu.prototype.closeSubMenu=function($item, animation){
    if($item != null){
        $item.attr("data-extension", "close");
        var $subMenu = $item.find(".sub");

        var subMenuPanelHeight = -$subMenu.outerHeight(true);
```

```
        if(animation==false){
            $subMenu.css({
                marginTop:subMenuPanelHeight
            });
        }else {
            $subMenu.stop().animate({
                    marginTop:subMenuPanelHeight
                },300,"easeInCubic"
            );
        }

        this._setFolderState($item, "close");
        // close 이벤트 발생
        this._dispatchOpenCloseEvent($item, "close");
    }
}


/*
* 서브 메뉴패널 열고 닫기
*/
FolderAccordionMenu.prototype.toggleSubMenuPanel=function($item){
    var extension = $item.attr("data-extension");

    // 서브가 없는 경우 취소
    if(extension=="empty"){
        return;
    }

    if(extension=="open"){
        this.closeSubMenu($item);
    }else{
        this.openSubMenu($item);
    }
}


/*
* index 메뉴의 서브 메뉴패널 닫기
*/
FolderAccordionMenu.prototype.closeSubMenuAt=function(index, animation){
    var $item = this._$mainMenuItems.eq(index);
```

```
    this.closeSubMenu($item, animation);
}


/*
 * index 메뉴의 서브 메뉴패널 열기
 */
FolderAccordionMenu.prototype.openSubMenuAt=function(index, animation){
    var $item = this._$mainMenuItems.eq(index);
    this.openSubMenu($item, animation);
}


/*
 * 서브 메뉴아이템 선택
 */
FolderAccordionMenu.prototype._selectSubMenuItem=function($item){
    var $oldItem = this._$selectSubItem;

    if(this._$selectSubItem != null){
        this._$selectSubItem.removeClass("select");
    }

    this._$selectSubItem = $item;
    this._$selectSubItem.addClass("select");

    // 선택 이벤트 발생
    this._dispatchSelectEvent($oldItem, this._$selectSubItem);
}


/*
 * 메뉴 선택 기능
 * @mainIndex: 메인 메뉴아이템 index
 * @subIndex: 서브 메뉴아이템 index
 * @animation: 애니메이션 실행 유무
 */
FolderAccordionMenu.prototype.selectMenu=function(mainIndex,subIndex, animation){
    // 메인 메뉴아이템
    var $item = this._$mainMenuItems.eq(mainIndex);
    // 서브 메뉴아이템
    var $subMenuItem = $item.find(".sub li").eq(subIndex);
    if($subMenuItem){
```

```
            // 서브 메뉴패널 열기
            this.openSubMenu($item, animation);

            // 서브 메뉴아이템 서택
            this._selectSubMenuItem($subMenuItem);
        }
    }


// open, close 이벤트 발생
FolderAccordionMenu.prototype._dispatchOpenCloseEvent=function($item, eventName){
    var event = jQuery.Event(eventName);
    event.$target=$item;

    this.$accordionMenu.trigger(event);
}


// select 이벤트 발생
FolderAccordionMenu.prototype._dispatchSelectEvent=function($oldItem, $newItem){
    var event = jQuery.Event("select");
    event.$oldItem = $oldItem;
    event.$newItem = $newItem;

    this.$accordionMenu.trigger(event);
}
```

설명

정리하면 다음과 같이 접근 가능 요소와 접근 불가능 요소로 나눌 수 있습니다.

요소	접근 가능(public)	접근 불가능(private)
프로퍼티	$accordionMenu	_$mainMenuItems _$selectSubItem
메서드	closeSubMenu() closeSubMenuAt() openSubMenu() openSubMenuAt() toggleSubMenuPanel() selectMenu()	_init() _initEvent() _initSubMenuPanel() _setFolderState() _selectSubMenuItem() _dispatchOpenCloseEvent() _dispatchSelectEvent()

캡슐화 작업엔 정석이란 없습니다. 똑같은 기능을 가진 결과물을 만들더라도 어떤 개발자는 메서드 4개로 쪼개어 만들수 있고 어떤 개발자는 10개의 메서드로 나눠 만들 수 있는 것처럼 캡슐화 역시 개발자에 따라 달라집니다.

여러분이 진행한 캡슐화와 필자가 진행한 캡슐화가 다를 수 있다는 의미와도 같습니다. 다만 "난 이런 이유 때문에 외부에서 접근 가능, 불가능으로 만들었다"라는 명백한 근거는 있어야 한다는 점을 꼭 기억하길 바랍니다. 이렇게 해서 캡슐화를 적용한 FolderAccordionMenu 클래스를 모두 완성했습니다. 잠시 휴식을 가지고 나서 지금까지 진행한 내용을 살펴보길 바랍니다.

이제 여러분은 마지막 단계를 남겨 두고 있습니다.

단계 07 _ 폴더아코디언 jQuery 플러그인 제작

드디어 마지막 단계네요. 폴더아코디언 메뉴를 jQuery 플러그인으로 제작하는 과정은 다음과 같이 두 단계로 나눠 진행하겠습니다.

> **단계 07-01:** 폴더아코디언 플러그인 만들기
>
> **단계 07-02:** 폴더아코디언 선택 처리 플러그인 만들기

그럼 먼저 단계 07-01부터 진행해보죠.

단계 07-01: 폴더아코디언 플러그인 만들기

이번 단계에서는 폴더아코디언을 jQuery 플러그인으로 만들어 보겠습니다. jQuery 플러그인 만드는 방법은 '01장 1단 바메뉴'에서도 만들어 봤기 때문에 자세한 설명은 따로 언급하지 않겠습니다.

그럼 다음 코드를 보기 전에 여러분 스스로 만들어 보세요.

소스 _ 07부/02장/01_complete/step0701/index.html

```
(function($){
    // folderAccordionMenu 플러그인
    $.fn.folderAccordionMenu=function(){ ❶
        // 선택자에 해당하는 요소 개수만큼 FolderAccordionMenu 객체 생성
        this.each(function(index){ ❶-❶
            var $this = $(this);
            var menu = new FolderAccordionMenu($this);
        });
```

```
            return this; ❶-❷
        }
    })(jQuery);
```

소스 _ 07부/02장/01_complete/step0701/folderaccordion.js

```
$(document).ready(function(){
    // 폴더아코디언 메뉴 플러그인 실행
    $("#accordionMenu1").folderAccordionMenu(); ❷

    // 이벤트 등록
    $("#accordionMenu1").on("open",function(e){
        console.log("open", e.$target.find(".main-title a").text());
    })

    $("#accordionMenu1").on("close",function(e){
        console.log("close", e.$target.find(".main-title a").text());
    })

    $("#accordionMenu1").on("select",function(e){
        var oldText = "없음";
        if(e.$oldItem)
            oldText = e.$oldItem.text();
        console.log("select old = ", oldText+", new = "+e.$newItem.text());
    })
})
```

설명

❶ 먼저 jQuery 플러그인 문법에 맞게 플러그인 몸체인 folderAccordionMenu() 플러그인을 만들어 줍니다.

❶-❶ 내부에는 선택자 개수만큼 FolerAccordionMenu 클래스 인스턴스를 생성해 줍니다.

❶-❷ $("#accordionMenu1").folderAccordionMenu().on(…)과 같이 folderAccordionMenu() 플러그인 호출 후 on() 과 같은 jQuery 메서드를 호출할 수 있게 this를 리턴해줘야 합니다.

❷ 기존 폴더아코디언 인스턴스 생성 코드와 이벤트 리스너 추가 코드를 주석 처리 또는 삭제 후 folderAccordionMenu 플러그인을 활용해 jQuery 방식으로 코드를 변경해 줍니다.

코드 입력 후 기존과 동일하게 동작하는지 실행해 보세요. 이렇게 해서 폴더아코디언과 관련한 첫 번째 플러그인을 만들어 봤습니다.

단계 07-02: 폴더아코디언 선택 처리 플러그인 만들기

이번에는 외부에서 특정 폴더아코디언을 선택할 수 있는 기능을 jQuery 방식으로 접근할 수 있게 jQuery 플러그인을 만들어 보겠습니다. 우리가 플러그인에 담아야 할 핵심은 '단계 07-01: 폴더아코디언 플러그인'의 내부에서 생성한 FoderAccordionMenu 클래스의 인스턴스를 접근해 selectMenu()를 호출하는 작업입니다. 소스코드를 설명 순서대로 작성해 주세요.

소스 _ 07부/02장/01_complete/step0702/folderaccordion.js

```
(function($){
    // folderAccordionMenu 플러그인
    $.fn.folderAccordionMenu=function(){
        // 선택자에 해당하는 요소 개수만큼 FolderAccordionMenu 객체 생성
        this.each(function(index){
            var $this = $(this);
            var menu = new FolderAccordionMenu($this);
            $this.data("folderAccorionMenu", menu); ❶
        });
        return this;
    }

    // n번째 메뉴 선택
    $.fn.selectFolderAccordionMenu=function(mainIndex, subIndex, animation){ ❷
        this.each(function(index){
            var accordionMenu = $(this).data("accorionMenu"); ❷-❶
            accordionMenu.selectMenu(mainIndex, subIndex, animation); ❷-❷
        });

        return this;
    }
})(jQuery);
```

소스 _ 07부/02장/01_complete/step0702/index.html

```
$(document).ready(function(){
    // step #07-01
    // 폴더아코디언 메뉴 플러그인 실행
    $("#accordionMenu1").folderAccordionMenu();

    // 이벤트 등록
    $("#accordionMenu1").on("open",function(e){
        console.log("open", e.$target.find(".main-title a").text());
    })

    $("#accordionMenu1").on("close",function(e){
        console.log("close", e.$target.find(".main-title a").text());
    })

    $("#accordionMenu1").on("select",function(e){
        var oldText = "없음";
        if(e.$oldItem)
            oldText = e.$oldItem.text();
        console.log("select old = ", oldText+", new = "+e.$newItem.text());
    })

    $("#accordionMenu1").selectFolderAccordionMenu(0,1); ❸
})
```

설명

❶ 먼저 n번째 인덱스에 해당하는 메뉴를 선택하는 기능(selectMenu())을 사용하기 위해 folderAccordionMenu 플러그인에서 생성한 FolderAccordionMenu 객체를 해당 jQuery 객체에 저장해 줍니다.

❷ n번째 서브 메뉴패널과 서브 메뉴 아이템을 선택하는 기능을 구현할 플러그인을 selectFolderAccordionMenu라는 이름으로 만들어 줍니다.

❷-❶ ❶에서 저장해둔 FolderAccordionMenu 객체를 가져 옵니다.

❷-❷ selectMenu() 메서드를 호출해 서브 메뉴패널과 서브 메뉴아이템을 선택해 줍니다.

❸ selectAccordionMenu 플러그인을 활용해 0번째 서브 메뉴패널을 열고 1번째 서브 메뉴아이템을 선택하는 코드를 작성해 줍니다.

자! 모든 코드를 입력했다면 정상적으로 동작하는지 실행해보죠! 이렇게 해서 폴더아코디언 제작을 마치
겠습니다. 여러분 모두 수고했습니다. 지금까지 작성한 전체 코드는 다음과 같습니다.

소스 _ 07부/02장/01_complete/step0702/index.html

```html
<html>
<head>
    <link rel="stylesheet" type="text/css" href="../css/accordion.css">
    <style>
        * {
            padding:0;
            margin:0;
        }
        body{
            font-size:9pt;
        }

        #accordionMenu1 {
            margin:100px;
            width:300px;
        }
    </style>

    <script src="../libs/jquery-1.11.0.min.js"></script>
    <script src="../libs/jquery.easing.1.3.js"></script>
    <script src="accordion.js"></script>
    <script>
        $(document).ready(function(){
            // step #07-01
            // 폴더아코디언 메뉴 플러그인 실행
            $("#accordionMenu1").folderAccordionMenu();

            // 이벤트 등록
            $("#accordionMenu1").on("open",function(e){
            console.log("open", e.$target.find(".main-title a").text());
            })

            $("#accordionMenu1").on("close",function(e){
```

```
            console.log("close", e.$target.find(".main-title a").text());
        })


        $("#accordionMenu1").on("select",function(e){
        var oldText = "없음";
        if(e.$oldItem)
            oldText = e.$oldItem.text();
            console.log("select old = ", oldText+", new = "+e.$newItem.text());
        })


        // step #07-02
        $("#accordionMenu1").selectFolderAccordionMenu(0,1);
    })
    </script>

</head>

<body>
    <div>menu1(toggle=false,default)</div>
    <ul class="accordion-menu" id="accordionMenu1">
        <li data-extension="open">
            <div class="main-title"><span class="folder"> </span><a>menu1</a></div>
            <ul class="sub">
                <li><a>sub1-1</a></li>
                <li><a>sub1-2</a></li>
                <li><a>sub1-3</a></li>
                <li><a>sub1-4</a></li>
            </ul>
        </li>


        <li>
            <div class="main-title"><span class="folder"> </span><a>menu2</a></div>
            <ul class="sub">
                <li><a>sub2-1</a></li>
                <li><a>sub2-2</a></li>
            </ul>
        </li>
        <li data-extension="open">
            <div class="main-title"><span class="folder"> </span><a>menu3</a> </div>
```

```
                    <ul class="sub">
                        <li><a>sub3-1</a></li>
                        <li><a>sub3-2</a></li>
                        <li><a>sub3-3</a></li>
                        <li><a>sub3-4</a></li>
                        <li><a>sub3-5</a></li>
                        <li><a>sub3-6</a></li>
                    </ul>
                </li>
                <li>
                    <div class="main-title"><span class="folder"> </span><a>menu4</a></div>
                </li>
            </ul>
    </body>
</html>
```

소스 _ 07부/02장/01_complete/step0702/folderaccordion.js

```
(function($){
    // step #07-01
    // folderAccordionMenu 플러그인
    $.fn.folderAccordionMenu=function(){
        // 선택자에 해당하는 요소 개수만큼 FolderAccordionMenu 객체 생성
        this.each(function(index){
            var $this = $(this);
            var menu = new FolderAccordionMenu($this);
            $this.data("folderAccorionMenu", menu);
        });

        return this;
    }

    // step #07-02
    // n번째 메뉴 선택
    $.fn.selectFolderAccordionMenu=function(mainIndex, subIndex, animation){
        this.each(function(index){
            var accordionMenu = $(this).data("folderAccorionMenu");
            accordionMenu.selectMenu(mainIndex, subIndex, animation);
        });
```

```
        return this;
    }

})(jQuery);

// step #02-01
function FolderAccordionMenu(selector){
    this.$accordionMenu = null;
    this._$mainMenuItems = null;
    // step #03
    // 선택 서브 메뉴아이템
    this._$selectSubItem = null;

    this._init(selector);
    this._initSubMenuPanel();

    // step #02-03
    this._initEvent();
}

/* step #02-01
* 요소 초기화
*/
FolderAccordionMenu.prototype._init=function(selector){
    this.$accordionMenu = $(selector);
    this._$mainMenuItems = this.$accordionMenu.children("li");
}

/* step #02-03
 * 이벤트 초기화
*/
FolderAccordionMenu.prototype._initEvent=function(){
    var objThis = this;
    this._$mainMenuItems.children(".main-title").click(function(e){
        var $item = $(this).parent();
        objThis.toggleSubMenuPanel($item);
    })

    // step #03
    this._$mainMenuItems.find(".sub li").click(function(e){
        objThis._selectSubMenuItem($(this));
    })
}
```

```
/* step #02-01
*  서브 패널 초기화 - 초기 시작 시 닫힌 상태로 만들기
*/
FolderAccordionMenu.prototype._initSubMenuPanel=function(){
    var objThis =  this;
    this._$mainMenuItems.each(function(index){
        var $item = $(this);
        var $subMenu = $item.find(".sub");

        // 서브가 없는 경우
        if($subMenu.length==0){
            $item.attr("data-extension","empty");
            objThis._setFolderState($item, "empty");

        }else {
            if($item.attr("data-extension")=="open"){
                objThis.openSubMenu($item, false);

            }else{
                objThis.closeSubMenu($item,false);
            }
        }
    })
}


/* step #02-01
* 폴더 상태 설정
*/
FolderAccordionMenu.prototype._setFolderState=function($item,state){
    var $folder = $item.find(".main-title .folder");
    // 기존 클래스를 모두 제거
    $folder.removeClass();
    $folder.addClass("folder "+state);
}


/*
* step #02-02
* 서브 메뉴패널 열기
* animation 기본값은 true
*/
FolderAccordionMenu.prototype.openSubMenu=function($item, animation){
    if($item != null){
```

```
        $item.attr("data-extension", "open");
        var $subMenu = $item.find(".sub");

        // step #02-04
        if(animation==false){
            $subMenu.css({
                marginTop:0
            });
        }else {
            $subMenu.stop().animate({
                    marginTop:0
                },300,"easeInCubic"
            );
        }

        this._setFolderState($item, "open");

        // step #05-01
        // open 이벤트 발생
        this._dispatchOpenCloseEvent($item, "open");
    }
}


/*
* step #02-02
* 서브 메뉴패널 닫기
* animation 기본값은 true
*/
FolderAccordionMenu.prototype.closeSubMenu=function($item, animation){
    if($item != null){
        $item.attr("data-extension", "close");

        var $subMenu = $item.find(".sub");

        // step #02-04
        var subMenuPanelHeight = -$subMenu.outerHeight(true);
        if(animation==false){
            $subMenu.css({
                marginTop:subMenuPanelHeight
            });
        }else {
            $subMenu.stop().animate({
```

```
                        marginTop:subMenuPanelHeight
                },300,"easeInCubic"
            );
        }

        this._setFolderState($item, "close");

        // step #05-01
        // close 이벤트 발생
        this._dispatchOpenCloseEvent($item, "close");
    }
}

/*
* step #02-03
* 서브 메뉴패널 열고 닫기
*/
FolderAccordionMenu.prototype.toggleSubMenuPanel=function($item){
    var extension = $item.attr("data-extension");

    // 서브가 없는 경우 취소
    if(extension=="empty"){
        return;
    }

    if(extension=="open"){
        this.closeSubMenu($item);
    }else{
        this.openSubMenu($item);
    }
}

/*
 * step #02-05
 * index 메뉴의 서브 메뉴패널 닫기
 */
FolderAccordionMenu.prototype.closeSubMenuAt=function(index, animation){
    var $item = this._$mainMenuItems.eq(index);
    this.closeSubMenu($item, animation);
}

/*
```

```
 * step #02-05
 * index 메뉴의 서브 메뉴패널 열기
 */
FolderAccordionMenu.prototype.openSubMenuAt=function(index, animation){
    var $item = this._$mainMenuItems.eq(index);
    this.openSubMenu($item, animation);
}


/*
 * step #03
 * 서브 메뉴아이템 선택
 */
FolderAccordionMenu.prototype._selectSubMenuItem=function($item){
    var $oldItem = this._$selectSubItem;

    if(this._$selectSubItem != null){
        this._$selectSubItem.removeClass("select");
    }

    this._$selectSubItem = $item;
    this._$selectSubItem.addClass("select");

    // step #05-02
    // 선택 이벤트 발생
    this._dispatchSelectEvent($oldItem, this._$selectSubItem);
}


/*
 * step #04
 * 메뉴 선택 기능
 * @mainIndex: 메인 메뉴아이템 index
 * @subIndex: 서브 메뉴아이템 index
 * @animation: 애니메이션 실행 유무
 */
FolderAccordionMenu.prototype.selectMenu=function(mainIndex,subIndex, animation){

    // 메인 메뉴아이템
    var $item = this._$mainMenuItems.eq(mainIndex);
    // 서브 메뉴아이템
    var $subMenuItem = $item.find(".sub li").eq(subIndex);
    if($subMenuItem){
```

```
            // 서브 메뉴패널 열기
            this.openSubMenu($item, animation);

            // 서브 메뉴아이템 선택
            this._selectSubMenuItem($subMenuItem);
        }
    }


// step #05-01
// open, close 이벤트 발생
FolderAccordionMenu.prototype._dispatchOpenCloseEvent=function($item, eventName){

    var event = jQuery.Event(eventName);
    event.$target=$item;

    this.$accordionMenu.trigger(event);
}


// step #05-02
// select 이벤트 발생
FolderAccordionMenu.prototype._dispatchSelectEvent=function($oldItem, $newItem){

    var event = jQuery.Event("select");
    event.$oldItem = $oldItem;
    event.$newItem = $newItem;

    this.$accordionMenu.trigger(event);
}
```

CHAPTER 03

이미지 슬라이더

공지:
원의 크기는 난이도를 나타냅니다.
앞으로 갈수록 조금씩 어려워지니 차근차근 따라오세요.

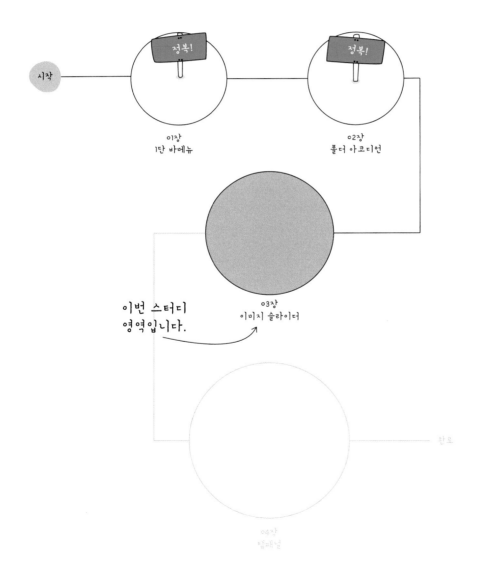

시작

정복!

정복!

이장
1단 바메뉴

02장
폴더 아코디언

이번 스터디
영역입니다.

03장
이미지 슬라이더

완료

04장
탭패널

들어가며

이번 장에서 만들 UI 콘텐츠 주제는 이미지 슬라이더입니다. 이번 콘텐츠 제작을 통해 jQuery 의 다양한 실무 팁과 테크닉을 배울 수 있습니다.

이번 장에서 다룰 내용은 다음과 같습니다.

이번 레슨은 이번 장에서 구현할 이미지 슬라이더의 요구사항과 출력효과및 동작효과를 분석하는 단계입니다.

01 _ 소개 및 미리보기

이번에 만들 내용은 실무자라면 한 번 정도는 만들어 봤을 이미지 슬라이더입니다. 먼저 우리가 만들 이미지 슬라이더를 살펴보겠습니다. 모든 기능이 구현된 최종 결과물 파일을 웹 브라우저에서 실행해 주세요.

- 소스 _ 07부/03장/01_complete/step0802/index.html

실행화면을 살펴보면 3초에 한 번씩 이미지가 자동으로 부드럽게 전환됩니다(오토 플레이 기능). 이때 마우스 커서를 이미지 슬라이더 위로 올리면 이미지 전환이 멈추게 됩니다.

왼쪽에 있는 이전 이미지 버튼을 누르면 이전 이미지가, 오른쪽에 있는 다음 이미지 버튼을 누르면 다음 이미지가 출력됩니다.

마지막으로 번호가 적혀 있는 요소(인덱스 메뉴 아이템)에 마우스를 올리면 해당 이미지가 출력됩니다.

02 _ 요구사항

정리하면 이번 장에서는 다음과 같은 요구사항에 맞는 이미지 슬라이더를 만들 것입니다.

01. 특정 시간이 지나면 이미지가 자동으로 전환되게 만들어 주세요.

02. 이전/다음 이미지로 이동할 수 있는 기능도 만들어 주세요.

03. 해당 이미지로 바로 이동할 수 있는 기능도 있어야 합니다.

04. 모든 내용은 자바스크립트 prototype 문법을 이용해 클래스로 만들어 주세요.

05. 이미지 슬라이더를 jQuery 플러그인으로 만들어 주세요.

03 _ 용어정리

원할한 진행을 위해 화면 요소에 이름을 붙여 사용하겠습니다.

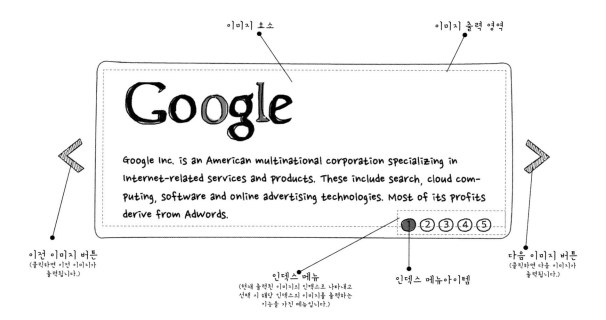

04 _ 출력효과

이번에 만들 이미지 슬라이더의 출력효과는 다음과 같이 두 가지가 있습니다.

01. 이전 이미지 출력

02. 다음 이미지 출력

1 _ 이전 이미지 출력

이전 이미지 버튼을 클릭하거나 또는 신규로 선택한 메뉴 아이템이 현재 선택되어 있는 인덱스보다 작은 경우 출력되는 효과로써 현재 출력된 이미지는 오른쪽으로 페이드 아웃되며 사라지고 신규 출력 이미지는 왼쪽에서 페이드 인되며 나타납니다.

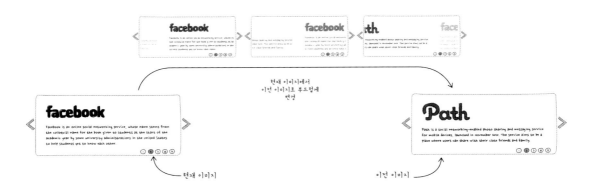

2 _ 다음 이미지 출력

다음 이미지 버튼을 클릭하거나 또는 신규로 선택한 메뉴 아이템이 현재 선택되어 있는 인덱스보다 작은 경우 출력되는 효과로써 현재 출력된 이미지는 왼쪽으로 페이드 아웃되며 사라지고 신규 출력 이미지는 오른쪽에서 페이드 인되며 나타납니다.

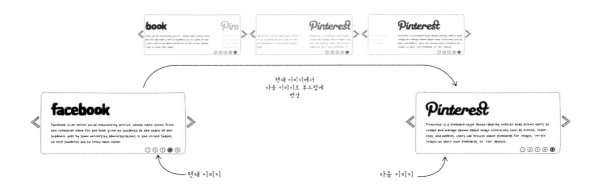

05 _ 동작효과

이번에는 사용자의 입력에 따라 이미지 슬라이더가 어떻게 동작해야 하는지 네 가지 경우로 나눠 자세히 알아보겠습니다.

01. 이미지 슬라이더에 마우스 커서를 올리는 경우

02. 이미지 슬라이더 밖으로 마우스 커서가 나가는 경우

03. 이전, 다음 이미지 버튼을 누르는 경우

04. 인덱스 메뉴 아이템에 마우스 커서를 올리는 경우

각 경우를 자세히 살펴보죠. 최종 결과물을 웹 브라우저에서 실행한 후 그림에 나온 순서대로 진행해 보세요.

1 _ 이미지 슬라이더에 마우스 커서를 올리는 경우

현재 마우스 위치

1.
현재 마우스는 메뉴 밖에 있는 상태이며
오토 플레이가 실행되고 있는 상태입니다.

이동

2.
마우스 커서가 이미지 슬라이더 영역 안으로 이동하는 경우
오토 플레이는 멈춰야 합니다.

2 _ 이미지 슬라이더 밖으로 마우스 커서가 나가는 경우

현재 마우스 위치

1.
현재 마우스는 메뉴 밖에 있는 상태이며
오토 플레이가멈춘 상태입니다.

이동

2.
마우스 커서가 이미지 슬라이더 영역 밖으로 나가는 경우
오토 플레이는 다시 동작해야 합니다.

3 _ 이전, 다음 이미지 버튼을 누르는 경우

1.
이전 이미지 버튼을 누르는 경우
이전 출력 효과에 함께 이전 이미지가 출력되어야 합니다.

만약 이미지 위치가 첫 번째 일때 이전 이미지 버튼을 누르는 경우
다섯 번째 이미지가 이전 출력효과와 함께 이미지가 출력되어야 합니다.

2.
다음 이미지 버튼을 누르는 경우
다음 출력효과에 함께 다음 이미지가 출력되어야 합니다.

만약 이미지 위치가 다섯 번째 일때 다음 이미지 버튼을 누르는 경우
다섯 번째 이미지가 이전 출력효과와 함께 이미지가 출력되어야 합니다.

4 _ 인덱스 메뉴 아이템에 마우스 커서를 올리는 경우

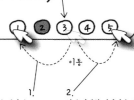

현재 선택되어 있는
인덱스(이미지)

이동

1.
현재 선택된 이미지가 세번째고
신규로 선택한 인덱스가 첫 번째인 경우
이미지는 이전 출력 효과와 함께
출력돼야 합니다.

2.
현재 선택된 이미지가 세번째고
신규로 선택한 인덱스가 다섯 번째인 경우
이미지는 다음 출력 효과와 함께
출력돼야 합니다.

이렇게 해서 동작효과까지 우리가 만들 이미지 슬라이더에 대해 자세히 알아봤습니다.

자! 그럼 지금까지 분석한 내용을 바탕으로 이미지 슬라이더를 만들어 보죠. 진행방식은 앞에서 진행한 프로젝트와 동일합니다. 여러분 스스로 직접 제작한 후 필자 코드와 비교 분석해나가는 방식입니다. 시작을 어떻게 해야 할지 감을 잡지 못하는 분은 지금부터 필자와 같이 진행하면 됩니다.

Lesson
02 / 구현하기

이번 레슨에서는 앞에서 분석한 내용을 토대로 요구사항에 맞게 이미지 슬라이더를 구현합니다. 이미지 슬라이더 구현 순서는 다음과 같습니다. 각 단계에서 구현할 내용을 예상해 보세요.

단계 01: 레이아웃 잡기

단계 02: 이전/다음 이미지 출력

단계 03: 인덱스 메뉴 처리

단계 04: 사용자 정의 이벤트 발생 처리

단계 05: 이미지 자동 전환 기능 구현

단계 06: 이미지 전환 옵션 처리

단계 07: 캡슐화 적용

단계 08: 이미지 슬라이더 플러그인 만들기

단계 01 _ 레이아웃 잡기

이미지 슬라이더라고 해서 모두 동일한 구조를 가진 것은 아닙니다. 기능과 동작효과 그리고 출력효과에 따라 구조가 완전히 달라집니다. 따라서 이번 프로젝트에서 만들 이미지 슬라이더에 맞게 레이아웃을 잡아야 합니다. 레이아웃은 원할한 진행을 위해 다음과 같이 필자가 미리 잡아놨습니다.

필자가 만들어 놓은 레이아웃 구조를 살펴보죠.

1 _ 레이아웃 구조

레이아웃은 크게 세 가지 영역으로 나눌 수 있습니다.

01. 이미지 리스트 영역(.image-list)

02. 인덱스 메뉴(.index-nav)

03. 이전(.slider-btn-prev) 이미지 버튼/다음 이미지 버튼(.slider-btn-next)

소스 _ 07부/03장/01_complete/step01/index.html

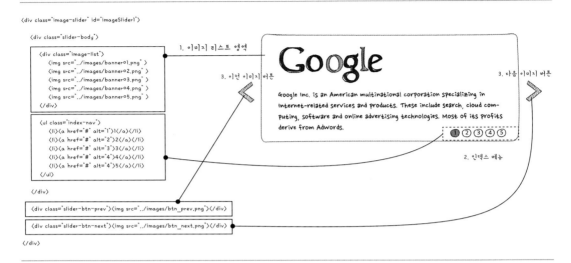

각각의 영역을 좀더 자세히 살펴보죠.

1 _ 이미지 리스트 영역

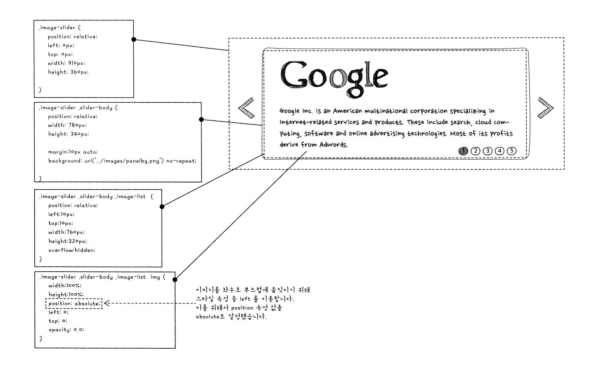

- 앞의 출력효과에서 알아본 것처럼 이미지는 좌우로 움직이게 됩니다. 이미지를 좌우로 움직이는 방법은 이전에도 알아본 것처럼 다음과 같이 세 가지 정도가 있습니다.

  01. margin–left

  02. left

  03. scrollLeft

- 우리가 구현하려고 하는 이미지 슬라이더의 경우 이전 이미지와 다음 이미지를 각각 움직여야 하기 때문에 left를 사용하겠습니다. 이를 위해서 먼저 이미지의 부모 좌표 노드가 되는 이미지 영역(.image–list)의 position 속성을 relative로 설정했습니다. 그리고 이미지(.image–list img)의 position 속성을 absolute로 설정했습니다.

2 _ 인덱스 메뉴

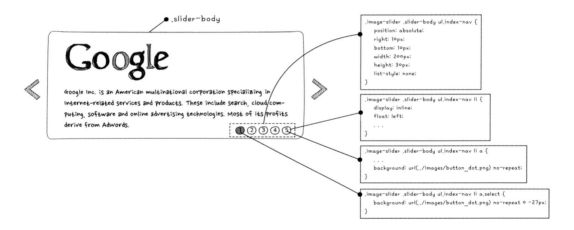

- 인덱스 메뉴(.index–nav) 위치를 .slider–body 요소의 오른쪽 하단에 정렬시키기 위해 position을 absolute로 하고 right와 bottom 값을 설정했습니다.

- 선택 인덱스 메뉴 아이템을 표현하는 스타일(.select)도 정의했습니다.

3 _ 이전/다음 이미지 버튼

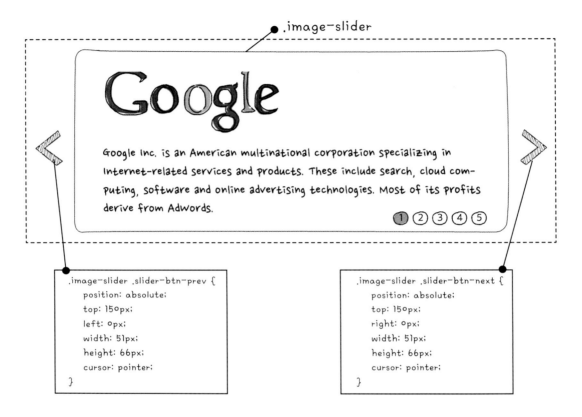

- 이미지 슬라이더(.image-slider) 크기가 변경되는 경우 크기에 맞게 자동 정렬될 수 있게 이전/다음 이미지 버튼 속성 중 position을 absolute로 하고 left와 right 값을 이용했습니다.

이렇게 해서 가장 기본적이면서도 중요한 레이아웃 구조를 잡아 봤습니다. 그럼 지금부터 기능을 하나씩 구현해보죠.

단계 02 _ 이전/다음 이미지 출력

이번 단계 작업은 이전/다음 이미지 버튼 클릭 시 해당 이미지가 슬라이드되면서 등장하게 할 것입니다.

작업은 다음과 같이 3단계로 나눠 구현하겠습니다.

단계 02-01: 이미지 요소 상태 초기화

단계 02-02: 출력효과(애니메이션) 없이 이전, 다음 이미지 보이기

단계 02-03: 출력효과 추가

단계 02-01: 이미지 요소 상태 초기화

가장 먼저 할 일은 시작 시 화면에는 인덱스 값이 n번째 이미지만 보이고 나머지 이미지가 보이지 않게 하는 작업입니다. 이번 단계에서는 클래스를 만든 후 이미지 요소를 초기화하는 작업을 진행해 보겠습니다.

소스 _ 07부/03장/01_complete/step0201/imageslider.js

```
function ImageSlider(selector){ ❶
    this.$imageSlider = null;
    this.$images = null;

    this.init(selector); ❹
    this.initImages();
}

/* step #02-01
* 요소 초기화
*/
ImageSlider.prototype.init=function(selector){ ❷
    this.$imageSlider = $(selector);
    this.$images = this.$imageSlider.find(".slider-list img");
}

/* step #02-01
* 이미지 요소 초기화
*/
ImageSlider.prototype.initImages=function(selector){ ❸
    this.$images.each(function(){
        $(this).css({
            opacity:0.0
        })
    })
}
```

소스 _ 07부/03장/01_complete/step0201/index.html

```
$(document).ready(function(){
    // step #02-01
```

```
    var imageSlider = new ImageSlider(".image-slider"); ❺
});
```

설명

❶ 가장 먼저 이미지 슬라이더 기능을 담을 클래스(ImageSlider)를 만들어 줍니다.

❷ init() 메서드를 만든 후 클래스 내부에서 전역적으로 사용할 DOM 요소를 jQuery를 이용해 프로퍼티에 담아 줍니다.

❸ initImages() 메서드를 만든 후 초기 시작 시 모든 이미지를 화면에서 보이지 않게 초기화해 줍니다.

❹ 생성자에서 init() 메서드와 initImages() 메서드를 호출해 줍니다.

❺ 시작 부분에서 ImageSlider 클래스의 인스턴스를 생성해 줍니다.

코드 입력 후 실행하면 다음과 같은 실행화면을 볼 수 있을 것입니다.

실행화면

단계 02-02: 이전, 다음 이미지 활성화/비활성화

이번 단계에서는 이전, 다음 이미지 버튼을 클릭하는 경우 이에 맞는 이미지를 찾아 활성화 및 비활성화하는 처리입니다. 부드럽게 사라지고 등장하는 출력효과는 다음 단계에서 적용하기로 하겠습니다.

이번 단계에서 진행할 내용을 간략히 표현하면 이전, 다음 버튼 클릭 시 다음과 같이 처리됩니다.

    순서 01: 현재 이미지 인덱스, 신규 이미지 인덱스 구하기

    순서 02: 현재, 신규 이미지 인덱스에 맞는 이미지 구하기

    순서 03: 현재 이미지는 숨기기, 신규 이미지는 보이기

위의 단계에서 핵심은 순서 01과 순서 02 부분입니다. 좀더 풀어서 설명하면 이전, 다음 이미지 버튼 클릭에 따라 사라질 현재 이미지의 인덱스 값과 등장할 신규 이미지의 인덱스 값을 구하는 것입니다. 예를 들어 이미지가 총 5개일 때 이전 이미지 버튼을 클릭하는 경우 다음과 같이 인덱스 값을 만들어야 합니다.

현재 이미지 인덱스	신규 이미지 인덱스
0(초깃값)	4
4	3
3	2
2	1
1	0
0	4
.....	.....

다음 이미지 버튼을 클릭하는 경우 다음과 같이 인덱스 값을 만들어야 합니다.

현재 이미지 인덱스	신규 이미지 인덱스
0(초깃값)	1
1	2
2	3
3	4
4	0
0	1
.....	.....

지금까지 내용을 코드로 구현하면 다음과 같습니다. 설명 순서에 따라 소스 코드를 작성해 주세요.

소스 _ 07부/03장/01_complete/step0202/imageslider.js

```
// step #02-01
function ImageSlider(selector){
    this.$imageSlider = null;
    this.$images = null;

    // step #02-02
    this.currentIndex =-1; ❶
```

```
    this.init(selector);
    this.initImages();

    // step #02-02
    this.initEvent(); ❻
    // 0번째 이미지 활성화
    this.showImageAt(0); ❼
}


/* step #02-02
* 이벤트 처리
*/
ImageSlider.prototype.initEvent=function(){ ❺
    var objThis = this;
    this.$imageSlider.find(".slider-btn-prev").on("click", function(){
     objThis.prevImage();
    })

    this.$imageSlider.find(".slider-btn-next").on("click", function(){
        objThis.nextImage();
    })
}


/* step #02-02
* index 번째 이미지 보이기
*/
ImageSlider.prototype.showImageAt=function(index){ ❷
    // 인덱스 값 구하기 ❷-❶
    if(index<0)
        index = this.$images.length-1;

    if(index>=this.$images.length)
        index = 0;

    // 테스트용
    console.log("currentIndex="+this.currentIndex +", newIndex="+index);

    // 인덱스 값에 해당하는 이미지 요소 구하기
    var $currentImage = this.$images.eq(this.currentIndex); ❷-❷
```

```
        var $newImage = this.$images.eq(index);

        // 현재 이미지는 비활성화, 신규 이미지는 활성화
        $currentImage.css({ ❷-❸
            opacity:0
        });

        $newImage.css({
            left:0,
            opacity:1
        })

        // 현재 이미지 인덱스값 업데이트
        this.currentIndex = index; ❷-❹
    }

/* step #02-02
 * 이전 이미지 보이기
 */
ImageSlider.prototype.prevImage=function(){ ❸
    this.showImageAt(this.currentIndex-1);
}

/* step #02-02
 * 다음 이미지 보이기
 */
ImageSlider.prototype.nextImage=function(){ ❹
    this.showImageAt(this.currentIndex+1);
}
```

설명

❶ 먼저 현재 선택한 이미지 인덱스 정보를 담을 currentIndex 프로퍼티를 추가합니다.

❷ n번째 인덱스에 해당하는 이미지를 활성화 처리하는 전문 메서드 showImageAt()을 만들어 줍니다.

❷-❶ 사라질 이미지 인덱스는 기존 currentIndex 값을 그대로 사용합니다. 새롭게 등장할 이미지 인덱스는 index 매개변수로 들어온 값을 그대로 사용합니다. 단, 이미지 롤링 처리를 위해 신규 인덱스 값이 0보다 작은 경우 이미지 인덱스 값을 마지막 이미지 인덱스 값으로 설정해 줍니다.

❷-❷ 현재 화면에 출력돼 있는 이미지와 신규로 등장할 이미지를 이미지 리스트($images)에서 가져오입니다.

❷-❸ 현재 이미지는 화면에서 보이지 않게 처리하고 신규 이미지는 화면에서 보이도록 처리해 줍니다.

❷-❹ 마지막으로 현재 출력된 이미지 인덱스 정보를 업데이트해 줍니다.

❸ 이전 이미지로 이동하는 메서드인 prevImage()를 추가한 후 showImageAt()을 활용해 이전 이미지를 활성화해 줍니다.

❹ 다음 이미지로 이동하는 메서드인 nextImage()를 추가한 후 showImageAt()을 활용해 다음 이미지를 활성화해 줍니다.

❺ 이벤트를 전문으로 처리할 신규 메서드(initEvent())를 추가한 후 이전 이미지 버튼과 다음 이미지 버튼에 이벤트 리스너를 등록해 prevImage() 메서드와 nextImage() 메서드를 각각 호출해 줍니다.

❻ 생성자에서 initEvent() 메서드를 호출해 줍니다.

❼ 생성자에서 초기 시작 시 0번째 이미지를 활성화시키기 위해 0번째 인덱스 값으로 showImageAt() 메서드를 호출해 줍니다.

코드를 모두 입력했다면 정상적으로 실행해보죠. 0번째 이미지가 활성화된 상태일 것입니다. 이후 이전 이미지 버튼과 다음 이미지 버튼을 눌러 해당 이미지가 출력되는지 확인해 보세요.

단계 02-03: 출력효과 추가

이번 단계에서는 단계 2의 마지막 작업인 이미지에 출력효과를 적용해보죠. 우리가 구현할 출력효과를 다시 한 번 살펴보죠.

이전 이미지 출력 효과

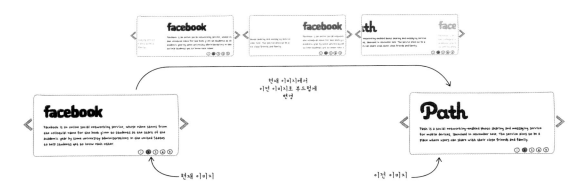

다음 이미지 출력 효과

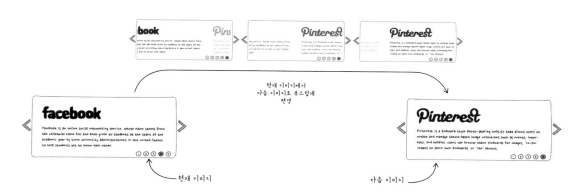

풀어서 설명하면

1 _ 이전 이미지 버튼을 클릭한 경우

현재 이미지는 페이드 아웃되며 이미지 슬라이더 영역의 오른쪽 밖으로 사라지고, 신규 이미지는 페이드 인되며 이미지 슬라이더 영역의 왼쪽 밖에서 안쪽으로 등장해야 합니다.

2 _ 다음 이미지 버튼을 클릭한 경우

현재 이미지는 페이드 아웃되며 이미지 슬라이더 영역의 왼쪽 밖으로 사라지고, 신규 이미지는 페이드 인되며 이미지 슬라이더 영역의 오른쪽 밖에서 안쪽으로 등장해야 합니다.

이해를 돕기 위해 예제를 이용해 설명해 보겠습니다. 만약 이미지를 감싸고 있는 이미지 리스트 영역 (.image-list)이 760px인 경우 다음과 같이 처리하면 됩니다.

1 _ 이전 이미지 출력 시에는

현재 이미지 위치 값은 0위치에서 760으로 부드럽게 이동하며 사라져야 하며, 신규 이미지 위치 값은 -760에서 0으로 부드럽게 이동하며 등장해야 합니다.

2 _ 다음 이미지 출력 시에는

현재 이미지 위치 값은 0위치에서 -760으로 부드럽게 이동하며 사라져야 하며, 신규 이미지 위치 값은 760에서 0으로 부드럽게 이동하며 등장해야 합니다.

지금까지 내용을 코드로 표현하면 다음과 같습니다. 설명 순서대로 소스코드를 입력해 주세요.

소스 _ 07부/03장/01_complete/step0203/imageslider.js

```
function ImageSlider(selector){
    this.$imageSlider = null;
    this.$images = null;

    this.currentIndex =-1;

    // 이미지의 너비는 이미지 활성화/비활성화에 사용됨
    this.imageWidth = 0;    ❶


    . . . .
}



/*
* 요소 초기화
*/
ImageSlider.prototype.init=function(selector){
    this.$imageSlider = $(selector);
    this.$images = this.$imageSlider.find(".slider-body img");

    // 이미지 슬라이더의 너비 찾기
    // 이미지의 너비는 이미지 활성화/비활성화에 사용됨
    this.imageWidth=this.$imageSlider.find(".slider-body").width(); ❷
}

mageSlider.prototype.showImageAt=function(index, direction){ ❸

    . . . .

    /*
    // 현재 이미지는 비활성화, 신규 이미지는 활성화   ❸-❶
    $currentImage.css({
        opacity:0
    });
```

```
    $newImage.css({
        left:0,
        opacity:1
    })
*/

    // direction 값이 prev, next인 경우에만 애니메이션 적용해 이미지를 활성화/비활성화
    if(direction=="prev" || direction=="next"){❸-❷
        // prev, next에 따른 이동 위치 값 설정하기  ❸-❸
        // prev가 기본
        var currentEndLeft=this.imageWidth;
        var nextStartLeft =-this.imageWidth;

        if(direction=="next"){
            currentEndLeft= -this.imageWidth;
            nextStartLeft=this.imageWidth;
        }

        // 현재 이미지 비활성화 애니메이션 ❸-❹
        $currentImage.stop().animate({
            left:currentEndLeft,
            opacity:0
        },500, "easeOutQuint");

        // 신규 이미지 활성화 전에 애니메이션 시작 위치 설정하기 ❸-❺
        $newImage.css({
            left:nextStartLeft,
            opacity:0
        });

        // 신규 이미지 활성화 애니메이션
        $newImage.stop().animate({ ❸-❻
            left:0,
            opacity:1
        },300, "easeOutQuint");

    }else { ❸-❼
        // direction 값이 없거나 prev, next가 아닌 경우에는 애니메이션 없이 이미지를 활성화/비활성화
        $currentImage.css({
```

```
            opacity:0
        });

        $newImage.css({
            left:0,
            opacity:1
        })

    // 현재 이미지 인덱스값 업데이트
    this.currentIndex = index;
}


/*
* 이전 이미지 보이기
*/
ImageSlider.prototype.prevImage=function(){
    //this.showImageAt(this.currentIndex-1);
    this.showImageAt(this.currentIndex-1, "prev"); ❹
}


/*
* 다음 이미지 보이기
*/
ImageSlider.prototype.nextImage=function(){
    //this.showImageAt(this.currentIndex+1);
    this.showImageAt(this.currentIndex+1, "next"); ❺
}
```

설명

❶ 먼저 이미지 리스트 영역(.image-list)의 크기를 담을 imageWidth 프로퍼티를 추가해 줍니다.

❷ 이미지 크기를 구해 imageWidth에 저장합니다.

❸ 기존 메서드에 출력효과 방향을 알 수 있는 direction 매개변수를 추가해 줍니다.

❸-❶ 기존 활성화/비활성화 실행구문을 주석 처리하거나 삭제해 줍니다.

❸-❷ direction 값이 prev 또는 next인 경우만 애니메이션 처리를 해줍니다.

❸-❸ prev, next에 따른 위치 이동 값을 구해줍니다.

❸-❹ 기존 이미지를 서서히 사라지게 비활성화해 줍니다.

❸-❺ 신규 이미지의 시작 위치 값을 설정합니다.

❸-❻ 신규 이미지를 서서히 등장하게 활성화해 줍니다.

❸-❼ direiton 값이 prev 또는 next가 아닌 경우 애니메이션 없이 기존 이미지는 비활성화, 신규 이미지는 활성화해 줍니다.

❹ showImageAt( ) 메서드 호출 시 추가로 prev 값을 전달해 이전 이미지가 부드럽게 출력되도록 만들어 줍니다.

❺ showImageAt( ) 메서드 호출 시 추가로 next 값을 전달해 다음 이미지가 부드럽게 출력되도록 만들어 줍니다.

코드 입력 후 실행하면 다음 실행화면처럼 이미지가 부드럽게 활성화/비활성화되는 결과물을 볼 수 있을 것입니다.

실행화면

이렇게 해서 가장 핵심적인 이미지 슬라이더 기능을 완료했습니다.

단계 03 _ 인덱스 메뉴 처리

이번 단계에서는 이미지 슬라이더와 인덱스 메뉴를 연동해 보겠습니다. 이해를 돕기 위해서 다음과 같이 두 단계로 나눠 진행하겠습니다.

단계 03-01: 인덱스 메뉴 아이템 활성화

단계 03-02: 도트 메뉴 아이템 선택 처리

단계 03-01: 인덱스 메뉴 아이템 활성화

이번 단계에서는 화면에 보여지고 있는 이미지가 몇 번째 이미지인지 인덱스 메뉴 아이템에 표현하는 작업입니다. 설명 순서대로 소스코드를 입력해 주세요.

소스 _ 07부/03장/01_complete/step0301/imageslider.js

```
// step #02-01
function ImageSlider(selector){
    this.$imageSlider = null;
    this.$images = null;

    // step #02-02
    this.currentIndex =-1;

    // step #02-03
    // 이미지의 너비는 이미지 활성화/비활성화에 사용됨
    this.imageWidth = 0;

    // step #03-01
    this.$indexItems = null;  ❶


    . . . .
}


/* step #02-01
* 요소 초기화
*/
ImageSlider.prototype.init=function(selector){

    . . . .

    // step #03-01
    this.$indexItems = this.$imageSlider.find(".index-nav li a");  ❷
}
/*
 * step #02-03
 *      direction 파라미터 추가
 *
 * step #02-02
 *      index 번째 이미지 보이기
```

```
*/
ImageSlider.prototype.showImageAt=function(index, direction){

    . . . .

    // step #03-01
    // n번째 인덱스 아이템 선택
    this.selectIndexAt(index);    ❹

    // 현재 이미지 인덱스값 업데이트
    this.currentIndex = index;
}

/*
 * step #03-01
 * n번째 인덱스 아이템 선택
 */
ImageSlider.prototype.selectIndexAt=function(index){    ❸

    if(this.currentIndex!=-1)
        this.$indexItems.eq(this.currentIndex).removeClass("select");

    this.$indexItems.eq(index).addClass("select");
}
```

설명

❶ 먼저 생성자에 인덱스 메뉴 아이템을 담을 $indexItems 프로퍼티를 추가합니다.

❷ 메뉴 아이템을 찾아 $indexItems에 저장합니다.

❸ selectIndexAt() 메서드를 신규로 추가한 후 index에 해당하는 메뉴 아이템을 선택 상태로 만드는 코드를 구현해 줍니다.

❹ showImageAt() 메서드 마지막 부분 즈음에 selectDotAt() 메서드를 호출해 현재 화면에 보이는 이미지와 동일한 인덱스 메뉴 아이템을 선택해 줍니다.

코드를 모두 입력한 후 실행해보죠. 이전/다음 이미지가 활성화될 때 인덱스 메뉴 아이템도 활성화되는 것을 확인할 수 있을 것입니다.

단계 03-02: 인덱스 메뉴 아이템 선택 처리

이번에는 인덱스 메뉴 아이템에 마우스커서를 올리는 경우(mouseenter), 해당하는 이미지와 인덱스 아이템을 활성화해 보겠습니다.

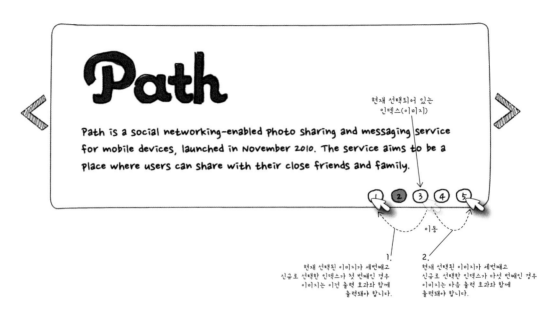

이번 작업에서 주의할 점이 하나 있는데요. 만약 세 번째 이미지(인덱스 값은 2)가 활성화되어 있을 때 첫번째 인덱스 메뉴 아이템을 오버하는 경우 이미지는 이전 출력 효과가 적용되어 출력되어야 하며, 다섯번째 인덱스 메뉴 아이템을 오버하는 경우 이미지는 다음 출력 효과가 적용되어 출력되어야 합니다.

위의 내용을 코드로 구현하면 다음과 같습니다. 설명 순서대로 소스코드를 입력해 주세요.

소스 _ 07부/03장/01_complete/step0302/imageslider.js

```
/* step #02-02
* 이벤트 처리
*/
ImageSlider.prototype.initEvent=function(){
    var objThis = this;
    this.$imageSlider.find(".slider-btn-prev").on("click", function(){
     objThis.prevImage();
    })
```

```
    this.$imageSlider.find(".slider-btn-next").on("click", function(){
        objThis.nextImage();
    })

    // step #03-02
    this.$indexItems.on("mouseenter", function(){ ❶
        var index = objThis.$indexItems.index(this);
        // 기존 선택과 현재 선택의 비교 방향 알아내기
        if(objThis.currentIndex>index)
            objThis.showImageAt(index,"prev");
        else
            objThis.showImageAt(index,"next");
    })
}
```

설명

❶ 인덱스 메뉴 아이템에 mouseenter 리스너를 추가해 줍니다. 리스너 내부에서 오버한 메뉴 아이템의 인덱스 값을 구한 후 이 인덱스 값이 현재 출력돼 있는 이미지 인덱스 값보다 큰 경우 next 값으로 showImageAt() 메서드를 호출해 줍니다. 이와 달리 값이 작은 경우 prev 값으로 showImageAt() 메서드를 호출해 줍니다.

모든 코드를 입력했다면 정상적으로 동작하는지 실행해보죠. 마우스 커서를 인덱스 메뉴 아이템에 올려보세요. 그럼 해당 이미지가 출력되는 것을 확인할 수 있을 것입니다.

이렇게 해서 기본적인 이미지 슬라이더 기능을 모두 구현했습니다. 다음 단계에서 구현할 내용들은 보조적인 기능이긴 하지만 재사용 가능한 UI 콘텐츠에는 반드시 있어야 할 기능들이니 집중해서 봐주길 바랍니다.

단계 04 _ 이미지 변경 이벤트 발생

이번 단계에서는 이미지가 변경되는 경우, 변경 전 이미지 인덱스와 신규 이미지 인덱스를 change라는 사용자 정의 이벤트에 담아 발생하는 기능을 구현해 보겠습니다. 설명 순서대로 소스코드를 입력해 주세요.

소스 _ 07부/03장/01_complete/step04/imageslider.js

```
ImageSlider.prototype.showImageAt=function(index, direction){
    . . . .
    // step #03-01
    // n번째 인덱스 아이템 선택
    this.selectIndexAt(index);

    // 현재 이미지 인덱스값 업데이트 ❷
    var oldIndex = this.currentIndex;
    this.currentIndex = index;
    this.dispatchChangeEvent(oldIndex, this.currentIndex);
}

/*
 * step #04
 * change 이벤트 발생
 *
 */
ImageSlider.prototype.dispatchChangeEvent=function(oldIndex, newIndex){ ❶
    var event = jQuery.Event("change");
    event.oldIndex = oldIndex;
    event.newIndex = newIndex;
    this.$imageSlider.trigger(event);
}
```

소스 _ 07부/03장/01_complete/step04/index.html

```
$(document).ready(function(){
    // step #02-01
    var imageSlider = new ImageSlider(".image-slider");

    // step #03-01
    //imageSlider.showImageAt(2);

    // step #04
    imageSlider.$imageSlider.on("change", function(e){ ❸
        console.log("e.oldIndex= ", e.oldIndex, "e.newIndex= "+e.newIndex);
    })
});
```

설명

❶ 먼저 dispatchChangeEvent() 메서드를 신규로 추가한 후 change라는 이벤트를 만들어 기존 선택 이미지 인덱스와 신규 선택 이미지 인덱스를 담아 이벤트를 발생하는 구문을 작성합니다.

❷ 현재 인덱스 값과 신규 인덱스 값을 매개변수 값으로 ❶에서 만든 dispatchChangeEvent() 메서드를 호출해 줍니다.

❸ 이벤트가 정상적으로 발생하는지 change 이벤트 리스너를 등록해 줍니다.

코드를 모두 입력했다면 이전/다음 이미지 버튼을 누른다거나 인덱스 메뉴 아이템을 눌러 이미지를 활성화해 보세요. 그럼 다음 실행화면과 같이 이벤트가 발생하는 것을 확인할 수 있을 것입니다.

실행화면

```
e.oldIndex=  0 e.newIndex= 1 index.html:87
e.oldIndex=  1 e.newIndex= 2 index.html:87
e.oldIndex=  2 e.newIndex= 3 index.html:87
e.oldIndex=  3 e.newIndex= 4 index.html:87
e.oldIndex=  4 e.newIndex= 0 index.html:87
e.oldIndex=  0 e.newIndex= 2 index.html:87
```

단계 05 _ 이미지 자동 전환 기능 구현

이번에는 이미지 자동 전환 기능을 만들어 보겠습니다. 3초마다 한 번씩 다음 이미지 버튼을 자동으로 누르는 기능을 만드는 거죠. 다시 한 번 구현해야 할 내용을 살펴보죠.

1 _ 이미지 슬라이더에 마우스 커서를 올리는 경우

facebook

Facebook is an online social networking service, whose name stems from the colloquial name for the book given to students at the start of the academic year by some university administrations in the United States to help students get to know each other.

현재 마우스 위치

1.
현재 마우스는 메뉴 밖에 있는 상태이며
오토 플레이가 실행되고 있는 상태입니다.

Facebook is an online social networking service, whose name stems from the colloquial name for the book given to students at the start of the academic year by some university administrations in the United States to help students get to know each other.

이동

2.
마우스 커서가 이미지 슬라이더 영역 안으로 이동하는 경우
오토 플레이는 멈춰야 합니다.

2 _ 이미지 슬라이더 밖으로 마우스 커서가 나가는 경우

facebook

Facebook is an online social networking service, whose name stems from the colloquial name for the book given to students at the start of the academic year by some university administrations in the United States to help students get to know each other.

현재 마우스 위치   1.
현재 마우스는 메뉴 밖에 있는 상태이며
오토 플레이가 멈춘 상태입니다.

facebook

Facebook is an online social networking service, whose name stems from the colloquial name for the book given to students at the start of the academic year by some university administrations in the United States to help students get to know each other.

① ② ③ ❹ ⑤

이동

2.
마우스 커서가 이미지 슬라이더 영역 밖으로 나가는 경우
오토 플레이는 다시 동작해야 합니다.

위의 내용을 코드로 표현하면 다음과 같습니다. 설명 순서대로 코드를 입력해 주세요.

소스 _ 07부/03장/01_complete/step05/imageslider.js

```js
// step #02-01
function ImageSlider(selector){
    this.$imageSlider = null;
    this.$images = null;

    // step #02-02
    this.currentIndex =-1;

    // step #02-03
    // 이미지의 너비는 이미지 활성화/비활성화에 사용됨
    this.imageWidth = 0;

    // step #03-01
    this.$indexItems = null;

    // step #05
    this.timerID = 0;   ❶
    this.autoPlayDelayTime = 1000;
```

```
    this.init(selector);
    this.initImages();

    // step #02-02
    this.initEvent();
    // 0번째 이미지 활성화
    this.showImageAt(0);

    // step #05
    this.startAutoPlay(); ❻
}


/* step #02-02
* 이벤트 처리
*/
ImageSlider.prototype.initEvent=function(){
    var objThis = this;
    this.$imageSlider.find(".slider-btn-prev").on("click", function(){
     objThis.prevImage();
    })

    this.$imageSlider.find(".slider-btn-next").on("click", function(){
        objThis.nextImage();
    })

    // step #03-02
    this.$indexItems.on("mouseenter", function(){
        var index = objThis.$indexItems.index(this);
        // 기존 선택과 현재 선택의 비교 방향 알아내기
        if(objThis.currentIndex>index)
            objThis.showImageAt(index,"prev");
        else
            objThis.showImageAt(index,"next");
    })

    //step #05
    this.$imageSlider.on("mouseenter",function(){ ❹
        objThis.stopAutoPlay();
    });
```

```
        this.$imageSlider.on("mouseleave",function(){ ❺
            objThis.startAutoPlay();
        });
    }


    // step #05
    // 자동 전환 기능 시작
    ImageSlider.prototype.startAutoPlay=function(){ ❷
        if(this.timerID==0){
            this.timerID= setInterval($.proxy(function(){
                this.nextImage();
            }, this), this.autoPlayDelayTime);
        }
    }


    // step #05
    // 자동 전환 기능 멈춤
    ImageSlider.prototype.stopAutoPlay=function(){ ❸
        if(this.timerID!=0){
            clearInterval(this.timerID);
            this.timerID=0;
        }
    }
```

설명

❶ 먼저 생성자에 타이머 아이디와 이미지 전환 지연 시간을 담을 변수를 각각 timerID와 autoPlayDelayTime라는 이름으로 만들어 줍니다.

❷ startAutoPlay() 메서드를 신규로 만든 후 setInterval() 함수를 이용해 이미지 전환 지연 시간마다 nextImage() 메서드를 호출해 줍니다.

❸ stopAutoPlay() 메서드를 신규로 만든 후 이미지 자동 전환 기능을 멈추는 코드를 작성합니다.

❹ 이미지 슬라이더($imageSlider)에 mouseenter 이벤트 리스너를 추가해 마우스가 슬라이더 안으로 들어 오는 경우, ❸에서 신규로 만든 stopAutoPlay()를 호출해 이미지 자동 전환 기능을 멈춥니다.

❺ 이미지 슬라이더($imageSlider)에 mouseleave 이벤트 리스너를 추가해 마우스가 슬라이더 밖으로 나가는 경우, ❷에서 신규로 만든 startAutoPlay()를 호출해 이미지 자동 전환 기능을 다시 동작시켜 줍니다.

❻ 생성자 부분에 startAutoPlay() 메서드를 호출해 인스턴스 생성 시 자동 전환 기능이 동작할 수 있게 만들어 줍니다.

코드를 모두 입력했다면 자동 전환 기능이 정상적으로 동작하는지 실행해 보세요.

단계 06 _ 이미지 전환 옵션 처리

우리는 앞 단계까지 구현하고자 했던 이미지 슬라이더의 기능을 모두 구현했습니다. 이번 단계에서는 이미지 전환 시간과 이미지 전환 효과에서 사용할 이징 함수를 외부에서 설정할 수 있게 옵션으로 만들어 보겠습니다. 옵션으로 처리할 내용은 다음과 같습니다.

변수명	설명	기본값
startIndex	시작 시 보여줄 이미지 인덱스 값	0
autoPlay	자동 전환 기능 사용 유무	true
autoPlayDelayTime	자동 전환 지연 시간	2000
animationDuration	이미지 전환 시간	500
animationEasing	이미지 전환 시 사용할 이징 함수	easeOutQuint

이번 단계는 다음과 같이 두 단계로 나눠 진행하겠습니다.

단계 06–01: 이미지 전환 옵션 만들기

단계 06–02: 이미지 전환 옵션 적용

단계 06–01: 이미지 전환 옵션 만들기

먼저 이미지 옵션을 만들어보죠. 풀이 순서대로 소스코드를 입력해 주세요.

소스 _ 07부/03장/01_complete/step0601/index.html

```
$(document).ready(function(){
    // step #06
    var imageSlider = new ImageSlider(".image-slider",{ ❶
        startIndex:2,
        autoPlay:false,
        animationDuration:3000
    });

    // step #04
    imageSlider.$imageSlider.on("change", function(e){
```

```
        console.log("e.oldIndex= ", e.oldIndex, "e.newIndex= "+e.newIndex);
    })
});
```

소스 _ 07부/03장/01_complete/step0601/imageslider.js

```
// step #02-01
function ImageSlider(selector, options){ ❷

    . . . .
    // step #05
    this.timerID = 0;
    // step #06
    this.autoPlayDelayTime = 1000; ❸

    // step #06
    this.options = null; ❹
    this.init(selector);
    this.initImages();

    // step #06
    this.initOptions(options); ❼

    // step #02-02
    this.initEvent();

    // step #06
    // 0번째 이미지 활성화
    //this.showImageAt(0);
    this.showImageAt(this.options.startIndex);

    // step #05
    this.startAutoPlay();
}

// step #06
// 기본 옵션값
ImageSlider.defaultOptions = { ❺
    startIndex:0,
```

```
        autoPlay:true,
        autoPlayDelayTime:2000,
        animationDuration:500,
        animationEasing:"easeOutQuint"
    }

    // step #06
    // 기본 옵션값과 사용자 옵션값을 합치기
    ImageSlider.prototype.initOptions=function(options){ ❻
        this.options = $.extend({}, ImageSlider.defaultOptions, options);
    }
```

설명

❶ ImageSlider 인스턴스 생성 시 두번 째 매개변수 값으로 옵션값을 넘겨 줍니다. 옵션값 중 animationDuration과 animationEasing 옵션을 설정하지 않았는데요. 이 값은 기본값으로 설정됩니다. 쟤 그럼 이 옵션값이 이미지 슬라이더에 적용될 수 있게 소스를 수정해 보겠습니다.

❷ 생성자에게 옵션값을 받을 매개변수(options)를 추가해 줍니다.

❸ 자동 지연시간을 저장한 프로퍼티 autoPlayDelayTime은 옵션의 autoPlayDelayTime 속성으로 대신해서 사용할 것이므로 제거해 줍니다.

❹ 먼저 기본 옵션값과 사용자 정의 옵션값이 합쳐진 옵션 값을 저장할 프로퍼티를 만들어 줍니다.

❺ 기본 옵션값을 만들어 줍니다. 여기서 코드를 자세히 살펴보면 프로퍼티를 prototype에 만들지 않고 클래스 프로퍼티로 만들었는데요. 이렇게 클래스 프로퍼티로 만드는 경우 여러 개의 이미지 슬라이더 인스턴스가 만들어지더라도 기본 옵션값은 오직 하나만 만들어지기 때문에 좀더 효율적으로 만들 수 있습니다.

❻ 옵션값을 전문으로 처리할 initOptions() 메서드를 신규로 만든 후 기본 옵션값과 사용자 정의 옵션값을 합쳐줍니다. 최종 옵션값은 기본 옵션값과 사용자 옵션값이 합해져 만들어집니다. 기본 옵션 속성 중 사용자 옵션의 속성값으로 덮어 쓰게 되며 사용자 옵션에 없는 속성은 기본 옵션값을 그대로 사용하게 됩니다.

> **메모 _** extend() 메서드 사용법은 '05부–03장–Lesson07'을 참고해 주세요.

❼ 마지막으로 인스턴스 생성 시 옵션값이 생성될 수 있게 ❻에서 만든 initOptions() 메서드를 호출해 줍니다.

자! 여기까지 이미지 옵션값을 만들어 봤습니다.

단계 06-02: 이미지 전환 옵션 적용

이제 만들어진 옵션값을 코드에 적용해 보겠습니다. 풀이 순서대로 소스코드를 입력해 주세요.

소스 _ 07부/03장/01_complete/step0602/imageslider.js

```
ImageSlider.prototype.showImageAt=function(index, direction){
    . . . .
    // step #02-03
    // direction 값이 prev, next인 경우에만 애니메이션 적용해 이미지를 활성화/비활성화
    if(direction=="prev" || direction=="next"){

        // prev, next에 따른 이동 위치 값 설정하기
        // prev가 기본
        var currentEndLeft=this.imageWidth;
        var nextStartLeft =-this.imageWidth;

        if(direction=="next"){
            currentEndLeft= -this.imageWidth;
            nextStartLeft=this.imageWidth;
        }

        /*step #06 */
        $currentImage.stop().animate({
            left:currentEndLeft,
            opacity:0
        },this.options.animationDuration, this.options.animationEasing); ❶

        $newImage.css({
            left:nextStartLeft,
            opacity:0
        });

        $newImage.stop().animate({
            left:0,
            opacity:1
        },this.options.animationDuration, this.options.animationEasing); ❷

    }else {
    . . . .
}
```

```
// step #05
// 오토 플레이 시작
ImageSlider.prototype.startAutoPlay=function(){
    //step #06
    if(this.options.autoPlay==true){ ❸
        if(this.timerID==0){
            this.timerID= setInterval($.proxy(function(){
                this.nextImage();
            }, this), this.options.autoPlayDelayTime); ❹
        }
    }
}


// step #05
// 오토 플레이 멈춤
ImageSlider.prototype.stopAutoPlay=function(){
    //step #06
    if(this.options.autoPlay==true){ ❺
        if(this.timerID!=0){
            clearInterval(this.timerID);
            this.timerID=0;
        }
    }
}
```

설명

❶, ❷ 현재 이미지와 신규 이미지를 사라지고 나타나게 하는 애니메이션 효과부분에서 애니메이션 시간 (animationDuration)과 이징 함수(animationEasing)를 옵션값으로 변경해 줍니다.

❸, ❹ 자동 전환 기능 옵션값이 true일 때만 자동 전환 기능이 실행될 수 있게 만들어 줍니다.

❺ 기존의 this.autoPlayDealyTime 값 대신 옵션의 autoPlayDealyTime으로 변경해 줍니다.

휴~ 드디어 수정작업이 모두 끝났군요. 코드를 모두 입력했다면 정상적으로 동작하는지 실행해보죠. 시작 부분에서 옵션값을 다음과 같이 설정했기 때문에 기존과 달리 자동 전환 기능이 실행되지 않을 것입니다. 이전/다음 이미지가 전환될 때도 전환 시간(animationDuration)이 3초로 설정했기 때문에 아주 천천히 전환될 것입니다.

이렇게 해서 이미지 슬라이더 모든 기능을 만들어 봤습니다.

단계 07: 캡슐화 적용

이번에는 캡슐화를 적용해 외부에서 사용할 요소와 내부에서 사용할 요소를 나눠 보겠습니다. 1장과 2장에서 한 것처럼 여러분 스스로 적용해 본 후 필자 소스 코드와 비교해 보세요.

소스 _ 07부/03장/01_complete/step07/imageslider.js

```javascript
function ImageSlider(selector, options){
    this.$imageSlider = null;
    this._$images = null;
    this._currentIndex =-1;
    // 이미지의 너비는 이미지 활성화/비활성화에 사용됨
    this._imageWidth = 0;
    this._$indexItems = null;
    this._timerID = 0;
    this._options = null;

    this._init(selector);
    this._initImages();
    this._initOptions(options);
    this._initEvent();
    this.showImageAt(this._options.startIndex);
    this.startAutoPlay();
}

// 기본 옵션값
ImageSlider.defaultOptions = {
    startIndex:0,
    autoPlay:true,
    autoPlayDelayTime:2000,
    animationDuration:500,
    animationEasing:"easeOutQuint"
}

// 기본 옵션값과 사용자 옵션값을 합치기
ImageSlider.prototype._initOptions=function(options){
    this._options = $.extend({}, ImageSlider.defaultOptions, options);
}
```

```
//요소 초기화
ImageSlider.prototype._init=function(selector){
    this.$imageSlider = $(selector);
    this._$images = this.$imageSlider.find(".slider-body img");

    // 이미지 슬라이더의 너비 찾기
    // 이미지의 너비는 이미지 활성화/비활성화에 사용됨
    this._imageWidth=this.$imageSlider.find(".slider-body").width();

    this._$indexItems = this.$imageSlider.find(".index-nav li a");
}

//이미지 요소 초기화
ImageSlider.prototype._initImages=function(selector){

    this._$images.each(function(){
        $(this).css({
            opacity:0.0
        })
    })
}

// 이벤트 처리
ImageSlider.prototype._initEvent=function(){
    var objThis = this;
    this.$imageSlider.find(".slider-btn-prev").on("click", function(){
     objThis.prevImage();
    })

    this.$imageSlider.find(".slider-btn-next").on("click", function(){
        objThis.nextImage();
    })

    this._$indexItems.on("mouseenter", function(){
        var index = objThis._$indexItems.index(this);
        // 기존 선택과 현재 선택의 비교 방향 알아내기
        if(objThis._currentIndex>index)
            objThis.showImageAt(index,"prev");
        else
            objThis.showImageAt(index,"next");
    })
```

```
    this.$imageSlider.on("mouseenter",function(){
        objThis.stopAutoPlay();
    });

    this.$imageSlider.on("mouseleave",function(){
        objThis.startAutoPlay();
    });
}

// 이전 이미지 보이기
ImageSlider.prototype.prevImage=function(){
    this.showImageAt(this._currentIndex-1, "prev");
}

// 다음 이미지 보이기
ImageSlider.prototype.nextImage=function(){
    this.showImageAt(this._currentIndex+1, "next");
}

// n번째 이미지 보이기
ImageSlider.prototype.showImageAt=function(index, direction){
    // 인덱스 값 구하기
    if(index<0)
        index = this._$images.length-1;

    if(index>=this._$images.length)
        index = 0;

    // 인덱스 값에 해당하는 이미지 요소 구하기
    var $currentImage = this._$images.eq(this._currentIndex);
    var $newImage = this._$images.eq(index);

    // direction 값이 prev, next인 경우에만 애니메이션 적용해 이미지를 활성화/비활성화
    if(direction=="prev" || direction=="next"){
        // prev, next에 따른 이동 위치 값 설정하기
        // prev가 기본
        var currentEndLeft=this._imageWidth;
        var nextStartLeft =-this._imageWidth;

        if(direction=="next"){
```

```
                    currentEndLeft= -this._imageWidth;
                    nextStartLeft=this._imageWidth;
                }

                $currentImage.stop().animate({
                    left:currentEndLeft,
                    opacity:0
                },this._options.animationDuration, this._options.animationEasing);

                $newImage.css({
                    left:nextStartLeft,
                    opacity:0
                });

                $newImage.stop().animate({
                    left:0,
                    opacity:1
                },this._options.animationDuration, this._options.animationEasing);

            }else {
                // direction 값이 없거나 prev, next가 아닌 경우는 애니메이션 없이 이미지를 활성화/비활성화
                $currentImage.css({
                opacity:0
                });

                $newImage.css({
                    left:0,
                    opacity:1
                })
            }

        // n번째 인덱스 아이템 선택
        this._selectIndexAt(index);

        // 현재 이미지 인덱스값 업데이트
        var oldIndex = this._currentIndex;
        this._currentIndex = index;
        this._dispatchChangeEvent(oldIndex, this._currentIndex);
    }
```

```javascript
// n번째 인덱스 아이템 선택
ImageSlider.prototype._selectIndexAt=function(index){
    if(this._currentIndex!=-1)
        this._$indexItems.eq(this._currentIndex).removeClass("select");

    this._$indexItems.eq(index).addClass("select");
}


// change 이벤트 발생
ImageSlider.prototype._dispatchChangeEvent=function(oldIndex, newIndex){
    var event = jQuery.Event("change");
    event.oldIndex = oldIndex;
    event.newIndex = newIndex;
    this.$imageSlider.trigger(event);
}


// 오토 플레이 시작
ImageSlider.prototype.startAutoPlay=function(){
    if(this._options.autoPlay==true){
        if(this._timerID==0){
            this._timerID= setInterval($.proxy(function(){
                this.nextImage();
            }, this), this._options.autoPlayDelayTime);
        }
    }
}


// 오토 플레이 멈춤
ImageSlider.prototype.stopAutoPlay=function(){
    if(this._options.autoPlay==true){
        if(this._timerID!=0){
            clearInterval(this._timerID);
            this._timerID=0;
        }
    }
}
```

설명

정리하면 다음과 같이 접근 가능 요소와 접근 불가능 요소로 나눌 수 있습니다.

요소	접근 가능(public)	접근 불가(private)
프로퍼티	$imageSlider	_$images
		_$indexItems
		_currentIndex
		_imageWidth
		_options
		_timerID
메서드	prevImage()	_init()
	nextImage()	_initEvent()
	showImageAt()	_initImages()
	startAutoPlay()	_initOptions()
	stopAutoPlay()	_selectIndexAt()
		_dispatchChangeEvent()

이렇게 해서 캡슐화를 적용한 ImageSlider 클래스를 모두 완성했습니다. 잠시 휴식을 갖고 지금까지 진행한 내용을 살펴보길 바랍니다.

이제 여러분은 마지막 단계를 남겨 두고 있습니다.

단계 08: 이미지 슬라이더 플러그인 만들기

마지막으로 이미지 슬라이더를 좀더 쉽게 사용할 수 있게 jQuery 플러그인으로 만들어 보겠습니다. 진행은 다음과 같이 2단계로 나눠 진행합니다.

　단계 08-01: 이미지 슬라이더 플러그인 만들기

　단계 08-02: n번째 이미지 선택 플러그인 만들기

단계 08-01: 이미지 슬라이더 플러그인 만들기

먼저 이미지 슬라이더를 플러그인으로 만들어 보죠. jQuery 플러그인 만드는 방법은 1장과 2장에서 충분히 다뤘으므로 따로 언급하지 않겠습니다.

jQuery 플러그인 제작 방법에 대해서는 '05부-03장 jQuery 플러그인 제작'을 참고해 주세요.

소스 _ 07부/03장/01_complete/step0801/imageslider.js

```
(function($){

    $.fn.imageSlider=function(options){ ❶
        this.each(function(index){ ❶-❶
            var imageSlider = new ImageSlider(this,options);
        });

        return this; ❶-❷
    }

})(jQuery);
```

소스 _ 07부/03장/01_complete/step0801/index.html

```
$(document).ready(function(){
    ❷
    /*
    var imageSlider = new ImageSlider(".image-slider",{
        startIndex:2,
        autoPlay:false,
        animationDuration:3000
    });

    imageSlider.$imageSlider.on("change", function(e){
        console.log("e.oldIndex= ", e.oldIndex, "e.newIndex= "+e.newIndex);
    })
    */
    ❸
    var $imageSlider = $(".image-slider").imageSlider({
        startIndex:2
    });
    $imageSlider.on("change", function(e){
        console.log("e.oldIndex= ", e.oldIndex, "e.newIndex= "+e.newIndex);
    })
});
```

설명

❶ 먼저 jQuery 플러그인 문법에 맞게 플러그인 몸체인 imageSlider() 플러그인을 만들어 줍니다.

❶-❶ 내부에는 선택자 개수만큼 ImageSlider 클래스 인스턴스를 생성해 줍니다.

❶-❷ $(".image-slider").imageSlider().on(...)과 같이 imageSlider() 플러그인 호출 후 on()과 같은 jQuery 메서드를 호출할 수 있게 this를 리턴해줘야 합니다.

❷ 기존 이미지 슬라이더 인스턴스 생성 코드와 이벤트 리스너 등록 코드를 주석 처리 또는 삭제합니다.

❸ imageSlider 플러그인을 활용해 jQuery 방식으로 코드를 변경해 줍니다.

코드 입력 후 기존과 동일하게 동작하는지 실행해 보세요. 이렇게 해서 이미지 슬라이더와 관련한 첫 번째 플러그인을 만들어 봤습니다.

단계 08-02: n번째 이미지 선택 플러그인 만들기

마지막으로 다음과 같이 외부에서 jQuery 방식으로 이미지를 선택할 수 있는 기능을 추가해보죠.

```
$(".image-slider").imageSlider().showImage(3);
```

위의 내용이 실행되면 3번째 인덱스에 해당하는 이미지가 선택됩니다. 풀이 순서대로 소스코드를 입력해 주세요.

소스 _ 07부/03장/01_complete/step0802/imageslider.js

```
// step #08-01
(function($){

    $.fn.imageSlider=function(options){
        this.each(function(index){
            var imageSlider = new ImageSlider(this,options);

            $(this).data("imageSlider", imageSlider); ❶
        });

        return this;
    }

    $.fn.showImage=function(slideIndex){ ❷
```

```
        this.each(function(index){
            var imageSlider = $(this).data("imageSlider"); ❷-❶
            imageSlider.showImageAt(slideIndex); ❷-❷
        });

        return this;
    }

})(jQuery);
```

소스 _ 07부/03장/01_complete/step0802/index.html

```
$(document).ready(function(){
    var $imageSlider = $(".image-slider").imageSlider({
        startIndex:2
    });
    $imageSlider.showImage(3); ❸

    $imageSlider.on("change", function(e){
        console.log("e.oldIndex= ", e.oldIndex, "e.newIndex= "+e.newIndex);
    })
});
```

설명

❶ 먼저 n번째 인덱스에 해당하는 이미지를 보여주는 기능인 ImageSlider 클래스의 showImageAt() 메서드를 호출하기 위해 imageSlider 플러그인에서 생성한 ImageSlider 객체를 해당 jQuery 객체에 저장해 줍니다.

❷ n번째 이미지를 보여주는 기능을 구현할 플러그인을 showImage라는 이름으로 만들어 줍니다.

❷-❶ ❶에서 data() 메서드를 이용해 저장해둔 ImageSlider 객체를 가져 옵니다.

❷-❷ ImageSlider 객체의 showImageAt() 메서드를 호출해 n번째 이미지를 활성화해 줍니다.

❸ showImage 플러그인이 정상적으로 동작하는지 확인하기 위해 3번째 인덱스에 해당하는 이미지를 활성화하는 코드를 작성해 줍니다.

자! 모든 코드를 입력했다면 정상적으로 동작하는지 실행해보죠! 이렇게 요구사항에 맞는 이미지 슬라이더를 모두 완성했습니다. 지금까지 작성한 전체 코드는 다음과 같습니다.

```html
<html>
<head>
    <meta http-equiv="Content-Type" content="text/html; charset=U     TF-8">
    <title></title>
    <link rel="stylesheet" type="text/css" href="../css/imageslider.css">
    <style>
        #imageSlider1 {
            margin-left:50px;
            margin-top:50px;
            width:920px;
        }

    </style>
    <script type="text/javascript" src="../libs/jquery-1.11.0.min.js"></script>
    <script type="text/javascript" src="../libs/jquery.easing.1.3.js"></script>
    <script type="text/javascript" src="imageslider.js"></script>
    <script>
        $(document).ready(function(){
            // step #08-01
            var $imageSlider = $(".image-slider").imageSlider({
                startIndex:2
            });
            // step #08-02
            $imageSlider.showImage(3);

            $imageSlider.on("change", function(e){
                console.log("e.oldIndex= ", e.oldIndex, "e.newIndex= "+e.newIndex);
            })
        });
    </script>
</head>

<body>
    <div class="image-slider" id="imageSlider1">
        <div class="slider-body">
            <div class="image-list">
                <img src="../images/banner01.png" >
                <img src="../images/banner02.png" >
                <img src="../images/banner03.png" >
                <img src="../images/banner04.png" >
                <img src="../images/banner05.png" >
```

```
        </div>

        <ul class="index-nav">
            <li><a href="#" alt="1">1</a></li>
            <li><a href="#" alt="2">2</a></li>
            <li><a href="#" alt="3">3</a></li>
            <li><a href="#" alt="4">4</a></li>
            <li><a href="#" alt="4">5</a></li>
        </ul>
    </div>

    <div class="slider-btn-prev"><img src="../images/btn_prev.png"></div>
    <div class="slider-btn-next"><img src="../images/btn_next.png"></div>
    </div>
</body>
</html>
```

소스 _ 07부/03장/01_complete/step0802/imageslider.js

```
// step #08-01
(function($){
    $.fn.imageSlider=function(options){
        this.each(function(index){
            var imageSlider = new ImageSlider(this,options);
            // step #08-02
            $(this).data("imageSlider", imageSlider);
        });

        return this;
    }


    // step #08-02
    $.fn.showImage=function(slideIndex){
        this.each(function(index){
            var imageSlider = $(this).data("imageSlider");
            imageSlider.showImageAt(slideIndex);
        });

        return this;
    }
})(jQuery);
```

```javascript
/* step #06
 * options 매개변수 추가
 *
 */
// step #02-01
function ImageSlider(selector, options){

    this.$imageSlider = null;
    this._$images = null;

    // step #02-02
    this._currentIndex =-1;

    // step #02-03
    // 이미지의 너비는 이미지 활성화/비활성화에 사용됨
    this._imageWidth = 0;

    // step #03-01
    this._$indexItems = null;

    // step #05
    this._timerID = 0;

    // step #06
    this._options = null;

    this._init(selector);
    this._initImages();

    // step #06
    this._initOptions(options);

    // step #02-02
    this._initEvent();

    // step #06
    this.showImageAt(this._options.startIndex);

    // step #05
    this.startAutoPlay();
}
```

```
// step #06
// 기본 옵션값
ImageSlider.defaultOptions = {
    startIndex:0,
    autoPlay:true,
    autoPlayDelayTime:2000,
    animationDuration:500,
    animationEasing:"easeOutQuint"
}


// step #06
// 기본 옵션값과 사용자 옵션값을 합치기
ImageSlider.prototype._initOptions=function(options){
    this._options = $.extend({}, ImageSlider.defaultOptions, options);
}


/* step #02-01
* 요소 초기화
*/
ImageSlider.prototype._init=function(selector){
    this.$imageSlider = $(selector);
    this._$images = this.$imageSlider.find(".slider-body img");

    // step #02-03
    // 이미지 슬라이더의 너비 찾기
    // 이미지의 너비는 이미지 활성화/비활성화에 사용됨
    this._imageWidth=this.$imageSlider.find(".slider-body").width();

    // step #03-01
    this._$indexItems = this.$imageSlider.find(".index-nav li a");
}


/* step #02-01
* 이미지 요소 초기화
*/
ImageSlider.prototype._initImages=function(selector){
    this._$images.each(function(){
        $(this).css({
            opacity:0.0
        })
    })
}
```

```
/* step #02-02
* 이벤트 처리
*/
ImageSlider.prototype._initEvent=function(){
    var objThis = this;
    this.$imageSlider.find(".slider-btn-prev").on("click", function(){
     objThis.prevImage();
    })

    this.$imageSlider.find(".slider-btn-next").on("click", function(){
        objThis.nextImage();
    })

    // step #03-02
    this._$indexItems.on("mouseenter", function(){
        var index = objThis._$indexItems.index(this);
        // 기존 선택과 현재 선택의 비교 방향 알아내기
        if(objThis._currentIndex>index)
            objThis.showImageAt(index,"prev");
        else
            objThis.showImageAt(index,"next");
    })

    //step #05
    this.$imageSlider.on("mouseenter",function(){
        objThis.stopAutoPlay();
    });

    this.$imageSlider.on("mouseleave",function(){
        objThis.startAutoPlay();
    });
}


/* step #02-02
* 이전 이미지 보이기
*/
ImageSlider.prototype.prevImage=function(){
    // step #02-03
    this.showImageAt(this._currentIndex-1, "prev");
}


/* step #02-02
* 다음 이미지 보이기
```

```javascript
*/
ImageSlider.prototype.nextImage=function(){
    // step #02-03
    this.showImageAt(this._currentIndex+1, "next");
}

/*
 * step #02-03
 *      direction 파라미터 추가
 *
 * step #02-02
 *      index 번째 이미지 보이기
 */
ImageSlider.prototype.showImageAt=function(index, direction){
    // 인덱스 값 구하기
    if(index<0)
        index = this._$images.length-1;

    if(index>=this._$images.length)
        index = 0;

    // 인덱스 값에 해당하는 이미지 요소 구하기
    var $currentImage = this._$images.eq(this._currentIndex);
    var $newImage = this._$images.eq(index);

    // step #02-03
    // direction 값이 prev, next인 경우에만 애니메이션 적용해 이미지를 활성화/비활성화
    if(direction=="prev" || direction=="next"){
        // prev, next에 따른 이동 위치 값 설정하기
        // prev가 기본
        var currentEndLeft=this._imageWidth;
        var nextStartLeft =-this._imageWidth;

        if(direction=="next"){
            currentEndLeft= -this._imageWidth;
            nextStartLeft=this._imageWidth;
        }

        $currentImage.stop().animate({
            left:currentEndLeft,
            opacity:0
        },this._options.animationDuration, this._options.animationEasing);
```

```
            $newImage.css({
                left:nextStartLeft,
                opacity:0
            });

            $newImage.stop().animate({
                left:0,
                opacity:1
            },this._options.animationDuration, this._options.animationEasing);

    }else {
        // direction 값이 없거나 prev, next가 아닌 경우에는 애니메이션 없이 이미지를 활성화/비활성
화
        $currentImage.css({
        opacity:0
        });

        $newImage.css({
            left:0,
            opacity:1
        })
    }

    // step #03-01
    // n번째 인덱스 아이템 선택
    this._selectIndexAt(index);

    // 현재 이미지 인덱스값 업데이트
    // step #04
    //this._currentIndex = index;
    var oldIndex = this._currentIndex;
    this._currentIndex = index;
    this._dispatchChangeEvent(oldIndex, this._currentIndex);
}

/*
 * step #03-01
 * n번째 인덱스 아이템 선택
 */
ImageSlider.prototype._selectIndexAt=function(index){
    if(this._currentIndex!=-1)
```

```
        this._$indexItems.eq(this._currentIndex).removeClass("select");

    this._$indexItems.eq(index).addClass("select");
}


/*
 * step #04
 * change 이벤트 발생
 */
ImageSlider.prototype._dispatchChangeEvent=function(oldIndex, newIndex){
    var event = jQuery.Event("change");
    event.oldIndex = oldIndex;
    event.newIndex = newIndex;
    this.$imageSlider.trigger(event);
}


// step #05
// 오토 플레이 시작
ImageSlider.prototype.startAutoPlay=function(){
    //step #06
    if(this._options.autoPlay==true){
        if(this._timerID==0){
            this._timerID= setInterval($.proxy(function(){
                this.nextImage();
            }, this), this._options.autoPlayDelayTime);
        }
    }
}


// step #05
// 오토 플레이 멈춤
ImageSlider.prototype.stopAutoPlay=function(){
    //step #06
    if(this._options.autoPlay==true){
        if(this._timerID!=0){
            clearInterval(this._timerID);
            this._timerID=0;
        }
    }
}
```

CHAPTER 04

탭패널

공지:
원의 크기는 난이도를 나타냅니다.
앞으로 갈수록 조금씩 어려워지니 차근차근 따라오세요.

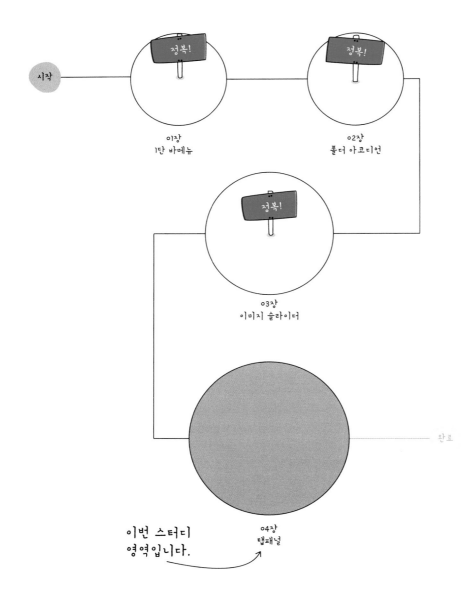

시작

정복!
이장
1단 바메뉴

정복!
02장
폴더 아코디언

정복!
03장
이미지 슬라이더

완료

04장
탭패널

이번 스터디
영역입니다.

들어가며

드디어 마지막 내용이군요. 이번 장에서 만들 UI 콘텐츠는 탭패널입니다. 마지막 주제인 만큼 이번 콘텐츠 제작을 통해 6부에서 배운 객체지향 프로그래밍의 실무 팁과 테크닉을 배울 수 있습니다.

이번 장에서 다룰 내용은 다음과 같습니다.

첫 번째 레슨에서는 이번 장에서 구현할 탭패널의 요구사항과 출력효과 및 동작효과를 분석하는 단계입니다.

01 _ 소개 및 미리보기

탭패널 역시 요구사항 및 기능에 따라 종류가 다양합니다. 먼저 이번 장에서 만들 탭패널이 어떻게 동작하는지 살펴보겠습니다. 우선 모든 기능이 구현된 최종 결과물 파일을 웹 브라우저에서 실행해 주세요.

- 소스 _ 07부/04장/01_complete/step0702/index.html

그럼 다음과 같은 실행화면을 볼 수 있을 것입니다.

실행화면

구조는 크게 탭메뉴와 탭내용 영역으로 나눠져 있습니다. 탭메뉴를 누르면 해당 탭내용이 페이드 인/아웃되며 등장합니다. 결과물만을 언뜻 살펴보면 앞 장에서 만든 이미지 슬라이더보다 좀더 간단해 보입니다. 하지만 이번 장에서 만들 내용은 지금까지 다뤘던 UI 콘텐츠보다 가장 복잡한 구조를 가지고 있습니다. 미리 언급하자면 이번 장에서는 지금까지 사용하지 않은 객체지향 프로그래밍의 특징 중 다형성을 활용해 탭내용을 다양한 방식으로 출력하는 기능을 구현하게 됩니다.

02 _ 요구사항

이번 장에서 만들 탭패널 요구사항을 정리하면 다음과 같습니다.

01. 탭메뉴를 누르면 탭메뉴에 해당하는 탭내용을 보여 주세요.

02. 단. 탭내용을 보여 줄 때 아무런 효과 없이 바로 보이주기. 그리고 슬라이드 효과와 페이드 효과를 선택해서 보여 줄 수 있게 만들어 주세요. 또한 앞으로도 출력효과는 계속해서 추가될 수 있으니 jQuery 플러그인처럼 독립적으로 분리해 탭내용에 연결해서 사용할 수 있게 만들어 주세요.

03. 모든 내용은 자바스크립트 prototype 문법을 이용해 클래스로 만들어 주세요.

04. 탭패널을 좀더 쉽게 사용할 수 있게 jQuery 플러그인으로 만들어 주세요.

03 _ 용어정리

원할한 진행을 위해 화면 요소에 이름을 붙여 사용하겠습니다

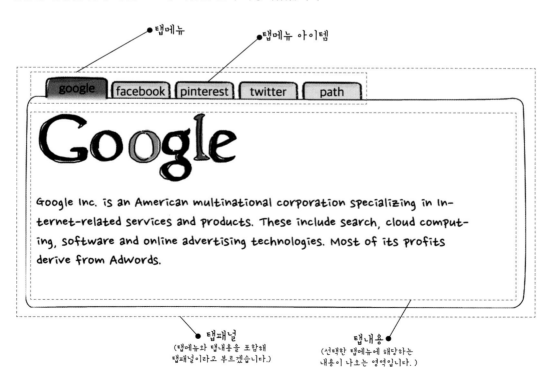

04 _ 출력효과

이번 탭패널 제작 프로젝트에서 출력효과는 이번 탭패널의 핵심 기능입니다. 탭메뉴 선택 시 해당 탭내용을 활성화할 때 적용해야 할 출력효과는 다음과 같습니다.

01. 효과 없음

02. 슬라이드 효과

03. 페이드 효과

04. 기타 앞으로 새롭게 추가될 효과

첫 번째 '효과 없음'부터 알아보죠.

1 _ 효과 없음

말그대로 '효과 없음'은 애니메이션 없이 바로 출력되는 기능입니다. 이 효과에 대한 내용을 따로 설명하진 않겠습니다.

2 _ 슬라이드 효과

다음 그림과 같이 선택된 탭내용은 선택한 탭메뉴에 따라 좌우로 이동하며 서서히 사라져야(페이드 아웃 효과) 합니다. 신규로 선택된 탭내용은 좌우로 이동하며 서서히 등장(페이드 인 효과)해야 합니다.

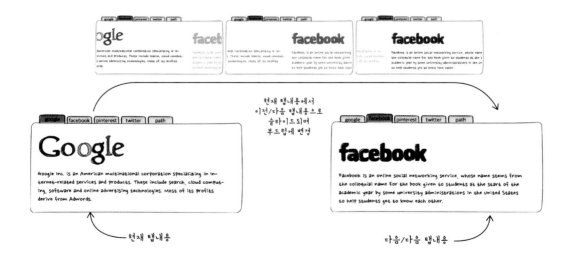

3 _ 페이드 효과

다음 그림과 같이 선택된 탭내용은 움직이지 않고 그자리에서 사라져야(페이드 아웃 효과) 합니다. 신규로 선택된 탭내용
역시 움직이지 않고 그 자리에서 서서히 등장(페이드 인 효과)해야 합니다.

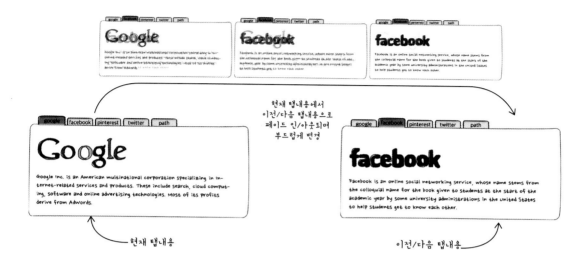

4 _ 기타 앞으로 새롭게 추가될 효과

아직 정해지진 않았지만 대각선으로 사라지고 등장하는 효과라든지 또는 여러 개의 작은 조각으로 쪼개지며 사라지고
등장하는 효과 등이 앞으로 추가될 예정입니다. 우리가 할 일은 확정된 출력효과 이외에도 확정되지 않은 출력효과를
적용할 수 있게 탭패널의 구조를 잡는 것입니다.

미리 알려드리자면 이 내용이 이번 콘텐츠의 핵심 기능이며 다형성을 적용할 부분입니다.

05 _ 동작효과

이번에는 사용자의 마우스나 키보드 동작에 따라 탭패널이 어떻게 동작하고 움직여야 하는지 알아보겠습
니다. 탭패널은 다음과 같이 하나의 동작효과를 가지고 있습니다.

탭메뉴를 클릭하는 경우

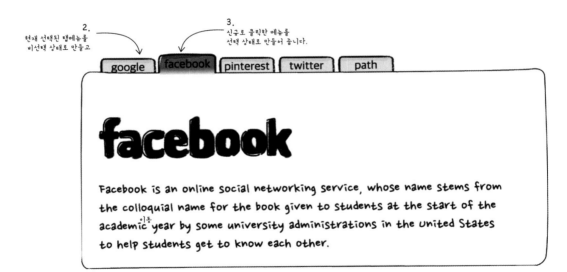

이렇게 해서 동작효과까지 이번 장에서 구현할 탭패널에 대해 자세히 알아봤습니다. 자! 그럼 지금부터 탭패널을 만들어보죠. 진행방식은 앞의 콘텐츠 제작 방식과 동일합니다. 먼저 여러분 스스로 요구사항에 맞게 만들어 본 후 필자가 만든 코드와 비교해가며 살펴보는 거죠. 물론 시작을 어떻게 해야 할지 감을 잡지 못하는 분은 지금부터 필자와 같이 진행해도 됩니다.

Lesson
02 / 구현하기

이번 레슨에서는 앞에서 분석한 내용을 토대로 요구사항에 맞게 탭패널을 구현합니다. 구현 순서는 다음과 같습니다.

단계 01: 레이아웃 잡기

단계 02: 탭메뉴 만들기

단계 03: 탭내용 출력하기

단계 04: 다형성을 활용해 출력효과 분리하기

단계 05: 옵션값 만들기

단계 06: 캡슐화 처리

단계 07: jQuery 플러그인 제작

단계 01: 레이아웃 잡기

가장 먼저 진행할 작업은 탭패널의 요구사항에 맞게 레이아웃을 제작하는 것입니다. 원할한 진행을 위해 레이아웃은 필자가 미리 잡아놨습니다, 그럼 필자가 잡은 레이아웃을 같이 살펴보도록 하죠.

1 _ 레이아웃 구조

레이아웃은 크게 두 가지 영역으로 나눌 수 있습니다.

01. 탭메뉴 영역

02. 탭내용 영역

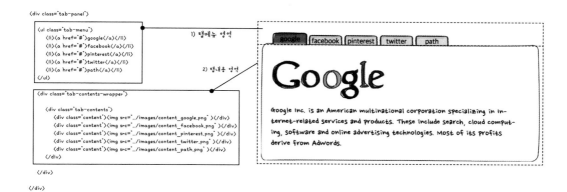

각 영역을 좀더 자세히 살펴보죠.

2 _ 탭메뉴 영역 구조

탭메뉴 구조를 자세히 살펴보겠습니다

1 _ 탭메뉴 아이템 스타일

하나의 탭메뉴 아이템의 구조는 다음과 같이 되어 있습니다.

소스 _ 07부/04장/01_complete/css/tabpanel.css

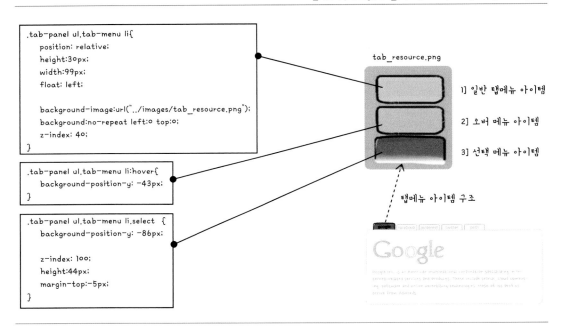

```css
.tab-panel ul.tab-menu li{
    position: relative;
    height:30px;
    width:99px;
    float: left;

    background-image:url("../images/tab_resource.png");
    background:no-repeat left:0 top:0;
    z-index: 40;
}
```

```css
.tab-panel ul.tab-menu li:hover{
    background-position-y: -43px;
}
```

```css
.tab-panel ul.tab-menu li.select {
    background-position-y: -86px;

    z-index: 100;
    height:44px;
    margin-top:-5px;
}
```

tab_resource.png

1] 일반 탭메뉴 아이템

2] 오버 메뉴 아이템

3] 선택 메뉴 아이템

탭메뉴 아이템 구조

2 _ 선택 탭메뉴 아이템 구조

- 선택한 탭 아이템의 경우 다음 이미지처럼 선택 시 위쪽으로 튀어 나온 것처럼 보여야 합니다.

- 이를 위해 외각선을 가지고 있는 탭내용 래퍼(tab-contents-wrapper)의 z-index 값을 50으로 줬습니다.

- 일반 메뉴 아이템과 오버 메뉴 아이템은 탭내용 래퍼 뒤쪽으로 들어간 것처럼 보일 수 있게 z-index 값을 40으로 줬습니다.

- 마지막으로 선택 탭메뉴 아이템은 위쪽으로 튀어 나온 것처럼 보일 수 있게 z-index 값을 100으로 잡았습니다.

소스 _ 07부/04장/01_complete/css/tabpanel.css

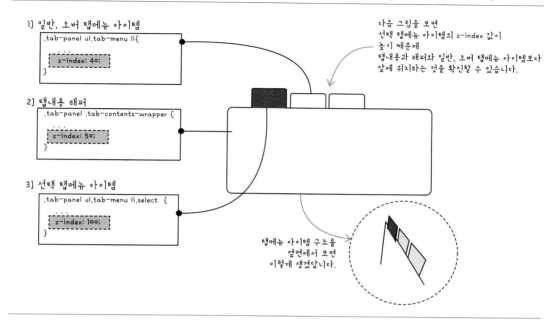

3 _ 탭내용 영역 구조

이번에는 탭내용 영역 구조를 살펴보겠습니다.

소스 _ 07부/04장/01_complete/css/tabpanel.css

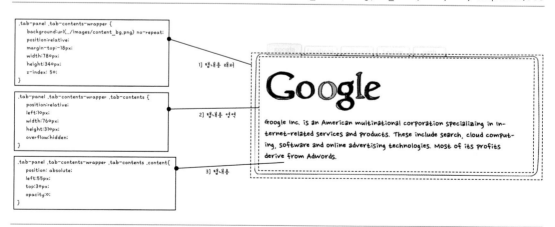

- 먼저 .tab-contents-wrapper를 만들어 외각선을 처리했습니다.

- 탭내용들을 감싸고 있는 .tab-contents에 overflow 속성에 hidden을 설정해 좌우로 탭 영역 밖에서 움직이는 내용을 보이지 않게 했습니다.

- 탭내용은 모두 좌우로 독립적으로 움직여야 하기 때문에 이를 위해서 .contents 스타일의 position을 absolute로 설정했습니다.

여기까지 레이아웃에 대한 설명이었습니다. 그럼 지금부터 기능을 하나씩 구현해보죠.

단계 02 _ 탭메뉴 만들기

이번 단계에서는 탭메뉴를 만듭니다. 탭메뉴의 경우 앞 장에서 수차례 만들었기 때문에 어렵지 않게 이해할 수 있을 것입니다. 풀이 순서에 따라 소스코드를 입력해 주세요.

소스 _ 07부/04장/01_complete/step02/tabpanel.js

```
function TabPanel(selector){ ❶
    this.$tabPanel = null; ❶-❶
    this.$tabMenu = null;
    this.$tabMenuItems = null;
    this.$selectTabMenuItem = null;

    this.init(selector); ❻
    this.initEvent();
    this.setSelectTabMenuITemAt(0); ❼
}

// 요소 초기화
TabPanel.prototype.init=function(selector){ ❷
    this.$tabPanel = $(selector);
    this.$tabMenu = this.$tabPanel.children(".tab-menu");

    this.$tabMenuItems = this.$tabMenu.children("li");
}

// 이벤트 초기화
TabPanel.prototype.initEvent=function(){ ❺
    var objThis = this;
```

```
        this.$tabMenuItems.on("click",function(e){
            // <a>태그 클릭 시 기본 행동 취소
            e.preventDefault();
            // 클릭한 탭메뉴 아이템 활성화
            objThis.setSelectTabMenuItem($(this));
        })
    }

    //탭메뉴  아이템 선택
    TabPanel.prototype.setSelectTabMenuItem=function($item){ ❸
        if(this.$selectTabMenuItem){
            this.$selectTabMenuItem.removeClass("select");
        }
        this.$selectTabMenuItem = $item;
        this.$selectTabMenuItem.addClass("select");
    }

    // index 번째 탭메뉴 아이템 선택
    TabPanel.prototype.setSelectTabMenuItemAt=function(index){ ❹
        this.setSelectTabMenuItem(this.$tabMenuItems.eq(index));
    }
```

소스 _ 07부/04장/01_complete/step02/index.html

```
$(document).ready(function(){
    var tabPanel = new TabPanel(".tab-panel"); ❽
    tabPanel.setSelectTabMenuItemAt(1);
});
```

설명

탭메뉴는 앞에서 많이 만들어 봤기 때문에 구현 방법에 대해서 자세히 다루지 않고 간단하게 설명하겠습니다.

❶ 가장 먼저 탭패널 기능을 담을 클래스(TabPanel)를 만들어 줍니다.

❶-❶ 여기에 탭패널과 연결된 DOM을 담을 $tabPanel, 프로퍼티와 탭메뉴 영역을 담을 $tabMenu, 그리고 탭메뉴 아이템을 담을 $tabMenuItems, 선택한 탭메뉴 아이템을 담을 $selectTabMenuItem 프로퍼트를 만들어 줍니다.

❷ init() 메서드를 추가한 후 탭패널 전역에서 사용할 탭패널과 탭메뉴, 탭메뉴 아이템을 jQuery를 이용해 찾아 프로퍼티에 담아 줍니다.

❸ setSelectTabMenuItem() 메서드를 만든 후 매개변수 $item으로 오는 탭메뉴 아이템을 선택 메뉴 아이템으로 만드는 코드를 구현합니다.

❹ setSelectTabMenuItemAt() 메서드를 만든 후 선택 메뉴 아이템을 인덱스로 설정하는 기능을 구현합니다.

❺ initEvent() 메서드를 만든 후 탭메뉴 아이템에 클릭 이벤트 리스너를 추가해 줍니다. 리스너 내부에는 setSelectTabMenuItem()을 호출해 클릭한 탭메뉴 아이템을 선택 메뉴 아이템으로 만들어 줍니다.

❻ 요소 초기화 메서드와 이벤트 초기화 메서드를 호출해 줍니다.

❼ setSelectTabMenuItemAt() 메서드를 호출해 0번째 탭메뉴 아이템을 기본값으로 선택해 줍니다.

❽ 마지막으로 TabPanel 클래스의 인스턴스를 생성한 후 setSelectTabMenuItemAt() 메서드를 호출해 인덱스 값이 1번째인 탭메뉴 아이템이 기본으로 선택되게 만들어 줍니다.

코드를 모두 입력했다면 실행해 보세요. 그럼 다음 실행화면을 볼 수 있을 것입니다.

실행화면

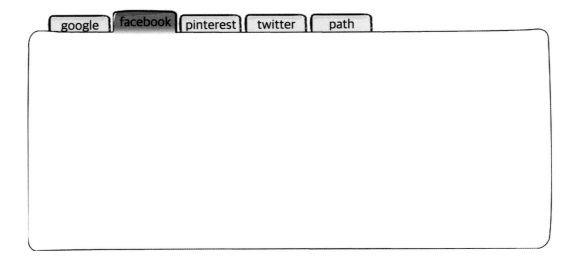

탭메뉴가 정상적으로 탭메뉴 아이템을 클릭해 보세요.

단계 03 _ 탭내용 활성화

이번 단계에서는 선택한 탭메뉴에 해당하는 탭내용을 활성화(출력처리)해 보겠습니다. 내용이 많은 만큼 다음과 같이 나눠 진행해 보겠습니다.

단계 03-01: 효과 없이 탭내용 활성화

단계 03-02: 생성자에 effect 매개변수 추가

단계 03-03: 슬라이드 효과를 적용해 탭내용 활성화

단계 03-04: showContentAt() 메서드에 출력효과 애니메이션 실행 유무 매개변수 추가

단계 03-05: 페이드 효과를 적용해 탭내용 활성화

단계 03-06: 리팩토링1: 일반 효과를 메서드로 만들기

단계 03-07: 리팩토링2: 슬라이드 효과를 메서드로 만들기

단계 03-08: 리팩토링3: 페이드 효과를 메서드로 만들기

먼저 단계 03-01부터 구현해보죠.

단계 03-01: 효과 없이 탭내용 활성화

이번 단계에서는 아무런 애니메이션 효과 없이 선택한 탭메뉴에 해당하는 탭내용을 활성화하는 작업을 진행합니다. 풀이 순서에 따라 소스코드를 입력해 주세요.

소스 _ 07부/04장/01_complete/step0301/tabpanel.js

```
function TabPanel(selector){
    . . . .
    this.$selectTabMenuItem = null;

    this.$tabContents = null;  ❶
    this.$selectTabContent = null;

    this.init(selector);
    this.initEvent();

    this.initTabContents();

    this.setSelectTabMenuItemAt(0);
}

// 요소 초기화
TabPanel.prototype.init=function(selector){
```

```
    .  .  .  .
    this.$tabMenuItems = this.$tabMenu.children("li");

    this.$tabContents = this.$tabPanel.find(".tab-contents .content"); ❷

}
.  .  .  .

// 탭 콘텐츠 초기화
TabPanel.prototype.initTabContents=function(){ ❸
    this.$tabContents.css({
        opacity:0}
    );
}

// 탭메뉴  아이템 선택
TabPanel.prototype.setSelectTabMenuItem=function($item){
    if(this.$selectTabMenuItem){
        this.$selectTabMenuItem.removeClass("select");
    }
    this.$selectTabMenuItem = $item;
    this.$selectTabMenuItem.addClass("select");

    var newIndex = this.$tabMenuItems.index(this.$selectTabMenuItem); ❺
    this.showContentAt(newIndex);
}

// index에 맞는 탭내용 활성화
TabPanel.prototype.showContentAt=function(index){ ❹
    // 1. 활성화/비활성화 탭내용 찾기 ❹-❶
    var $hideContent = this.$selectTabContent;
    var $showContent =  this.$tabContents.eq(index);

    // 2. 현재 탭내용 비활성화 ❹-❷
     if($hideContent){
        $hideContent.css({opacity:0})
    }

    // 3. 신규 탭내용 활성화 ❹-❸
    $showContent.css({opacity:1});
```

```
    // 4. 선택 탭내용 업데이트 ❹-❹
    this.$selectTabContent = $showContent;
  }
```

설명

❶ 먼저 탭내용 목록을 담을 프로퍼티($tabContents)와 선택한 탭내용($selectTabContent)을 담을 프로퍼티를 만들어 줍니다.

❷ 탭내용 목록을 찾아 $tabContents에 담아 줍니다.

❸ initTabContents() 메서드를 신규로 만든 후 모든 탭내용이 화면에 보이지 않게 초기화해 줍니다.

❹ n번째 인덱스에 해당하는 탭내용을 활성화하는 기능을 구현할 showContentAt() 메서드를 신규로 만들어 줍니다.

❹-❶ 활성화/비활성화 탭내용을 찾습니다.

❹-❷ 현재 선택된 탭내용을 비활성화해 줍니다.

❹-❸ 신규 탭내용을 활성화해 줍니다.

❹-❹ 선택 탭내용이 담긴 프로퍼티를 업데이트해 줍니다.

❺ 탭메뉴 선택 시 탭메뉴에 해당하는 탭내용을 활성화하기 위해 선택된 탭메뉴 인덱스 값을 매개변수 값으로 showTabMenuAt() 메서드를 호출해 줍니다.

코드를 모두 입력했다면 실행해보죠. 탭메뉴 클릭 시 해당 탭내용이 활성화되는 것을 확인할 수 있을 것입니다.

단계 03-02: 생성자에 effect 매개변수 추가

앞에서는 애니메이션 없이 탭내용을 활성화하는 기능을 구현했습니다. 이제 슬라이드 효과와 페이드 효과를 구현해야 하는데요. 효과는 다음과 같이 선택해서 사용하게 될 것입니다.

```
var tabMenu1= new TabPanel("선택자", "선택효과이름");
```

이번 장에서는 효과를 추가하고 선택할 수 있게 구조를 만들어 보겠습니다. 풀이 순서에 따라 소스코드를 입력해 주세요.

```javascript
function TabPanel(selector, effect){ ❶
    . . . .
    this.$selectTabContent = null;
    this.effect= ""; ❷

    this.init(selector);
    this.initEvent();
    this.initEffect(effect); ❹
    . . . .
}

// 효과 초기화
TabPanel.prototype.initEffect=function(effect){ ❸
    this.effect = effect;
    // 기본값 설정
    if(this.effect==null){
        this.effect = "none";
    }
}

// index에 맞는 탭내용 활성화
TabPanel.prototype.showContentAt=function(index){
    // 1. 활성화/비활성화 탭내용 찾기
    var $hideContent = this.$selectTabContent;
    var $showContent =  this.$tabContents.eq(index);

    if(this.effect=="none"){ ❺
        // 2. 현재 탭내용 비활성화
        if($hideContent){
            $hideContent.css({opacity:0})
        }

        // 3. 신규 탭내용 활성화
        $showContent.css({opacity:1});

        // 4. 선택 탭내용 업데이트
        this.$selectTabContent = $showContent;
    }
}
```

소스 _ 07부/04장/01_complete/step0302/index.html

```
$(document).ready(function(){
    var tabPanel = new TabPanel("#tabPanel1", "none"); ❻
});
```

설명

❶ 먼저 외부에서 효과를 설정할 수 있게 생성자(TabPanel)에 effect 매개변수를 추가해 줍니다.

❷ 외부에서 넘어온 효과이름을 저장하기 위해서 프로퍼티(effect)를 만들어 줍니다.

❸ initEffect() 메서드를 새롭게 추가한 후 effect 프로퍼티를 초기화하는 기능을 구현해 줍니다. 기본값은 애니메이션 없이 탭내용을 활성화는 "none"입니다. 참고로 다음 단계에서는 이 부분에 슬라이드 효과와 페이드 효과를 구현하게 됩니다.

❹ 외부에서 넘어온 값으로 initEffect() 메서드를 호출해 줍니다.

❺ 외부에서 설정한 효과 값으로 탭내용이 활성화될 수 있게 코드를 변경해 줍니다.

❻ 마지막으로 탭메뉴를 생성할 때 탭내용 활성화 효과를 "none"으로 선택해 줍니다.

코드를 모두 입력했다면 정상적으로 동작하는지 실행해보죠. 실행 결과는 단계 03-01과 동일합니다.

단계 03-03: 슬라이드 효과를 적용해 탭내용 활성화

이번 단계에서는 분석하기의 출력효과에서 살펴본 슬라이드 효과를 적용해 탭내용을 움직이는 기능을 구현하겠습니다. 구현할 슬라이드 효과를 다시 한 번 살펴보죠.

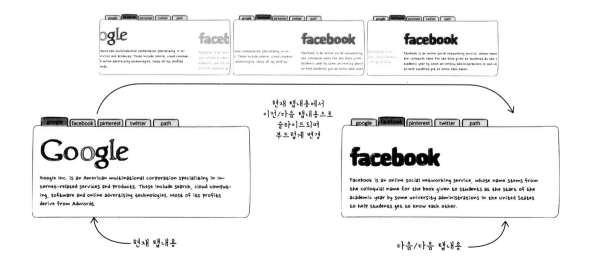

위의 이미지에서 확인할 수 있는 것처럼 만약 현재 선택된 탭메뉴가 두 번째 메뉴고 신규로 선택한 탭메뉴가 세 번째라면 현재 선택한 탭메뉴의 탭내용은 왼쪽으로 서서히 사라지고 신규로 선택한 탭메뉴의 탭내용은 오른쪽에서 0 위치로 서서히 등장해야 합니다. 이때 사라지는 탭내용 위치는 – 탭패널의 너비 위치이며 등장하는 탭내용 위치는 탭패널의 너비 위치입니다.

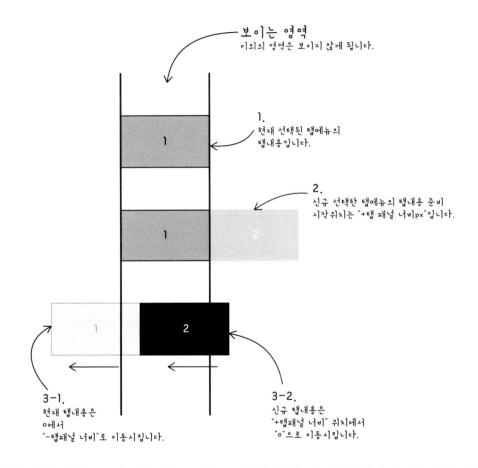

또는 현재 선택된 탭메뉴가 세 번째 메뉴고 신규로 선택한 탭메뉴가 첫 번째라면 선택한 탭메뉴의 탭내용은 오른쪽으로 서서히 사라지고 신규로 선택한 탭메뉴의 탭내용은 왼쪽에서 0 위치로 서서히 등장해야 합니다.

이때 사라지는 탭내용 위치는 탭패널의 너비 위치이며 등장하는 탭내용 위치는 " – 탭패널의 너비"입니다.

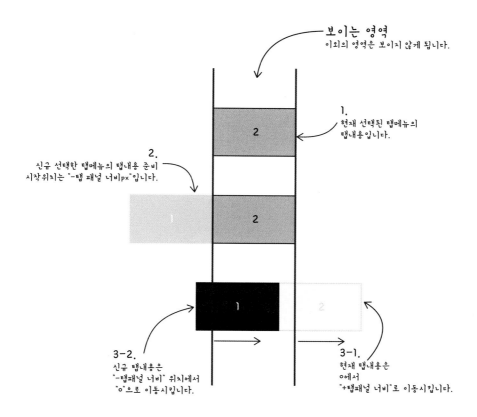

지금까지 내용을 코드로 표현하면 다음과 같습니다. 소스 코드를 풀이 순서에 따라 입력해 주세요.

소스 _ 07부/04장/01_complete/step0303/tabpanel.js

```
function TabPanel(selector, effect){

    . . . .

    this.effect= "";

    this.tabContentWidth= -1; ❶


    . . . .
}

// 요소 초기화
TabPanel.prototype.init=function(selector){

    . . . .
```

```
    this.$tabContents = this.$tabPanel.find(".tab-contents .content");

    this.tabContentWidth = this.$tabPanel.find(".tab-contents").width(); ❷
}

// index에 맞는 탭내용 활성화
TabPanel.prototype.showContentAt=function(index){
    // 1. 활성화/비활성화 탭내용 찾기
    var $hideContent = this.$selectTabContent;
    var $showContent =  this.$tabContents.eq(index);

    if(this.effect=="none"){
        . . . .
    // 슬라이드 효과 추가
    }else if(this.effect=="slide"){ ❸
        var currentIndex = -1;   ❸-❶
        if($hideContent){
            currentIndex= $hideContent.index();
        }

        // 이동 방향 구하기❸-❷
        var direction = "";
        if(currentIndex<index)
            direction = "next";
        else
            direction = "prev";

        // 이동 위치 구하기 ❸-❸
        // prev가 기본
        var hideEndLeft = 0;
        var showStartLeft = 0;

        if(direction=="next"){
            hideEndLeft = -this.tabContentWidth;
            showStartLeft = this.tabContentWidth;
        }else {
            hideEndLeft = this.tabContentWidth;
            showStartLeft = -this.tabContentWidth;
        }
```

```
        // 2. 현재 탭내용 비활성화
        if($hideContent){ ❸-❹
            $hideContent.stop().animate({
                left:hideEndLeft,
                opacity:0
            }, 500, "easeOutQuint");
        }


        // 3. 신규 탭내용 활성화
        // 신규 탭내용 위치 초기화
        $showContent.css({ ❸-❺
            left:showStartLeft,
            opacity:0
        } )


        // 신규 탭내용 애니메이션 적용
        $showContent.stop().animate({ ❸-❻
            left:0,
            opacity:1
        }, 500, "easeOutQuint");


        // 4. 선택 탭내용 업데이트
        this.$selectTabContent = $showContent; ❸-❼
    }
}
```

소스 _ 07부/04장/01_complete/step0303/index.html

```
$(document).ready(function(){
    var tabPanel = new TabPanel("#tabPanel1","slide"); ❹
});
```

설명

앞에서 풀이 전 알아본 것처럼 탭내용이 등장하는 시작 위치와 사라지는 끝 위치 값은 탭패널(.tab-content)의 너비를 사용하면 됩니다.

❶ 이에 따라 먼저 탭패널의 크기를 담을 프로퍼티(tabContentWidth)를 만듭니다.

❷ jQuery를 이용해 탭패널을 찾은 후 너비를 구해 tabContentWidth 프로퍼티에 저장합니다.

❸ 슬라이드(slide)효과를 처리할 영역을 추가해 줍니다.

❸-❶ 신규로 선택한 탭메뉴가 현재 탭메뉴보다 이전인지 다음인지 계산하기 위해 각각의 탭메뉴의 인덱스 값을 구합니다.

❸-❷ 인덱스 값을 이용해 이동 방향을 구합니다.

❸-❸ 이동방향이 "next"인 경우 다음과 같이 동작해야 합니다.

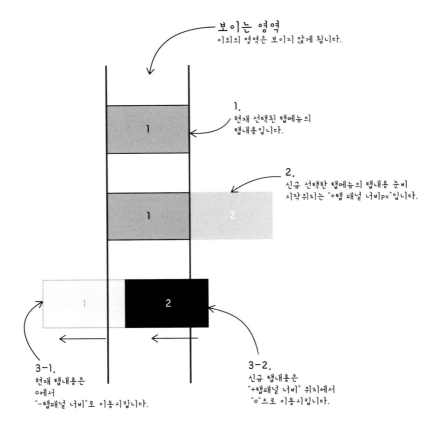

이를 위해 사라질 탭내용의 끝 위치를 "－탭패널의 너비"로 설정해주고 등장할 탭내용의 시작 위치를 "+탭패널의 너비"로 설정해 줍니다.

이와 달리 이동 방향이 "prev"인 경우 다음과 같이 동작해야 합니다.

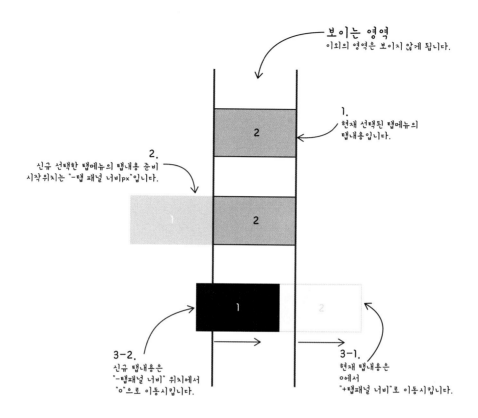

이를 위해 사라질 탭내용의 끝 위치를 "탭패널의 너비"로 설정해주고 등장할 탭내용의 시작 위치를 "–탭패널의 너비"로 설정해 줍니다.

❸–❹ 현재 탭내용이 서서히 사라질 수 있게 애니메이션을 실행해 줍니다.

❸–❺ 신규 탭내용의 시작 위치를 설정해 줍니다.

❸–❻ 신규 탭내용이 서서히 등장할 수 있게 애니메이션을 실행해 줍니다.

❸–❼ 선택 탭내용을 업데이트해 줍니다.

❹ 새로 추가한 슬라이드효과가 실행될 수 있게 탭패널 클래스의 인스턴스 생성 시 "slide" 값을 두 번째 매개변수에 넣어 줍니다.

코드를 모두 입력했다면 슬라이드 효과가 정상적으로 동작하는지 실행해 보세요.

단계 03-04: showContentAt() 메서드에 출력효과 애니메이션 실행 유무 매개변수 추가

이전 단계를 실행해보면 정상적으로 동작하는 것처럼 보이지만 수정해야 할 내용이 하나 있습니다. 초기 시작 시 0번째 탭메뉴가 선택한 상태로 탭패널이 등장하는데요. 이때 탭내용은 애니메이션 없이 활성화 되어 있어야 합니다. 이번 단계에서는 이 작업을 진행해 보겠습니다. 다음 소스코드를 풀이순서에 따라 입력해 주세요.

소스 _ 07부/04장/01_complete/step0304/tabpanel.js

```javascript
function TabPanel(selector, effect){
    . . . .
    this.initTabContents();

    this.setSelectTabMenuItemAt(0,false); ❹
}

// 탭메뉴  아이템 선택
TabPanel.prototype.setSelectTabMenuItem=function($item, animation){ ❷
    . . . .
    var newIndex = this.$tabMenuItems.index(this.$selectTabMenuItem);

    this.showContentAt(newIndex, animation); ❷-❶
}

// index 번째 탭메뉴 아이템 선택
TabPanel.prototype.setSelectTabMenuItemAt=function(index, animation){ ❸
    this.setSelectTabMenuItem(this.$tabMenuItems.eq(index), animation); ❸-❶
}

// index에 맞는 탭내용 활성화
TabPanel.prototype.showContentAt=function(index, animation){ ❶
    // 1. 활성화/비활성화 탭내용 찾기
    var $hideContent = this.$selectTabContent;
    var $showContent =  this.$tabContents.eq(index);

    if(this.effect=="none" || animation==false){ ❶-❶
            . . . .
}
```

설명

❶, ❷, ❸ showContentAt( ) 메서드에 애니메이션 실행유무를 설정할 수 있는 매개변수(animation)을 추가해 줍니다.

❶-❶ animation이 false일 경우 애니메이션이 실행되지 않도록 조건식을 추가해 줍니다.

❷-❶ 매개변수 값을 그대로 showContentAt( ) 메서드를 호출할 때 넘겨 줍니다.

❸-❶ 매개변수 값을 그대로 setSelectTabMenuItem( ) 메서드를 호출할 때 넘겨 줍니다.

❹ 마지막으로 초기 시작 시 n번째 탭패널이 활성화될 때 애니메이션이 적용되지 않게 생성자의 showContentAt( ) 메서드의 두 번째 매개변수 값에 false를 대입해 줍니다.

코드를 모두 입력했다면 0번째 탭패널이 애니메이션 없이 활성화되는지 실행해 보세요.

단계 03-05: 페이드 효과를 적용해 탭내용 활성화

이번 단계에서는 페이드 효과를 적용해 탭내용을 활성화해 보겠습니다. 구현할 페이드 효과를 다시 한 번 살펴보죠.

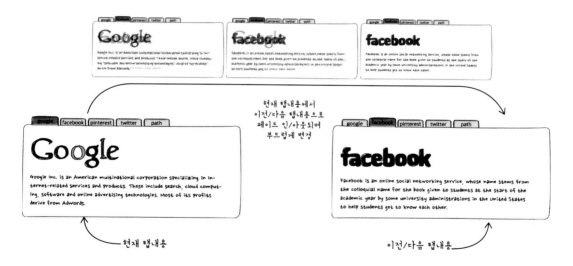

위에서 확인할 수 있는 것처럼 현재 활성화된 탭내용은 그 자리에서 서서히 사라지면 되고 신규로 활성화될 탭내용은 그 자리(left:0, top:0)에서 서서히 나타나면 됩니다.

구현 내용과 진행방식은 단계 03-03에서 진행한 방식과 비슷하므로 어렵지 않게 이해할 수 있을 것입니다. 소스코드를 풀이순서에 따라 입력해 주세요.

소스 _ 07부/04장/01_complete/step0305/tabpanel.js

```
TabPanel.prototype.showContentAt=function(index, animation){
    . . . .
    if(this.effect=="none" || animation==false){

        . . . .

    // 슬라이드 효과
    }else if(this.effect=="slide"){

        . . . .
        // 페이드 효과
    }else if(this.effect=="fade") { ❶

        // 2. 현재 탭내용 비활성화
        if($hideContent){ ❶-❶
            $hideContent.stop().animate({
                left:0,
                opacity:0
            }, 500, "easeOutQuint");
        }

        // 3. 신규 탭내용 활성화
        $showContent.stop().animate({ ❶-❷
            left:0,
            opacity:1
        }, 500, "easeOutQuint");

        // 4. 선택 탭내용 업데이트
        this.$selectTabContent = $showContent; ❶-❸
    }
}
```

소스 _ 07부/04장/01_complete/step0305/index.html

```
$(document).ready(function(){
    var tabPanel = new TabPanel("#tabPanel1","fade"); ❷
});
```

설명

❶ 먼저 if 조건식을 추가해 페이드(fade)효과를 처리할 영역을 만들어 줍니다.

❶-❶ 현재 탭내용이 서서히 사라질 수 있게 애니메이션을 실행해 줍니다.

❶-❷ 신규 탭내용이 서서히 등장할 수 있게 애니메이션을 실행해 줍니다.

❶-❸ 선택 탭내용을 업데이트해 줍니다.

❷ 새로 추가한 페이드 효과가 실행될 수 있게 탭패널(TabPanel) 클래스의 인스턴스 생성 시 "fade" 값을 두 번째 매개변수에 넣어 줍니다.

코드를 모두 입력했다면 페이드 효과가 정상적으로 동작하는지 실행해 보세요. 이렇게 해서 가장 핵심적인 기능인 탭내용 활성화 기능을 모두 구현했습니다.

단계 03-06: 리팩토링 1: 일반 효과를 메서드로 만들기

이번 단계에서는 다음 단계로 넘어가기 전 지금까지 구현한 코드를 다듬어보는(리팩토링) 시간을 가져보겠습니다. 기존 코드를 살펴보면 showContentAt() 메서드가 다음과 같이 총 3가지 역할을 동시에 하고 있다는 걸 알 수 있습니다.

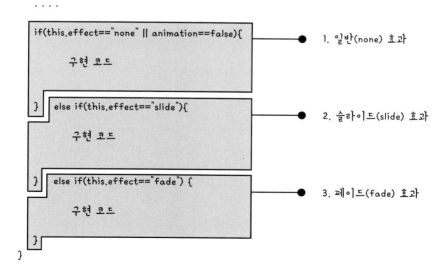

자고로 메서드는 자신이 잘할 수 있는 한 가지 역할만 해야 하는데 말이지요.

정리해보면 지금부터 진행할 리팩토링 작업은 showContentAt() 메서드에 구현된 3가지 기능을 3개의 메서드로 나눠 구현하는 것입니다.

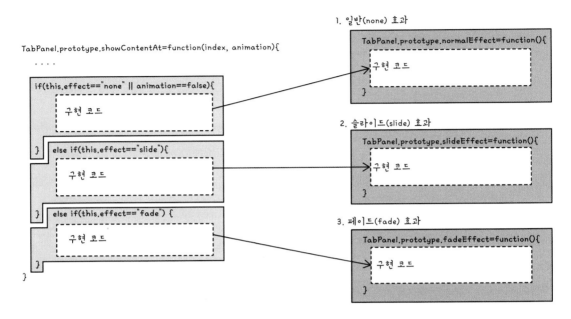

어번 단계에서는 첫 번째 기능인 일반 효과를 메서드로 나눠 구현하겠습니다. 소스코드를 풀이 순서에 따라 입력해 주세요.

소스 _ 07부/04장/01_complete/step0306/tabpanel.js

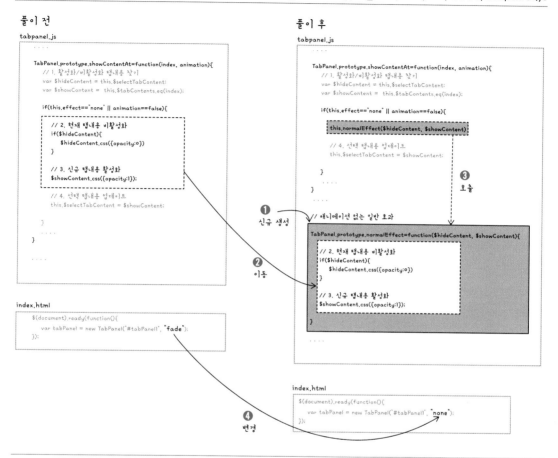

설명

❶ 먼저 일반 효과를 포장할 normalEffect() 메서드를 신규로 추가해 줍니다.

❷ 기존 일반 효과 구현 코드를 그대로 normalEffect() 메서드에 옮겨 줍니다.

❸ 기존 일반 효과 구현 코드 대신 normalEffect() 메서드를 호출해 줍니다. 이때 사라지는 탭내용(\$hideContent)과 등장하는 탭내용(\$showContent)은 showContentAt() 메서드에 존재하기 때문에 매개변수를 추가해 이 값을 normalEffect() 호출 시 넘겨 줍니다.

❹ 추가한 normalEffect() 메서드가 제대로 동작하는지 확인하기 위해 탭패널의 인스턴스 생성 시 "none" 값을 넣어줍니다.

코드를 모두 입력했다면 수정한 코드가 정상적으로 동작하는지 실행해보죠.

단계 03-07: 리팩토링 2: 슬라이드 효과를 메서드로 만들기

이번 단계에서는 앞 단계의 동일한 방법으로 슬라이드 효과를 분리해 구현하는 작업입니다. 소스코드를
풀이순서에 따라 입력해 주세요.

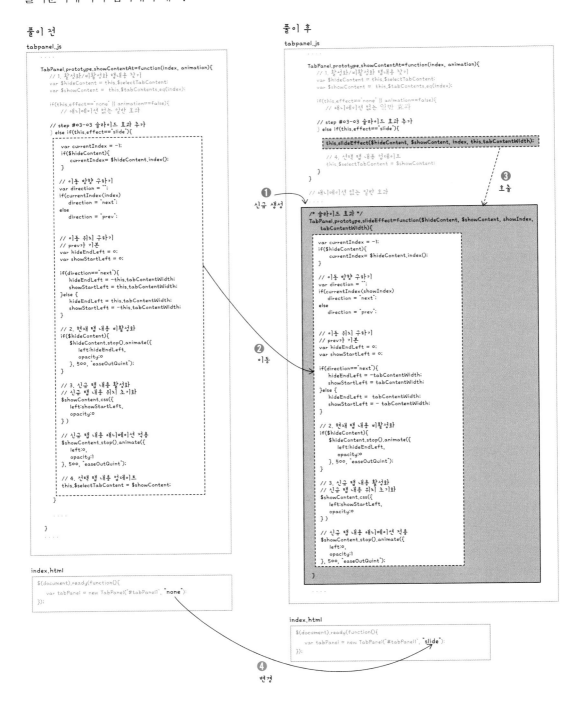

설명

❶ 먼저 슬라이드 효과를 포장할 slideEffect 메서드를 신규로 추가해 줍니다.

❷ 기존 슬라이드 효과 구현 코드를 그대로 slideEffect() 메서드에 옮겨줍니다.

❸ 기존 슬라이드 효과 구현 코드 대신 slideEffect() 메서드를 호출해 줍니다. 이때 사라지는 탭내용($hideContent)과 등장하는 탭내용($showContent), 그리고 showIndex와 tabContentWidth를 매개변수 값으로 해서 slideEffect() 메서드를 호출해 줍니다.

❹ 추가한 slideEffect () 메서드가 제대로 동작하는지 확인하기 위해 탭패널의 인스턴스 생성 시 "slide" 값을 넣어 줍니다.

코드를 모두 입력했다면 수정한 코드가 정상적으로 동작하는지 실행해보죠.

단계 03-08: 리팩토링 3: 페이드 효과를 메서드로 만들기

이번 단계에서는 앞 단계와 동일한 방법으로 페이드 효과를 분리해 구현하는 작업입니다. 소스코드를 풀이순서에 따라 입력해 주세요.

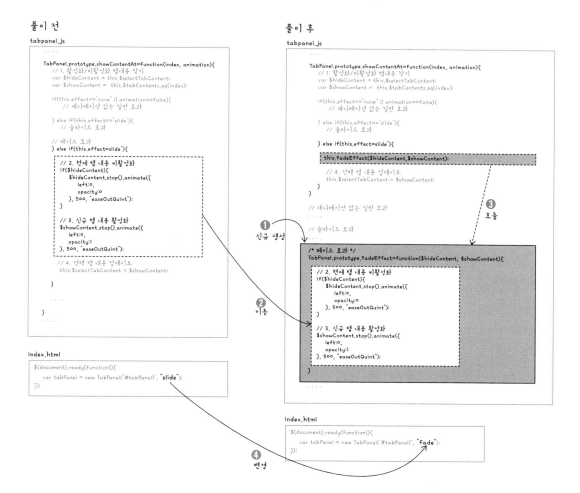

설명

❶ 먼저 페이드 효과를 포장할 fadeEffect( ) 메서드를 신규로 추가해 줍니다.

❷ 기존 페이드 효과 구현 코드를 그대로 fadEffect( ) 메서드에 옮겨 줍니다.

❸ 기존 페이드 효과 구현 코드 대신 fadeEffect( ) 메서드를 호출해 줍니다. 이때 사라지는 탭내용($hideContent)과 등장하는 탭내용($showContent)을 매개변수 값으로 해서 fadeEffect( ) 메서드를 호출해 줍니다.

❹ 추가한 fadeEffect ( ) 메서드가 제대로 동작하는지 확인하기 위해 탭패널의 인스턴스 생성 시 "fade" 값을 넣어 줍니다.

코드를 모두 입력했다면 수정한 코드가 정상적으로 동작하는지 실행해보죠.

단계 03-09: 리팩토링 4-중복 코드 없애기

마지막 리팩토링 작업입니다. 코드를 살펴보면 다음과 같이 선택한 탭내용의 정보를 업데이트하는 코드가 중복되는 것을 확인할 수 있습니다.

```
TabPanel.prototype.showContentAt=function(index, animation){
    // 1. 활성화/비활성화 탭내용 찾기
    var $hideContent = this.$selectTabContent;
    var $showContent =  this.$tabContents.eq(index);

    if(this.effect=="none" || animation==false){
        this.normalEffect($hideContent, $showContent);

        // 4. 선택 탭내용 업데이트
        this.$selectTabContent = $showContent;

    // 슬라이드 효과
    }else if(this.effect=="slide"){
        this.slideEffect($hideContent, $showContent, index, this.tabContentWidth);

        // 4. 선택 탭내용 업데이트
        this.$selectTabContent = $showContent;

        // 페이드 효과
    }else if(this.effect=="fade") {

        this.fadeEffect($hideContent,$showContent);

        // 4. 선택 탭내용 업데이트
        this.$selectTabContent = $showContent;

    }
}
```

냄새나는
중복코드

자세히 살펴보면 중복 코드를 없앨 수 있다는 걸 알 수 있습니다. 이번 단계에서는 이 중복 코드를 없애보죠. 소스 코드를 풀이순서에 따라 입력해 주세요.

소스 _ 07부/04장/01_complete/step0309/tabpanel.js

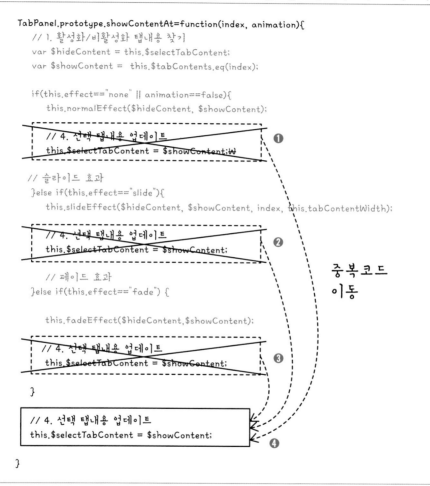

```
TabPanel.prototype.showContentAt=function(index, animation){
    // 1. 활성화/비활성화 탭내용 찾기
    var $hideContent = this.$selectTabContent;
    var $showContent =  this.$tabContents.eq(index);

    if(this.effect=="none" || animation==false){
        this.normalEffect($hideContent, $showContent);

        // 4. 선택 탭내용 업데이트                          ❶
        this.$selectTabContent = $showContent;W

    // 슬라이드 효과
    }else if(this.effect=="slide"){
        this.slideEffect($hideContent, $showContent, index, this.tabContentWidth);

        // 4. 선택 탭내용 업데이트                          ❷
        this.$selectTabContent = $showContent;

        // 페이드 효과
    }else if(this.effect=="fade") {

        this.fadeEffect($hideContent,$showContent);

        // 4. 선택 탭내용 업데이트                          ❸
        this.$selectTabContent = $showContent;

    }

    // 4. 선택 탭내용 업데이트
    this.$selectTabContent = $showContent;           ❹

}
```

중복코드
이동

설명

❶.❷.❸ 중복코드를 모두 제거해 줍니다.

❹ 중복 코드를 이동시켜 줍니다.

코드를 모두 입력했다면 정상적으로 동작하는지 실행해보죠. 이렇게 해서 구현하고자 하는 기본적인 탭 패널 기능을 모두 마무리했습니다.

중간 점검을 해보죠. 우리는 현재 다음 위치에 있습니다.

단계 01: 레이아웃 잡기(완료)   **단계 02:** 탭메뉴 만들기(완료)

단계 03: 탭내용 활성화(완료)   **단계 04:** 다형성을 활용해 출력효과 분리하기

단계 05: 옵션값 만들기   **단계 06:** 캡슐화 처리

단계 07: jQuery 플러그인 제작

단계 04: 다형성을 활용해 출력효과 분리하기

드디어 이번 프로젝트의 핵심에 다다랐군요. 이번 단계에서는 다형성을 적용해 출력효과를 분리해 내는 것입니다. 참고로 "앞의 코드도 괜찮은데... 문법도 복잡한 다형성을 굳이 적용해야 하나?"라는 의문을 가지는 분도 계시겠지만 이에 대한 의문은 이번 단계를 모두 끝낸 후 변경 전 코드와 변경 후 코드를 비교해 보면 직접 느낄 수 있을 것입니다. 진행방식은 먼저 출력효과를 대표할 인터페이스 부분을 만든 후 각각의 출력효과를 구현하는 것입니다.

필자는 다음과 같이 4단계로 나눠 진행하겠습니다.

단계 04-01: 인터페이스 설계   **단계 04-02:** 일반 효과 구현하기

단계 04-03: 페이드 효과 구현하기   **단계 04-04:** 슬라이드 효과 구현하기

단계 04-05: 다형성과 합성을 활용한 출력효과 적용

단계 04-01: 인터페이스 설계

먼저 구현에 앞서 일종의 설계 부분인 인터페이스 부분을 만들어보죠.

각각의 출력효과를 자세히 살펴보면 효과만 다를 뿐 하나의 메서드에 현재 탭내용은 비활성화(사라지기) 처리를, 신규 탭내용은 활성화(나타나기) 처리를 동일하게 진행하는 것을 확인할 수 있습니다.

```
TabPanel.prototype.normalEffect=function($hideContent, $showContent){
    // 현재 탭내용 비활성화 코드
    // 신규 탭내용 활성화 코드
}
```

```
TabPanel.prototype.slideEffect=function($hideContent, $showContent, showIndex, tabContentWidth){
    // 현재 탭내용 비활성화 코드
    // 신규 탭내용 활성화 코드
}

TabPanel.prototype.fadeEffect=function($hideContent, $showContent){
    // 현재 탭내용 비활성화 코드
    // 신규 탭내용 활성화 코드
}
```

이에 따라 다음과 같이 인터페이스 부분을 만들 수 있습니다.

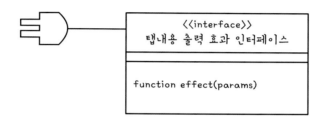

좀더 풀어서 설명하면 탭패널의 출력효과는 모두 effect라는 메서드를 가지고 있어야 한다는 의미입니다.

여기서 주의해야 할 점이 있는데요. 인터페이스를 만들 때 매개변수의 개수도 인터페이스의 규약에 해당합니다. 현재 구현되어 있는 출력효과들의 메서드를 살펴보면 다음과 같이 매개변수 개수가 다른 걸 확인할 수 있습니다.

```
normalEffect($hideContent, $showContent)
slideEffect($hideContent, $showContent, showIndex, tabContentWidth)
fadeEffect($hideContent, $showContent)
```

이를 해결하기 위해 여러 개의 데이트를 묶어 보낼 수 있는 오브젝트 형 하나를 매개변수로 해 줍니다. 즉 다음과 같이 메서드를 호출할 수 있습니다.

해결방법

```
일반효과.effect({
    $hideContent:현재 탭내용,
    $showContent: 신규 탭내용
})
```

```
슬라이드효과.effect({
    $hideContent:현재 탭내용,
    $showContent: 신규 탭내용,
    showIndex: 신규 탭 인덱스,
    tabContentWidth:탭내용 너비
})
```

지금까지 설명한 효과 인터페이스와 효과를 구현할 클래스를 UML로 표현하면 다음과 같이 표현할 수 있습니다.

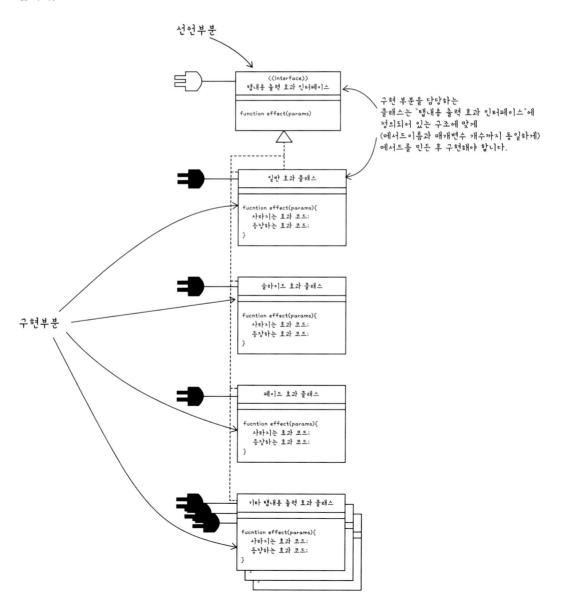

자! 그럼 위의 내용을 바탕으로 다형성을 적용해 출력효과를 구현해보죠.

단계 04-02: 다형성을 적용해 일반 효과 만들기

이번 단계에서 할 작업은 TabPanel 클래스에 작성한 일반 출력효과를 앞에서 정의한 effect 인터페이스에 맞게 하나의 독립된 클래스로 분리하는 작업입니다. 소스코드를 풀이순서에 따라 입력해 주세요.

소스 _ 07부/04장/01_complete/step0402/tabpanel.js

설명

❶ 먼저 normalEffect 오브젝트 리터럴을 만든 후 '탭내용 출력효과 인터페이스'에 정의되어 있는 effect() 메서드를 추가해 줍니다.

❷ TabPanel 클래스의 normalEffect() 메서드의 구현 코드를 normalEffect의 effect() 메서드에 그대로 복사합니다. 풀이 전 코드와 달리 활성화/비활성화 탭내용이 담긴 요소를 하나의 오브젝트 리터럴로 묶여 normalEffect() 메서드의 매개변수 값으로 넘어오게 됩니다. 이에 따라 params 매개변수에 들어 있는 요소를 접근해 사용하는 방식으로 코드를 변경해 줍니다.

❸ showContentAt() 메서드에서 TabPanel의 normalEffect() 메서드를 호출하는 대신 TabPanel.normalEffect 객체의 effect() 메서드를 호출해 줍니다. 이때 활성화/비활성화 탭내용이 담긴 요소를 오브젝트 리터럴로 만들어 effect() 메서드의 매개변수 값으로 넘겨 줍니다.

❹ 마지막으로 추가한 normalEffect 리터럴 객체의 effect() 메서드를 실행하기 위해 탭패널 인스턴스 생성 시 "none" 값을 넣어 줍니다.

자! 코드를 모두 입력했다면 정상적으로 동작하는지 실행해보죠. 참고로 코드만 변경했을 뿐 기능적으로 달라지는 건 전혀 없습니다.

이렇게 해서 첫 번째 일반 출력효과를 다형성을 적용해 구현해 봤습니다. 이와 동일한 방법으로 다른 출력효과들도 다형성을 적용해 구현해보죠.

단계 04-03: 다형성을 적용해 슬라이드 효과 만들기

이번 단계에서는 슬라이드 출력효과를 effect 인터페이스에 맞게 구현해보죠. 진행방식은 단계 04-02와 동일합니다. 소스코드를 풀이순서에 따라 입력해 주세요.

소스 _ 07부/04장/01_complete/step0403/tabpanel.js

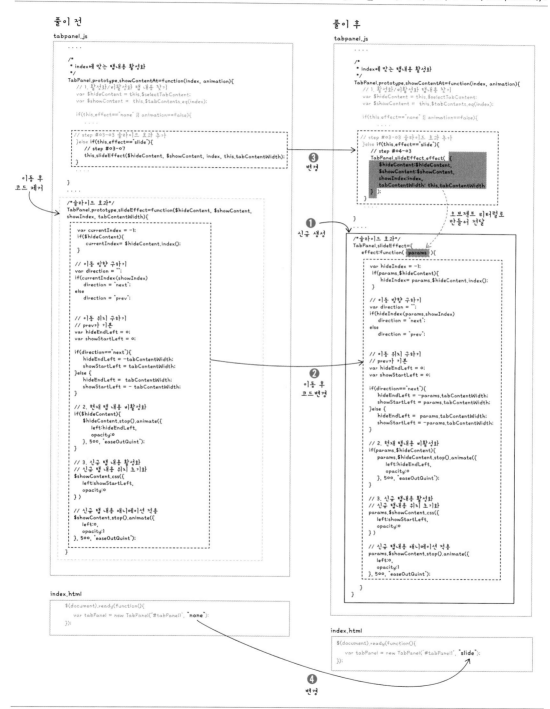

설명

❶ 먼저 slideEffect 오브젝트 리터럴을 만든 후 '탭내용 출력효과 인터페이스'에 정의되어 있는 effect( ) 메서드를 추가해 줍니다.

❷ TabPanel 클래스의 slideEffect( ) 메서드의 구현 코드를 slideEffect의 effect( ) 메서드에 그대로 복사합니다. 풀이 전 코드와 달리 여러 개의 매개변수 값이 하나의 오브젝트 리터럴로 묶여 effect( ) 메서드의 첫 번째 매개변수 값으로 넘어오게 됩니다. 이에 따라 params 매개변수에 들어있는 요소를 접근해 사용하는 방식으로 코드를 변경해 줍니다.

❸ TabPanel의 slideEffect( ) 메서드를 호출하는 대신 TabPanel.slideEffect 객체의 effect( ) 메서드를 호출해 줍니다. 이 때 여러 개의 매개변수 정보를 오브젝트 리터럴로 묶어 effect( ) 메서드의 첫 번째 매개변수 값으로 넘겨줍니다.

❹ 마지막으로 추가한 slideEffect 객체의 effect( ) 메서드를 실행하기 위해 탭패널 인스턴스 생성 시 "slide" 값을 넣어 줍니다.

코드를 모두 입력했다면 슬라이드 효과가 정상적으로 동작하는지 실행해보죠.

단계 04-04: 다형성을 적용해 페이드 효과 만들기

이번 단계에서는 페이드 출력효과를 effect 인터페이스에 맞게 구현해보죠. 진행방식은 앞 단계와 동일합니다.

소스 _ 07부/04장/01_complete/step0404/tabpanel.js

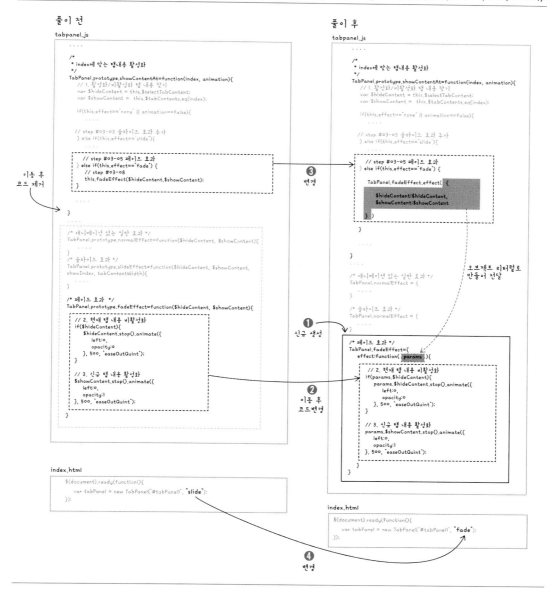

설명

❶ 먼저 fadeEffect 오브젝트 리터럴을 만든 후 '탭내용 출력효과 인터페이스'에 정의되어 있는 effect() 메서드를 추가해 줍니다.

❷ TabPanel 클래스의 fadeEffect() 메서드의 구현 코드를 fadeEffect의 effect() 메서드에 그대로 복사합니다. 풀이 전 코드와 달리 활성화/비활성화 탭내용이 담긴 요소를 하나의 오브젝트 리터럴로 묶여 fadeEffect() 메서드의 매개변수 값으로 넘어오게 됩니다. 이에 따라 params 매개변수에 들어 있는 요소를 접근해 사용하는 방식으로 코드를 변경해 줍니다.

❸ showContentAt() 메서드에서 TabPanel의 fadeEffect() 메서드를 호출하는 대신 TabPanel.fadeEffect 객체의 effect() 메서드를 호출해 줍니다. 이때 활성화/비활성화 탭내용이 담긴 요소를 오브젝트 리터럴로 만들어 effect() 메서드의 매개변수 값으로 넘겨 줍니다.

❹ 마지막으로 추가한 fadeEffect 리터럴 객체의 effect() 메서드를 실행하기 위해 탭패널 인스턴스 생성 시 "fade" 값을 넣어줍니다.

코드를 모두 입력했다면 페이드 효과가 정상적으로 동작하는지 실행해보죠.

자! 이렇게 해서 출력효과를 다형성을 적용해 독립적인 객체로 모두 구현했습니다. 그럼 이번 단계의 마지막 작업인 합성을 활용해 출력효과를 탭패널에 적용해보죠.

단계 04-05: 다형성과 합성을 활용한 출력효과 적용

요구사항을 살펴보면 슬라이드 효과, 페이드 효과 이외에도 상하로 움직이는 슬라이드 효과, 싸인(sin) 모양 출력효과 등 다양한 출력효과를 만들어 사용할 수 있게 만들어야 한다고 적혀 있습니다.

위의 요구사항을 구현하는 가장 간단한 방법은 다음과 같이 showContentAt() 메서드에 조건문 구문을 추가하는 것입니다.

```
TabPanel.prototype.showContentAt=function(index, animation){

    . . . .

    if(this.effect=="none" || animation==false){
        TabPanel.normalEffect.effect();

    }else if(this.effect=="slide"){
        TabPanel.slideEffect.effect()

    }else if(this.effect=="fade") {
        TabPanel.fadeEffect.effect();

    } else if(this.effect=="sin") {
        TabPanel.sinEffect.effect();

    } else if(this.effect=="앞으로 추가할 효과") {

        . . . .
    }
    . . . .

}
```

이 코드의 문제는 우선 출력효과를 추가할 때마다 showContentAt() 메서드를 수정해줘야 하며 더욱 큰 문제는 사용하는 효과 이외에 나머지 사용하지 않는 효과를 계속해서 가지고 있어야 한다는 의미입니다.

이를 해결하는 가장 좋은 방법은 바로 다형성과 합성을 활용하는 것입니다. 즉 다음과 같이 사용하고자 하는 효과 객체를 직접 넘겨 주는 방식입니다. 효과를 나타내는 문자열 대신 말이지요.

변경 전	변경 후
```$(document).ready(function(){ var tabPanel = new TabPanel("#tabPanel1", "fade"); });```	```$(document).ready(function(){ var tabPanel = new TabPanel("#tabPanel1", TabPanel. slideEffect); });```

이번 단계에서 작성할 내용을 UML로 표현하면 다음과 같습니다.

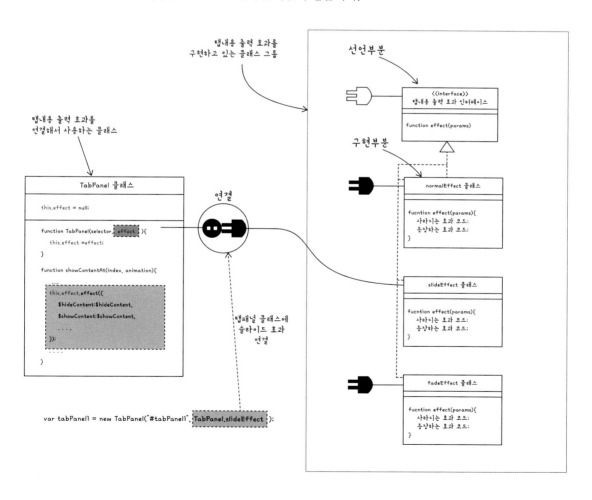

아직 이해하지 못한 분이라면 이번 단계의 코드를 입력해보면 어떤 의미인지 알 수 있을 것입니다. 기존 코드를 다음과 같이 수정해 주세요. 소스 코드를 풀이순서에 따라 입력하면 됩니다.

소스 _ 07부/04장/01_complete/step0404/index.html

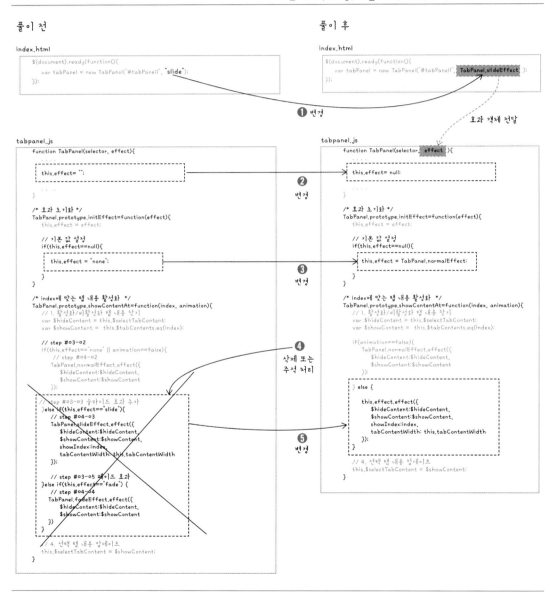

설명

이번 단계에서 핵심은 문자열로 된 효과 이름을 효과 객체로 변경하는 작업입니다. 예를 들어 슬라이드 효과를 사용하는 경우라고 가정해보면,

❶ 먼저 생성자 두 번째 매개변수에 넘겨줬던 효과이름("slide") 대신 슬라이드 효과 객체(TabPanel.slideEffect)를 넘겨 줍니다.

❷ effect 프로퍼티에는 효과를 나타내는 문자열이 아닌 효과 객체가 담길 것이므로 초깃값으로 문자열 대신 추후 객체가 담길 것이라는 의미로 null 값을 넣어 줍니다.

❸ 기본 효과 역시 "none" 문자열 대신 normalEffect 객체를 사용합니다.

❹ showContentAt( ) 메서드 구문 중 if~else로 구현했던 출력효과 실행구문을 모두 주석 처리하거나 삭제해 줍니다.

❺ ❹의 구문 대신 ❶에서 넘겨 받아 effect 프로퍼티에 저장해둔 출력효과(TabPanel.slideEffect)를 실행해 줍니다. 앞에서도 알아본 것처럼 이렇게 코딩을 해두면 신규 효과가 추가된다 하더라도 더 이상 showContentAt( ) 메서드를 수정하지 않아도 됩니다.

코드를 모두 입력했다면 입력한 내용이 정상적으로 동작하는지 실행해보죠. 이렇게 해서 가장 핵심이었던 합성과 다형성을 활용한 출력효과 처리를 마무리지었습니다.

단계 05 _ 옵션값 만들기

이번에는 좀더 유연한 탭패널을 만들기 위해 하드 코딩된 애니메이션 시간 값과 이징 함수를 쉽게 변경할 수 있게 만들어보죠. 옵션으로 처리할 내용은 다음과 같습니다.

변수명	설명	기본값
startIndex	시작 시 선택할 탭메뉴 아이템 인덱스 값	0
effect	탭내용 전환 시 사용할 효과	Tabpanel.slideEffect
duration	탭내용 전환 시간	500
easing	탭내용 전환 시 사용할 이미징 함수	easeOutQuint

이번 단계는 다음과 같이 두 단계로 나눠 진행하겠습니다.

　단계 05-01: 옵션값 만들기

　단계 05-02: 옵션값 적용

단계05-01: 옵션값 만들기

먼저 옵션값을 만들어보죠. 다음 소스코드를 실행순서에 따라 입력해 주세요.

소스 _ 07부/04장/01_complete/step0501/index.html

풀이 전 / 풀이 후

설명

❶ 먼저 시작 부분에서 탭패널 객체 생성 시 두 번째 매개변수에 옵션값을 설정해 줍니다. 최종 옵션값은 기본값과 매개변수로 설정한 옵션값이 합쳐져 사용됩니다.

❷ 소스 코드 마지막 부분에 기본 옵션값을 만들어 줍니다.

❸ 탭패널의 생성자의 두 번째 매개변수 이름을 effect 대신 options으로 변경해 줍니다. 참고로 effect도 이제 옵션값으로 설정할 수 있게 변경됩니다.

❹ 옵션값을 저장할 수 있게 options라는 프로퍼티를 추가해 줍니다.

❺ 옵션값을 전문으로 처리할 메서드(initOptions)를 추가해 줍니다. 그리고 jQuery에서 제공하는 extend() 메서드를 활용해 기본 옵션값과 객체 생성 시 사용자가 설정한 옵션값을 합해 줍니다. 이때 사용자가 설정한 옵션값이 우선시되며 사용자 옵션에 없는 옵션값은 기본 옵션값으로 사용됩니다.

❻ 옵션값 생성을 위해 initOptions() 메서드를 호출해 줍니다.

❼,❽ effect 설정은 이제 옵션에 포함되어 더 이상 사용하지 않습니다. initEffect() 메서드 구현 부분과 호출 부분을 삭제해 주세요.

이렇게 해서 옵션값을 만들어 봤습니다.

단계 05-02: 옵션값 적용

이제 옵션값을 소스에 적용해보죠. 소스코드를 풀이 순서에 따라 입력해 주세요(소스코드는 다음 장에 있습니다).

소스 _ 07부/04장/01_complete/step0502/tabpanel.js

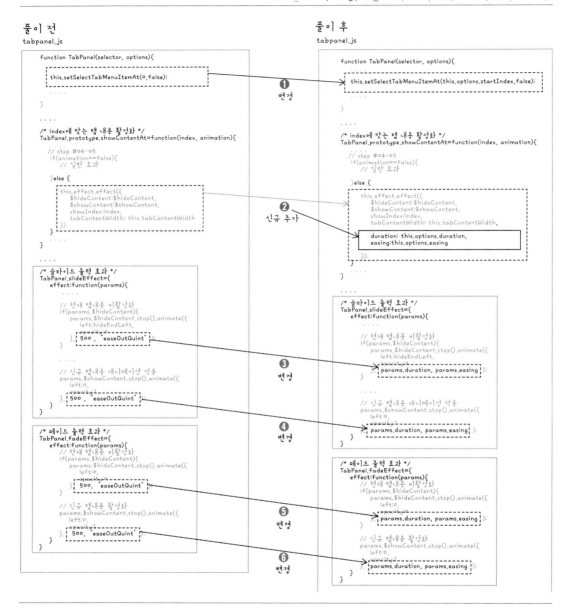

설명

❶ 옵션값으로 N번째 탭메뉴와 탭내용을 활성화해 줍니다.

❷ 탭내용 활성화 효과 메서드를 호출할 때 넘기는 매개변수 값에 애니메이션 시간과 이징 함수를 추가해 줍니다.

❸, ❹, ❺, ❻ 하드 코딩된 애니메이션 시간과 이징 함수를 매개변수 값으로 넘어온 옵션값으로 변경해 줍니다.

코드를 모두 입력했다면 설정한 옵션값이 정상적으로 동작하는지 확인해보죠. 시작 시 3번째 탭메뉴(인덱스 값으로는 2)가 활성화된 상태인지 확인해 보세요. 탭메뉴를 누르면 슬라이드 효과가 기본값 0.5초가 아닌 설정한 값 3초가 적용되어 애니메이션이 동작하는 걸 확인할 수 있을 것입니다. 정상적으로 동작하는지 확인했다면 다음과 같이 다른 효과도 정상적으로 동작하는지 확인해보죠.

```
$(document).ready(function(){
    var tabPanel = new TabPanel("#tabPanel1", {
        startIndex:2,
        effect:TabPanel.fadeEffect
    });
});
```

이렇게 해서 이번 프로젝트의 가장 핵심적인 기능인 다형성과 합성을 활용한 효과 처리 부분을 모두 마무리했습니다.

단계 06 _ 캡슐화 처리

이번 단계에서는 클래스 단위 코딩 마지막 작업인 캡슐화 작업을 진행해보죠. 진행방법은 간단합니다. 지금까지 했던 것처럼 탭패널 내부에서만 사용할 프로퍼티와 메서드에 언더바(_)를 붙여 주세요. 자! 그럼 시작해보죠.

소스 _ 07부/04장/01_complete/step06/index.html

```
function TabPanel(selector, options){
    this._$tabPanel = null;
    this._$tabMenu = null;
    this._$tabMenuItems = null;
    this._$selectTabMenuItem = null;

    this._$tabContents = null;
    this._$selectTabContent = null;

    this._effect = null;
    this._tabContentWidth = -1;
    this._options = null;

    this._init(selector);
```

```
        this._initEvent();
        this._initOptions(options);

        this._initTabContents();
        this.setSelectTabMenuItemAt(this._options.startIndex,false);
    }
```

//요소 초기화
```
TabPanel.prototype._init=function(selector){
    this._$tabPanel = $(selector);
    this._$tabMenu = this._$tabPanel.children(".tab-menu");
    this._$tabMenuItems = this._$tabMenu.children("li");

    this._$tabContents = this._$tabPanel.find(".tab-contents .content");
    this._tabContentWidth = this._$tabPanel.find(".tab-contents").width();
}
```

// 옵션 초기화
```
TabPanel.prototype._initOptions=function(options){
    this._options = jQuery.extend({}, TabPanel.defaultOptions, options);
    this._effect = this._options.effect;
}
```

// 이벤트 초기화
```
TabPanel.prototype._initEvent=function(){
    var objThis = this;
    this._$tabMenuItems.on("click",function(e){
        e.preventDefault();
        objThis.setSelectTabMenuItem($(this));
    })
}
```

//탭 콘텐츠 초기화
```
TabPanel.prototype._initTabContents=function(){
    this._$tabContents.css({
        opacity:0}
    );
}
```

```
// 탭메뉴  아이템 선택
TabPanel.prototype.setSelectTabMenuItem=function($item, animation){
    if(this._$selectTabMenuItem){
        this._$selectTabMenuItem.removeClass("select");
    }
    this._$selectTabMenuItem = $item;
    this._$selectTabMenuItem.addClass("select");

    var newIndex = this._$tabMenuItems.index(this._$selectTabMenuItem);
    this._showContentAt(newIndex, animation);

}


// index 번째 탭메뉴 아이템 선택
TabPanel.prototype.setSelectTabMenuItemAt=function(index, animation){
    this.setSelectTabMenuItem(this._$tabMenuItems.eq(index), animation);
}

// index에 맞는 탭내용 활성화
TabPanel.prototype._showContentAt=function(index, animation){
    // 1. 활성화/비활성화 탭내용 찾기
    var $hideContent = this._$selectTabContent;
    var $showContent =  this._$tabContents.eq(index);

    if(animation==false){
        TabPanel.normalEffect.effect({
            $hideContent:$hideContent,
            $showContent:$showContent
        });

    }else {
        this._effect.effect({
            $hideContent:$hideContent,
            $showContent:$showContent,
            showIndex:index,
            tabContentWidth: this._tabContentWidth,

            duration: this._options.duration,
            easing:this._options.easing
```

```
        });
    }
    // 4. 선택 탭내용 업데이트
    this._$selectTabContent = $showContent;
}


// 일반 출력효과
TabPanel.normalEffect={
    effect:function(params){
        if(params.$hideContent){
            params.$hideContent.css({
                left:0,
                opacity:0
            });
        }

        params.$showContent.css({
            left:0,
            opacity:1
        });
    }
}


// 슬라이드 출력효과
TabPanel.slideEffect={
    effect:function(params){
        var hideIndex = -1;
         if(params.$hideContent){
             hideIndex= params.$hideContent.index();
         }

        // 이동 방향 구하기
        var direction = "";
        if(hideIndex<params.showIndex)
            direction = "next";
        else
            direction = "prev";

        // 이동 위치 구하기
```

```
            // prev가 기본
            var hideEndLeft = 0;
            var showStartLeft = 0;

            if(direction=="next"){
                hideEndLeft = -params.tabContentWidth;
                showStartLeft = params.tabContentWidth;
            }else {
                hideEndLeft =  params.tabContentWidth;
                showStartLeft = -params.tabContentWidth;
            }

            // 2. 현재 탭내용 비활성화
            if(params.$hideContent){
                params.$hideContent.stop().animate({
                    left:hideEndLeft,
                    opacity:0
                }, params.duration, params.easing);
            }

            // 3. 신규 탭내용 활성화
            // 신규 탭내용 위치 초기화
            params.$showContent.css({
                left:showStartLeft,
                opacity:0
            } )

            // 신규 탭내용 애니메이션 적용
            params.$showContent.stop().animate({
                left:0,
                opacity:1
            }, params.duration, params.easing);
        }
}

// 페이드 출력효과
TabPanel.fadeEffect={
    effect:function(params){
        // 1. 현재 탭내용 비활성화
```

```
        if(params.$hideContent){
            params.$hideContent.stop().animate({
                left:0,
                opacity:0
            }, params.duration, params.easing);
        }

        // 2. 신규 탭내용 활성화
        params.$showContent.stop().animate({
            left:0,
            opacity:1
        }, params.duration, params.easing);
    }
}

// 기본 옵션값
TabPanel.defaultOptions = {
    startIndex:0,
    easing:"easeInCubic",
    duration:500,
    effect: TabPanel.slideEffect
}
```

설명

정리하면 다음과 같이 접근 가능 요소와 접근 불가능 요소로 나눌 수 있습니다.

요소	접근 가능(public)	접근 불가능(private)
프로퍼티	없음	_$selectTabContent
		_$selectTabMenuItem
		_$tabContents
		_$tabMenu
		_$tabMenuItems
		_$tabPanel
		_$effect
		_options
		_tabContentWidth

요소	접근 가능(public)	접근 불가능(private)
메서드	setSelectTabMenuItem()	_init()
	setSelectTabMenuItemAt()	_initEvent()
		_initTabContents()
		_initOptions()
		_initTabContents()
		_showContentAt()

이렇게 해서 캡슐화를 적용한 TabPanel 클래스를 모두 완성했습니다. 잠시 휴식을 갖고 지금까지 진행한 내용을 살펴보길 바랍니다.

단계 07 _ jQuery 플러그인 제작

마지막으로 탭패널을 좀더 쉽게 사용할 수 있게 jQuery 플러그인으로 만들어 보겠습니다. 진행은 다음과 같이 2단계로 나눠 진행합니다.

단계 07-01: 탭패널 플러그인 만들기

단계 07-02: 탭패널 선택 플러그인 만들기

단계 07-01: 탭패널 플러그인 만들기

먼저 탭패널을 플러그인으로 만들어 보죠. 진행방식은 지금까지 jQuery 플러그인 만들기와 동일합니다. 플러그인 제작은 앞의 프로젝트에서 진행한 방법과 거의 유사하기 때문에 자세한 설명은 생략하도록 하겠습니다. jQuery 플러그인 제작 방법에 대해서는 "05부-03장 jQuery 플러그인 제작"을 참고해 주세요.

소스 _ 07부/04장/01_complete/step0701/tabpanel.js

```
(function($){
    $.fn.tabPanel=function(options){  ❶
        this.each(function(index){   ❶-❶
            var tabPanel = new TabPanel(this, options);
        })

        return this; ❶-❷
    }
})(jQuery);
```

소스 _ 07부/04장/01_complete/step0701/index.html

```
$(document).ready(function(){
    /*
    var tabPanel = new TabPanel("#tabPanel1", { ❷
        startIndex:2,
        effect:TabPanel.slideEffect
    });
    */

    $(".tab-panel").tabPanel({ ❸
        effect:TabPanel.slideEffect,
        startIndex:2
    });
})
```

설명

❶ 먼저 jQuery 플러그인 문법에 맞게 플러그인 몸체인 tabPanel 플러그인을 만들어 줍니다.

❶-❶ 내부에는 선택자 개수만큼 TabPanel 클래스 인스턴스를 생성해 줍니다.

❶-❷ $(".tab-panel").tabPanel().on(…)과 같이 tabPanel() 플러그인 호출 후 on()과 같은 jQuery 메서드를 호출할 수 있게 this를 리턴해줘야 합니다.

❷ 기존 탭패널 인스턴스 생성 코드를 주석 처리하거나 삭제합니다.

❸ tabPanel 플러그인을 활용해 탭패널을 실행해 줍니다.

코드를 모두 입력했다면 tabPanel 플러그인이 정상적으로 동작하는지 실행해보죠.

단계 07-02: 탭패널 선택 플러그인 만들기

마지막으로 다음과 같이 외부에서 jQuery 방식으로 탭패널을 선택할 수 있는 기능을 추가해보죠.

```
$(".tab-panel").selectTabPanel(4);
```

우의 내용이 실행되면 4번째 인덱스에 해당하는 탭메뉴가 선택됩니다.

소스 _ 07부/04장/01_complete/step0702/tabpanel.js

```
(function($){
    $.fn.tabPanel=function(options){
```

```
            this.each(function(index){
                var tabPanel = new TabPanel(this, options);
                $(this).data("tabPanel", tabPanel); ❶
            })

            return this;
        }

        $.fn.selectTabPanel=function(tabIndex, animation){ ❷
            this.each(function(index){
                var tabPanel =$(this).data("tabPanel"); ❷-❶
                if(tabPanel)
                    tabPanel.setSelectTabMenuItemAt(tabIndex, animation); ❷-❷
            })

            return this;
        }
})(jQuery);
```

소스 _ 07부/04장/01_complete/step0702/index.html

```
$(document).ready(function(){
    $(".tab-panel").tabPanel({
        effect:TabPanel.slideEffect,
        startIndex:2
    })

    $(".tab-panel").selectTabPanel(4); ❸
});
```

설명

❶ 먼저 n번째 인덱스에 해당하는 탭내용과 탭내용을 보여주는 기능인 TabPanel 클래스의setSelectTabMenuItemAt () 메서드를 호출하기 위해 tabpanel 플러그인에서 생성한 TabPanel 객체를 해당 jQuery 객체에 저장해 줍니다.

❷ n번째 탭메뉴를 활성화 기능을 구현할 플러그인을 selectTabPanel라는 이름으로 만들어 줍니다.

❷-❶ ❶에서 data() 메서드를 이용해 저장해둔 TabPanel 객체를 가져 옵니다.

❷-❷ TabPanel 객체의 setSelectTabMenuItemAt() 메서드를 호출해 n번째 이미지를 활성화해 줍니다.

❸ selectTabPanel 플러그인이 정상적으로 동작하는지 확인하기 위해 4번째 인덱스에 해당하는 탭메뉴를 활성화하는 코드를 작성해 줍니다.

자! 모든 코드를 입력했다면 정상적으로 동작하는지 실행해보죠! 이렇게 요구사항에 맞는 탭패널을 모두 완성했습니다.

지금까지 작성한 전체 코드는 다음과 같습니다.

소스 _ 07부/04장/01_complete/step0702/index.html

```html
<html>
<head>
<link rel="stylesheet" type="text/css" href="../css/tabpanel.css">
    <style>
        #tabPanel1 {
            left:100px;
            top:100px;
        }
    </style>

    <script src="../libs/jquery-1.11.0.min.js"></script>
    <script src="../libs/jquery.easing.1.3.js"></script>
    <script src="tabpanel.js"></script>
    <script>
        $(document).ready(function(){
            $(".tab-panel").tabPanel({
                effect:TabPanel.slideEffect,
                startIndex:2
            })

            $(".tab-panel").selectTabPanel(4);
        });
    </script>
</head>
<body>
    <div class="tab-panel" id="tabPanel1">
        <ul class="tab-menu">
            <li><a href="#">google</a></li>
            <li><a href="#">facebook</a></li>
            <li><a href="#">pinterest</a></li>
            <li><a href="#">twitter</a></li>
            <li><a href="#">path</a></li>
        </ul>
```

```
                <div class="tab-contents-wrapper">
                    <div class="tab-contents">
                        <div class="content"><img src="../images//content_google.png" ></div>
                        <div class="content"><img src="../images//content_facebook.png" ></div>
                        <div class="content"><img src="../images//content_pinterest.png" ></div>
                        <div class="content"><img src="../images//content_twitter.png" ></div>
                        <div class="content"><img src="../images//content_path.png" ></div>
                    </div>
                </div>
            </div>
    </body>
    </html>
```

소스 _ 07부/04장/01_complete/step0702/tabpanel.js

```
(function($){
    $.fn.tabPanel=function(options){
        this.each(function(index){
            var tabPanel = new TabPanel(this, options);
            $(this).data("tabPanel", tabPanel);
        })

        return this;
    }

    $.fn.selectTabPanel=function(tabIndex, animation){
        this.each(function(index){
            var tabPanel =$(this).data("tabPanel");
            if(tabPanel)
                tabPanel.setSelectTabMenuItemAt(tabIndex, animation);
        })

        return this;
    }
})(jQuery);

/*
 * step #03-03
 *      - effect 추가
 */
```

```javascript
//step #02
function TabPanel(selector, options){
    this._$tabPanel = null;
    this._$tabMenu = null;
    this._$tabMenuItems = null;
    this._$selectTabMenuItem = null;

    // step #03-01
    this._$tabContents = null;
    this._$selectTabContent = null;

    // step #04-05
    this._effect= null;
    this._tabContentWidth = -1;
    //step #05
    this._options = null;

    this._init(selector);
    this._initEvent();
    // step #05
    this._initOptions(options);


    // step #03-01
    this._initTabContents();

    // step #05
    this.setSelectTabMenuItemAt(this._options.startIndex,false);
}

/*
 * step #02
 *     요소 초기화
 */
TabPanel.prototype._init=function(selector){
    this._$tabPanel = $(selector);
    this._$tabMenu = this._$tabPanel.children(".tab-menu");

    this._$tabMenuItems = this._$tabMenu.children("li");
```

```
    // step #03-01
    this._$tabContents = this._$tabPanel.find(".tab-contents .content");

     // step #03-03
    this._tabContentWidth = this._$tabPanel.find(".tab-contents").width();
}


// step #05
// 옵션 초기화
TabPanel.prototype._initOptions=function(options){
    this._options = jQuery.extend({}, TabPanel.defaultOptions, options);
    this._effect = this._options.effect;

    console.log(this._options);
}


/*
 * step #02
 *      이벤트 초기화
 */
TabPanel.prototype._initEvent=function(){
    var objThis = this;
    this._$tabMenuItems.on("click",function(e){
        e.preventDefault();
        objThis.setSelectTabMenuItem($(this));
    })
}


/* step #03-01
 * 탭 콘텐츠 초기화
 */
TabPanel.prototype._initTabContents=function(){
    this._$tabContents.css({
        opacity:0}
    );
}


/*
 * step #03-04
 *      - animation 추가
 *
```

```
 * sptep #02
 *     탭메뉴  아이템 선택
 */
TabPanel.prototype.setSelectTabMenuItem=function($item, animation){
    if(this._$selectTabMenuItem){
        this._$selectTabMenuItem.removeClass("select");
    }
    this._$selectTabMenuItem = $item;
    this._$selectTabMenuItem.addClass("select");

    // step #03-01
    var newIndex = this._$tabMenuItems.index(this._$selectTabMenuItem);
    this._showContentAt(newIndex, animation);
}


/*
 * step #03-04
 *     - animation 추가
 *
 * step #02
 *     - index 번째 탭메뉴 아이템 선택
 */
TabPanel.prototype.setSelectTabMenuItemAt=function(index, animation){
    this.setSelectTabMenuItem(this._$tabMenuItems.eq(index), animation);
}


/*
 * step #03-04
 *     - animation 추가
 * step #03-01
 *     - index에 맞는 탭내용 활성화
 */
TabPanel.prototype._showContentAt=function(index, animation){
    // 1. 활성화/비활성화 탭내용 찾기
    var $hideContent = this._$selectTabContent;
    var $showContent =  this._$tabContents.eq(index);

    // step #04-05
     if(animation==false){
        TabPanel.normalEffect.effect({
            $hideContent:$hideContent,
            $showContent:$showContent
```

```
                });
        }else {
            this._effect.effect({
                $hideContent:$hideContent,
                $showContent:$showContent,
                showIndex:index,
                tabContentWidth: this._tabContentWidth,

                // step #05
                duration: this._options.duration ,
                easing:this._options.easing
            });
        }
        // step #03-09
        // 4. 선택 탭내용 업데이트
        this._$selectTabContent = $showContent;
    }


//step #04-02
// 일반 출력효과
TabPanel.normalEffect={
    effect:function(params){
        if(params.$hideContent){
            params.$hideContent.css({
                left:0,
                opacity:0
            });
        }

        params.$showContent.css({
            left:0,
            opacity:1
        });
    }
}


/*
 * step #04-03
 *      - 슬라이드 출력효과
 */
TabPanel.slideEffect={
    effect:function(params){
```

```
var hideIndex = -1;
 if(params.$hideContent){
     hideIndex= params.$hideContent.index();
 }

// 이동 방향 구하기
var direction = "";
if(hideIndex<params.showIndex)
    direction = "next";
else
    direction = "prev";

// 이동 위치 구하기
// prev가 기본
var hideEndLeft = 0;
var showStartLeft = 0;

if(direction=="next"){
    hideEndLeft = -params.tabContentWidth;
    showStartLeft = params.tabContentWidth;
}else {
    hideEndLeft =  params.tabContentWidth;
    showStartLeft = -params.tabContentWidth;
}

// 2. 현재 탭내용 비활성화
if(params.$hideContent){
    params.$hideContent.stop().animate({
        left:hideEndLeft,
        opacity:0
    }, params.duration, params.easing);
}

// 3. 신규 탭내용 활성화
// 신규 탭내용 위치 초기화
params.$showContent.css({
    left:showStartLeft,
    opacity:0
} )
```

```
            // 신규 탭내용 애니메이션 적용
            params.$showContent.stop().animate({
                left:0,
                opacity:1
            }, params.duration, params.easing);
        }
    }


    /*
     * step #04-04
     * 페이드 출력효과
     */
    TabPanel.fadeEffect={
        effect:function(params){
            // 2. 현재 탭내용 비활성화
            if(params.$hideContent){
                params.$hideContent.stop().animate({
                    left:0,
                    opacity:0
                }, params.duration, params.easing);
            }

            // 3. 신규 탭내용 활성화
            params.$showContent.stop().animate({
                left:0,
                opacity:1
            }, params.duration, params.easing);
        }
    }


    // step #05
    // 기본 옵션값
    TabPanel.defaultOptions = {
        startIndex:0,
        easing:"easeInCubic",
        duration:500,
        effect: TabPanel.slideEffect
    }
```